ŒUVRES

DE

WALTER SCOTT.

—

TOME XVIII.

IMPRIMERIE DE E. DUVERGER,
rue de Verneuil, n. 4.

PEVERIL
DU PIC.

(Peveril of the Peak.)

TOME SECOND.

ROMANS MERVEILLEUX.

TRADUCTION

DE M. DEFAUCONPRET,

AVEC DES ÉCLAIRCISSEMENS ET DES NOTES HISTORIQUES.

PARIS.

FURNE, LIBRAIRE-ÉDITEUR,

QUAI DES AUGUSTINS, N° 39.

M DCCC XXX.

PEVERIL DU PIC.

(Peveril of the Peak.)

CHAPITRE XXVI.

> « Nécessité, mère d'invention,
> « Toi, grace à qui nous avons vu conclure
> « Force traités en mainte occasion,
> « Viens nous aider à sortir d'aventure. »
>
> *Anonyme.*

Tant que le feu continua, les deux partis travaillèrent activement et de bon accord, comme les factions opposées des Juifs pendant le siége de Jérusalem quand elles étaient forcées de se réunir pour résister à un assaut. Mais quand le dernier seau d'eau eut tombé avec une espèce de frémissement sur les derniers charbons, le sentiment d'hostilité mutuelle suspendu pendant quelque temps par la crainte d'un danger commun se ralluma à son tour. Les deux partis qui s'étaient mêlés ensemble comme s'ils n'en avaient fait qu'un pour éteindre l'incendie, se séparèrent alors, se rangèrent chacun d'un côté du vestibule, tous portant la main sur leurs armes, comme n'attendant qu'un signal pour recommencer le combat.

Bridgenorth interrompit ces dispositions hostiles. — Julien Peveril, dit-il, tu es libre de marcher dans tel chemin qu'il te plaira, puisque tu ne veux pas suivre avec moi la route qui est la plus sûre et la plus honorable. Mais si tu veux écouter mon avis, tu mettras la mer entre l'Angleterre et toi.

— Ralph Bridgenorth, lui dit un de ses amis, ce serait agir avec une faiblesse coupable que de te laisser arracher par ces enfans de Bélial le captif que tu dois à ton arc et à ton glaive, sans leur disputer plus long-temps cette conquête. A coup sûr nous sommes en état de les combattre avec cette confiance que donne la bonne cause; et nous ne devons pas remettre en liberté ce rejeton du vieux serpent, sans avoir essayé s'il plaira au Seigneur de nous accorder la victoire.

Un murmure d'approbation suivit ces paroles, et sans l'intervention de Ganlesse le combat se serait probablement renouvelé. Il emmena le partisan de la guerre dans une embrasure de croisée, et parut avoir répondu à ses objections d'une manière satisfaisante; car celui-ci étant retourné vers ses compagnons : — Notre ami, leur dit-il, a si bien discuté cette affaire, que puisqu'il est du même avis que le digne major Bridgenorth, je pense que nous pouvons rendre la liberté à ce jeune homme. Aucun d'eux n'ayant fait d'objection, il ne restait à Julien qu'à remercier et à récompenser les braves qui avaient mis tant d'activité à le secourir. Ayant d'abord obtenu de Bridgenorth une promesse d'amnistie pour ceux qui étaient venus l'attaquer à main armée, il leur fit ses remerciemens en peu de mots, et quelques pièces d'or qu'il mit dans la main de Lance-Outram leur fournirent les moyens de passer gaîment la journée qui allait suivre. Tous voulaient rester pour le protéger; mais craignant quelque nouveau désordre et comptant entièrement sur la bonne foi du major, il les renvoya tous, excepté Lance-Outram, qu'il garda près de lui pour l'accompagner quand il quitterait Moultrassie-Hall. Mais avant d'en partir il ne put résister au désir qu'il avait de parler en secret au major, et s'avançant vers lui, il lui demanda une conversation particulière.

Accordant tacitement ce qui lui était demandé, le major conduisit Julien dans un petit salon d'été qui donnait sur le vestibule, et avec son air d'indifférence et de gravité ordinaire, il sembla attendre en silence ce que Peveril avait à lui communiquer.

Julien, embarrassé par cet abord froid, ne savait comment prendre un ton qui fût en même temps celui de la conciliation et de la dignité. — Major Bridgenorth, dit-il enfin, vous avez été fils, fils affectionné; vous pouvez concevoir mes inquiétudes. — Mon père...? que va-t-il devenir?

— Ce que la loi en ordonnera. S'il avait suivi les conseils que je lui ai fait donner, il aurait pu rester en sûreté dans la maison de ses ancêtres. Maintenant son sort n'est pas en mon pouvoir, bien moins encore au vôtre : c'est son pays qui doit en décider.

— Et ma mère?

— Elle consultera son devoir comme elle l'a toujours fait, et trouvera le bonheur en agissant ainsi. Croyez-moi, j'ai pour votre famille des intentions meilleures qu'on ne peut les apercevoir à travers les nuages que l'adversité a répandus sur votre maison. Je puis triompher comme homme; mais comme homme je dois me rappeler dans mon heure de triomphe que mes ennemis ont eu aussi le leur. Avez-vous autre chose à me dire? ajouta-t-il après un moment de silence; vous avez repoussé à plusieurs reprises la main que je vous présentais. Que nous reste-t-il de commun ensemble?

Ces paroles, qui semblaient couper court à toute discussion, furent prononcées avec tant de calme, que quoiqu'elles semblassent interdire à Julien toute autre question, elles ne purent arrêter celle qui tremblait sur ses lèvres. Il fit un pas ou deux vers la porte, et se retournant tout à coup : — Votre fille! dit-il; ne puis-je vous demander.....

pardonnez-moi de prononcer son nom, mais ne puis-je vous demander de ses nouvelles, vous exprimer mes vœux pour son bonheur?

— L'intérêt que vous lui portez n'est que trop flatteur, répondit Bridgenorth; mais vous avez déjà pris votre parti, et vous devez être à l'avenir étrangers l'un pour l'autre. Je puis avoir désiré qu'il en fût autrement; mais vous avez laissé passer l'heure de grace pendant laquelle votre docilité à suivre mes avis aurait pu, je parlerai franchement, faciliter votre union. Quant à son bonheur, si un tel mot peut s'appliquer à ce qui se passe pendant notre pèlerinage sur la terre, c'est à moi d'y songer. Elle part aujourd'hui de Moultrassie-Hall, sous la sauvegarde d'un ami sûr.

— Non pas de...! s'écria vivement Peveril; et il s'arrêta tout à coup, sentant qu'il n'avait pas le droit de prononcer le nom qui se présentait à ses lèvres.

— Pourquoi n'achevez-vous pas? demanda Bridgenorth; une première pensée est souvent sage, et presque toujours honnête. A qui supposez-vous que j'ai dessein de confier ma fille, puisque cette idée vous a arraché une expression d'inquiétude?

— Je vous demande encore pardon de me mêler d'une affaire dans laquelle je n'ai guère le droit d'intervenir, répondit Julien. Mais j'ai vu ici un individu qui ne m'est pas inconnu; il se donne le nom de Ganlesse. Serait-ce à lui que vous auriez dessein de confier votre fille?

— A lui-même, répondit le major sans montrer ni mécontentement ni surprise.

— Et connaissez-vous bien celui à qui vous confiez un dépôt si précieux à tous ceux qui connaissent miss Bridgenorth; un dépôt si précieux pour vous-même?

— Et vous qui me faites cette question, le connaissez-vous?

— J'avoue que je ne sais qui il est; mais je l'ai vu jouer un rôle si différent de celui qu'il joue en ce moment, que je regarde comme un devoir de vous conjurer de bien réfléchir avant de confier votre fille à un homme qui peut se montrer tour à tour sous les traits d'un débauché ou d'un hypocrite, au gré de sa fantaisie, ou suivant que son intérêt l'exige.

— Je pourrais, dit Bridgenorth en souriant avec dédain, trouver quelque chose à redire dans le zèle officieux d'un jeune homme qui s'imagine que ses idées peuvent instruire mes cheveux gris; mais tout ce que je vous demande, mon cher Julien, c'est de me rendre la justice de croire que moi, qui ai eu tant d'occasions de connaître les hommes, je sais parfaitement à qui je confie ce que j'ai de plus cher au monde. Celui dont vous me parlez a un visage connu de ses amis, quoiqu'il puisse en avoir un autre pour le monde, parce qu'il vit au milieu de gens parmi lesquels des traits honorables doivent être couverts d'un masque grotesque, de même que, dans ces divertissemens criminels qu'on nomme bals et mascarades, le sage, quand il s'y montre, doit se résoudre à jouer le rôle d'un fou.

— Tout ce que je désire, dit Julien, c'est de mettre votre sagesse sur ses gardes, et de vous engager à vous méfier d'un homme qui, puisqu'il sait se couvrir d'un masque, peut vous cacher à vous-même ses véritables traits.

— C'est prendre plus de soins qu'il ne faut, jeune homme, répondit Bridgenorth d'un ton plus bref qu'il ne l'avait fait encore ; si vous voulez suivre mon avis, vous vous occuperez de vos propres affaires qui, croyez-moi, méritent toute votre attention, et vous laisserez aux autres la conduite des leurs.

Ce langage était trop clair pour permettre une réplique, et Julien fut obligé de prendre congé de Bridgenorth, et de quitter Moultrassie-Hall sans autre explication. Le lecteur peut s'imaginer combien de fois il se retourna, et chercha à deviner parmi les lumières qu'on voyait briller à différentes fenêtres quelle était celle qui partait de l'appartement d'Alice. Quand la route prit une autre direction, il tomba dans une profonde rêverie dont il fut enfin tiré par la voix de Lance-Outram qui lui demanda où il avait dessein de passer le reste de la nuit. Il n'était pas préparé à répondre à cette question ; mais l'honnête garde forestier se chargea lui-même de la résoudre en lui proposant de venir occuper un lit de réserve qu'il avait à Loge, ce que Julien accepta volontiers. Le reste des habitans de la maison étaient couchés quand ils arrivèrent ; mais dame Ellesmere, instruite par un messager des intentions hospitalières de son neveu, avait tout disposé le mieux qu'elle l'avait pu pour la réception du fils de son ancien maître. Peveril se retira dans la chambre qui lui était destinée ; et malgré tous ses sujets d'inquiétude, il dormit si bien que la matinée était déjà assez avancée quand il s'éveilla ; encore son sommeil fut-il interrompu par Lance-Outram, déjà levé depuis long-temps, et qui s'acquittait toujours avec activité de ses devoirs.

Lance venait lui apporter des nouvelles. Il lui apprit que le major Bridgenorth lui avait renvoyé son cheval, ses armes et une petite valise, par un de ses domestiques, porteur en même temps d'une lettre qui contenait le congé de mistress Debora Debbitch, et qui lui défendait de reparaître à Moultrassie-Hall. L'officier de la chambre des communes, escorté d'une bonne garde, était parti du château de Martindale de bonne heure dans la matinée, emmenant prisonnier sir Geoffrey Peveril dans sa voiture, accompagné d'une forte escorte, et ayant permis à lady Peveril de les accompagner. Il ajouta encore que maître Win-the-Fight, procureur de Chesterfield, avec d'autres hommes de loi, avait pris possession du château au nom du major Bridgenorth, comme créancier d'une somme considérable.

Après avoir débité toutes ces nouvelles assez longuement pour épuiser la patience de Job, et après avoir hésité un moment, Lance-Outram déclara qu'il avait résolu de quitter le pays et d'accompagner son jeune maître à Londres. Julien fit d'abord quelque difficulté d'accepter sa proposition, et lui représenta qu'il ferait mieux de rester avec sa tante, qui n'avait pas d'autre protecteur. Le garde forestier lui répliqua qu'elle ne manquerait pas de protection, attendu qu'elle avait de quoi en acheter; mais que pour lui il était décidé à ne quitter M. Julien qu'à la mort.

Peveril le remercia cordialement de cette preuve d'attachement.

— Pour dire la vérité, ajouta Lance-Outram, ce n'est pas tout-à-fait uniquement par attachement, quoique je vous sois aussi attaché qu'un autre; mais c'est aussi un peu par crainte que l'affaire de la nuit dernière ne se trouve par trop chaude pour mes doigts. Quant aux mineurs, jamais on ne les inquiétera pour cela, ces gens-là n'allant que comme on les pousse.

— Si vous avez quelques craintes à cet égard, dit Julien, j'écrirai en votre faveur au major Bridgenorth, qui m'a promis que vous ne seriez recherché pour rien de ce qui s'est passé.

— Ce n'est pas plus tout-à-fait par crainte que tout-à-fait par attachement, répondit le garde forestier d'un ton énigmatique, quoique ces deux motifs influent sur ma conduite. Je vous dirai donc, pour ne rien vous cacher, que ma tante Ellesmere et dame Debora Debbitch ont résolu d'attacher leurs chevaux au même râtelier et d'oublier leurs anciennes querelles. Or, de tous les revenans du monde, le pire est une ancienne maîtresse qui revient pour se mettre aux trousses d'un pauvre diable comme moi. Malgré tout le chagrin que lui cause la perte de sa place, mistress Debora a déjà parlé d'un demi-shilling que nous avons rompu ensemble[1] et de je ne sais quelles sottises encore, comme si un homme pouvait se rappeler de pareilles choses après tant d'années, et comme si pendant tout ce temps mistress Debbitch n'avait pas pris elle-même sa volée au-delà des mers comme une bécasse.

(1) Pratique qui equivaut à une promesse de mariage. — Én.

Julien put à peine s'empêcher de sourire.

— Je vous croyais assez de cœur, lui dit-il, pour ne pas craindre qu'une femme entreprît de vous épouser, bon gré mal gré.

— C'est pourtant ce qui est arrivé à plus d'un honnête homme, monsieur Julien; et quand une femme est dans votre maison, le diable lui fournit tant d'occasions! Et puis elles seraient deux contre un, car quoique ma tante le prenne sur un ton assez haut quand il s'agit de personnes comme vous, elle a du goût pour les espèces, et il paraît que mistress Debbitch est riche comme un juif.

— Et vous n'êtes pas de l'avis de ceux qui se marient pour le gâteau et le pouding?

— Non, sur ma foi, à moins que je ne sache de quelle pâte ils sont faits. Puis-je savoir comment la Débora a gagné tout cet argent? A quoi bon parler d'anciens gages d'amour? Elle n'a qu'à être la même jolie fille bien tournée qu'elle était quand j'ai rompu un demi-shilling avec elle, et elle me trouvera tout aussi amoureux que je l'étais. Je n'ai jamais entendu parler d'un amour qui durât dix ans; et le sien, s'il dure encore, doit en avoir bien près de vingt.

— Eh bien! puisque vous y êtes résolu, nous irons ensemble à Londres, et si je ne puis vous garder à mon service et que mon malheureux père ne voie pas la fin de ses infortunes, je tâcherai de vous procurer une autre place.

— Oh! j'espère bien revenir à Martindale avant qu'il soit long-temps, et faire mes rondes dans les bois, suivant ma coutume. Quand je ne servirai pas de but commun aux flèches de ma tante et de mistress Debbitch, elles banderont bientôt l'arc l'une contre l'autre. Mais voici dame Ellesmere qui vous apporte votre déjeuner. Je vais donner quelques ordres relativement aux daims du parc à Rough-Ralph, mon adjoint, brider mon cheval et celui de Votre Honneur, qui n'est pas des meilleurs; et nous serons prêts à partir.

Julien n'était pas fâché d'avoir à sa suite un homme qui

lui avait donné la veille des preuves d'intelligence, de hardiesse et d'attachement. Il chercha donc à rendre supportable à la vieille tante l'idée de se séparer de son neveu pour quelque temps. Le dévouement sans bornes dont elle faisait profession pour la famille la décida aisément à accorder son consentement à cette proposition, quoique ce ne fût pas sans donner en secret un soupir à la destruction d'un château en l'air qu'elle avait construit sur la bourse bien garnie de mistress Debora Debbitch. Au surplus, pensa-t-elle, il n'y a pas grand mal qu'il s'éloigne quelque temps de cette coureuse à longues jambes, de cette Cisly Sellok qui n'a pas un sou. Quant à la pauvre Debora, le départ de Lance-Outram, qu'elle avait regardé du même œil que le marin voit un port dans lequel il peut entrer si le temps devient contraire, fut pour elle un second coup qui suivait de bien près celui du congé qu'elle avait reçu de la part du major.

Julien voulut voir cette femme inconsolable, dans l'espoir d'en obtenir quelques renseignemens sur les projets de Bridgenorth relativement à sa fille; sur le caractère de ce Ganlesse, et sur d'autres objets que le long séjour qu'elle avait fait dans cette famille pouvait lui avoir fait connaître. Mais elle avait l'esprit trop troublé pour pouvoir lui donner le moindre éclaircissement. Elle ne se rappelait pas le nom de Ganlesse; celui d'Alice lui donnait des attaques de nerfs, et celui du major la rendait furieuse. Elle fit l'énumération de tous les services qu'elle avait rendus au père et à la fille, et prédit que leur linge serait mal blanchi, que leurs volailles ne s'engraisseraient point, que la maison serait mal tenue, qu'Alice tomberait dans une maladie de langueur, et qu'elle mourrait avant peu; malheurs qu'elle avait détournés et prévenus, ajouta-t-elle, à force de soins, d'attention et de vigilance. Passant alors à son chevalier fugitif, elle en parla, moitié pleurant, moitié riant, d'un ton si méprisant et mêlé de tant d'invectives, que Julien vit que ce n'était pas un sujet qui fût propre à lui servir de calmant, et que par conséquent, à moins qu'il ne s'arrêtât plus long-temps que ne le lui permettait l'état urgent de ses affaires, il n'était pas probable qu'il trouvât mistress Debora dans une situation d'esprit assez tranquille pour lui donner quelques renseignemens utiles et raisonnables.

Lance-Outram eût l'extrême bonté de s'accuser lui-même d'être la seule cause de l'espèce d'aliénation mentale de dame Debbitch, ou de son *affection violente*[1] comme on appelle en ce pays ces accès de *passio hysterica*[2]; il avait aussi trop d'humanité pour se montrer aux yeux de cette victime de la sensibilité et de sa dureté de cœur. Il fit donc dire par son agent Rough-Ralph que les chevaux étaient sellés et bridés à la porte, et que tout était prêt pour leur départ.

Julien ne se le fit pas répéter; ils montèrent tous deux à cheval, et s'avancèrent au grand trot dans la direction de Londres, mais non par la route la plus ordinaire. Peveril calcula que la voiture dans laquelle son père voyageait marcherait lentement, et son dessein était d'arriver avant lui à Londres, s'il était possible, afin d'avoir le temps de consulter les amis de sa famille sur les mesures qu'on pouvait prendre pour le tirer de danger.

Ils voyagèrent ainsi toute la journée, et la nuit étant arrivée ils s'arrêtèrent devant une petite auberge sur la route. Ils appelèrent; mais personne ne se présenta pour les recevoir et prendre soin de leurs chevaux, quoique la maison fût bien éclairée, et qu'on entendît dans la cuisine un tintamare qui ne peut être produit que par un cuisinier français quand il est dans ce qu'on appelle le coup de feu. Il était fort rare à cette époque qu'on employât le ministère de ces artistes d'outre-mer, et la première idée qui se présenta à l'esprit de Julien fut que le bruit qu'il entendait annonçait nécessairement la présence du sieur Chaubert, du savoir-

---

(1) *Taking on.*

(2) D'hystérie: ces mots de latinité médicale ont passé, comme tant d'autres, dans la langue usuelle en Angleterre. — Éᴅ.

faire duquel il avait déjà vu un échantillon dans la compagnie de Smith et de Ganlesse.

Il était donc probable que l'un ou l'autre de ces individus et peut-être même que tous deux étaient dans cette petite auberge; et si cela était, il pouvait trouver l'occasion de découvrir qui ils étaient et quels étaient leurs projets. Il ne savait comment profiter d'une telle rencontre, mais le hasard le servit mieux qu'il n'aurait pu l'espérer.

— Je puis à peine vous recevoir, messieurs, dit l'hôte, qui parut enfin à la porte; j'ai chez moi aujourd'hui des espèces de gens de qualité à qui il faut toute ma maison; je crois même qu'ils la trouveront trop petite.

— Nous ne sommes pas difficiles à contenter, mon brave hôte, répondit Julien. Nous nous rendons au marché de Moselay, et nous ne pouvons aller plus loin ce soir; le moindre coin nous suffira.

— En ce cas, reprit l'hôte, je puis placer l'un de vous dans mon petit cabinet derrière la grande salle, quoique ces messieurs aient demandé à être seuls; et quant à l'autre, il faut qu'il fasse de nécessité vertu, et qu'il se place à côté de moi dans le comptoir[1].

— A moi le comptoir, s'écria Lance sans attendre la décision de son maître; c'est l'élément dans lequel je désire vivre et mourir!

— Et à moi le cabinet! dit Peveril; — et reculant quelques pas, il dit tout bas à Lance de changer d'habit avec lui, désirant, s'il était possible, éviter d'être reconnu.

L'échange se fit en un instant, pendant que l'hôte était allé chercher une lumière; après quoi il les fit entrer dans l'hôtellerie, recommandant à Julien de rester bien tranquille dans l'espèce de trou où il le placerait, et si par hasard on

---

[1] Le comptoir d'un aubergiste ou cabaretier anglais est entouré d'un grand nombre de robinets d'où, par le moyen de tuyaux communiquant à des tonneaux, on peut tirer à l'instant de la bière, de l'ale, du rum, du genièvre, de l'eau-de-vie, etc., à la dose que l'on désire. — Ed.

le découvrait, de dire qu'il était de la maison, et de lui laisser le soin du reste. — Vous entendrez tout ce qu'ils disent, ajouta-t-il, mais vous n'en serez pas plus avancé; car quand ils ne parlent pas français, ils ont un jargon de cour auquel on ne peut rien comprendre.

Le petit cabinet dans lequel on introduisit notre héros était à la grande salle de la petite auberge ce qu'est à une ville rebelle le fort destiné à la tenir en bride. L'hôte y passait tous les samedis soir, à l'abri des yeux des buveurs, et pouvant les voir, surveiller leur conduite, examiner ce dont ils avaient besoin, entendre même leurs discours; habitude à laquelle il ne dérogeait jamais, étant de cette classe nombreuse de philanthropes pour qui les affaires des autres sont aussi importantes que les leurs, et peut-être même davantage.

Ce fut là que notre hôte fit entrer Julien, en lui recommandant de nouveau de ne parler ni de remuer, et en lui promettant qu'il ne tarderait pas à lui apporter une tranche de bœuf froid et un pot d'excellente bière. Il l'y laissa sans autre lumière que celle qui venait de la grande salle par des fentes adroitement ménagées pour permettre à l'hôte de tout y voir.

Cette situation, quoique peu commode en elle-même, était précisément celle que Julien aurait choisie en cette occasion. Il s'enveloppa dans la grande redingote de Lance-Outram, à laquelle le temps avait fait plus d'un outrage, et qui, parmi toutes les nuances qu'il lui avait données, y avait à peine laissé quelques traces du vert de Lincoln, sa couleur primitive. Le jeune Peveril, faisant le moins de bruit possible, se mit à observer les deux personnages qui s'étaient emparés de la totalité de l'appartement ouvert au public. Ils étaient assis devant une table couverte des mets les plus recherchés, et qui ne pouvaient avoir été préparés que grace à la prévoyance et aux soins du sieur Chaubert. L'un et l'autre semblaient y faire honneur.

Julien n'eut pas de peine à s'assurer que l'un des deux

convives était, comme il l'avait présumé, le maître dudit
Chaubert, celui que Ganlesse avait nommé Smith. Quant
à l'autre qui était assis en face du premier, il ne l'avait jamais vu. Il était mis en élégant du dernier goût. A la vérité,
comme il voyageait à cheval, sa perruque n'était guère plus
grande que celle d'un juge de nos jours[1]; mais les parfums
qui s'en exhalaient à chaque mouvement qu'il faisait embaumaient tout l'appartement, qui ne connaissait guère d'autre
odeur que celle du tabac. Son habit était galonné à la mode
la plus nouvelle de la cour, et Grammont lui-même aurait
pu porter envie à la broderie de sa veste; enfin la coupe
particulière de ses culottes, boutonnées au-dessus du genou,
laissait voir complètement une jambe fort bien faite qu'il
étalait avec complaisance sur un tabouret, et sur laquelle il
jetait de temps en temps un regard de satisfaction.

L'entretien de ces deux personnages était si intéressant
qu'il mérite d'occuper un chapitre particulier.

(1) Les juges et les avocats anglais sont restés fidèles à l'ample perruque de l'ancien régime. — ED.

CHAPITRE XXVII.

―――

> « Il fut, je crois, formé par la nature
> « Pour guerroyer contre les élémens.
> « Ainsi l'on voit la mouette, en tout temps,
> « Qu'il tombe grêle, ou que le vent murmure,
> « Tracer en l'air vingt cercles différens,
> « Braver l'orage, affronter le tonnerre,
> « Et sur le haut d'un rocher solitaire,
> « Nous fatiguer de ses lugubres chants. »
> *Le Chef de clan.*

— A ta santé, honnête Tom, dit l'élégant *fashionable*[1] que nous venons de décrire, et à ton heureuse arrivée de la terre des sots! Tu y es resté si long-temps que tu as un peu toi-même l'air d'un rustaut d'*assemble-motte*[2]. Ton sale pourpoint te va, ma foi, aussi bien que si c'était ta parure des dimanches, et les aiguillettes en semblent des lacets achetés pour le corset de ta maîtresse Marjory. — Je suis surpris qu'un pareil repas puisse être à ton goût; des œufs au lard seraient une nourriture plus convenable pour un estomac enfermé dans un tel accoutrement.

— Fort bien, milord, fort bien, répliqua son compa-

―――

(1) En lisant les comédies de l'époque, la plupart composées par des courtisans beaux-esprits, tels que Buckingham, Etherege, etc., on voit que notre auteur a reproduit fidèlement le langage de l'époque, qui avait son Euphuisme comme le siècle d'Élisabeth. — Éd.

(2) *Clod-Compelling*, par analogie avec *Cloud-Compelling*, assemble-nuages; épithètes de Jupiter-Tonnant. — Éd.

gnon ; raillez tant que l'esprit vous durera ; je doute que vous en ayez pour bien long-temps ; ou plutôt apprenez-moi les nouvelles de la cour, puisque nous nous sommes rencontrés si à propos.

— Il y a une heure que vous m'auriez fait cette demande, Tom, si votre ame n'eût été complètement enterrée sous les couvercles des plats de Chaubert. Mais vous vous êtes souvenu que les affaires du roi ne risquaient point de se refroidir, et que les entremets doivent se manger chauds.

— Point du tout, milord, je n'ai voulu vous parler que de lieux communs tant que ce coquin d'hôte à longues oreilles était dans la chambre. A présent qu'il est parti, je vous demande encore une fois quelles nouvelles y a-t-il à la cour?

— La conspiration est regardée comme une billevesée. Sir George Wakeman a été acquitté. Les jurés ont refusé de croire les témoins. Scroggs, qui a hurlé pour un parti, hurle maintenant pour l'autre.

— Conspiration, Wakeman, témoins, jurés, papistes et protestans, peu m'importe ! Oui, ma foi, que me font ces sornettes ? jusqu'à ce que la conspiration monte par l'escalier dérobé du palais, et s'empare de l'imagination du vieux Rowley[1], je ne donnerais pas un farthing[2] pour qu'on y croie ou qu'on refuse d'y croire. Je tiens à quelqu'un qui me tirera d'affaire.

— Eh bien donc ! Tom, une autre nouvelle, c'est la disgrace de Rochester.

— Rochester disgracié ! comment ? pourquoi ? le jour de mon départ il était plus en faveur que qui que ce fût.

— Sa faveur est passée. L'épitaphe lui a cassé le cou ; il peut en faire une à présent pour son crédit à la cour, car il est mort et enterré.

— L'épitaphe ! j'étais présent quand il la fit, et celui

(1) Sobriquet donné à Charles II. — Éd.
(2) La plus petite des monnaies de cuivre en Angleterre. — Éd.

sur qui elle était faite la regarda comme une excellente plaisanterie [1].

— Sans doute, Tom; et nous pensâmes tous de même. Mais l'épitaphe fit du bruit, elle eut une vogue de tous les diables, et courut tous les cafés, on la mit dans la moitié des journaux; Grammont en fit une traduction en français, et on ne rit pas d'une plaisanterie si piquante quand on vous la corne aux oreilles de tous les côtés. Aussi l'auteur en a-t-il été disgracié, et sans le duc de Buckingham la cour serait aussi ennuyeuse que la perruque du lord chancelier.

— Ou que la tête qu'elle couvre. Eh bien! milord, moins il y a de monde à la cour, plus il s'y trouve de place pour ceux qui peuvent s'y évertuer. Mais les deux principales cordes du violon de Shaftesbury sont rompues, la conspiration des papistes tombée en discrédit, et Rochester disgracié. Le baromètre est au variable, mais à la santé du petit homme qui le remettra au beau temps!

— Je vous entends, Tom, et je m'y joins de tout mon cœur. Fiez-vous à moi; milord vous aime et désire vous voir. Ah! je vous ai fait raison. C'est à mon tour, avec votre permission. A la santé du duc des Bucks [2]!

— Jamais pair n'a mieux su faire de la nuit le jour. De tout mon cœur, milord! rasade, et tout d'un trait. Et que me direz-vous de la grande dame?

— Prononcée contre tout changement. Le petit Antoine n'en peut rien faire.

— En ce cas il réduira son influence à rien. Approchez l'oreille; vous savez...

Ici il parla si bas, que Julien ne put entendre ce qu'il disait.

(1) Épitaphe satirique faite par le comte de Rochester contre Charles II. — Éd.

(2) Ce mot prête à une equivoque, car il est à la fois l'abréviation de Buckingham, et signifie *libertin*: — *à la santé du duc des mauvais sujets!* — Éd.

— Si je le connais! dit ensuite le courtisan; si je connais Ned de l'île [1]! bien certainement je le connais.

— C'est lui qui renouera les deux grosses cordes rompues. Souvenez-vous que je vous l'ai dit; et sur cela je bois à sa santé.

— J'y bois à cause de cela; car pour toute autre raison je n'y boirais pas, attendu que je regarde Ned comme ayant tout l'air d'un vilain.

— Accordé, milord, accordé! Un véritable vilain, un vilain bien prononcé; mais capable, milord, capable et nécessaire, indispensable même pour faire réussir ce plan. Mais que diable, je crois que ce champagne augmente de force en vieillissant.

— Écoute, mon brave Tom, je voudrais que tu m'initiasses un peu dans tout ce mystère. Je suis sûr que tu es au fait; car à qui se fierait-on, si ce n'était au discret Chiffinch?

— Vous avez beaucoup de bonté, milord, répondit avec la gravité d'un ivrogne ce Smith, à qui nous donnerons désormais son véritable nom de Chiffinch, et dont les copieuses libations qu'il avait faites dans la soirée avait délié la langue, quoique en rendant sa prononciation un peu moins facile. Peu de gens savent plus de choses que moi, et en parlent moins. *Conticuére omnes,* comme dit la grammaire; chacun devrait apprendre à retenir sa langue.

— Excepté quand on est avec un ami, Tom. Tu ne seras jamais assez butor pour refuser de lâcher un petit mot devant un ami pour le mettre au courant. Sais-tu bien que tu deviens trop prudent et trop politique pour la place que tu occupes? Allons, ton secret fera crever ton gilet de paysan. Déboutonne-toi, Tom, c'est pour ta santé que je te le demande; laisse sortir ce qui t'étouffe, et que ton ami de cœur sache ce qui se médite. Tu sais que je suis aussi attaché que toi-même au petit Antoine, s'il peut prendre le dessus.

---

(1) *Ned* est une abréviation d'*Edouard*. — Ed.

— *Si!* lord mécréant, s'écria Chiffinch. Est-ce à moi que tu parles de *si?* Il n'y a ni *si* ni *mais* dans cette affaire. La grande dame sera abaissée d'un cran, et la grande conspiration remontée de deux. Ne connais-tu pas Ned? l'honnête Ned a la mort d'un frère à venger.

— Je l'ai entendu dire, répondit le lord, et je crois que sa persévérance dans le ressentiment de cette injure est en lui une sorte de vertu païenne, peut-être la seule qu'on puisse lui trouver.

— Eh bien! continua Chiffinch, en manœuvrant pour se venger il y a travaillé plus d'un jour, et il a découvert un trésor.

— Quoi! dans l'île de Man?

— Soyez-en bien sûr. C'est une créature si aimable, qu'elle n'a besoin que d'être vue pour culbuter toutes les favorites, depuis Portsmouth et Cleveland jusqu'à cette créature à trois sous, mistress Nelly.

— Sur mon ame, Chiffinch, c'est chercher du renfort d'après les règles de la tactique; mais prends-y garde, Tom! pour faire une telle conquête, il faut autre chose qu'une joue de roses et un œil brillant; il faut de l'esprit, mon garçon, de l'esprit, des manières, et en outre un grain de jugement, pour conserver son influence quand on l'a acquise.

— Allons donc, croyez-vous m'apprendre ce qu'il faut pour cette vocation? Buvons à sa santé, à plein verre. Je vous dis que vous boirez à sa santé à ses genoux. Jamais on n'a vu beauté si triomphante; j'ai été tout exprès à l'église pour la voir, et c'était la première fois depuis dix ans. Je mens pourtant, ce n'était pas à l'église, c'était dans une chapelle.

— Dans une chapelle! s'écria le courtisan. Comment diable! est-ce donc une puritaine?

— Bien certainement c'en est une. Croyez-vous que je voudrais me mêler de mettre une papiste sur le pinacle dans le moment actuel, quand mon bon lord a dit en plein parlement qu'il ne devrait pas y avoir près de la personne du roi un domestique ou une servante catholique; qu'on ne devrait pas souffrir qu'un chien ou un chat papiste aboyât ou miaulât autour de lui?

— Mais réfléchis, Chiffinch, combien il est peu vraisemblable qu'elle plaise. Quoi! le vieux Rowley, avec son esprit et son amour pour l'esprit, avec sa bizarrerie et son amour pour tout ce qui est bizarre, former une ligue avec une puritaine et une sotte, scrupuleuse, n'ayant pas une idée! il n'en ferait rien, serait-elle une Vénus.

— Tu n'entends rien à tout cela, répondit Chiffinch. Je te dis que le beau contraste existant entre la prétendue sainte et la pécheresse voluptueuse lui donnera du piquant aux yeux du libertin. Qui le connaît, si ce n'est moi? A sa santé, milord, à sa santé à genoux, si vous désirez arriver au grade de gentilhomme de la chambre !

— J'y boirai de bon cœur; et très dévotement, mais vous ne m'avez pas encore dit comment la connaissance se fera; car je crois que vous ne pouvez pas la conduire à Witehall?

— Ah! ah! mon cher lord! vous voudriez savoir le secret tout entier. Cela n'est pas possible; je puis bien laisser entrevoir mon but à un ami; mais personne ne doit connaître les moyens que je dois employer pour y arriver. Et en parlant ainsi, Chiffinch secoua d'un air de prudence sa tête que le vin faisait déjà chanceler.

L'infâme dessein que cette conversation mettait au jour et dont son cœur l'avertissait qu'Alice Bridgenorth était l'objet fit une telle impression sur Julien, qu'il changea de posture involontairement et mit la main sur la poignée de son épée.

Chiffinch entendit du bruit, et s'interrompit en s'écriant:
— Ecoutez! j'ai entendu quelque chose. Corbleu! j'espère que je n'ai parlé que pour vous seul.

— Si quelqu'un a entendu une syllabe de tes paroles, dit

le noble lord, il périra de ma main. Et prenant une chandelle sur la table, il fit à la hâte la revue de l'appartement ; n'y découvrant rien qui pût encourir sa colère, il remit la lumière où il l'avait prise, et reprit le fil de la conversation.

— Eh bien ! en supposant que la belle Louise de Querouailles[1] quitte le haut poste qu'elle occupe pour monter au firmament, comment vous y prendrez-vous pour reconstruire la conspiration renversée ? Car sans cette conspiration point de changement parmi ceux qui tiennent les rênes. Les choses resteront comme elles sont. Nous aurons une favorite protestante, au lieu d'une favorite papiste. Le petit Antoine ne peut pas faire beaucoup de chemin sans sa conspiration ; car c'est lui, je le crois en conscience, qui l'a engendrée.

— Qui que ce soit qui l'ait engendrée, répondit le communicatif Chiffinch, il l'a adoptée, et elle a été pour lui un nourrisson donnant les plus belles espérances. Eh bien donc ! quoique cet objet s'écarte un peu de la ligne de mes fonctions, je veux bien jouer encore le rôle de saint Pierre, et prenant une autre clef, je vous ouvrirai la porte du reste du mystère.

— Voilà qui est parler en ami, brave compagnon, et je vais faire sauter de mes propres mains le bouchon de ce flacon pour boire rasade au succès de ton entreprise.

— Eh bien donc ! tu sais que depuis long-temps ils avaient une dent contre la vieille comtesse de Derby. On envoya Ned, qui a un vieux compte à régler avec elle, avec de secrètes instructions pour se rendre maître de l'île, s'il le pouvait, à l'aide de ses anciens amis. Il a toujours eu soin de l'entourer d'espions, et il se trouvait bien heureux en pensant que l'heure de la vengeance était prête à sonner pour lui. Mais il manqua son coup, et la vieille dame, se mettant sur ses gardes, se trouva bientôt en état d'enfermer

---

[1] Maîtresse de Charles II, qui la nomma duchesse de Portsmouth. — Éd.

Ned à son tour dans sa tanière. Il partit donc de l'île sans être beaucoup plus avancé que lorsqu'il y était arrivé ; mais il apprit par je ne sais quel moyen, car le diable est, je crois, toujours son ami, que Sa vieille Majesté de Man avait envoyé un messager à Londres pour y former un parti en sa faveur. Ned s'attacha aux pas de ce messager, jeune drôle sans expérience, n'ayant reçu qu'une demi-éducation, fils d'un vieux radoteur de Cavalier de l'ancienne souche du comté de Derby ; et il arrangea si bien les choses, qu'il amena le gaillard jusqu'à l'endroit où nous nous étions donné rendez-vous, et où j'attendais avec impatience la jolie proie dont je vous ai parlé. Par saint Antoine ! car je ne ferai pas un moindre serment, je fus tout interdit quand je le vis arriver avec ce grand lourdaud, non pas qu'il soit mal bâti ; je restai comme..., comme..., aidez-moi donc à trouver une comparaison.

— Comme le compagnon de saint Antoine, s'il était bien gras ; car je crois, Chiffinch, que vos yeux clignent de la même manière. Mais quel rapport tout cela a-t-il avec la conspiration ?... Arrêtez ; j'ai assez bu.

— Vous ne me fausserez pas compagnie, s'écria Chiffinch ; et l'on entendit un tintement comme s'il remplissait le verre de son compagnon d'une main peu assurée. — Comment ! Que veut dire ceci ? j'avais coutume de tenir mon verre d'une main ferme, d'une main très ferme.

— Eh bien ! ce jeune homme ?

— Eh bien ! il avala gibier et ragoûts comme si c'eût été du bœuf de printemps ou du mouton d'été. Jamais je n'ai vu ourson si mal léché. Il ne savait pas plus ce qu'il mangeait qu'un infidèle. Je l'envoyais à tous les diables, quand je voyais les chefs-d'œuvre de Chaubert passer par un gosier si ignorant. Nous prîmes la liberté d'assaisonner un peu son vin pour le débarrasser de son paquet de lettres, et l'imbécile partit le lendemain matin avec un paquet rempli de papiers gris. Ned voulait le garder près de lui, dans l'espoir d'en faire un témoin; mais le gaillard ne se chauffe pas à ce bois.

— Et comment prouverez-vous l'authenticité de ces lettres?

— Vous en êtes là, milord! il ne faut que la moitié d'un œil pour voir que malgré votre habit brodé vous étiez de la famille de Furnival[1], avant que la mort de votre frère vous eût fait venir à la cour. Comment nous en prouverons l'authenticité? Nous n'avons laissé partir le moineau qu'avec une ficelle autour de la patte, et nous pouvons le tirer à nous quand cela nous conviendra.

— Tu es devenu un vrai Machiavel, Chiffinch. Mais qu'aurais-tu fait si le jeune homme eût été rétif? J'ai entendu dire que cette race du Pic a la tête chaude et les bras forts.

— Pas d'inquiétude, milord. Nous avions pris nos précautions. Ses pistolets pouvaient aboyer, mais ils ne pouvaient mordre.

— Admirable Chiffinch! tu es donc devenu un filou accompli? tu sais voler les papiers d'un homme, et même t'emparer de sa personne!

— Filou! que signifie ce terme? Il me semble qu'une telle expression ne peut se supporter. Vous me mettrez en colère au point de me faire tomber sur vous!

— Ne vous emportez pas pour un mot, Chiffinch, et faites attention au sens dans lequel j'ai parlé. On peut filouter une fois sans être filou de profession.

— Mais non pas sans tirer à un fou quelques gouttes de sang noble, ou du moins de quelque liqueur rouge, dit Chiffinch qui se leva en trébuchant.

— Pardonnez-moi, répondit le lord, tout cela peut se faire sans de pareilles conséquences, et c'est ce que vous reconnaîtrez demain, quand vous serez de retour en Angle-

---

[1] Furnival était le nom d'une école de droit de Londres. Chiffinch veut dire ici que le lord appartenait à la profession du barreau, avant qu'il eût succédé au titre de son frère. — ÉD.

terre ; car en ce moment vous êtes en Champagne, et pour que vous y restiez, je bois à votre santé ce dernier verre, qui doublera votre bonnet de nuit.

— Je ne refuse pas de vous faire raison ; mais je bois ce verre en inimitié et hostilité. C'est une coupe de colère et un gage de bataille. Demain au lever du soleil je vous verrai à la pointe de l'épée, fussiez-vous le dernier des Saville. Que diable ! croyez-vous que je vous craigne, parce que vous êtes un lord ?

— Point du tout, Chiffinch ; je sais que tu ne crains que le lard et les fèves arrosées de petite bière. Adieu, aimable Chiffinch ; va te coucher, Chiffinch, va te coucher.

A ces mots il prit une lumière et sortit de l'appartement.

Chiffinch, pour la tête de qui le dernier coup de vin avait été le coup de grace, trouva précisément la force qu'il lui fallait pour en faire autant ; il murmura en se traînant vers la porte : — Oui, il m'en rendra raison à la pointe du jour. Dieu me damne ! il est déjà venu ! Voilà l'aurore ! Eh non ! c'est la lueur du feu qui donne sur ce maudit volet rouge. — Que diable ! on dirait que je suis gris. Voilà ce que c'est qu'une auberge de village. Cette chambre a une odeur d'eau-de-vie qui porte à la tête ; car ce ne peut être le vin que j'ai bu. Eh bien ! le vieux Rowley ne m'enverra plus ainsi battre la campagne. Allons, ferme ! ferme !

Tout en parlant ainsi il arriva à la porte, mais non par la ligne la plus droite, et laissa à Peveril le soin de réfléchir sur l'étrange conversation qu'il venait d'entendre.

Le nom de Chiffinch, du ministre bien connu des plaisirs de Charles, suffisait seul pour dénoncer le rôle qu'il semblait jouer dans cette intrigue ; mais qu'Édouard Christian, qu'il avait toujours regardé comme un puritain aussi strict que son beau-frère Bridgenorth, eût pris part avec lui à un complot si infâme, c'était ce qui lui paraissait monstrueux et contre nature. Une parenté si proche pouvait aveugler le major et le justifier d'avoir confié sa fille à un tel homme ;

mais quel homme méprisable devait être celui qui méditait d'abuser si ignominieusement de cette confiance ! Doutant un instant s'il devait croire à la vérité de tout ce qu'il venait d'entendre, il examina sur-le-champ le paquet de lettres dont il était porteur, et vit que la peau de veau marin qui les avait enveloppées ne contenait plus qu'une égale quantité de mauvais papiers. S'il avait eu besoin d'une autre preuve, le coup de pistolet qu'il avait tiré contre Bridgenorth lui aurait servi, en lui démontrant qu'il lui fallait qu'on eût touché à ses armes, puisque le major n'avait été frappé que par la bourre. Il examina son second pistolet qui était encore chargé, et vit qu'on en avait retiré la balle.

— Puissé-je périr au milieu de ces abominables intrigues, pensa-t-il, si tu n'es pas mieux chargé, et si tu ne me sers pas plus utilement. Le contenu de ces lettres peut perdre ma bienfaitrice ; le fait qu'on les a trouvées sur moi peut causer la ruine de mon père ; et la découverte que j'en étais porteur peut me coûter la vie à moi-même, ce dont je me soucie le moins. C'est un fil de la trame ourdie contre l'honneur et le repos d'une créature si innocente, que c'est presque un péché de songer à elle quand on se trouve sous le même toit que ces infâmes scélérats. Il faut que je retrouve ces lettres à tout risque. Mais de quelle manière ? C'est à quoi il faut réfléchir. Lance-Outram est entreprenant et fidèle ; et quand on est une fois déterminé à faire un coup de hardiesse, les moyens ne manquent jamais pour l'exécuter.

L'hôte entra en ce moment, et après s'être excusé de sa longue absence et lui avoir offert quelques rafraîchissemens, il l'invita à établir son quartier-général pour la nuit dans un grenier de foin situé dans une autre partie de la maison, et qu'il partagerait avec son camarade ; ajoutant qu'il s'était décidé à lui faire cette politesse d'après les admirables talens que Lance-Outram avait déployés au comptoir, où il paraît probable, à la vérité, que lui et l'hôte qui l'admirait avaient bu presque autant de liqueur qu'ils en avaient tiré.

Mais Lance-Outram était comme un vase bien vernissé sur lequel aucune liqueur ne fait une impression durable; de sorte que lorsque Peveril éveilla ce fidèle serviteur au point du jour, il lui trouva tout le sang-froid nécessaire pour comprendre le projet qu'il avait formé de se remettre en possession des lettres qu'on lui avait dérobées, et pour y prendre part.

Ayant écouté avec beaucoup d'attention tout ce que son maître lui dit à ce sujet, Lance se frotta les épaules, se gratta la tête, et exprima enfin la résolution magnanime qu'il venait de former.

— Ma tante avait raison, dit-il, de citer le vieux proverbe :

> Qui veut servir un Peveril,
> Ne doit redouter nul péril.

Et elle avait coutume de dire aussi que toutes les fois qu'un Peveril était sur le gril, un Outram se trouvait dans la poêle. Ainsi donc je vous prouverai que je ne suis pas dégénéré, et je vous servirai comme mes pères ont servi les vôtres pendant quatre générations et plus.

— C'est parler en brave, Outram, répondit Julien, et si nous étions débarrassés de ce freluquet de lord et de sa suite, nous viendrions aisément à bout des trois autres.

— Deux habitans de Londres et un Français, dit Lance-Outram ; je m'en chargerais tout seul. Et quant à lord Saville, comme on l'appelle, j'ai entendu dire la nuit dernière que lui et tous ses gens de pain d'épice doré qui regardaient un honnête homme comme moi comme s'ils eussent été le pur métal et que je n'eusse été que le rebut, devaient partir ce matin pour aller aux courses ou aux joutes de Tutberry. C'est ce qui les a amenés ici, où ils ont rencontré par hasard cet autre chat musqué.

Dans le fait, tandis qu'il parlait ainsi, on entendit un

bruit de chevaux dans la cour; et d'une lucarne de leur grenier ils virent les domestiques de lord Saville rangés en bon ordre, et prêts à partir dès qu'il paraîtrait.

— Oh, oh! maître Jérémie, dit l'un d'eux à une espèce de domestique principal, il paraît que le vin a servi de narcotique à milord cette nuit?

— Pas du tout, répondit Jérémie; il était debout avant le jour, et a écrit des lettres pour Londres; et pour te punir de ton irrévérence, Jonathan, c'est toi qui seras chargé de les y porter.

— Pour me faire manquer les courses! dit Jonathan avec humeur; je vous remercie de ce bon office, Jérémie, mais que le diable m'emporte si je l'oublie!

Cette discussion fut interrompue par l'arrivée du jeune lord, qui en sortant de l'auberge, dit à Jérémie : — Voici les lettres; qu'un de ces drôles coure à Londres comme s'il s'agissait de la vie ou de la mort, et qu'il les remette à leur adresse. Vous autres, montez à cheval et suivez-moi.

Jérémie remit le paquet à Jonathan avec un sourire malicieux, et le domestique mécontent tourna la tête de son cheval du côté de Londres avec un air d'humeur, tandis que lord Saville et le reste de ses gens partaient au grand trot du côté opposé, suivis des bénédictions de l'hôte et de toute sa famille, qui étaient à la porte multipliant les saluts et les révérences, sans doute par reconnaissance du paiement d'un écot plus que raisonnable.

Ce ne fut que trois grandes heures après leur départ que Chiffinch entra dans la salle où il avait soupé la veille. Il était en robe de chambre de brocard, et avait sur la tête un bonnet de velours vert, garni des plus belles dentelles de Bruxelles. Il n'était qu'à demi éveillé, et ce fut d'une voix semblable à celle d'un homme qui sort d'une léthargie qu'il demanda un verre de petite bière. Son air et tout son extérieur se ressentaient des sacrifices nombreux qu'il avait faits la veille à Bacchus, et prouvaient qu'il était à peine remis des fatigues de sa lutte contre ce dieu. Lance-Outram, à qui son maître avait recommandé de surveiller tous les mouvemens de Chiffinch, s'offrit officieusement à l'hôte pour porter le breuvage rafraîchissant, lui alléguant pour prétexte qu'il serait charmé de voir un seigneur de Londres en robe de chambre et en bonnet.

Dès que Chiffinch eut vidé le verre qui lui était présenté, il demanda où était lord Saville.

— Sa Seigneurie est partie à la pointe du jour, répondit Lance-Outram.

— Comment diable! eh! mais, c'est tout au plus si cela est honnête. Quoi! parti pour les courses avec toute sa suite?

— A l'exception d'un de ses gens qu'il a renvoyé à Londres pour y porter des lettres.

— Pour porter des lettres à Londres! il savait que j'y allais, et il aurait pu m'en charger. Un moment! un moment! je commence à me rappeler..... Diable! serait-il possible que j'eusse bavardé? Oui, oui, j'ai bavardé; je me souviens de tout à présent; j'ai bavardé, et en présence de l'homme qui est à la cour une véritable belette, pour sucer le jaune des secrets des autres. Mort et furie! Faut-il que mes soirées détruisent ainsi l'ouvrage de mes matinées? Pourquoi faut-il que je m'avise d'être bon compagnon sans réserve en buvant, de faire des confidences et de chercher querelle, d'avoir des amis et des ennemis; comme si l'on pouvait avoir de plus grand ami ou de plus grand ennemi que soi-même! Il ne faut pourtant pas que son messager arrive; je mettrai un bâton dans la roue. Eh! garçon! fais venir mon jockey, appelle Tom Beacon.

Lance-Outram obéit, mais après avoir fait entrer le jockey, il resta dans l'appartement pour écouter ce qui allait se passer entre le maître et le valet.

— Tom, dit Chiffinch, voici cinq pièces d'or pour vous.

— Et qu'y a-t-il à faire maintenant? demanda Tom sans

même se donner la peine de remercier son maître, parce qu'il savait que cette cérémonie ne serait pas reçue en paiement de la dette qu'il contractait.

— Montez à cheval, Tom, et courez comme si le diable vous emportait. Il faut rejoindre le domestique que lord Saville a envoyé à Londres ce matin, estropier son cheval, lui rompre les os, le soûler comme s'il avait bu la mer Baltique ; en un mot, d'une manière ou d'autre, l'empêcher de continuer son voyage. Hé bien ! stupide que vous êtes, pourquoi ne me répondez-vous pas ?

— Sans doute, sans doute, je vous entends, et je crois qu'il en est de même du brave homme que voilà, qui n'avait peut-être pas besoin d'en entendre tant, à moins que ce ne soit votre intention.

— Il faut que je sois ensorcelé ce matin, se dit Chiffinch à lui-même, ou que ce champagne me trotte encore dans la tête. Mon cerveau est devenu comme les marais de Hollande : un verre de vin suffirait pour y produire une inondation. Approche, drôle, et écoute-moi, dit-il à Lance. C'est que lord Saville et moi nous avons fait une gageure à qui ferait parvenir le premier une lettre à Londres. Voici de quoi boire à ma santé et à ma bonne fortune. N'en sonne mot à personne, et aide Tom à brider son cheval.... Tom, avant de partir, viens chercher tes lettres de créance ; je te donnerai une lettre pour le duc de Buckingham, afin de prouver que tu es arrivé le premier dans la capitale.

Tom Beacon salua en plongeon et se retira. Lance-Outram, après l'avoir aidé ou avoir fait semblant de l'aider à brider son cheval, s'empressa d'aller porter à son maître la bonne nouvelle qu'un heureux accident venait de réduire la suite de Chiffinch à un seul homme.

Peveril ordonna aussitôt qu'on préparât ses chevaux, et dès que Tom Beacon fut sur la route de Londres au grand galop il eut la satisfaction de voir Chiffinch et son favori Chaubert monter à cheval et choisir le même chemin, mais d'un pas plus modéré. Il les laissa prendre assez d'avance pour pouvoir les suivre sans se rendre suspect ; après quoi ayant payé son écot, il monta à cheval et les suivit en ayant soin de ne pas les perdre de vue, jusqu'à ce qu'ils arrivassent à quelque endroit favorable à l'entreprise qu'il méditait.

L'intention de Peveril avait été d'accélérer peu à peu le pas, quand ils arriveraient dans quelque partie solitaire de la route, jusqu'à ce qu'ils atteignissent Chaubert. Alors Lance-Outram resterait en arrière pour attaquer le monarque des broches et des casseroles, tandis que lui-même il pousserait en avant pour tomber sur Chiffinch. Mais ce projet supposait que le maître et le valet voyageraient à la manière ordinaire, c'est-à-dire celui-ci toujours quelques pas derrière le premier. Ce fut ce qui n'arriva point. Les sujets de discussion entre Chiffinch et le cuisinier français étaient si intéressans, que sans aucun égard pour les lois de l'étiquette ils marchaient amicalement côte à côte, se livrant à une conversation sur les mystères de la table que le vieux Comus ou un gastronome moderne aurait pu écouter avec plaisir. Il devenait donc nécessaire de les attaquer tous deux en même temps.

Ayant ainsi changé leur projet, sitôt qu'ils virent devant eux une grande étendue de terrain qui n'offrait pas la moindre apparence d'hommes, d'habitations, ni même d'animaux, ils commencèrent à accélérer le pas de leurs montures, mais graduellement et sans affectation, de manière à pouvoir atteindre ceux qu'ils poursuivaient sans leur donner l'alarme. Ils diminuèrent ainsi peu à peu la distance qui les séparait, et ils en étaient environ à cinquante pas, lorsque Peveril craignant que Chiffinch ne le reconnût quand il en serait plus près, donna à son compagnon le signal de l'attaque.

Au bruit que firent les chevaux en prenant le galop, Chiffinch se retourna ; mais il n'eut pas le temps d'en faire davantage, car Lance-Outram, qui avait fait sentir l'éperon à son cheval beaucoup meilleur que celui de son maître, se jeta sans cérémonie entre le courtisan et le cuisinier, et avant que Chaubert eût pu faire autre chose que proférer une exclamation, il renversa le cavalier et même le cheval. L'interjection *morbleu!* sortit alors de la bouche de l'artiste français, roulant sur la poussière du grand chemin au milieu de tous les ustensiles de son métier qu'il portait derrière lui dans une espèce de sac qui s'était ouvert en tombant ; Lance-Outram sauta à bas de son cheval, et commanda à son ennemi de rester couché à terre, sous peine de mort au moindre mouvement.

Avant que Chiffinch eût pu tirer vengeance de l'affront fait à son fidèle serviteur, Peveril saisit d'une main la bride de son cheval, lui présenta un pistolet de l'autre, et s'écria : Arrêtez, ou vous êtes mort !

Chiffinch, malgré son caractère efféminé, n'était pas absolument lâche. — Coquin, dit-il à Julien, vous m'avez attaqué par surprise, sans quoi.... Si vous êtes un voleur, voici ma bourse ; ne nous faites pas de mal, et respectez nos épices et nos sauces.

— Monsieur Chiffinch, répondit Peveril, ce n'est pas le moment de plaisanter. Je ne suis point un voleur, je suis un homme d'honneur. Rendez-moi le paquet que vous m'avez dérobé l'autre nuit, ou de par le ciel ! je vous enverrai dans la poitrine une couple de balles.

— Quelle nuit ? quel paquet ? demanda Chiffinch tout interdit, mais cherchant à gagner du temps dans l'espoir qu'il lui arriverait du secours, ou que Peveril serait un instant en défaut. — Je ne sais ce que vous voulez dire. Si vous êtes un homme d'honneur, dégaînons, et je vous ferai raison.

— Vous ne m'échapperez pas ainsi, homme sans honneur, s'écria Peveril. Vous m'avez volé quand vous aviez l'avantage sur moi ; à présent que je l'ai sur vous à mon tour, je ne serai pas assez fou pour n'en pas profiter. Rendez-moi mon paquet, après quoi, si vous le voulez, je vous combattrai à armes égales. Mais rendez-moi mon paquet à l'instant, répéta-t-il, ou je vous envoie dans un lieu où votre conduite ne vous promet pas une réception favorable.

Sa voix menaçante, son œil étincelant, et surtout le pistolet qu'il tenait à quelques pouces de la poitrine de Chiffinch, convainquirent celui-ci qu'il n'avait pas de compromis à espérer, et que l'affaire était très sérieuse. Il mit donc la main dans une poche de côté de son habit, et en tira avec un air de répugnance marquée les dépêches que la comtesse de Derby avait confiées à Julien.

— Il m'en faut cinq, dit Julien, et vous ne m'en rendez que quatre. Votre vie dépend d'une restitution pleine et entière. Où est la cinquième ?

— Elle m'a glissé entre les doigts, répondit Chiffinch en lui présentant la pièce qui manquait; la voici. Maintenant vous avez tout ce que vous désirez, à moins que vous n'ayez dessein d'y ajouter le meurtre ou le vol.

— Misérable ! s'écria Peveril en baissant son pistolet, mais en suivant des yeux tous les mouvemens de Chiffinch, tu ne mérites pas qu'un homme honnête se mesure avec toi; et cependant tire l'épée, si tu l'oses, et je consens à te combattre à armes égales.

— A armes égales ! répéta Chiffinch d'un ton de dérision. Jolie égalité ! une bonne épée et des pistolets contre une petite rapière, et deux hommes contre un, car Chaubert ne se bat point. Non, monsieur, non, je chercherai une occasion plus favorable, et nous aurons des armes plus égales.

— La calomnie ou le poison, sans doute ! vil agent d'infamie, dit Julien ; ce sont là tes moyens de vengeance. Mais fais bien attention à ce que je vais te dire. Je connais tes projets infernaux contre une jeune personne dont le nom est trop respectable pour être répété en ta présence. Tu m'as fait une injure, et tu vois que j'ai su me venger. Poursuis cet autre projet abominable, et je te promets de t'écraser comme un reptile impur et venimeux. Tu peux y compter, comme si Machiavel l'avait juré; car si tu persistes dans ce dessein, bien certainement je t'en punirai. Suis-moi, Lance-Outram, et laissons ce misérable réfléchir à ce que je viens de lui dire.

La part que Lance-Outram avait eue dans cette rencontre, après le premier choc, n'avait pas été considérable; car tout ce qu'il avait eu à faire avait été de diriger le manche de son fouet, comme si c'eût été un fusil, vers le cuisinier intimidé, qui, étendu sur le dos, et levant les yeux au ciel, n'avait pas plus le pouvoir ou la volonté de faire résistance qu'un cochon de lait sur la gorge duquel il aurait lui-même appuyé le couteau.

Son maître l'ayant relevé de la tâche peu difficile de garder un pareil prisonnier, Lance remonta à cheval, et tous deux partirent, laissant leurs ennemis se consoler de leur mésaventure comme ils le pourraient. Mais ils avaient en cette circonstance peu de sujets de consolation. L'artiste français avait à se lamenter sur la dispersion de ses épices et la destruction des fioles contenant ses sauces. Un enchanteur dépouillé de sa baguette et de ses talismans aurait à peine été réduit à une extrémité plus désespérante.

Chiffinch avait à regretter la découverte prématurée d'une intrigue qui allait probablement être déconcertée.

— Du moins, pensa-t-il, je n'ai point bavardé avec ce coquin. C'est mon mauvais génie seul qui m'a trahi. Je n'ai rien à reprocher au champagne pour cette infernale découverte qui peut me coûter si cher sous tous les rapports. Aussi donc s'il en reste un flacon qui ne soit pas cassé, je le boirai après le dîner, et je verrai s'il ne peut me suggérer quelque nouveau moyen de réussir, ou du moins de me venger.

Tout en formant cet honnête projet, il continua son chemin vers Londres.

CHAPITRE XXVIII.

> « C'était un vrai Protée, un homme universel.
> « Dans ses opinions il était sans appel ;
> « Mais aucune n'était de bien longue durée,
> « Car il ne voulait rien que par échauffourée.
> « On le vit, en un mois, joueur de violon,
> « Littérateur, chimiste, homme d'état, bouffon ;
> « Mais il était surtout grand amateur des belles,
> « Il jouait, il buvait, il dessinait pour elles ;
> « Et maint autre caprice, arrivant tour à tour,
> « En lui prenait naissance et mourait en un jour. »
> J. Dryden. *Absalon et Architopel*, partie I.

Il faut maintenant que nous transportions nos lecteurs à l'hôtel magnifique qu'occupait à cette époque dans la rue de... le célèbre Georges Villiers, duc de Buckingham, à qui Dryden a donné une triste immortalité pour les vers[1] que nous avons placés en tête de ce chapitre. Parmi les courtisans élégans et licencieux qui composaient la cour joyeuse de Charles II, il était le plus licencieux comme le plus élégant. Cependant, tandis qu'il compromettait une fortune de prince, une excellente constitution et des talens du premier ordre pour se procurer de frivoles plaisirs, il ne cessait de concevoir des desseins plus profonds et plus étendus ; s'il ne réussit pas, c'est qu'il lui manquait ce but fixe et cet esprit

---

(1) Le duc de Buckingham est désigné dans *Absalon et Architopel*, sous le nom de Zimri. Plusieurs autres personnages historiques du roman, tels que Titus Oates, etc., sont peints avec le même bonheur dans ce chef-d'œuvre de la satire politique en Angleterre. — Ed.

constant de persévérance, choses si essentielles dans toute grande entreprise, et surtout en politique.

— Il était plus de midi, et depuis long-temps était passée l'heure habituelle du lever du duc, si l'on peut dire que quelque chose fût habituel chez un homme si irrégulier en tout. Son vestibule était plein de laquais revêtus des plus splendides livrées. Dans les appartemens intérieurs étaient rangés les pages et les gentilshommes de sa maison, habillés comme les gens de la première distinction, et égalant, ou pour mieux dire surpassant sous ce rapport la splendeur personnelle du duc lui-même; mais son antichambre surtout aurait pu être comparée à un rassemblement d'aigles autour de leur proie, si cette comparaison n'était pas d'un genre trop relevé pour désigner cette race méprisable qui par mille moyens tendant au même but vit des besoins d'une grandeur nécessiteuse, fournit aux plaisirs d'un luxe auquel rien ne coûte, et excite les désirs insensés d'une prodigalité extravagante, en imaginant de nouveaux moyens et de nouveaux motifs de profusion. On y voyait l'homme à projets, à l'air mystérieux, promettant des richesses sans bornes à quiconque voudrait lui fournir préalablement la petite somme nécessaire pour changer en *or* des coquilles d'œufs; à son côté se tenait le capitaine Seagull[1], entrepreneur d'une colonie, portant sous le bras la carte des royaumes de l'Inde ou de l'Amérique, beaux comme Eden aux premiers jours du monde, et n'attendant plus que les colons aventureux pour qui un généreux patron voudrait équiper deux brigantins et une flûte; il était facile de reconnaître des joueurs de toute espèce; celui-ci, jeune, léger, gai en apparence, fils du plaisir et de l'inconséquence, plutôt dupe que fripon, mais au fond du cœur aussi fin, aussi rusé, aussi calculateur de sang-froid que ce vieux professeur de la même science, à l'air réfléchi, dont les yeux s'étaient affaiblis à force de suivre les dés pendant la nuit, et dont les doigts agiles savaient aider

(1) *Goeland.*

au besoin les calculs de son talent. Les beaux-arts aussi, je le dis avec peine, avaient leurs représentans parmi ce groupe sordide. Le pauvre poète à demi honteux, en dépit de l'habitude, du rôle qu'il allait jouer, et rougissant autant du motif qui l'amenait que de son vieil habit noir râpé, se cachait dans un coin, en attendant le moment favorable pour présenter sa dédicace; l'architecte, plus élégamment vêtu, préparait le plan de la façade et des deux ailes d'un nouveau palais, vision splendide qui, en se réalisant, pouvait conduire à l'hôpital celui qui s'y livrerait. Mais au premier rang on distinguait le musicien et le chanteur favoris, qui venaient recevoir en or bien sonnant le prix des doux accords qu'ils avaient fait entendre au banquet de la nuit précédente.

Tels étaient, avec beaucoup d'autres personnages analogues, les êtres qui se rassemblaient le matin chez le duc de Buckingham, tous véritables descendans de la fille de la Sangsue, qui ne connaissait d'autre cri que *donnez! donnez*[1]!

Mais le lever de Sa Grace présentait des personnages tout différens, et qui offraient autant de variété que ses goûts et ses opinions. Outre un grand nombre de jeunes gens nobles ou riches, qui faisaient du duc le miroir d'après lequel ils se costumaient pour la journée, et qui apprenaient de lui à se diriger avec la meilleure grace et selon la mode dans le *chemin de la ruine*[2], on y voyait des personnages d'un caractère plus grave, des hommes d'état disgraciés, des espions politiques, des orateurs du parti de l'opposition, des instrumens serviles du gouvernement, gens qui ne se rencontraient jamais ailleurs, mais qui regardaient la demeure du duc comme une espèce de terrain neutre, certains que s'il n'était pas de leur avis aujourd'hui il n'en était que plus

---

(1) Cette métaphore biblique, empruntée à l'Ecclésiaste, est très souvent employée dans les auteurs anglais. — Ed.

(2) *Road to ruin*; ces mots sont devenus depuis le titre d'une comédie où l'on voit *Misère et Vanité*. — Ed.

probable que demain il penserait comme eux. Les puritains eux-mêmes ne se faisaient pas scrupule d'avoir des liaisons avec un homme que ses talens auraient rendu formidable quand même il n'y aurait pas joint un rang élevé et une fortune immense. Plusieurs graves personnages en habit noir écourté, et portant une fraise d'une coupe particulière, étaient mêlés, comme les portraits d'une galerie de tableaux, à des élégans vêtus en soie et couverts de broderies. Il est vrai qu'ils évitaient de donner le scandale de passer pour amis du duc, car on supposait qu'ils ne venaient chez lui que pour des affaires d'argent. Ces graves et religieux personnages mêlaient-ils la politique aux emprunts? c'était ce que personne ne pouvait savoir; mais on avait remarqué que les juifs, qui en général se bornent au dernier de ces deux métiers, étaient depuis quelque temps fort assidus au lever du duc.

Il y avait foule dans l'antichambre depuis plus d'une heure, lorsque le gentilhomme de service se hasardant d'entrer dans la chambre à coucher dont tous les volets étaient assez exactement fermés pour y produire l'obscurité de minuit à midi, se présenta pour prendre les ordres de Sa Grace. D'une voix douce et flûtée, il demanda si le bon plaisir de milord-duc était de se lever. Une voix aigre lui répondit d'un ton bref : — Qui est là? quelle heure est-il?

— C'est Jerningham, milord; il est une heure, et vous avez donné rendez-vous pour onze heures à des gens qui attendent là-bas.

— Qui sont-ils? que me veulent-ils?

— Il y a un messager de Whitehall, milord.

— Bah! il peut attendre. Ceux qui font attendre les autres doivent avoir la patience d'attendre à leur tour. Si je devais être coupable d'impolitesse, j'aimerais mieux l'être à l'égard d'un roi qu'envers un mendiant.

— Il y a aussi des gens de la Cité.

— Ils m'ennuient. Je suis las de leur ton hypocrite sans

religion ; de leur protestantisme sans charité : dites-leur de se rendre chez Shaftesbury. Qu'ils aillent dans Aldersgate-Street, c'est le marché qui convient à leurs denrées.

— Le jockey de Newmarket, milord.

— Qu'il monte sur le diable. Il a un cheval à moi, et des éperons à lui. Est-ce tout?

— L'antichambre est pleine, milord ; des chevaliers, des écuyers, des docteurs, des joueurs...

— Les joueurs ayant les docteurs dans leurs poches, je présume !

— Des comtes, des capitaines, des membres du clergé.

— Vous prenez le goût de l'allitération [1], Jerningham. C'est une preuve que vous avez le génie poétique. Préparez-moi ce qu'il me faut pour écrire.

Sortant à moitié du lit, passant un bras dans une robe de chambre de brocard garnie d'une riche fourrure, plaçant un pied dans une pantoufle de velours, tandis que l'autre, dans sa nudité primitive, pressait un beau tapis, le duc, sans penser un instant à ceux qui l'attendaient, se mit à écrire quelques vers d'un poème satirique ; mais s'arrêtant tout à coup, il jeta sa plume dans la cheminée, en s'écriant que le moment de verve était passé. Il demanda ensuite s'il y avait quelques lettres pour lui. Jerningham lui en présenta un gros paquet.

— Diable ! dit le duc. Vous imaginez-vous que je lirai tout cela ? Je suis comme Clarence [2], qui demandait un verre de vin, et qui fut noyé dans un tonneau de Malvoisie. Y a-t-il là quelque chose qui presse?

— Cette lettre, milord, est relative à l'hypothèque prise sur votre domaine du comté d'York.

— Ne vous ai-je pas dit de la remettre à mon intendant?

---

(1) Le duc attribue à cette figure les trois mots qu'a prononcés Jerningham, et qui en anglais commencent en effet par la même lettre, C. : *Counts, Captain's, Clergyms.* — ED.

(2) Dans le *Richard III* de Shakspeare. — ED.

— C'est ce que j'ai fait, milord; mais Gathevall dit qu'il y a des difficultés.

— Eh bien! que les usuriers en prennent possession; et alors il n'y en aura plus. Sur une centaine de domaines je m'apercevrai à peine que j'en ai un de moins. — Apportez-moi mon chocolat.

— Gathevall ne parle pas d'impossibilité, milord; il dit seulement que les difficultés...

— Et qu'ai-je besoin de lui, s'il ne peut les aplanir? Mais vous êtes tous nés pour me présenter des difficultés.

— Si Votre Grace approuve les conditions contenues en cet écrit, et s'il lui plaît de le signer, Gathevall assure qu'il arrangera l'affaire.

— Et vous ne pouviez me dire cela plus tôt, ignorant que vous êtes! s'écria le duc tout en signant l'écrit sans même y jeter les yeux. Quoi! encore des lettres! Souvenez-vous que je ne veux plus être ennuyé d'affaires.

— Ce sont des billets doux, milord : il n'y en a que cinq ou six. Celui-ci a été laissé chez le portier par une femme masquée.

— Au diable! dit le duc en le jetant avec dédain pendant que Jerningham l'aidait à s'habiller; c'est une connaissance de trois mois.

— Celui-ci a été remis à un des pages de Votre Grace par la femme de chambre de lady....

— Que la fièvre la serre! Une jérémiade sur le pajure et la perfidie....! un vieil air sans paroles nouvelles.... Voyons pourtant. Justement! *Homme cruel...., sermens rompus...., la juste vengeance du ciel....!* — Cette femme pensait à un meurtre en m'écrivant, et non à l'amour. On ne devrait pas s'aviser d'écrire sur un sujet si usé, sans avoir du moins quelque chose de nouveau dans l'expression. — *Araminte au désespoir.* — Adieu, belle désespérée.... Et celui-ci, d'où vient-il?

— Il a été jeté par la fenêtre du vestibule par un grand drôle qui s'est enfui à toutes jambes.

— Le texte en est meilleur, et cependant c'est encore une vieille affaire qui date au moins de trois semaines. La petite comtesse au mari jaloux; je n'en donnerais pas un farthing sans ce jaloux de mari. Que la peste l'étouffe! *Ce soir en silence et en toute sûreté. Écrit avec une plume arrachée de l'aile de Cupidon.* — Parbleu, comtesse, vous lui en avez laissé assez pour qu'il s'envole. Vous auriez mieux fait de les lui arracher toutes pendant que vous le teniez. — *Pleine de confiance en la constance de son Buckingham.* — Je déteste la confiance dans une jeune personne. Il faut lui apprendre à vivre : je n'irai point.

— Votre Grace ne sera pas si cruelle.

— Vous avez le cœur compatissant, Jerningham, mais il faut punir la présomption.

— Mais si la fantaisie de Votre Grace pour elle venait à renaître?

— En ce cas vous jureriez que le billet doux s'est égaré... Un moment! il me vient une pensée. Il faut qu'il s'égare véritablement et avec éclat. Écoutez-moi : ce poète... comment se nomme-t-il donc? est-il là-bas?

— J'en ai compté six, milord, qui d'après les rames de papier dont leurs poches sont rembourrées, et à en juger par les coudes de leurs habits, paraissent porter la livrée des muses.

— Encore du style poétique, Jerningham. Je veux dire celui qui a composé la dernière satire.

— A qui Votre Grace a dit qu'elle devait cinq pièces d'or et une bastonnade?

— Précisément. L'argent pour sa satire et la bastonnade pour ses éloges. Trouvez-le, donnez-lui les cinq pièces d'or, et lâchez-lui le billet doux de la comtesse. Un moment! Prenez aussi celui d'Araminte et tous les autres, et remettez-les-lui également. Qu'il les mette tous dans son portefeuille,

Ils en sortiront au café de Will[1], et si celui qui les montrera ne prend pas sous le baton toutes les couleurs de l'arc-en-ciel, on ne peut compter ni sur le dépit d'une femme, ni sur la dureté du pommier et du chêne. La rage d'Araminte seule serait un fardeau trop pesant pour les épaules d'un simple mortel.

— Mais songez, milord, que ce Settle[2] est un coquin si stupide que rien de ce qu'il peut écrire ne pourra prendre dans le monde.

— Eh bien! nous lui avons donné de l'acier pour armer la flèche, nous lui donnerons des plumes pour la garnir; et quant au bois, il trouvera sur sa tête de quoi le faire. Donnez-moi ma satire commencée; vous la lui remettrez avec le reste, qu'il fasse du tout ce qu'il pourra.

— Je vous demande pardon, milord, mais le style de Votre Grace se reconnaîtra; et quoique toutes ces belles dames n'aient pas mis leurs noms au bas de leurs lettres, il est probable qu'on le découvrira.

— C'est précisément ce que je désire, tête sans cervelle! Avez-vous vécu avec moi si long-temps sans savoir que l'éclat qu'amène une intrigue est pour moi tout ce qui en fait le prix?

— Mais le danger, milord. Il y a des pères, des maris, des frères dont le courroux peut s'éveiller.

— Et se rendormir à force de coups, dit Buckingham avec hauteur. J'ai Blackwill et son bâton à mon service pour les grondeurs plébéiens, et quant à ceux d'un rang distingué, je m'en charge. J'ai besoin d'exercice depuis quelque temps, je puis à peine respirer...

— Mais cependant, milord....

— Paix! vous dis-je, fou que vous êtes! Je vous dis que

---

(1) Café des beaux-esprits du temps très fréquenté de Dryden, d'Etheredge, etc., etc. — Ed.

(2) Elkanal-Settle, poète dramatique opposé à Dryden par les ennemis de ce dernier. Voyez la *Vie de Dryden*, par sir Walter Scott. — Ed.

votre esprit nain ne peut mesurer la hauteur du mien. Je vous dis que je voudrais que le cours de ma vie fût un torrent. Je suis las de victoires trop faciles : je désire rencontrer des difficultés dont je puisse triompher par ma force irrésistible.

Un autre gentilhomme du duc entra en ce moment dans sa chambre.

— Je demande humblement pardon à Votre Grace, dit-il; mais Christian demande avec tant d'importunité à vous parler sur-le-champ, que je suis obligé de venir prendre vos ordres.

— Dites-lui de revenir dans trois heures. Au diable le cerveau politique qui voudrait faire danser le monde sur l'air qu'il compose!

— Je vous remercie du compliment, milord, dit Christian en entrant dans l'appartement, vêtu un peu plus en courtisan, mais ayant le même air sans prétention, la même tournure négligée, le même ton d'indifférence et de calme, que lorsqu'il avait rencontré Julien Peveril en plusieurs occasions pendant que celui-ci se rendait à Londres. Mon but en ce moment est précisément de vous faire de la musique, et Votre Grace pourra en profiter pour danser si bon lui semble.

— Sur ma parole, monsieur Christian, dit le duc avec hauteur, il faut qu'il s'agisse d'une affaire importante pour qu'elle puisse bannir ainsi tout cérémonial entre nous. Si elle a rapport au sujet de notre dernière conversation, je dois vous prier de remettre notre entretien à une autre occasion, car j'ai en ce moment une affaire qui exige toute mon attention.

Tournant alors le dos à Christian, il reprit son entretien avec Jerningham. — Cherchez l'homme que vous savez, remettez-lui ces papiers et donnez-lui cet argent pour payer le bois de la flèche, puisque nous l'avons déjà muni du fer et des plumes.

—Tout cela est fort bien, milord, dit Christian d'un air calme, en s'asseyant sur un fauteuil à quelque distance; mais la légèreté de Votre Grace ne peut tenir tête à mon égalité d'ame. Il est nécessaire que je vous parle, et j'attendrai le loisir de Votre Grace dans cet appartement.

—Fort bien! répliqua le duc avec humeur; quand un mal est inévitable, il faut s'en débarrasser le plus tôt possible.

—Je puis prendre des mesures pour empêcher que cela ne se renouvelle.

—Voyons, monsieur, voyons sans délai ce que vous avez à me dire.

—J'attendrai que la toilette de Votre Grace soit finie, répondit Christian du ton d'indifférence qui lui était naturel; ce que j'ai à vous dire exige que nous soyons seuls.

—Retirez-vous, Jerningham, mais ne vous éloignez pas, et attendez que je vous appelle. — Mettez ma veste sur ce sopha. — Comment! encore cette veste de drap d'argent! Je l'ai déjà portée cent fois.

—Deux fois seulement, milord, dit Jerningham d'un ton de soumission.

—Deux fois, vingt fois, répliqua le duc, n'importe! Prenez-la pour vous, ou donnez-la à mon valet de chambre, si vous pensez que ce soit déroger à votre noblesse.

—Votre Grace a fait porter ses habits de rebut à de plus grands personnages que moi, dit Jerningham.

—Vous êtes malicieux, Jerningham. — Dans un sens, cela est vrai, et cela peut arriver encore. — A la bonne heure, cette veste couleur de perles ira parfaitement avec le ruban et la jarretière. — Allez-vous-en à présent. — Eh bien! monsieur Christian, le voilà parti! Puis-je vous demander encore une fois ce que vous avez à me dire?

—Milord, répondit Christian, vous aimez les difficultés dans les affaires d'état comme dans celles d'amour.

—J'espère, monsieur Christian, que vous n'avez pas

écouté aux portes. Cela ne prouverait pas beaucoup de respect pour moi ni pour ma maison.

— Je sais ce que vous voulez dire, milord.

— Peu m'importe, au surplus, que tout l'univers sache ce que je disais à Jerningham il n'y a qu'un moment. Mais arrivons à l'affaire dont il s'agit.

— Votre Grace est tellement occupée des victoires qu'elle remporte sur les belles et sur les gens d'esprit, que vous avez peut-être oublié l'intérêt que vous avez dans la petite île de Man?

— Nullement, monsieur Christian; je me rappelle parfaitement que ma Tête-Ronde de beau-père, Fairfax, avait obtenu du long parlement la concession de cette île, et qu'il fut assez sot pour la lâcher à la restauration, au lieu que s'il avait serré les griffes en véritable oiseau de proie, il l'aurait conservée pour lui et pour les siens. C'eût été une assez jolie chose que d'avoir à moi un petit royaume, d'y promulguer des lois, d'avoir mon chancelier avec ses sceaux et sa masse. Une demi-journée m'aurait suffi pour apprendre à Jerningham à paraître aussi grave, à marcher aussi lourdement, et à parler aussi sottement qu'Harry Bennet.

— Vous auriez pu faire tout cela, et encore plus, si tel eût été le bon plaisir de Votre Grace.

— Oui; et si c'eût été le bon plaisir de Ma Grace, monsieur Christian aurait été le jack-ketch[1] de mes domaines.

— Moi, votre jack-ketch, milord! dit Christian d'un ton qui annonçait plus de surprise que de mécontentement.

— Sans doute; n'avez-vous pas perpétuellement intrigué contre la vie de cette pauvre vieille dame? Satisfaire votre vengeance de vos propres mains, ce serait pour vous un plaisir de roi.

— Je ne demande que justice contre la comtesse, milord.

— Et la fin de la justice est toujours un gibet.

(1) Nom qu'on donne généralement en Angleterre à l'exécuteur des hautes-œuvres. — Ép.

— Soit! Eh bien! la comtesse est dans la conspiration.

— Que le diable confonde la conspiration, comme je crois qu'il l'a inventée! s'écria le duc. Je n'ai pas entendu parler d'autre chose depuis je ne sais combien de mois. — Si l'on doit aller au diable, je voudrais que ce fût par quelque nouveau chemin, et en bonne compagnie. Je n'aimerais pas à faire ce voyage dans la société d'Oates, de Bedloe, et de tout le reste de cette fameuse nuée de témoins.

— Votre Grace est donc déterminée à renoncer aux avantages qui peuvent lui arriver? Si la maison de Derby tombe en forfaiture, la concession faite à Fairfax, dignement représenté aujourd'hui par la duchesse votre épouse, reprend toute sa force, et vous devenez seigneur souverain de l'île de Man.

— Du chef d'une femme, dit le duc. Mais en vérité, ma chère moitié me doit quelque indemnité pour avoir vécu pendant la première année de notre mariage avec le vieux Black-Tom, son sombre puritain de père. Autant aurait valu épouser la fille du diable et tenir ménage avec son beau-père.

— J'en conclus donc, milord, que vous êtes disposé à employer votre crédit contre la maison de Derby?

— Comme elle est illégalement en possession du royaume de mon épouse, elle n'a certainement aucun droit d'attendre des faveurs de ma part. Mais vous savez qu'il existe à Whitehall un crédit bien au-dessus du mien.

— Uniquement parce que vous le voulez bien, milord.

— Et non, non, cent fois non! s'écria le duc, dont ce souvenir excitait la colère. Je vous dis que cette vile courtisane, la duchesse de Portsmouth, s'est mis impudemment dans la tête de me contrarier et de me contre-carrer. Charles m'a regardé d'un air sombre et m'a parlé d'un ton sec devant toute la cour. Je voudrais qu'il sût quel est le motif de division entre elle et moi; je désirerais seulement qu'il pût s'en douter. Mais je lui arracherai ses plumes, ou je ne me nomme pas Williers. Une misérable fille de joie française me braver ainsi ! Tu as raison, Christian ; nulle passion n'enflamme l'esprit comme l'amour de la vengeance. J'accréditerai la conspiration, ne fût-ce que par dépit contre elle, et je rendrai impossible au roi de soutenir sa maîtresse au rang où il l'a élevée.

En parlant, le duc s'était peu à peu échauffé. Il parcourait sa chambre à grands pas, en gesticulant avec véhémence, comme s'il n'avait eu d'autre objet en vue que de dépouiller la duchesse de son crédit et de sa faveur auprès du roi. Christian sourit intérieurement en le voyant approcher de la situation d'esprit dans laquelle il était très facile de le mettre, et il garda judicieusement le silence.

Le duc se rapprocha de lui. — Eh bien ! sir Oracle, s'écria-t-il, vous qui avez dressé tant de plans pour supplanter cette louve des Gaules, où en sont toutes vos intrigues maintenant ? où est cette beauté merveilleuse qui doit fasciner les yeux du souverain au premier aperçu ? Chiffinch l'a-t-il vue ? Qu'en dit cet excellent critique en beauté et en ragoûts, en femmes et en vin ?

— Il l'a vue, et elle a obtenu son approbation. Mais il ne l'a pas encore entendue, et son esprit répond au reste. Je suis arrivé hier avec elle, et je compte lui présenter Chiffinch aujourd'hui à l'instant même de son arrivée, et je l'attends à chaque minute. La seule chose que je craigne, c'est la vertu sauvage de la demoiselle, car elle a été élevée à la mode de nos grand'mères. Nos mères avaient plus de bon sens.

— Quoi ! si jeune, si belle, et si difficile ! Sur mon ame, vous me présenterez à elle aussi bien que Chiffinch.

— Pour que Votre Grace la guérisse de son indomptable modestie ?

— Je ne veux que lui apprendre à faire valoir son mérite. Les rois n'aiment pas à jouer le rôle d'amoureux transis. Ils aiment qu'on courre le gibier pour eux.

— Avec la permission de Votre Grace, cela ne se peut. *Non*

omnibus dormio. Milord connaît cette allusion classique. Si cette jeune fille devient la favorite du souverain, le rang dore la honte et couvre le péché. Mais elle ne baissera pavillon devant personne d'une qualité inférieure à la majesté suprême.

— Imbécile soupçonneur, je ne voulais que plaisanter. Pensez-vous que je voudrais risquer de nuire au succès d'un plan qui doit m'être aussi avantageux que celui que vous avez conçu?

— Milord, dit Christian en souriant et en secouant la tête, je connais Votre Grace aussi bien et peut-être mieux qu'elle ne se connaît elle-même. Déranger une intrigue bien concertée par quelque combinaison éclose dans votre cerveau, vous ferait plus de plaisir que de la conduire à une fin heureuse en suivant les plans des autres. Mais Shaftesbury et tous ceux qui y sont intéressés ont résolu de donner au moins beau jeu à notre projet; et pardon si je vous parle ainsi, nous ne souffrirons pas que votre légèreté et votre inconstance nous suscitent des obstacles.

— Qui? moi, inconstant et léger! vous me voyez ici aussi résolu qu'aucun de vous à renverser la maîtresse, et à faire réussir l'intrigue. Je n'estime la vie que pour ces deux choses. Personne ne peut jouer le rôle d'homme d'affaires comme moi, quand cela me plaît. Rien ne me manque, jusqu'à l'art d'enfiler et d'étiqueter mes lettres. Je suis exact comme un scribe.

— Vous avez reçu une lettre de Chiffinch. Il m'a fait dire qu'il vous avait écrit relativement à différentes choses qui se sont passées entre lui et le jeune lord Saville.

— Oui, oui, dit le duc en cherchant dans ses lettres : je ne la trouve pas sous ma main; j'en connais à peine le contenu. J'étais très affairé quand elle est arrivée. Mais elle est en sûreté.

— Vous auriez dû agir en conséquence. Le fou s'est laissé soutirer son secret, et il vous engageait à prendre des mesures pour que le messager de lord Saville ne pût arriver jusqu'à la duchesse avec ces dépêches, qui lui découvriraient tout le mystère.

Le duc prit alors l'alarme. Il tira à la hâte le cordon d'une sonnette. Jerningham parut sur-le-champ.

— Où est la lettre que j'ai reçue de M. Chiffinch il y a quelques heures? lui demanda-t-il.

— Si elle n'est point parmi celles qui se trouvent devant Votre Grace, répondit Jerningham, je ne puis vous le dire : je n'en ai pas vu d'autres.

— Vous mentez, drôle! de quel droit vous mêlez-vous d'avoir une mémoire meilleure que la mienne?

— Si Votre Grace veut me permettre de le lui rappeler, elle se souviendra qu'elle a à peine ouvert une lettre cette semaine.

— Vit-on jamais un drôle si impatientant? Il pourrait jouer le rôle de témoin dans la conspiration. Il a détruit ma réputation d'exactitude par sa déposition contradictoire.

— Du moins, dit Christian, les talens et la capacité de Votre Grace restent inattaquables; et il faut les employer pour vous et pour vos amis. Si je puis vous donner un avis, vous vous rendrez à la cour sur-le-champ, et vous tâcherez d'y préparer adroitement l'impression que nous désirons faire. Si Votre Grace peut prendre les devans et jeter quelques mots en l'air pour contre-carrer Saville, tout ira bien. Mais surtout donnez de l'occupation à l'oreille du roi; personne n'est autant que vous en état de le faire. Laissez à Chiffinch le soin de captiver son cœur par un objet convenable.—Autre chose maintenant. Il y a un ancien Cavalier, une vieille tête chaude, qui remuerait ciel et terre en faveur de la comtesse de Derby. Il est gardé à vue, et toute la légion de témoins le suit à la piste.

— Eh bien! sus Topham!

— Topham l'a déjà arrêté, milord. Mais il existe en outre un jeune brave, fils dudit Cavalier, élevé dans la famille de la comtesse de Derby, et qu'elle a chargé d'apporter à Londres des lettres adressées au provincial des jésuites et à d'autres personnes.

— Et comment nommez-vous ces deux individus?

— Sir Geoffrey Peveril, du château de Martindale, dans le comté de Derby, et son fils Julien.

— Quoi! s'écria le duc, Peveril du Pic! un vieux Cavalier aussi honorable que quiconque a jamais su jurer, un des braves de Worcester, un homme qu'on trouvait partout où il y avait des coups à donner ou à recevoir! je ne consentirai jamais à sa ruine, Christian. Vos coquins ont pris le change : il faut les remettre sur la voie à coups de verges ; il le faut, et c'est ce qui les attend quand la nation reprendra l'usage de ses yeux.

— En attendant, dit Christian, il est de la dernière importance pour le succès de notre plan, que Votre Grace se place pour un certain temps entre eux et la faveur du roi. Le jeune homme possède sur la belle une influence que nous ne trouverions guère favorable à nos vues, et d'ailleurs le père de la jeune fille a de ce Julien une aussi haute opinion qu'il puisse en concevoir d'un homme qui n'est pas comme lui un imbécile puritain.

— Eh bien! très chrétien Christian, dit le duc, j'ai entendu vos ordres tout au long. Je tâcherai de boucher tous les terriers qui se trouvent sous le trône, afin que ni le lord, ni le chevalier, ni l'écuyer en question ne puissent en sortir. Quant à la belle, je vous laisse ainsi qu'à Chiffinch le soin de préparer ses hautes destinées, puisqu'on ne veut pas se fier à moi. Adieu, très chrétien Christian.

Il fixa les yeux sur lui, et s'écria en fermant la porte de l'appartement : — Abominable damné libertin! Mais ce qui est le plus insupportable c'est de voir le sang-froid insolent du scélérat. Votre Grace fera ceci, Votre Grace fera cela. Je serais une jolie marionnette si je jouais le second rôle ou plutôt le troisième dans une telle intrigue! Non, non. Ils marcheront par le chemin que je voudrai, ou je les arrêterai. En dépit d'eux je découvrirai cette fille, et je verrai si leur plan paraît devoir réussir. Dans ce cas, elle sera à moi, entièrement à moi, avant qu'elle appartienne au roi, et je commanderai à celle qui commandera à Charles.

Il sonna une seconde fois, et Jerningham arriva.

— Jerningham, lui dit-il, faites suivre tous les pas de Christian pendant vingt-quatre heures, en quelque lieu qu'il aille, et découvrez où il va voir une jeune fille nouvellement arrivée à Londres. Vous souriez, maraud?

— Je soupçonnais une nouvelle rivale à Araminte et à la petite comtesse, milord.

— Allez à votre besogne, répondit le duc, et laissez-moi songer à la mienne. Enchaîner à mon char une jolie puritaine, en faire la favorite d'un roi, gagner les bonnes graces de la perle des beautés de l'ouest de l'Angleterre ; c'est là le premier point. Châtier l'impudence de ce métis de l'île de Man, abaisser l'orgueil de madame la duchesse, faire réussir ou avorter une importante intrigue politique, suivant que les circonstances le rendront désirable pour mon honneur et ma gloire; ce sera le second. Je désirais de l'occupation il n'y a qu'un moment, en voilà bien assez ; mais Buckingham saura diriger sa barque à travers les écueils et au milieu des tempêtes.

CHAPITRE XXIX.

« Oui, le diable lui-même, en mainte conjoncture,
« Pour son propre intérêt peut citer l'Ecriture. »
                    SHAKESPEARE. *Le marchand de Venise.*

Après avoir quitté la brillante demeure du duc de Buckingham, Christian, plein de ses projets aussi profonds que perfides, prit le chemin de la Cité, et se rendit à la hâte dans une auberge décente tenue par un presbytérien, et où il avait été mandé à l'improviste pour y trouver Ralph Bridgenorth. Sa course ne fut pas inutile. Le major était arrivé de Moultrassie-Hall dans la matinée, et l'attendait avec impatience.

L'inquiétude avait rendu plus sombre son air naturellement lugubre, et à peine si son front se dérida quand, répondant aux questions qu'il lui fit sur sa fille, Christian lui eut donné les renseignemens les plus satisfaisans sur la santé d'Alice, y mêlant avec adresse et sans affectation sur ses charmes et son caractère quelques éloges qui devaient plaire à l'oreille d'un père.

Mais Christian avait trop d'astuce pour appuyer trop long-temps sur ce sujet, quelque agréable qu'il pût être à celui à qui il parlait. Il s'arrêta précisément au point où l'on pouvait supposer qu'un bon parent en avait dit assez.

— La dame chez qui j'ai placé Alice, dit-il, est enchantée de la figure et des manières de ma nièce, et elle nous répond de son bonheur et de sa santé. J'espère que vous n'avez pas assez peu de confiance en votre frère pour être accouru si précipitamment de Moultrassie-Hall, ce qui contrarie le plan que nous avions arrêté de concert, comme si votre présence était nécessaire à la sûreté d'Alice.

— Frère Christian, répondit Bridgenorth, il faut que je voie ma fille ; il faut que je voie la dame à qui vous l'avez confiée.

— Et pourquoi ? Ne m'avez-vous pas avoué que l'excès d'affection charnelle que vous avez conçue pour votre fille avait été un piége pour votre ame ? n'avez-vous pas été plus d'une fois sur le point de renoncer à ces grands desseins qui doivent placer la droiture sur les marches du trône, parce que vous désiriez satisfaire la passion puérile de votre fille pour le fils de votre ancien persécuteur, pour ce Julien Peveril ?

— J'en conviens. J'aurais donné, je donnerais encore le monde entier pour serrer ce jeune homme contre mon cœur et l'appeler mon fils. L'esprit de sa mère brille dans ses yeux, et sa démarche majestueuse me rappelle celle de son père quand il venait tous les jours me consoler dans mon affliction, et me dire : — L'enfant va bien.

— Mais ce jeune homme ne veut suivre que ses propres lumières. Il prend pour l'étoile polaire le météore sorti du marais fangeux. Ralph Bridgenorth, je te parlerai en ami et avec franchise. Tu ne peux servir en même temps la bonne cause et celle de Baal. Obéis, si tu le veux, à ton affection charnelle ; appelle chez toi ce Julien Peveril, donne-lui ta fille pour épouse ; mais songe à l'accueil qu'elle recevra de ce vieux et orgueilleux chevalier, aussi fier, aussi indomptable aujourd'hui dans les chaînes, qu'il l'était lorsque l'épée des saints eut triomphé à Worcester. Vois-le rejeter avec mépris ta fille prosternée à tes pieds ; vois-le.....

— Christian, dit le major en l'interrompant, tu me serres de bien près ; mais tu le fais par amitié, mon frère, et je te le pardonne. Alice ne sera jamais exposée au mépris. Mais cette dame, cette amie.... Christian, tu es l'oncle de ma fille; tu es après moi celui qui doit avoir pour elle le plus d'affection et de tendresse; mais tu n'es pas son père; tu ne peux avoir les inquiétudes d'un père; es-tu bien sûr du caractère de la femme à qui tu as confié ma fille?

— Aussi sûr que du mien; aussi sûr que je le suis que mon nom est Christian et le vôtre Bridgenorth. N'ai-je pas vécu bien des années dans cette ville? ne connais-je pas cette cour? est-il probable qu'on m'en impose? car je ne crois pas que vous puissiez craindre que je veuille vous en imposer?

— Tu es mon frère, tu es la chair et les os de la sainte que j'ai perdue. Je suis déterminé à mettre toute ma confiance en toi dans cette affaire.

— Tu as raison. Et qui sait quelle récompense le ciel te réserve? Je ne puis regarder Alice sans éprouver le pressentiment qu'une créature si au-dessus des femmes ordinaires est destinée à de grandes choses. L'illustre Judith délivra Béthulie par sa valeur, et les charmes d'Esther en firent la sauvegarde de son peuple dans la terre de captivité quand elle eut trouvé grace aux yeux d'Assuérus.

— Que les desseins du ciel sur elle s'accomplissent! dit Bridgenorth. Mais à présent, dites-moi quels progrès a faits notre grand œuvre.

— Le peuple est las de l'iniquité de cette cour, répondit Christian; et si cet homme veut continuer à régner, il faut qu'il appelle à ses conseils des hommes d'une autre trempe. L'alarme excitée par les infernales manœuvres des papistes a rendu aux ames toute leur énergie, et a ouvert tous les yeux sur les dangers de l'état. Lui-même, car il abandonnera son frère et sa femme pour se sauver, il n'est pas éloigné d'un changement de mesure, et quoique nous ne puissions voir tout d'un coup la cour triée, comme le grain l'est par un van, il s'y trouvera assez de gens de bien pour réprimer les méchans, assez d'hommes sages pour forcer à accorder cette tolérance universelle pour laquelle nous avons soupiré comme la vierge soupire pour son bien-aimé. Le temps et l'occasion amèneront une réforme plus complète, et nous effectuerons, sans tirer le glaive du fourreau, ce que nos amis n'ont pu établir sur une fondation solide, même quand le glaive victorieux était entre leurs mains.

— Puisse Dieu nous accorder cette grace! dit Bridgenorth; car je crois que je me ferais un scrupule de rien faire qui pût encore conduire à une guerre civile ; mais j'aspire après les changemens qui pourront arriver d'une manière paisible et légale.

— Oui, ajouta Christian, et qui amèneront avec eux le châtiment sévère que nos ennemis ont mérité depuis si long-temps. Depuis combien de temps le sang de mon frère ne crie-t-il pas vengeance? Cette cruelle Française verra maintenant que ni le laps des années, ni ses puissans amis, ni le nom de Stanley, ni sa souveraineté de Man, ne peuvent arrêter la course persévérante du vengeur du sang. Son nom sera rayé de la liste de nos nobles, et son héritage passera à un autre.

— Frère Christian, dit le major, ne poursuis-tu pas tes ennemis avec trop d'acharnement ? Ton devoir, comme chrétien, est de leur pardonner.

— Oui, mais non pas aux ennemis du ciel, non pas à ceux qui ont répandu le sang des saints, s'écria Christian les yeux animés de cette expression qui annonce une soif ardente de vengeance, seule passion qu'on voyait parfois se peindre sur des traits qui semblaient impassibles pour tout autre intérêt. Non, Bridgenorth, continua-t-il, je regarde comme saint ce projet de vengeance ; je le considère comme un sacrifice expiatoire pour tout ce que j'ai pu faire de mal dans ma vie. Je me suis soumis à être méprisé par l'orgueilleux ; je me suis abaissé jusqu'au rang de serviteur, mais ma fierté n'était pas éteinte ; et je me disais : — Si je m'humilie à ce point, c'est pour venger le sang de mon frère.

— Et cependant, frère Christian, quoique je prenne part à tes projets, quoique je t'aie appuyé de toute mon aide contre cette femme moabite, je ne puis m'empêcher de penser que ta soif de vengeance s'accorde mieux avec les lois de Moïse qu'avec celles de la charité.

— Ce langage te convient à ravir, Ralph Bridgenorth, à toi qui viens de triompher de la ruine de ton ennemi!

— Si vous voulez parler de sir Geoffrey Peveril, je ne triomphe pas de sa ruine. Il était juste qu'il fût abaissé. Je puis humilier son orgueil; mais si cela dépend de moi, je ne verrai pas la ruine de sa maison.

— Vous savez ce que vous avez à faire, frère Bridgenorth; et je rends justice à la pureté de vos principes : mais les hommes qui ne voient que par les yeux du monde ne pourraient apercevoir que peu de merci dans la magistrat sévère, dans le créancier rigoureux qui vient d'agir contre Peveril.

— Frère Christian, s'écria Bridgenorth dont le visage s'enflammait en parlant ainsi, je ne rends pas moins justice à la prudence de vos motifs, et je ne nie pas l'adresse surprenante avec laquelle vous vous êtes procuré des informations si exactes sur les projets de cette femme d'Ammon. Mais il m'est permis de penser que dans vos relations avec la cour, dans votre politique charnelle et mondaine, vous avez perdu quelque chose de ces dons spirituels qui vous avaient procuré autrefois tant de renommée parmi nos frères.

— Ne le craignez point, répondit Christian, reprenant le sang-froid qu'il avait un peu perdu dans cette discussion; travaillons de concert, comme nous l'avons fait jusqu'ici, et j'espère que chacun de nous sera trouvé coopérant, en fidèle serviteur, au triomphe de la bonne cause pour laquelle nous avons autrefois tiré le glaive.

A ces mots il prit son chapeau, et fit ses adieux à Bridgenorth en lui annonçant l'intention de revenir le voir dans la soirée.

—Adieu, dit le major; tu me trouveras toujours aussi

fidèle et aussi dévoué à cette cause. J'agirai d'après tes conseils, et je ne te demanderai même pas, quoique mon cœur paternel en saigne, où est ma fille, et en quelles mains tu l'as confiée. J'essaierai de me couper la main droite, de m'arracher l'œil droit, et de les jeter loin de moi. Quant à toi, Christian, si tu agis en cette affaire autrement que la prudence et l'honneur ne l'exigent, songe que tu en es responsable devant Dieu et les hommes.

— Ne crains rien, dit Christian à la hâte, et il se retira agité par des réflexions peu agréables.

— J'aurais dû le décider à retourner dans le comté de Derby, pensa-t-il dès qu'il fut dans la rue. Sa présence seule en cette ville peut renverser le plan sur lequel est fondée l'élévation future de ma fortune : oui, et de celle de sa fille. Dira-t-on que j'ai causé sa ruine, quand on la verra briller de tout l'éclat qui environne la duchesse de Portsmouth, et qu'elle deviendra peut-être mère d'une race de princes? Chiffinch m'a promis de fournir l'occasion favorable, et sa fortune dépend du soin qu'il prend de satisfaire le goût de son maître pour la variété. Si elle fait impression, l'impression sera profonde, et une fois maîtresse de son affection, je ne crains pas qu'on la supplante. Mais que dira son père? mettra-t-il en homme sage sa honte dans sa poche, parce qu'elle sera bien dorée? jugera-t-il à propos de faire étalage d'une frénésie morale et paternelle? je crains qu'il ne prenne ce dernier parti. Ses mœurs ont toujours été trop sévères pour qu'il ferme les yeux sur cette petite licence? Mais quel sera le résultat de sa colère? Je puis rester à l'ombre dans cette affaire, et ceux qui seront en évidence s'inquiéteront fort peu du ressentiment d'un puritain de province. Et après tout, le but auquel je veux arriver est ce qu'il y a de mieux pour lui, pour la péronnelle et pour moi, Édouard Christian.

Telles étaient les viles considérations par lesquelles ce misérable cherchait à apaiser les reproches de sa conscience, tandis qu'il tramait le déshonneur de la famille de son ami et la ruine de sa propre nièce, confiée à ses soins. Le caractère de cet homme n'était pas du genre de ceux qu'on rencontre tous les jours, et ce n'était point par une route ordinaire qu'il s'était élevé au plus haut point de l'insensibilité et d'un infâme égoïsme.

Édouard Christian, comme le lecteur le sait déjà, était frère de ce William Christian qui avait servi de principal instrument pour faire passer l'île de Man sous le joug de la république, et qui pour cette raison était devenu la victime de la vengeance de la comtesse de Derby. Tous deux avaient été élevés dans les principes des puritains; mais William ayant pris le parti des armes, cette profession avait un peu modifié la stricte rigueur de ses opinions religieuses. Édouard, qui n'avait pas embrassé le même état, y semblait beaucoup plus strictement attaché, mais cet attachement n'était qu'extérieur. Le rigorisme qu'il affichait et qui lui valait le respect et la déférence des *gens sérieux,* comme les puritains se nommaient, n'était qu'une écorce qui couvrait les goûts d'un voluptueux; et en se livrant à ce penchant secret, il éprouvait le même plaisir que celui qui boit l'eau qu'il a volée, et qui mange son pain à la dérobée. Tandis que sa sainteté apparente lui fournissait des moyens de fortune, les plaisirs cachés qu'il savait se procurer l'indemnisaient de l'extérieur d'austérité sous lequel il se déguisait. La restauration de Charles II et l'extrémité à laquelle se porta contre son frère la comtesse de Derby interrompirent le cours de son hypocrisie et de ses plaisirs. Il s'enfuit de l'île qui l'avait vu naître, brûlant du désir de venger la mort de son frère, seule passion qu'on lui connût jamais qui n'eût pas un rapport direct à lui-même; encore n'était-elle pas tout-à-fait dépourvue d'égoïsme, puisqu'en s'y livrant il travaillait en même temps au rétablissement de sa fortune.

Il ne lui fut pas difficile de trouver accès auprès de Villiers, duc de Buckingham, qui du chef de son épouse avait des prétentions sur ceux des domaines du comté de Derby naguère donnés par le parlement à son beau-père Fairfax. Le duc avait beaucoup d'influence à la cour de Charles, où une plaisanterie était souvent mieux récompensée qu'une longue série de services; et cette faveur fut employée de manière à contribuer à l'obscurité dans laquelle le roi laissa cette famille loyale et mal récompensée. Mais Buckingham était incapable, même quand son intérêt l'exigeait, de suivre d'un pas ferme la marche que Christian lui traçait, et ses tergiversations sauvèrent probablement ce qui restait des domaines considérables de la maison de Derby.

Cependant Christian était un partisan trop utile pour être licencié. Il ne cherchait pas à cacher à Buckingham et aux autres personnes de la même trempe le relâchement de ses mœurs, mais il savait fort bien le déguiser aux yeux du parti nombreux et puissant auquel il appartenait, par l'extérieur de gravité qu'il ne cessa jamais d'afficher. Il est vrai qu'il existait alors une ligne de séparation si fortement prononcée entre la cour et la ville, qu'un homme pouvait jouer deux rôles différens, comme dans deux sphères parfaitement distinctes l'une de l'autre, sans qu'on pût découvrir d'un côté qu'il se montrait de l'autre sous un jour tout opposé. D'ailleurs quand un homme à talens reconnus se rend utile, son parti continue à le couvrir de son crédit et de sa protection, quand même sa conduite serait en opposition directe à ses principes. En pareil cas on nie quelques faits, on en colore quelques autres, et l'esprit de parti couvre du moins autant de fautes que la charité.

Édouard Christian avait souvent besoin de l'indulgence partiale de ses amis, mais ils ne la lui refusaient jamais, parce qu'il leur rendait de grands services. Buckingham et quelques autres courtisans semblables à lui, quelque dissolus qu'ils fussent dans leurs mœurs, désiraient conserver des liaisons avec le parti des puritains, afin de s'appuyer de sa force contre leurs adversaires à la cour. Christian était un agent excellent dans toutes ces intrigues, et il était presque parvenu à établir une ligue entre des sectaires qui professaient les principes les plus rigides de la religion et de la morale, et les courtisans *latitudinaires* [1] qui n'en reconnaissaient aucun.

Au milieu des vicissitudes d'une vie consacrée aux intrigues pendant laquelle ses projets ambitieux et ceux de Buckingham lui firent plusieurs fois traverser l'Atlantique, Edouard Christian se faisait gloire de n'avoir jamais perdu de vue son principal objet, la vengeance qu'il voulait tirer de la comtesse de Derby. Il entretenait une correspondance intime et soutenue avec l'île sur laquelle il était né, de manière qu'il était informé du moindre événement qui s'y passait; il ne perdait aucune occasion de stimuler la cupidité de Buckingham, et de lui inspirer le désir de se rendre maître de ce petit royaume, en faisant prononcer la forfaiture du propriétaire actuel. Il ne lui était pas difficile d'entretenir l'esprit de son protecteur dans une sorte de fermentation à ce sujet, car l'imagination de Buckingham trouvait un certain charme dans l'idée de devenir une espèce de monarque, même dans une petite île; et de même que Catilina, il était aussi envieux des propriétés des autres qu'il était prodigue des siennes.

Mais ce ne fut qu'après la découverte du complot prétendu des papistes que les projets de Christian approchèrent de leur maturité. A cette époque les catholiques devinrent si odieux aux yeux du peuple anglais trop crédule, que sur la dénonciation de délateurs de profession, du rebut de la race humaine, on ajoutait foi aux accusations les plus atroces contre les personnes du plus haut rang et de la réputation la mieux établie.

C'était un moment dont Christian ne manqua pas de

---

(1) La secte des *latitudinaires* n'était pas réellement une secte, puisque leur principale loi était de n'en reconnaître aucune : ils professaient une espèce de scepticisme en morale comme en religion. — Éd.

profiter. Il resserra son intimité avec Bridgenorth, avec lequel il avait toujours conservé des liaisons, et réussit à l'engager à seconder tous ses projets qui, aux yeux du major, étaient inspirés par l'honneur et le patriotisme. Mais tandis qu'il flattait Bridgenorth de l'espoir d'introduire une réforme complète dans l'état, de mettre un terme à la corruption de la cour, de soulager la conscience des non-conformistes gémissant sous le poids de lois pénales, de redresser en un mot tous les griefs du jour; tandis qu'il lui montrait aussi en perspective le plaisir de se venger de la comtesse de Derby et d'humilier la maison de Peveril dont le major avait reçu tant d'outrages, il ne négligeait pas de réfléchir en même temps sur la manière dont il pourrait tirer parti pour lui-même de la confiance de son incrédule beau-frère.

L'extrême beauté d'Alice Bridgenorth, la fortune considérable que le temps et l'économie avaient permis au major d'accumuler, la désignaient comme un parti désirable pour réparer les finances délabrées de quelque courtisan en crédit; et Christian se flattait qu'il pourrait conduire cette négociation de manière à la rendre assez avantageuse pour lui-même. Il pensait qu'il ne trouverait que peu de difficulté à persuader à Bridgenorth de lui confier le soin de sa fille, ce malheureux père s'étant mis dans l'esprit, dès l'instant même de la naissance d'Alice, que sa présence était une jouissance mondaine que sa conscience devait lui reprocher. Christian eut donc peu de peine à le convaincre que le désir qu'il avait de la donner pour épouse à Julien Peveril, pourvu qu'il pût amener celui-ci à embrasser ses opinions politiques, était un compromis coupable avec ses propres principes. Des circonstances récentes lui avaient appris que Debora Debbitch était indigne de sa confiance et incapable de veiller sur un dépôt si précieux ; il accepta donc avec plaisir et reconnaissance la proposition obligeante que lui fit l'oncle maternel d'Alice, Christian, de la placer à Londres sous la protection d'une dame de haut rang, tandis qu'il serait engagé lui-même dans les scènes sanglantes et désastreuses qui allaient avoir lieu incessamment, comme il le croyait avec tous les bons protestans, par suite de l'insurrection générale des papistes, à moins que le peuple anglais ne les prévînt par les mesures les plus promptes et les plus énergiques. Il avoua même qu'il craignait que sa tendresse pour sa fille n'énervât son bras levé pour la défense de son pays; et Christian eut peu de peine à en obtenir la promesse qu'il s'abstiendrait de songer à elle pendant un certain temps.

Espérant donc que sa nièce resterait confiée à ses soins assez long-temps pour l'exécution de ses projets, Christian voulut sonder le terrain en consultant Chiffinch, que son expérience bien connue dans la politique amoureuse de la cour rendait le meilleur conseiller qu'il pût choisir en cette occasion. Mais ce digne personnage, étant dans le fait le pourvoyeur des plaisirs de Sa Majesté, et par conséquent fort avant dans ses bonnes graces, crut qu'il était de son devoir de suggérer un autre projet que celui sur lequel on lui demandait son avis. Il jugea qu'une jeune fille ornée de charmes aussi exquis qu'on lui représentait Alice méritait mieux de partager les affections du joyeux monarque, si bon juge en beauté, que de devenir la femme de quelque courtisan dissipateur. Rendant ensuite justice à son propre mérite, il pensa qu'il ne s'en trouverait pas plus mal, mais qu'au contraire sa fortune ne pourrait qu'en être améliorée sous tous les rapports, si après un court règne, comme les Gwyns, les Davis, les Robert et tant d'autres, Alice Bridgenorth, ex-favorite du monarque, finissait par devenir simplement mistress Chiffinch.

Après avoir sondé Christian avec précaution, voyant que l'espoir de tirer lui-même un profit considérable de ce plan d'iniquité avait empêché Christian de se révolter à la première proposition qu'il lui en avait faite, Chiffinch entra dans de plus grands détails, se gardant pourtant bien de lui faire connaître le dénouement qu'il avait en vue. Il lui parla de la faveur que devait acquérir la belle Alice, non sous le point de vue d'un caprice passager du monarque, mais comme devant être le commencement d'un règne aussi long et aussi mémorable que celui de la duchesse de Portsmouth, dont on croyait que la cupidité et le caractère dominant commençaient à fatiguer Charles II, quoique la force de l'habitude ne lui permît pas d'en secouer le joug.

Quand le plan de ce complot fut arrêté la scène changea; et au lieu d'une intrigue subalterne entre un courtier de débauche et un oncle méprisable tramant la ruine d'une jeune fille innocente, on vit éclore une affaire d'état dans laquelle il s'agissait de faire congédier une favorite dont on était mécontent, et d'opérer par suite un changement dans les dispositions du roi relativement à plusieurs objets sur lesquels on avait à craindre l'influence de la duchesse de Portsmouth. Ce fut sous ce point de vue que ce projet fut présenté au duc de Buckingham qui, soit pour soutenir son caractère de galanterie audacieuse, soit pour satisfaire à un caprice de son imagination, avait osé une fois faire une déclaration d'amour à la favorite régnante, et en avait été rebuté d'une manière qu'il n'avait jamais pu lui pardonner.

Mais un seul projet ne suffisait pas pour occuper l'esprit actif et entreprenant du duc. On imagina un appendice à la conspiration des papistes, pour y trouver un prétexte d'accusation contre la comtesse de Derby, la personne que la partie crédule du public pouvait soupçonner le plus aisément d'être complice de ce prétendu complot, d'après son caractère et sa religion. Christian et Bridgenorth se chargèrent de la commission dangereuse d'aller l'arrêter au sein même de son petit royaume de Man, et ils avaient à cet effet des ordres secrets qu'ils ne devaient montrer qu'en cas de réussite.

Cette tentative échoua, comme nos lecteurs le savent, grace aux préparatifs de défense que la comtesse fit avec célérité, et ni Christian ni Bridgenorth ne jugèrent qu'il fût d'une bonne politique d'en venir ouvertement à des voies hostiles, même armés de l'autorité du parlement, contre une femme qui avait prouvé qu'elle hésitait si peu à prendre les mesures les plus décisives pour assurer sa souveraineté féodale. Ils réfléchirent prudemment que l'*omnipotence* même du parlement, terme un peu exagéré peut-être, mais qu'on employait alors, pourrait être insuffisante pour les garantir des suites personnelles d'une entreprise avortée.

Mais sur le continent de la Grande-Bretagne, ils n'avaient pas d'opposition à craindre ; et Christian était si bien informé de tout ce qui se passait dans la petite cour de la comtesse de Derby, c'est-à-dire dans l'intérieur de son château, que Julien aurait été arrêté à l'instant même de son débarquement, sans le coup de vent qui avait forcé le bâtiment à bord duquel il se trouvait à se diriger vers Liverpool. Là Christian, sous le nom de Ganlesse, le rencontra inopinément, et le sauva des griffes de Topham et de ses témoins consciencieux, dans la vue de s'assurer de ses dépêches, et même de sa personne s'il le jugeait nécessaire, afin de l'avoir à sa discrétion : projet difficile et dangereux ; mais il aima mieux risquer cette entreprise que de laisser à des agens subordonnés toujours prêts à se révolter contre ceux avec qui ils sont ligués, la gloire d'avoir saisi la correspondance de la comtesse de Derby. Il était d'ailleurs important pour les projets du duc de Buckingham que ces missives ne passassent point par les mains d'un officier public tel que Topham, qui dans sa stupide importance avait de la droiture et de bonnes intentions, avant qu'elles eussent subi la révision d'un comité particulier où l'on aurait pu en retrancher certains passages, en supposant qu'on n'y eût rien ajouté. En un mot, Christian en conduisant son intrigue particulière par le moyen de ce qu'on appelait la grande conspiration papiste, agissait comme l'ingénieur qui pour mettre un ressort caché en mouvement fait servir la force de la machine à vapeur construite pour un tout autre but. En conséquence, il avait résolu de retirer tout l'avantage possible des découvertes qu'il comptait faire, et de ne pas souffrir que personne les partageât avec lui ou pût mettre des obstacles à ses projets de vengeance.

Chiffinch, qui avait voulu se convaincre par ses propres yeux des charmes de cette beauté si vantée, avait fait le voyage du comté de Derby tout exprès pour la voir, et il avait été enchanté quand, après avoir assisté dans la chapelle des non-conformistes de Liverpool à un sermon qui dura deux heures, et qui par conséquent lui laissa le loisir de faire un examen réfléchi, il arriva à la conclusion satisfaisante qu'il n'avait jamais vu une taille plus séduisante, une figure plus enchanteresse. Le témoignage de ses yeux lui ayant ainsi confirmé tout ce qu'on lui avait dit préalablement, il courut à la petite auberge, rendez-vous convenu avec Christian qui devait venir l'y joindre avec sa nièce, et il les y attendit, plein de confiance dans la réussite de leur plan, se disposant à les recevoir avec un appareil de luxe qui selon lui devait faire une impression favorable sur l'esprit d'une jeune fille élevée à la campagne. Il fut un peu surpris et contrarié quand il vit arriver Christian accompagné de Julien Peveril au lieu d'Alice Bridgenorth, à qui il espérait être présenté le soir même. C'était pour lui un contre-temps sérieux, car il ne lui en avait pas peu coûté pour triompher de son indolence ordinaire, au point de s'éloigner de la cour pour juger par ses propres yeux si Alice était véritablement un prodige de beauté, comme son oncle le prétendait, et si c'était une victime digne de l'autel sur lequel il voulait la sacrifier.

Une courte consultation qui eut lieu entre les dignes confédérés leur fit adopter le plan de dérober les dépêches dont Julien était porteur, Chiffinch s'étant absolument refusé à prendre aucune part à son arrestation, attendu qu'il n'était pas certain que cette démarche obtînt l'approbation de son maître.

Christian avait aussi quelques raisons pour s'abstenir de prendre une mesure si décisive. Elle ne lui paraissait pas devoir être agréable au major Bridgenorth, et il était important de le maintenir en bonne humeur. Elle n'était pas nécessaire, car les dépêches de la comtesse étaient d'une importance beaucoup plus grande que la personne de Julien. Elle était même inutile, car Julien se rendant au château de son père, il était vraisemblable qu'il y serait arrêté comme les autres personnes suspectes dont Topham en vertu de son mandat était chargé de s'emparer : et les dénonciations de ces infâmes compagnons ne manqueraient point. Bien loin donc d'avoir recours à aucune violence contre Peveril, il prit avec lui un ton amical, et sembla l'avertir de se tenir en garde contre les autres, pour ne pas encourir le soupçon d'avoir pris part au vol de ses dépêches. Cette dernière manœuvre fut accomplie par un narcotique qu'on versa dans le vin de Julien, et qui lui procura un sommeil si profond que les confédérés n'eurent aucune difficulté à exécuter leur projet inhospitalier.

Les événemens des jours suivans sont déjà connus du lecteur. Chiffinch partit pour Londres chargé des dépêches dérobées à Julien, attendu qu'il était important de les remettre le plus tôt possible entre les mains du duc de Buckingham ; et Christian se rendit à Moultrassie pour y recevoir Alice des mains de son père et la conduire à Londres, son complice ayant consenti à suspendre le désir qu'il avait de la revoir jusqu'à ce qu'ils fussent arrivés en cette ville.

Avant de quitter Bridgenorth, Christian avait mis en œuvre toute son adresse pour l'engager à rester à Moultrassie-Hall. Il avait même excédé les bornes de la prudence, car à force d'insister sur ce point il avait fait naître dans l'esprit du major quelques soupçons dont il avait peine à se rendre raison lui-même; mais qui ne lui permirent pas de jouir d'un tranquillité parfaite. Il suivit donc son beau-frère à Londres, et le lecteur a vu quels artifices Christian mit en usage pour déterminer ce père imprudent à abandonner sa fille aux machinations perfides du protecteur qu'il avait cru lui donner.

Cependant Christian, en réfléchissant sur son entreprise, ne se dissimulait pas qu'il marchait au milieu de mille dangers. Il tremblait en pensant à la légèreté présomptueuse et au caractère inconstant de Buckingham, à la frivolité et à l'intempérance de Chiffinch, et aux soupçons du mélancolique et fanatique Bridgenorth, mais qui n'en était pas moins plein d'honneur et de sagacité.

— Si tous mes instrumens étaient en état de faire marcher leur ressort particulier, pensait-il, combien il me serait facile de briser tous les obstacles qui s'opposent à mes projets! Mais avec des machines si fragiles, si insuffisantes, chaque jour, chaque heure, chaque instant, je cours le risque de voir un de mes piliers d'appui s'écrouler, et de me trouver écrasé sous les ruines. Et cependant, s'ils n'avaient pas ces défauts dont je me plains, comment aurais-je acquis sur eux ce pouvoir qui en fait mes agens passifs, même quand ils semblent agir avec une volonté plus prononcée? Oui, nos fanatiques ont quelque raison quand ils soutiennent que tout est pour le mieux.

Il peut paraître étrange qu'au milieu de tous les sujets de crainte qui agitaient Christian, l'idée que la vertu de sa nièce pourrait être l'écueil contre lequel son navire viendrait se briser, ne se présentât à son esprit que rarement et faiblement. Mais c'était un scélérat déterminé, un libertin endurci, et sous ces deux rapports il ne croyait pas à la vertu du beau sexe.

CHAPITRE XXX.

> « Quant au roi Charles, j'en conviens,
> « Ce fut un roi peu digne de mémoire :
> « Mais il fut un de ces joyeux vauriens,
> « Loyaux amis, sachant aimer et boire. »
> Dr. WALCOT. (*Peter Pindar.*)

LONDRES, ce vaste centre des intrigues de toute espèce, réunissait alors dans son enceinte de sombres vapeurs le plus grand nombre des personnages que nous avons fait paraître jusqu'ici sur la scène.

L'un d'eux, Julien Peveril, en y arrivant, avait pris son domicile dans une auberge d'un faubourg, pensant qu'il devait garder l'incognito jusqu'à ce qu'il eût pu voir en particulier les amis en état de prêter assistance à ses parens et à sa bienfaitrice, qui se trouvaient également dans une situation dangereuse. Le plus puissant d'entre eux était le duc d'Ormond, dont les fidèles services, le haut rang, le mérite et les vertus conservaient encore de l'ascendant dans une cour où ces qualités étaient regardées en général comme hors de faveur. Il était de fait que Charles, lorsque ce noble et fidèle serviteur de son père se présentait devant lui, semblait si bien sentir son infériorité morale, que Buckingham prit un jour la liberté de demander au roi si le duc d'Ormond avait perdu les bonnes graces de Sa Majesté, ou si c'était Sa Majesté qui avait perdu celles du duc d'Ormond, puisque toutes les fois qu'ils se trouvaient ensemble le roi paraissait toujours le plus embarrassé des deux. Mais Peveril ne fut pas assez heureux pour obtenir les avis et la protection de ce seigneur respectable, car il n'était pas à Londres en ce moment.

Après la lettre destinée au duc d'Ormond, celle à laquelle la comtesse avait semblé attacher le plus d'importance était adressée au capitaine Barston, jésuite déguisé dont le véritable nom était Fenwicke, qui devait se trouver ou dont on devait apprendre le domicile chez un nommé Martin Christal, dans ce qu'on appelait la Savoie. Julien se hâta de s'y rendre dès qu'il eut appris l'absence du duc d'Ormond. Il n'ignorait pas le danger auquel il s'exposait lui-même en servant ainsi d'intermédiaire entre un prêtre papiste et une catholique suspecte. Mais quand il s'était chargé de la commission périlleuse de la comtesse, il l'avait fait sans réserve, et avec la franche résolution de la servir de la manière qu'elle croyait que ses affaires l'exigeaient. Cependant il ne put s'empêcher d'éprouver un mouvement de crainte involontaire quand il se trouva engagé dans un labyrinthe de passages et de corridors obscurs conduisant aux appartemens situés dans l'ancien édifice qu'on appelait la Savoie.

Ce bâtiment antique et presque en ruines occupait alors dans le Strand une partie du local où l'on voit aujourd'hui Somerset-House. Il avait été autrefois un palais, et son nom venait d'un comte de Savoie qui l'avait fait construire. Il avait servi d'habitation à Jean de Gaunt et à différentes personnes de distinction, était devenu un couvent, puis un hôpital, et enfin, du temps de Charles II, ce n'était plus qu'une masse de bâtimens délabrés, principalement habités par ceux qui avaient quelques relations avec le palais voisin de Somerset-House. Plus heureux que la Savoie, Somerset-House conservait encore son titre royal, et servait de demeure à une partie de la cour; le roi lui-même y avait des appartemens et y résidait quelquefois.

Ce ne fut pas sans avoir pris bien des informations et sans avoir commis plus d'une méprise, que, ayant parcouru un corridor long et ténébreux dont le plancher dégradé par le temps menaçait de s'enfoncer sous ses pieds, il trouva sur une mauvaise porte le nom de Martin Christal, huissier priseur, gravé sur une petite plaque de cuivre. Il allait lever le marteau pour frapper, quand il se sentit tirer par l'habit. Il se retourna, et sa surprise alla presque jusqu'à la frayeur quand il aperçut la jeune sourde-muette qui avait voulu l'accompagner lors de son départ de l'île de Man.

— Fenella! s'écria-t-il, oubliant qu'elle ne pouvait ni l'entendre ni lui répondre; est-il possible que ce soit vous, Fenella?

Fenella, reprenant l'air d'autorité qu'elle avait déjà une fois voulu s'arroger avec lui, se plaça entre Julien et la porte à laquelle il allait frapper, secouant la tête, fronçant les sourcils, et levant le doigt comme pour l'avertir qu'il ne devait pas entrer dans cet appartement.

Après un moment de réflexion, Julien crut ne pouvoir donner qu'une interprétation à la conduite et à la présence de Fenella; c'était de supposer que sa maîtresse était venue à Londres et qu'elle avait chargé cette suivante muette qui avait toute sa confiance, de l'informer de quelque changement survenu dans ses opérations qui pouvait rendre inutile et peut-être même dangereuse la remise de sa lettre à Barston, autrement dit Fenwicke. Il lui demanda par gestes si elle était chargée de quelque commission de la part de la comtesse; elle lui répondit par un signe de tête annonçant l'impatience. Continuant le même genre de dialogue, il lui demanda si elle avait quelque lettre pour lui. L'impatience de la jeune muette redoubla; elle secoua la tête, lui fit signe de la suivre, et se mit à marcher rapidement dans le corridor. Il la suivit, ne doutant pas qu'elle n'eût dessein de le conduire près de la comtesse. Mais l'étonnement que lui avait causé la présence inattendue de Fenella augmenta bien plus encore quand il la vit le guider à travers les détours sombres et tortueux de la Savoie, avec autant d'aisance et de rapidité qu'elle en avait déployé peu de temps auparavant sous les voûtes obscures du château de la comtesse dans l'île de Man.

Se rappelant pourtant que Fenella avait accompagné la comtesse dans un voyage d'assez longue durée qu'elle avait fait à Londres, il ne lui parut pas invraisemblable qu'elle eût pu acquérir une connaissance locale si exacte de ce palais en ruines. Bien des étrangers attachés à la reine régnante ou à la reine douairière avaient des appartemens en cet endroit; bien des prêtres catholiques y avaient trouvé un refuge, en dépit de la sévérité des lois contre le papisme : quoi de plus probable que la comtesse de Derby, Française et catholique, eût des messages secrets à envoyer à quelques-uns d'entre eux, et qu'elle se fût servi pour cela, au moins en certaines occasions, de l'entremise de Fenella?

Tout en faisant ces réflexions, Julien continuait à suivre les pas agiles et légers de la jeune muette, qui semblait glisser le long du Strand, d'où elle entra dans Spring-Gardens et ensuite dans le parc de Saint-James.

La matinée était encore peu avancée, et il ne se trouvait dans le parc qu'un très petit nombre de personnes qui s'y promenaient pour respirer le bon air. Ce n'était que vers midi qu'on y voyait briller la gaîté, la splendeur et l'élégance. Tous nos lecteurs savent sans doute que le terrain sur lequel on voit de nos jours la caserne des gardes-du-corps à cheval faisait partie du parc de Saint-James dans le temps de Charles II, et que l'ancien édifice nommé aujourd'hui la Trésorerie était une dépendance du palais de Whitehall, qui se trouvait ainsi immédiatement joint au parc. Le canal avait été creusé d'après les plans du célèbre Le Nôtre, pour dessécher le terrain, et il communiquait à la Tamise en traversant un étang rempli des oiseaux aquatiques les plus rares. Ce fut vers cet étang que Fenella dirigea sa course avec célérité; — et ils approchaient d'un groupe de trois ou quatre personnes qui se promenaient sur ses rives quand, en fixant les yeux sur celui qui paraissait l'homme le plus important de cette compagnie, Julien sentit son cœur palpiter, comme s'il eût deviné qu'il était près d'un personnage du rang le plus élevé.

L'homme qu'il regardait ainsi avait passé le moyen âge de la vie; il avait le tein brun, et une longue perruque noire couvrait sa tête. Son costume était un habit de velours noir uni; mais il portait par-dessus une étoile en diamans, négligemment suspendue à un ruban passé sur son épaule. Ses traits, presque durs, avaient cependant une expression de gaîté et de dignité en même temps. Il était bien fait, fortement constitué, marchait la tête droite et avec un air d'aisance, et paraissait être une personne du premier rang. Précédant ses compagnons il s'arrêtait de temps en temps, et leur parlait avec affabilité et probablement avec gaîté, si l'on pouvait en juger par les sourires et quelquefois même par un éclat de rire à demi retenu par le respect que ses saillies arrachaient à ceux à qui il les adressait. Ceux-ci étaient aussi en costume du matin; mais leur air et leurs manières annonçaient des gens de qualité en présence d'un homme d'un rang supérieur. Ils partageaient l'attention de celui qu'ils suivaient avec sept à huit petits épagneuls noirs à poils longs et frisés, ou bichons, comme on les appelle aujourd'hui, suivant leur maître d'aussi près et peut-être avec un attachement aussi sincère que les bipèdes qui faisaient partie de ce groupe : leurs gambades semblaient l'amuser beaucoup, et il s'occupait tantôt à exciter leurs ébats, tantôt à les réprimer. Un laquais le suivait portant deux petits paniers; et par forme de nouveau passe-temps, le personnage y prenait de momens en momens une poignée de grains qu'il jetait aux oiseaux qui étaient sur les rives du canal.

Personne n'ignorait que c'était l'amusement favori du roi, et cette circonstance, jointe à sa physionomie remarquable et au respect que lui témoignaient ceux qui l'accompagnaient, ne laissa aucun doute à Julien. Il se voyait peut-être plus près que le décorum ne le permettait de la personne de Charles Stuart, le second des rois d'Angleterre qui portèrent ce nom malheureux.

Tandis que Julien hésitait à suivre son guide, et qu'il était embarrassé pour trouver le moyen de lui faire comprendre la répugnance qu'il éprouvait à l'accompagner plus loin, un homme de la suite du roi, à un signe que lui fit Sa Majesté, tira de sa poche un flageolet, et se mit à en jouer un air fort gai dont le mouvement était très vif, Charles lui ayant dit de lui répéter un morceau dont il avait été frappé la veille au spectacle. Pendant que le monarque, de joyeuse humeur, battait la mesure du pied et de la main, Fenella continua à avancer vers lui, en prenant l'air et les attitudes d'une personne attirée, en dépit d'elle-même, par le son de cet instrument.

Curieux de savoir comment finirait cette aventure, et surpris de voir la jeune sourde imiter si parfaitement les manières d'une femme sensible au pouvoir de l'harmonie, Peveril fit encore quelques pas, mais il s'arrêta à une certaine distance.

Le roi les regarda tous deux d'un air de bonne humeur, comme si l'enthousiasme qu'il leur supposait pour la musique eût été une excuse pour la hardiesse qu'ils montraient en s'approchant de lui de si près; mais ses regards se fixèrent particulièrement sur Fenella, dont l'air et les traits, quoiqu'ils offrissent plus de singularité que de beauté, avaient quelque chose d'étrange qui devait paraître nouveau et même séduisant à un prince dont les yeux étaient comme rassasiés des formes ordinaires de la beauté dans le sexe. Elle ne parut pas faire attention à la manière dont il la regardait; et comme si elle eût été poussée par une impulsion irrésistible, résultat des sons qu'elle semblait entendre, elle détacha une longue épingle d'or de ses beaux cheveux noirs qui, tombant autour d'elle, lui formèrent comme un voile tissu par la nature; et en même temps elle se mit à danser avec autant de grace que d'agilité, en suivant l'air du flageolet.

Peveril oublia presque la présence du roi en voyant avec quelle précision merveilleuse Fenella devinait la mesure marquée par les sons d'un instrument qu'elle ne pouvait entendre, et dont elle ne pouvait juger que par les mouvemens des doigts de celui qui en jouait. Il avait entendu citer comme un prodige une femme qui, se trouvant dans la malheureuse situation de cette jeune fille, était parvenue par une sorte de tact mystérieux et incompréhensible, à acquérir assez de connaissances en musique non-seulement pour jouer de plusieurs instrumens, mais pour se mettre en état de conduire un orchestre; il avait aussi entendu parler de sourds-muets qui pouvaient figurer dans un bal en suivant les mouvemens de ceux avec qui ils dansaient. Mais le phénomène qu'il avait sous les yeux était bien plus étonnant, puisque le musicien peut être guidé par les notes tracées sur le papier et le danseur par les mouvemens des autres, au lieu que Fenella n'avait d'autre guide que le mouvement des doigts de l'homme qui jouait du flageolet, et qu'elle semblait observer avec beaucoup d'attention.

Quant au roi, ignorant les circonstances qui rendaient la danse de Fenella presque miraculeuse, il se contenta d'abord d'autoriser par un sourire de bonne humeur ce qui lui paraissait un trait de caprice de cette fille singulière; mais quand il vit avec quelle justesse et quelle précision elle exécutait sur son air favori, avec autant de grace que d'agilité, une danse tout-à-fait nouvelle pour lui, il passa du contentement à une véritable admiration; il battait la mesure avec le pied, la marquait par un mouvement de tête, frappait des mains pour l'applaudir, et semblait comme elle entraîné par un accès d'enthousiame.

Après une suite aussi rapide que gracieuse *d'entrechats,*

Fenella donna peu à peu à sa danse un mouvement plus lent pour la terminer. Faisant alors une profonde révérence, elle resta immobile devant le roi, les mains croisées sur la poitrine, la tête baissée, les yeux fixés vers la terre, comme une esclave de l'Orient devant son maître. A travers le voile formé par sa longue chevelure, on pouvait voir que les couleurs que la danse avait appelées sur ses joues en disparaissaient rapidement, et faisaient place à la teinte olivâtre qui lui était naturelle.

— Sur mon honneur, dit le roi, on la prendrait pour une fée dansant au clair de lune. Il faut qu'il soit entré plus d'air et de feu que de terre dans sa composition. Il est fort heureux que la pauvre Nelly Gwyn ne l'ait pas vue, elle en serait morte de dépit et d'envie. Eh bien! messieurs, qui de vous m'a préparé ce divertissement?

Les courtisans se regardèrent les uns les autres, mais aucun d'eux ne se sentit le droit de réclamer le mérite de cette galanterie.

— Nous le demanderons donc à la nymphe aux yeux vifs, dit le roi en regardant Fenella. Dites-nous, ma belle enfant, à qui nous devons le plaisir de vous avoir vue. J'en soupçonne le duc de Buckingham, car c'est exactement *un tour de son métier.*

Fenella, en voyant que le roi lui adressait la parole, fit une seconde révérence aussi profonde que la première, et y ajouta un signe pour lui faire comprendre qu'elle ne pouvait entendre ce qu'il lui disait.

— Oh! oh! dit le roi, je n'y pensais pas. C'est nécessairement une étrangère : son teint et sa légèreté en font foi. C'est la France ou l'Italie qui a vu se former ces membres élastiques, ces joues brunes, cet œil de feu : et il lui demanda alors, d'abord en français et ensuite en italien, par ordre de qui elle était venue dans le parc.

A cette seconde question, Fenella rejeta en arrière sa belle chevelure pour lui laisser voir l'expression de mélancolie qui régnait sur son front, et fit un geste accompagné d'un murmure doux et plaintif pour annoncer que l'organe de la parole lui manquait.

— Est-il possible que la nature ait commis une telle erreur! s'écria Charles. Peut-elle avoir refusé la mélodie de la voix à un être qu'elle a rendu si sensible à la beauté des sons? mais que signifie cela? Quel est ce jeune homme immobile à quelques pas de nous. — Ah! c'est sans doute lui qui montre la pièce curieuse. — L'ami, dit-il à Peveril, qui d'après un signe de Fenella s'avança comme par instinct et fléchit le genou devant le roi, nous te remercions du plaisir que tu nous as procuré ce matin. Marquis, vous m'avez filouté au piquet la nuit dernière, et en réparation de cet acte de déloyauté, vous allez donner une couple de pièces d'or à cet honnête jeune homme, et cinq à la danseuse.

Le marquis prit sa bourse, et s'avança pour exécuter les ordres du roi. Julien en ce moment éprouva un grand embarras; mais reprenant enfin plus d'assurance, il dit qu'il n'avait aucun titre pour tirer un profit quelconque de la danse de cette jeune fille, et que Sa Majesté s'était trompée en le supposant.

— Et qui es-tu donc, l'ami? lui demanda Charles. Mais avant tout, quelle est cette nymphe légère que tu suis comme un faon?

— Cette jeune personne est au service de la comtesse douairière de Derby, sire, répondit Julien d'une voix timide, et quant à moi...

— Un moment! un moment! s'écria le roi; ceci est une danse qui exige un autre air et un lieu moins public. Écoute, l'ami, toi et cette jeune fille vous allez suivre Empsom où il vous conduira. Emmenez-les, Empson, et... Écoutez-moi: un mot à l'oreille.

— Votre Majesté daignera-t-elle me permettre de lui faire observer, dit Peveril, que je n'avais nullement dessein de me présenter devant elle d'une manière si.....

— Au diable ceux qui n'entendent pas à demi-mot, s'écria le roi. Morbleu ! l'ami, ne sais-tu pas qu'il y a des momens où la civilité est la plus grande impertinence du monde? Je te dis de suivre Empson, et de t'amuser une demi-heure avec ta petite fée, jusqu'à ce que je t'envoie chercher.

Charles prononça ces mots en jetant les yeux autour de lui avec une sorte d'inquiétude, et d'un ton qui semblait indiquer qu'il craignait d'être entendu. Julien ne put que saluer et obéir; et il suivit Empson, le même qui avait si bien joué du flageolet.

Quand ils eurent perdu de vue le roi et ses courtisans, Empson voulut entrer en conversation avec ses compagnons, et s'adressant d'abord à Fenella : — De par la messe ! dit-il, vous dansez avec une perfection rare; jamais danseuse sur les planches n'a plié le jarret avec tant de grace. Je jouerais du flageolet pour vous jusqu'à ce que mon gosier fût aussi sec que mon instrument. Allons, allons, ne soyez pas si farouche : le vieux Rowley ne quittera pas le parc avant neuf heures. Je vais vous conduire tous deux à Spring-Gardens ; je vous y régalerai de quelques friandises et d'une bonne bouteille de vin du Rhin, et nous serons bons camarades. Comment diable! point de réponse! Que veut dire cela, jeune homme? cette jeune fille est-elle muette? est-elle sourde? est-elle l'un et l'autre? Je m'en moquerais; elle danse si bien au son du flageolet !

Pour se débarrasssr de ce questionneur, Peveril lui répondit en français qu'il ne parlait pas anglais, et qu'il était étranger, charmé d'échapper, même aux dépens d'un petit mensonge, à la loquacité d'un homme qui paraissait disposé à faire beaucoup de questions auxquelles il ne serait peut-être pas toujours prudent de répondre.

— *Etranger!* répéta Empson en se parlant à lui-même à demi-voix ; cela veut sûrement dire *stranger*. Encore des animaux qui viennent de France pour lécher sur notre pain tout le bon beurre d'Angleterre ; ou peut-être est-ce un Italien faisant voir des marionnettes. Si les puritains n'avaient une aversion mortelle contre toute la gamme, c'en serait assez pour engager tout honnête garçon à le devenir. Mais s'il faut que je lui joue du flageolet chez la duchesse, je veux être damné si je ne lui joue pas le tour de la mettre hors de mesure pour lui apprendre à venir en Angleterre sans savoir l'anglais.

Après avoir pris cette résolution véritablement anglaise, Empson marcha d'un bon pas en se dirigeant vers une grande maison située au bout du parc de Saint-James, et entra dans la cour par une grille qui donnait sur le parc, sur lequel cette maison dominait.

Peveril se trouvant en face d'un beau portique sous lequel était une grande porte battante, allait monter le péristyle qui y conduisait, quand son guide le retint par le bras.

— Un moment, *monsieur*, lui dit-il, il me paraît que vous ne perdez rien faute de courage ; mais ce n'est pas ici : frappez, et l'on vous ouvrira ; mais plutôt, frappez, et l'on vous frappera.

Se laissant guider par Empson, Julien passa devant la principale entrée, et ils s'arrêtèrent devant une autre porte pratiquée moins ostensiblement dans un coin de la cour. Le joueur de flageolet y frappa à petit bruit ; un domestique vint l'ouvrir sur-le-champ, le fit entrer avec ses deux compagnons ; et après les avoir fait passer par différens corridors, les conduisit dans un beau salon d'été, où une dame vêtue avec une élégance outrée s'amusait à parcourir une comédie en prenant son chocolat. Il n'est possible d'en faire le portrait qu'en mettant dans la balance, d'un côté les avantages dont la nature l'avait douée, et de l'autre les défauts affectés qui nuisaient à leur effet. Elle eût été jolie sans son rouge et ses minauderies ; elle aurait été jugée affable sans son air hautain de protection et de condescendance ; sa voix aurait été agréable si elle n'avait voulu la rendre encore plus douce; ses yeux auraient passé pour beaux si elle n'eût cherché à leur donner trop d'éclat. Elle gâtait un joli pied en laissant voir un peu trop la jambe qu'il soutenait. Quant à sa taille, quoiqu'elle ne parût pas avoir encore trente ans, elle avait cet embonpoint qui lui aurait mieux convenu dix ans plus tard. Elle montra un siége à Empson, en se donnant les airs d'une duchesse, et lui demanda languissamment comment il s'était porté depuis un siècle qu'elle ne l'avait vu, et quelles étaient les personnes qu'il lui amenait.

— Des étrangers, madame, répondit Empson; de maudits étrangers, des mendians affamés que notre vieil ami a ramassés ce matin dans le parc. La péronnelle danse, et ce gaillard..., je présume qu'il joue de la guimbarde. Sur mon honneur, madame, je commence à être honteux du vieux Rowley, et il faudra que je lui donne son congé, s'il ne voit meilleure compagnie à l'avenir.

— Fi! Empson, dit la dame; songez qu'il est de notre devoir de nous prêter à ses goûts, et de fermer les yeux sur ses caprices : c'est une règle que je me suis toujours prescrite. Mais dites-moi, il ne viendra pas ici ce matin?

— Il sera ici, répondit Empson, avant le temps nécessaire pour danser un menuet.

— Juste ciel! s'écria la dame avec un air d'alarme qui n'avait rien d'affecté; et oubliant entièrement ses graces langoureuses, elle courut avec la légèreté d'une laitière dans un appartement voisin, où l'on entendit une courte discussion, mais vive et animée.

— Quelqu'un qu'il s'agit d'écarter, je suppose, murmura Empson; il est heureux pour la dame que je lui aie donné cet avis. Le voilà qui part, l'heureux berger.

Julien se trouvait placé de manière que par la fenêtre près de laquelle était Empson, il put voir un homme couvert d'une grande roquelaure galonnée, et portant sous le bras une rapière, sortir à petit bruit par la même porte par laquelle ils étaient entrés, et traverser la cour en suivant la muraille, probablement pour être moins remarqué.

La dame rentra en ce moment, et voyant la direction que suivaient les yeux d'Empson, elle lui dit avec un léger mélange d'embarras et de précipitation : — C'est un messager que m'a envoyé la duchesse de Portsmouth avec un billet auquel elle me pressait tellement de faire réponse, que je ne me suis pas donné le temps de prendre ma plume à diamans. Comme mes doigts sont tachés d'encre! ajouta-t-elle en jetant les yeux sur une fort jolie main qu'elle trempa ensuite dans un vase d'argent rempli d'eau de roses. — Mais ce petit monstre exotique que vous m'amenez, j'espère qu'il est bien vrai qu'elle n'entend pas l'anglais? Comment donc, elle a rougi! Et vous dites qu'elle est bonne danseuse! Il faut que je la voie danser, et que j'entende son compagnon jouer de la guimbarde.

— La voir danser? dit Empson; elle a dansé assez bien pendant que je jouais du flageolet. Mais qui ne danserait pas en pareil cas? J'ai fait danser le vieux conseiller Clubfoot pendant qu'il avait une attaque de goutte, et vous n'avez jamais vu un pareil pas sur le théâtre. Je m'engagerais à faire danser une courante à l'archevêque de Cantorbery aussi bien qu'à un Français; la danse n'est rien, tout consiste dans la musique. Le vieux Rowley ne sait pas cela. Il a vu danser cette pauvre créature, et il lui a attribué tout le mérite qui m'appartenait. Je l'aurais défiée de ne pas danser. Et cependant il lui en accorde tout l'honneur et le profit, car il lui fait donner cinq pièces d'or, tandis que ma matinée ne m'en vaut que deux.

— Fort bien, monsieur Empson; mais vous appartenez à la maison, quoique dans une situation inférieure, et vous devriez considérer....

— Pardieu, madame! tout ce que je considère, c'est que je suis le premier flageolet d'Angleterre; et si l'on me congédiait, il serait aussi impossible de me remplacer que de remplir la Tamise avec l'eau d'un fossé.

— Je conviens que vous êtes un homme à talens, monsieur Empson ; mais je vous dis qu'il faut songer à l'essentiel. Aujourd'hui vous charmez l'oreille, demain un autre peut avoir l'avantage sur vous.

— Jamais, madame, tant que l'oreille aura le pouvoir céleste de distinguer une note d'une autre.

— Le pouvoir céleste, dites-vous ?

— Oui, madame, céleste ; car quelques très jolis vers que nous avons eus à notre dernière fête disent :

> Savez-vous ce qu'on fait aux cieux ?
> Aimer, chanter. — Des bienheureux
> En deux mots voilà l'existence.

C'est M. Waller qui les a faits, à ce que je crois; et sur ma parole, il mérite d'être encouragé.

— Et vous le méritez aussi, mon cher Empson, dit la dame en bâillant, quand ce ne serait que pour l'honneur que vous faites à votre profession. Mais demandez donc à ces gens s'ils désirent quelques rafraîchissemens. Et vous-même, que prendrez-vous ? Voilà du chocolat que l'ambassadeur de Portugal a apporté pour la reine.

— S'il n'est pas frelaté, dit le musicien....

— Comment, monsieur, s'écria la belle dame en se soulevant à demi sur les coussins empilés sous elle, quelque chose de frelaté dans ma maison ! Je vous connais, monsieur Empson, et je crois que la première fois que je vous ai vu, vous saviez à peine distinguer le chocolat du café.

— Pardieu, madame ! vous avez parfaitement raison, répondit le joueur de flageolet. Et comment puis-je mieux prouver le profit que j'ai tiré de vos excellentes instructions qu'en me montrant difficile ?

— Vous êtes excusé, monsieur Empson, dit la petite maîtresse en se laissant tomber nonchalamment sur le duvet, d'où un moment d'irritation l'avait fait se lever. Je crois que ce chocolat sera de votre goût, quoiqu'il ne soit pas tout-à-fait égal à celui que nous avons eu de Mendoza, le chargé d'affaires d'Espagne; mais il faut offrir quelque chose à ces étrangers. Demandez-leur s'ils veulent du café et du chocolat, ou de la venaison froide, des fruits et du vin. Il faut les traiter de manière à ce qu'ils voient où ils sont, puisqu'ils y sont.

— Sans contredit, madame; mais j'oublie en ce moment les mots français qui expriment l'idée de café, de chocolat, de venaison, de fruit et de vin.

— Cela est singulier; et ce qui l'est encore davantage, c'est que je les oublie aussi au même instant. Mais n'importe! je vais leur servir les choses, et ce sera leur affaire de se rappeler les noms.

Empson rit de cette plaisanterie, et il dit qu'il répondait sur son ame que le morceau de viande froide que l'on apportait était le meilleur emblème d'un reste de rosbif qu'on pût trouver dans le monde entier. On servit d'ailleurs des rafraîchissemens en abondance, et Julien et Fenella en prirent leur part comme la dame et le musicien.

Cependant Empson s'approcha plus près de la maîtresse de la maison, et ils cimentèrent leur intimité en buvant un verre de liqueur. Leurs idées en devinrent plus vives, et ils se mirent à converser avec plus de confiance, faisant passer en revue devant eux tout ce qui composait la cour, tant dans les rangs supérieurs que dans la sphère subalterne, à laquelle ils pouvaient eux-mêmes être supposés appartenir.

Il est très vrai que pendant cette conversation la dame déploya plus d'une fois sa suprématie complète et absolue sur Empson, et que le musicien baissa humblement pavillon devant elle toutes les fois que leurs opinions divergèrent, soit qu'elle lui donnât un démenti formel, soit qu'elle le contredit par un sarcasme, soit qu'elle lui imposât par un air d'importance, soit enfin qu'elle prît quelqu'une des mille manières par lesquelles on peut chercher à faire sentir sa supériorité. Mais le goût évident qu'elle avait pour la médisance la faisait bientôt descendre du point élevé où elle se plaçait pour un instant, et la rabaissait au niveau de son compagnon dont elle aimait à entendre et à partager le commérage.

Leur entretien était trop commun; il roulait trop constamment sur une foule de petites intrigues de cour auxquelles Julien ne connaissait rien, pour qu'il pût y prendre le moindre intérêt. Comme il dura plus d'une heure, Julien cessa bientôt de prêter la moindre attention à une conversation qui n'était composée que de mots à double sens, de phrases détournées, et dans laquelle les individus dont on parlait n'étaient ordinairement désignés que par des sobriquets convenus. Il s'occupa à réfléchir sur ses propres affaires déjà assez conpliquées, et sur ce qui pourrait résulter de l'audience qu'il allait avoir du roi, audience qui lui avait été procurée par un agent si singulier et par des moyens si inattendus. Il regardait souvent Fenella, et il remarqua qu'elle était presque constamment absorbée dans de profondes méditations. Mais trois ou quatre fois, et c'était lorsque les airs de prétention et l'importance affectée du musicien et de leur hôtesse s'élevaient au plus haut degré, il la vit jeter sur eux à la dérobée un de ces regards amers qui avaient contribué à la faire passer dans l'île de Man pour appartenir à la race des lutins. Il y avait quelque chose de si extraordinaire dans ses manières, dans son apparition soudaine et dans sa conduite en présence du roi; elle lui avait procuré d'une façon si bizarre une audience qu'il aurait peut-être cherché en vain à obtenir, que cette réunion de circonstances pouvait justifier l'idée qui se présenta à son esprit, et dont il ne fit que sourire, que ce petit agent muet était aidé dans ses opérations par les esprits élémentaires auxquels la superstition des habitans de l'île de Man attribuait son origine.

Une autre idée se présentait aussi quelquefois à l'esprit de Julien, quoiqu'il cherchât à l'écarter, comme étant aussi ridicule que l'opinion qui plaçait Fenella dans une classe d'êtres différens des simples mortels : était-elle réellement affligée de cette privation d'organes qui semblait tracer une ligne de séparation entre elle et les autres hommes? Si elle ne l'était pas, quels motifs pouvait avoir une si jeune fille pour se soumettre pendant tant d'années à une pénitence si difficile? Combien devait être formidable la force d'esprit qui avait pu se condamner à un sacrifice si pénible! Quelles devaient être la profondeur et l'importance du dessein qui avait pu faire naître une telle résolution!

Mais le simple souvenir du passé suffit pour lui faire rejeter cette conjecture comme absurde et toute imaginaire. Il n'eut besoin que de se rappeler tous les tours que son ami étourdi le jeune comte de Derby avait pris plaisir à jouer à cette malheureuse fille, les conversations tenues en sa présence, et dans lesquelles on discutait librement et quelquefois même avec censure le caractère d'une créature si irritable et si susceptible en toute occasion, sans qu'elle eût jamais laissé apercevoir par le moindre geste, par la plus légère émotion qu'elle entendît ce dont on parlait; et il fut convaincu qu'il lui aurait été d'autant plus impossible de suivre un tel système de déception pendant un si grand nombre d'années, qu'elle avait le caractère naturellement bouillant et irascible.

Il renonça donc à cette idée, et ne songea plus qu'à ses propres affaires et à l'entrevue qu'il allait avoir avec son souverain. Nous le laisserons occupé de ses réflexions tandis que nous passerons brièvement en revue les changemens qui étaient survenus dans la situation d'Alice Bridgenorth.

CHAPITRE XXXI.

« Le diable, mes amis, n'est jamais plus à craindre
« Que lorsque, pour cacher son vilain pied fourchu,
« De froc ou de soutane il se montre vêtu,
« Ou que du vieux Calvin il emprunte la robe. »
Anonyme.

Julien Peveril avait à peine mis à la voile pour Whitehaven, qu'Alice Bridgenorth et sa gouvernante, d'après l'ordre tout-à-fait imprévu du major, se rendirent ainsi que lui avec autant de secret que de promptitude à bord d'une barque qui devait les conduire à Liverpool. Christian les accompagna dans ce voyage. Alice savait qu'elle serait confiée à ses soins pendant tout le temps qu'elle devait être séparée de son père; et sa qualité d'oncle, sa conversation amusante et ses manières agréables, quoiqu'un peu froides, la portèrent dans sa situation isolée à se considérer comme heureuse d'avoir un tel protecteur.

Ce fut à Liverpool, comme le lecteur le sait déjà, que Christian fit à découvert le premier pas dans la carrière des projets infâmes qu'il avait conçus contre une innocente jeune fille, en la conduisant dans une chapelle de non-conformistes pour l'exposer aux regards profanes de Chiffinch, afin de le convaincre qu'elle possédait une beauté assez peu commune pour mériter la promotion avilissante qu'on lui destinait.

Déjà très satisfait de son extérieur, Chiffinch ne le fut

pas moins de l'esprit et du bon sens qu'elle montrait dans la conversation, lorsqu'il la revit ensuite à Londres avec son oncle. La simplicité et en même temps la finesse de ses remarques fit qu'il la regarda à peu près du même œil que son savant serviteur le cuisinier français aurait regardé une nouvelle sauce assez piquante pour réveiller l'appétit rassasié d'un épicurien blasé. Il dit et jura qu'elle était la vraie pierre fondamentale sur laquelle, avec des manœuvres convenables en suivant ses instructions, quelques braves gens pourraient élever leur fortune.

Pour l'introduire dans le séjour où il s'agissait de la fixer, les confédérés jugèrent à propos de la confier aux soins d'une dame pleine d'expérience que quelques personnes appelaient mistress Chiffinch, et d'autres la maîtresse de Chiffinch[1]. C'était une de ces créatures obligeantes disposées à remplir tous les devoirs d'une épouse sans s'assujétir à une cérémonie incommode et à des nœuds indissolubles.

Une des suites de la licence de cette époque funeste aux mœurs, et ce n'était peut-être pas la moins préjudiciable, était que le terrain qui sert de limites entre le vice et la vertu était si bien nivelé, et se rapprochait des deux extrêmes par une pente si insensible, que l'épouse fragile et la tendre amie qui n'était pas épouse n'en perdaient pas pour cela leur place dans la société; mais au contraire, si c'étaient des astres faisant leurs révolutions dans les sphères les plus élevées, elles étaient admises dans les sociétés avec les femmes dont le sang était distinct et dont la réputation était intacte.

Une *liaison* régulière comme celle qui existait entre Chiffinch et sa belle ne causait donc guère de scandale; et telle était son influence comme premier ministre des plaisirs de son maître que, comme Charles le disait lui-même, la dame que nous avons présentée à nos lecteurs

---

(1) *Whom some called mistress Chiffinch et others Chiffinch's mistress.* Le double sens du mot mistress forme ici une équivoque. — Éd.

dans le chapitre qui précède avait obtenu une commission par brevet pour prendre rang parmi les femmes mariées. Et pour rendre justice à la bonne dame, nous devons dire que nulle épouse n'aurait pu être plus attentive à favoriser tous les projets de son mari, ni plus disposée à dépenser ses revenus.

On donnait le nom d'appartement de Chiffinch au local qu'elle habitait ; et c'était la scène de maintes intrigues amoureuses et politiques. Charles y passait souvent les soirées quand la mauvaise humeur de la duchesse de Portsmouth, sa sultane régnante, l'empêchait de souper avec elle, ce qui arrivait assez souvent. L'avantage que cette circonstance donnait à un homme comme Chiffinch qui savait parfaitement en profiter, lui assurait trop d'importance pour qu'il fût négligé même par les premiers personnages de l'État, à moins qu'ils ne fussent entièrement étrangers à la politique et aux intrigues de la cour.

Ce fut à cette mistress Chiffinch et à celui dont elle portait le nom qu'Édouard Christian confia la fille de sa sœur et de son ami trop confiant. Il contemplait avec calme sa ruine comme un événement certain, et se flattait qu'elle deviendrait pour lui la base d'une fortune plus assurée que celle qu'une vie passée dans les intrigues lui avait procurée jusqu'alors.

L'innocence de la pauvre Alice ne découvrait rien de blâmable ni dans le luxe extraordinaire qui l'entourait, ni dans les manières de son hôtesse, polie et caressante par caractère autant que par politique. Et cependant une sorte d'instinct semblait l'avertir qu'elle ne devait pas se livrer à une sécurité parfaite : espèce de sensation qui a peut-être quelque analogie avec cette prévoyance du danger que montrent tous les animaux quand ils se trouvent dans le voisinage de l'ennemi naturel de leur race ; c'est ainsi que les oiseaux se rapprochent de la terre dans leur vol quand le faucon plane dans les airs, et que les quadrupèdes tremblent quand le tigre parcourt le désert. Elle sentait sur le cœur un poids que rien ne pouvait alléger, et le peu d'heures qu'elle avait déjà passées chez Chiffinch étaient comme celles que passe en prison celui qui ne connaît ni quelle est la cause de sa captivité ni quelle en sera la suite. Ce fut le troisième jour après son arrivée à Londres qu'eut lieu la scène que nous avons interrompue, et à laquelle nous allons revenir.

L'impertinence et le ton grossier d'Empson, qu'on tolérait à cause de ses talens extraordinaires sur le flageolet, s'épuisaient aux dépens de tous les autres professeurs de musique; et mistress Chiffinch l'écoutait avec un air d'insouciance nonchalante, quand on entendit parler à voix haute et d'un ton animé dans la chambre voisine.

— O gémini! et eau de giroflée[1]! s'écria-t-elle, oubliant en ce moment ses grands airs et rentrant dans son caractère grossier; pourvu qu'il ne soit pas revenu! Et si le vieux Rowley....

Elle allait ouvrir la porte qui communiquait avec la chambre dans laquelle on parlait; sa main en tenait déjà la clef, mais elle la quitta comme si elle se fût brûlé les doigts, en entendant frapper doucement à la porte de son appartement. Elle se rejeta promptement sur son sofa, et dit d'une voix languissante : — Qui est là?

— Le vieux Rowley lui-même, madame, répondit le roi en entrant avec l'air de calme et d'aisance qui lui était habituel.

— Juste ciel! Votre Majesté....! je croyais....

— Que je ne pouvais vous entendre, sans doute; et vous parliez de moi comme on parle des amis absens. Ne cherchez pas d'excuse : je crois avoir entendu dire à je ne sais quelle dame qu'il valait mieux avoir ses dentelles déchirées qu'une reprise mal faite. Asseyez-vous. Où est Chiffinch?

---

(1) Juron du temps, dont l'étymologie est incertaine. — Éd.

— Il est à York-House, sire, répondit la dame en cherchant, non sans peine, à se remettre de son trouble. Lui enverrai-je les ordres de Votre Majesté?

— J'attendrai qu'il revienne, dit le roi. Permettez-moi de goûter votre chocolat.

— Il doit y en avoir de plus chaud dans l'office, répondit mistress Chiffinch. Elle se servit d'un sifflet d'argent, et un petit nègre richement vêtu comme un page de l'Orient, avec des bracelets d'or et un collier de même métal, apporta le chocolat sur un plateau couvert des plus riches porcelaines.

Tout en prenant son déjeuner favori, le roi jeta les yeux autour de l'appartement; et voyant Fenella, Peveril et le musicien debout dans l'embrasure d'une croisée, il dit à mistress Chiffinch avec un air d'indifférence polie : — Je vous ai envoyé les violons ce matin ou la flûte, pour mieux dire — Empson avec une petite fée que j'ai rencontrée ce matin dans le parc et qui danse à ravir. Elle nous a apporté de la cour de la reine Mab[1] la plus nouvelle sarabande, et je vous l'ai envoyée pour que vous en jugiez.

— Votre Majesté me fait beaucoup trop d'honneur, répondit mistress Chiffinch, les yeux modestement baissés, et avec un ton d'humilité affectée.

— A la vérité, ma petite Chiffinch, dit le roi avec un ton de familiarité aussi méprisante que le lui permettait sa politesse, ce n'était pas uniquement pour ton oreille, quoiqu'elle mérite d'entendre les sons les plus doux, que j'ai envoyé ici ces deux artistes incomparables; je croyais que Nelly serait avec toi ce matin.

— Je puis envoyer Bajazet la chercher, sire.

— Non, non, je ne veux pas donner cette peine à votre petit sultan païen. Mais il me semble que Chiffinch m'a dit que vous avez compagnie chez vous, quelque cousine de

(1) La reine des fées, appelée aussi Titania; femme d'Obéron. — Éd.

campagne, je ne sais quoi de ce genre. N'avez-vous ici personne ?

— Une jeune personne arrivée de province, répondit mistress Chiffinch en cherchant à cacher une partie de l'embarras qu'elle éprouvait ; mais elle n'est pas préparée à l'honneur d'être admise en la présence de Votre Majesté.

— Tant mieux, Chiffinch : c'est précisément ce qu'il me faut. Rien n'est plus charmant dans la nature que la première rougeur d'une petite campagnarde partagée entre la joie et la crainte, entre la surprise et la curiosité : c'est le duvet qui orne la pêche. C'est bien dommage qu'il dure si peu. Le fruit reste ; mais le coloris brillant et la saveur exquise n'existent plus. Ne pincez pas les lèvres pour cela, Chiffinch ; c'est comme je vous le dis : ainsi faites-nous venir la belle cousine.

Mistress Chiffinch, plus embarrassée que jamais, s'avança lentement vers la porte de communication qu'elle avait été sur le point d'ouvrir lorsque le roi était arrivé ; mais comme elle toussait assez fort, peut-être pour avertir quelqu'un qu'elle soupçonnait être dans cette chambre, la porte s'en ouvrit, et Alice se précipita dans l'appartement, poursuivie par l'entreprenant duc de Buckingham, qui s'arrêta immobile de surprise en voyant que l'ardeur de sa poursuite l'avait amené en présence du roi.

Alice Bridgenorth paraissait trop courroucée pour faire attention aux personnes devant lesquelles elle se trouvait ; et s'adressant à mistress Chiffinch, elle lui dit du ton le plus déterminé : — Je ne resterai pas plus long-temps ici, madame : je veux quitter à l'instant une maison où je suis exposée à une compagnie que je déteste et à des sollicitations qui me font horreur.

Mistress Chiffinch épouvantée ne put que la supplier à voix basse de se taire, et lui dit en lui montrant Charles, dont les yeux étaient fixés sur l'audacieux courtisan plutôt que sur le gibier qu'il poursuivait, — Le roi... ! le roi !

— Si je suis en présence du roi, dit Alice sur le même ton, tandis qu'on voyait briller dans ses yeux une larme arrachée par le ressentiment et par la pudeur outragée, c'est un bonheur pour moi. C'est le devoir de Sa Majesté de me protéger, et j'implore sa protection.

Ces mots, qui furent prononcés à voix haute et avec une noble hardiesse, rappelèrent Julien à lui-même, car il avait été jusqu'à ce moment comme une statue enchantée. Il s'approcha d'Alice, et lui disant à l'oreille qu'elle avait près d'elle quelqu'un qui la défendrait au risque de sa vie, il la conjura de mettre sa confiance en lui dans cette occasion. Lui saisissant le bras avec un transport de joie et de reconnaissance, Alice ne put se voir appuyée par celui de tous les mortels qu'elle désirait peut-être le plus reconnaître comme son protecteur, sans qu'un torrent de larmes succédât au courage qu'elle venait de montrer. Elle souffrit que Peveril l'attirât doucement en arrière, en le tenant toujours par le bras, tout en cherchant à se cacher derrière lui, et ils attendirent en silence le dénouement d'une scène si singulière.

Le roi parut d'abord tellement surpris de l'apparition inattendue du duc de Buckingham, qu'il ne fit presque aucune attention à Alice, cause innocente qui avait amené le duc avec si peu de cérémonie en présence de son souverain dans le moment le moins opportun. Dans cette cour féconde en intrigues, ce n'était pas la première fois que Buckingham entrait dans la lice de la galanterie comme rival de son maître, et c'était ce qui rendait en cet instant sa témérité encore plus impardonnable. Ses desseins en s'introduisant dans cet appartement se trouvaient expliqués par les plaintes et la conduite d'Alice; et Charles, malgré son caractère de douceur et l'empire qu'il avait habituellement sur ses passions, conçut autant de ressentiment de cette tentative pour séduire une maîtresse qui lui était destinée, qu'un sultan oriental en aurait ressenti de l'insolence d'un visir qui l'aurait devancé dans l'acquisition d'une belle esclave. Les traits pâles du roi se couvrirent de rougeur, et il dit d'une voix émue de colère : — Buckingham, vous n'auriez pas osé faire une pareille insulte à votre égal ! mais vous n'avez rien à craindre en faisant un affront à votre maître, puisque son rang retient son épée dans le fourreau.

Le courtisan hautain ne laissa pas ce reproche sans réponse. — La mienne, sire, dit-il avec emphase, n'est jamais restée dans le fourreau quand elle a pu être utile au service de Votre Majesté.

— Votre Grace veut dire, répliqua le roi, quand elle a pu être utile au service de son maître ; car vous ne pouviez gagner la couronne de duc qu'en combattant pour celle du roi. Mais tout est dit : je vous ai traité en ami, en compagnon, presqu'en égal, et vous m'avez payé par l'insolence et l'ingratitude.

— Sire, répondit le duc avec fermeté, mais avec respect, je suis désespéré de vous avoir déplu ; mais je suis heureux de savoir que si votre voix peut accorder des honneurs, elle ne peut ni les retirer ni les ternir. Il est dur, ajouta-t-il en s'approchant du roi et en baissant la voix de manière à n'être entendu que de lui, il est bien dur que les criailleries d'une fille fassent oublier en un instant les services de tant d'années.

— Il est encore plus dur, répliqua le roi du même ton qui fut conservé pendant tout le reste de cet entretien, que les beaux yeux d'une fille puissent faire oublier à un des premiers seigneurs du royaume la décence qui doit être observée dans une maison royale.

— Puis-je prendre la liberté de demander à Votre Majesté en quoi consiste cette décence? dit Buckingham.

Charles se mordit les lèvres pour ne pas sourire. — Buckingham, dit-il, nous agissons en véritables fous. Nous ne devons pas oublier que nous avons des spectateurs de cette scène, et que nous devons maintenir notre dignité sur le théâtre. Je vous ferai sentir votre faute en particulier.

— C'est bien assez que Votre Majesté ait conçu quelque déplaisir, et que j'en aie été la cause infortunée, quoique je n'aie à me reprocher que quelques mots de galanterie, dit le duc en fléchissant le genou devant lui ; et c'est ainsi que j'implore mon pardon de Votre Majesté.

— Je te l'accorde, Georges, dit le prince, facile à s'apaiser. Je crois que tu te lasseras plus vite de m'offenser que je ne me lasserai de te pardonner.

— Puisse Votre Gracieuse Majesté, dit le duc, vivre assez long-temps pour commettre la faute dont il vient d'être son bon plaisir d'accuser mon innocence !

— Que voulez-vous dire, milord ? dit Charles en fronçant de nouveau le sourcil.

— Vous avez trop d'honneur, sire, pour nier que vous soyez dans l'usage d'emprunter les flèches de Cupidon pour aller braconner sur les terres des autres. Votre Majesté s'est attribué un droit général de chasse sur les domaines de tous ses sujets. Devrait-elle donc montrer tant de mécontentement si elle entend le sifflement d'une flèche près des murs de son parc ?

— Allons, qu'il n'en soit plus question. Mais voyons où s'est réfugiée la tourterelle contre laquelle la flèche était décochée.

— L'Hélène a trouvé un Pâris, sire, pendant que nous nous entretenions.

— Dites plutôt un Orphée ; et ce qu'il y a de pire, un Orphée qui a déjà une Eurydice. Elle s'est accrochée à l'homme de ce matin.

— C'est par frayeur, sire ; comme Rochester, quand il se cacha dans la caisse d'une basse de viole pour se soustraire aux yeux de sir Dermot O'Cleaver.

— Il faut que ces gens nous donnent un échantillon de leurs talens, duc, et que nous leur fermions la bouche à force d'argent : sans quoi il ne va être question dans toute la ville que de cette sotte entrevue.

Le roi, s'approchant alors de Julien, lui dit de prendre son instrument, et de dire à sa compagne de danser une sarabande.

— J'ai déjà eu l'honneur de dire à Votre Majesté, répondit Julien, que je ne suis pas musicien, et qu'en conséquence je ne puis contribuer à ses plaisirs de cette manière. Quant à cette jeune personne, elle est...

— Au service de lady Powis, dit le roi, sur l'esprit de qui tout ce qui n'avait pas un rapport direct à ses plaisirs ne faisait qu'une légère impression. Pauvre femme! elle n'est pas trop à son aise à la Tour.

— Pardon, sire, dit Julien, mais je vous ai dit qu'elle était au service de la comtesse douairière de Derby.

— C'est vrai, c'est vrai ; oui, de la comtesse de Derby, qui a aussi sa bonne part d'embarras. Savez-vous qui a appris à cette jeune personne à danser ? Quelques-uns de ses pas ressemblent beaucoup à ceux de ce Lejeune, de Paris.

— Je crois qu'elle a appris la danse en pays étranger, sire. Quant à moi, j'ai été chargé par la comtesse d'une affaire importante dont je désirerais pouvoir rendre compte à Votre Majesté.

— Nous vous enverrons à notre secrétaire d'état. Mais il faut que cette danseuse, qui paraît avoir été envoyée avec vous, nous serve encore un plat de son métier. Ah! Empson, je m'en souviens, c'est au son de votre flageolet qu'elle a dansé ce matin. Allons, commencez sur-le-champ, et donnez la vie à ses pieds.

Empson obéit à l'instant ; mais suivant le projet qu'il avait formé, il fit entendre plus d'une fausse note. Le roi, dont l'oreille était fort juste, s'en aperçut sur-le-champ. — Drôle ! s'écria-t-il, es-tu déjà ivre, de si bon matin ? oses-tu t'oublier devant moi ? Tu te crois né pour battre la mesure, mais je la ferai battre sur ton dos.

Le musicien se tint pour averti, et il eut soin de ne plus jouer que d'une manière digne de sa réputation méritée,

Mais la musique ne fit pas la plus légère impression sur Fenella ; elle restait en quelque sorte fixée contre le mur de l'appartement, pâle comme la mort, les bras pendans, immobile, et ne donnant d'autre signe d'existence que le mouvement d'un sein agité et quelques larmes qui s'échappaient de ses yeux à demi fermés.

— Sur quelle herbe ont-elles donc toutes marché? s'écria le roi : il y a donc quelque mauvais vent qui souffle ! Allons, ma fille, égayez-vous. Vous étiez une nymphe et vous voilà une Niobé ! Qui diable vous a métamorphosée de la sorte? Eh bien ! si vous restez toujours ainsi, vous vous attacherez à cette muraille comme une tablette de marbre. Mais dites-moi, Georges, n'auriez-vous pas aussi décoché quelque flèche de ce côté?

Avant que Buckingham eût pu répondre, Julien fléchit le genou devant le roi, et le supplia de l'entendre un instant.
— Cette jeune infortunée, lui dit-il, est depuis long-temps au service de la comtesse de Derby, et elle ne peut ni parler ni entendre.

— Comment diable! et elle danse si bien! Allons donc, tout le collège de Gresham ne me ferait pas croire une pareille chose.

— Je l'aurais crue impossible aussi, sans ce que j'ai vu ce matin. Mais, sire, ne me permettrez-vous pas de vous présenter l'humble petition de la comtesse.

— Et qui êtes-vous vous-même, jeune homme? car quoique tout ce qui porte cornette et jupon ait droit de parler à un roi, et d'en obtenir une réponse, je ne crois pas que tout le monde puisse réclamer le privilége de se faire entendre par un envoyé extraordinaire.

— Je suis Julien Peveril, sire, fils de sir Geoffrey Peveril, du château de Martindale, qui...

— Sur mon ame! un des vieux braves de Worcester. Comment diable! je me le rappelle fort bien. Mais il lui est arrivé quelque chose, je pense. N'est-il pas mort? n'est-il pas malade?

— Il est fort mal à l'aise, sire, mais il n'est pas malade. Il a été mis en prison, faussement accusé d'avoir pris part à la conspiration.

— Voyez-vous cela? je savais fort bien qu'il lui était arrivé quelque accident. Et cependant je ne sais trop comment tirer d'embarras le brave chevalier. A peine puis-je échapper moi-même au soupçon d'avoir trempé dans cette conspiration, quoiqu'on dise qu'elle a pour principal objet de m'ôter la vie. Si je remuais un doigt pour sauver un des conspirateurs, on m'accuserait bien certainement d'en être complice. Buckingham, tu as quelque crédit sur ceux qui ont construit cette belle machine de guerre, ou du moins qui l'ont traînée. Montre de la bonté d'ame pour une fois, quoique ce ne soit guère ta coutume, et interviens en faveur de notre vieil ami de Worcester, de sir Godfrey. Tu ne l'as pas oublié?

— Non, sire, car je n'ai jamais entendu prononcer ce nom.

— C'est sir Geoffrey que Sa Majesté a voulu dire, milord, dit Julien.

— Et quand Sa Majesté aurait dit sir Geoffrey, monsieur Peveril? je ne vois pas ce que je puis faire pour votre père. il est accusé d'un crime capital, et tout sujet anglais, en ce cas, ne peut obtenir la protection ni du prince ni d'un pair; il faut qu'il attende son jugement ou sa justification de Dieu et de son pays.

— Que le ciel te pardonne ton hypocrisie, Georges, s'écria le roi avec un mouvement de vivacité : j'aimerais autant entendre le diable prêcher la religion que le duc de Buckingham parler de patriotisme. Tu sais aussi bien que moi que la nation est dans un accès de fièvre ardente, de peur de ces pauvres catholiques qui ne sont pas deux contre cinq cents, et que l'esprit du public est tellement harassé de récits de complots et des nouvelles horreurs qu'on débite tous les jours, qu'on ne distingue pas plus ce qui est juste ou injuste, que ceux qui parlent en dormant ne savent ce qui est raison ou déraison. J'ai souffert long-temps ce délire. J'ai vu couler le sang sur l'échafaud, craignant, si je m'y opposais d'irriter encore la fureur de la nation, et je prie Dieu que ni moi ni les miens nous n'en soyons un jour rendus responsables. Mais je ne veux plus me laisser entraîner par un torrent que mon honneur et ma conscience m'ordonnent d'arrêter. Je veux agir en souverain, et épargner à mon peuple, même en dépit de lui-même, le regret qu'il aurait un jour d'avoir commis de nouvelles injustices.

Charles marchait à grands pas dans la chambre, en exprimant avec une énergie extraordinaire des sentimens qui ne l'étaient pas moins. Après un moment de silence, le duc lui dit d'un ton grave :

— C'est parler en roi, sire ; mais, pardon, non pas en roi d'Angleterre.

Tandis que le duc prononçait ces paroles, Charles s'arrêta devant une fenêtre qui donnait sur Whitehall, et ses yeux furent attirés involontairement vers la fatale croisée par laquelle son malheureux père était sorti pour monter à l'échafaud. Charles était brave par caractère, ou pour mieux dire par tempérament ; mais une vie passée dans les plaisirs et l'habitude de se conduire d'après les circonstances plutôt que d'après des principes de justice, le rendaient peu propre à braver la même scène de danger et de martyre qui avait terminé le règne et la vie de son père, et cette pensée fit évanouir sa résolution à demi formée, comme la pluie éteint un feu qu'on vient d'allumer. Dans tout autre prince, sa perplexité aurait pu paraître ridicule ; mais rien ne pouvait faire perdre à Charles la grace et la dignité qui lui étaient aussi naturelles que son indifférence et sa bonne humeur.

— Notre conseil décidera de cette affaire, dit-il en regardant le duc. — Quant à vous, jeune homme, ajouta-t-il en se tournant vers Julien, soyez assuré que votre père trouvera un intercesseur dans son roi, autant que les lois me permettront d'intervenir en sa faveur.

Julien était sur le point de se retirer quand Fenella, en lui adressant un coup d'œil expressif, lui mit en main un petit morceau de papier sur lequel elle avait écrit à la hâte : « Et le paquet?.... Donnez le paquet. »

Après avoir hésité un moment, Julien, réfléchissant que Fenella était souvent l'organe des volontés de la comtesse, et qu'elle exécutait probablement ses ordres, se décida à suivre son avis.

— Sire, dit-il, permettez-moi de remettre entre les mains de Votre Majesté ce paquet que m'a confié la comtesse de Derby. Les lettres qu'il contient m'ont déjà été dérobées une fois, et il ne me reste guère d'espoir à présent de pouvoir les remettre à leurs adresses. Je les place donc entre vos mains, certain qu'elles attesteront l'innocence de celle qui les a écrites.

Le roi reçut le paquet avec un air de répugnance, et dit en secouant la tête : — Vous vous êtes chargé d'une commission périlleuse, jeune homme : on a quelquefois coupé la gorge à un messager pour s'emparer de ses dépêches. N'importe, je les reçois. Mistress Chiffinch, donnez-moi de la cire et une bougie.

Pendant que la maîtresse de la maison obéissait, Charles s'occupait à faire une seconde enveloppe au paquet de la comtesse. — Buckingham, dit-il, je vous prends à témoin que je n'ai pas lu ces lettres avant que le conseil les voie.

Le duc lui offrit ses services pour faire l'enveloppe; mais le roi persista à s'en charger lui-même, et quand il l'eut finie, il la cacheta avec sa propre bague, tandis que Buckingham se mordait les lèvres de dépit.

— Maintenant, jeune homme, dit le roi à Julien, votre commission est terminée : du moins quant à présent.

Peveril, interprétant avec raison ce peu de mots comme

un ordre de se retirer, salua profondément, et s'avança vers la porte. Alice Bridgenorth, qui avait toujours la main passée sous le bras de Julien, fit un mouvement pour le suivre. Le roi et Buckingham se regardèrent l'un l'autre d'un air surpris, et cependant avec une légère envie de sourire, tant il leur paraissait bizarre qu'une proie qu'ils se disputaient quelques instans auparavant leur fût enlevée par un troisième compétiteur, qui n'était pas de force à soutenir une lutte contre aucun d'eux.

— Mistress Chiffinch, dit le roi avec un embarras qu'il ne put déguiser, est-ce que cette jeune fille va nous quitter?

— Non certainement, sire, répondit la dame. Alice, ma chère amie, vous vous trompez. Voici la porte qui conduit à votre appartement.

— Pardonnez-moi, madame, répondit Alice; je me suis trompée, à la vérité, mais c'est lorsque je suis entrée dans cette maison.

Buckingham lança sur le roi un coup d'œil aussi expressif que l'étiquette le lui permettait, et le tournant vers Alice, qui tenait le bras de Julien : — Cette demoiselle errante, dit-il, n'a pas envie de se tromper de route une seconde fois; elle a fait choix d'un bon guide.

— Et cependant, dit le roi, mainte histoire nous apprend que de pareils guides ont égaré plus d'une demoiselle.

Alice rougit, mais elle reprit toute sa fermeté en voyant que sa liberté allait probablement dépendre de l'usage qu'elle ferait d'une résolution bien prononcée. Elle abandonna par un sentiment de délicatesse blessée le bras de Julien, qu'elle avait tenu jusqu'alors; mais tout en parlant elle continua à tenir légèrement la basque de son habit.

— Oui, je me suis trompée de route, dit-elle en s'adressant toujours à mistress Chiffinch, lorsque j'ai passé le seuil de cette porte; et l'indignité à laquelle j'ai été exposée dans votre maison m'a déterminée à en sortir à l'instant.

— C'est ce que je ne permettrai pas, jusqu'à ce que votre

oncle qui vous a placée sous mes soins m'ait dégagée de ma responsabilité.

— Je me charge, madame, de répondre de ma conduite à mon oncle, et ce qui est plus important, à mon père. Vous ne pouvez m'empêcher de partir : je suis libre, et vous n'avez pas le droit de me retenir.

— Pardonnez-moi, miss Alice, j'en ai le droit, et je le ferai valoir.

— C'est ce que je vais savoir à l'instant, dit Alice avec fermeté; et s'avançant vers le roi, elle s'agenouilla devant lui : — Sire, lui dit-elle, s'il est vrai que je me trouve en ce moment devant le roi Charles, vous êtes le père de vos sujets.

— Oui, d'un assez bon nombre d'entre eux, dit à part le duc de Buckingham.

— Je réclame votre protection, continua Alice, au nom de Dieu, au nom du serment que vous avez prêté lorsque la couronne de ce royaume a été placée sur votre tête.

— Vous avez ma protection, lui dit le roi un peu confus d'un appel si solennel et si inattendu ; restez en paix chez cette dame, où vos parens vous ont placée, et je vous garantis que ni Buckingham ni qui que ce soit ne vous importunera.

L'esprit mordant de la contradiction possédait tellement Buckingham, que jamais il ne pouvait résister à l'envie de placer un sarcasme, en dépit de toutes les convenances et même contre son propre intérêt. — Sa Majesté, dit-il à Alice, vous préservera de toute visite importune, excepté de celles qui ne peuvent être appelées une importunité.

Alice lança sur le duc un regard pénétrant comme pour lire dans ses pensées, et tourna ensuite ses yeux sur le roi, comme pour voir si elle avait bien interprété ce qu'elle venait d'entendre. Elle vit sur le front de Charles une confusion coupable qui la confirma dans la résolution de partir.

— Votre Majesté me pardonnera, dit-elle ; ce n'est pas en

ce lieu que je puis jouir de l'avantage de sa protection ; je suis déterminée à sortir de cette maison. Si l'on m'y retient, ce sera par violence, et j'espère que personne n'osera y avoir recours en présence de Votre Majesté. Monsieur, que je connais depuis long-temps, voudra bien me reconduire chez mon père.

— Nous faisons une assez sotte figure dans cette scène, dit le roi à l'oreille du duc de Buckingham. Il faut la laisser partir : je ne veux ni n'ose l'empêcher de retourner chez son père.

— Et si elle y retourne, jura le duc intérieurement, je consens, comme le disait sir André, à ne jamais toucher la main blanche d'une belle dame. Reculant alors quelques pas, il dit un mot à voix basse à Empson, qui sortit de l'appartement un instant, et y rentra presque aussitôt.

Le roi semblait indécis sur ce qu'il devait faire dans une circonstance si singulière. Se laisser déjouer dans une intrigue galante, c'était s'exposer à devenir la fable de toute sa cour ; y persister par des moyens qui approcheraient de la contrainte, ce serait agir en tyran, et ce qui ne lui déplaisait peut-être pas moins, d'une manière indigne d'un homme bien né.

— Sur mon honneur, jeune dame, lui dit-il enfin, vous n'avez rien à craindre dans cette maison ; mais il ne convient pas, par égard pour vous-même, que vous la quittiez si brusquement. Ayez la bonté d'attendre seulement un quart d'heure, et la voiture de mistress Chiffinch sera à vos ordres pour vous conduire où bon vous semblera. Épargnez-nous, à vous le désagrément, et à moi le déplaisir de vous montrer fuyant la maison d'un de mes serviteurs, comme si vous vous échappiez d'une prison.

Le roi parlait ainsi avec sincérité et en suivant l'impulsion d'un bon cœur, et Alice fut un moment tentée d'écouter son avis ; mais se rappelant qu'il fallait qu'elle cherchât son père, son oncle, ou quelque endroit convenable pour y résider provisoirement si elle ne les trouvait pas, elle réfléchit tout à coup que les domestiques de mistress Chiffinch n'étaient pas les guides auxquels elle pouvait se fier. Elle annonça donc avec respect, mais avec fermeté, sa détermination de partir à l'instant. Elle n'avait besoin, ajouta-t-elle, d'aucune protection que de celle de M. Julien Peveril, qui était bien connu de son père, et qui se chargerait de la reconduire chez lui. Elle n'en avait même besoin que jusqu'à sa réunion avec son père.

— Adieu donc, au nom du ciel, belle dame, dit Charles ; je suis fâché que tant de beauté soit jointe à tant de méfiance. Quant à vous, monsieur Peveril, j'aurais cru que vos propres affaires auraient dû vous occuper assez pour vous ôter l'envie de vous mêler des caprices du beau sexe. Le devoir de conduire dans le bon chemin une demoiselle égarée est un peu difficile, de la manière dont vont les choses dans cette bonne ville, pour un jeune homme sans expérience.

Julien n'ayant rien plus à cœur que d'éloigner Alice d'un endroit dont il commençait à apprécier pleinement les périls, ne répondit rien à ce sarcasme, salua avec respect et sortit avec elle de l'appartement. Son apparition soudaine et la scène animée dont elle avait été suivie avaient entièrement absorbé pour le moment le souvenir de la comtesse de Derby, et même celui de son père ; et tandis que la confidente muette de la comtesse restait dans la chambre, spectatrice silencieuse et en apparence étourdie de tout ce qui venait d'arriver, Peveril, entièrement occupé des intérêts d'Alice, avait tout-à-fait oublié cette jeune infortunée.

Mais il ne fut pas plus tôt parti sans penser à elle et sans y faire aucune attention, que Fenella, semblant s'éveiller tout à coup, releva la tête en tressaillant, et porta autour d'elle des yeux égarés, comme pour bien s'assurer que son compagnon était sorti sans songer à elle. Elle joignit les mains, leva les yeux en l'air, et il y avait une telle expression d'angoisse dans ses regards, que Charles crut pouvoir expliquer les idées pénibles qui se passaient dans son esprit.

— Ce Peveril est un modèle parfait d'heureuse perfidie, dit-il. Non-seulement il a réussi à la première vue à enlever cette reine des Amazones, mais il nous a laissé, je crois, une Ariane désolée en sa place. Ne pleurez pas, ma princesse de l'agilité et de la gentillesse! Si nous ne pouvons appeler Bacchus à votre secours, nous vous confierons aux soins d'Empson, qui est en état de tenir une gageure contre le dieu du vin, à qui boira le mieux, et je serai le premier à parier pour lui.

A peine le roi avait-il prononcé ces paroles, que Fenella passa devant lui avec sa légèreté ordinaire; et sans s'inquiéter si elle y mettait le respect dû à la présence d'un monarque, sans songer à s'adresser à lui en aucune manière, elle sortit du salon, descendit précipitamment l'escalier, traversa la cour et quitta la maison. Charles vit son brusque départ avec plus de surprise que de déplaisir; et après un grand éclat de rire, il dit au duc de Buckingham : — Comment diable! Georges, ce jeune étourneau pourrait apprendre au plus savant de nous à s'emparer du cœur des belles! J'ai quelque expérience en ce genre; mais je n'ai jamais pu réussir à les gagner où à les perdre avec si peu de cérémonie.

— L'expérience est le fruit des années, sire, dit le duc de Buckingham.

— C'est la vérité, Georges, répliqua le roi, et vous voulez sans doute me donner à entendre que ce qu'on gagne en expérience, on le perd en jeunesse. Mais je me moque de cette insinuation, Georges. Vous n'êtes pas plus fin que votre maître, tout vieux que vous le croyez, ni en amour ni en politique. Vous ne connaissez pas le secret de plumer la poule sans la faire crier, témoin votre besogne de ce matin. Je vous ferai un avantage à tous les jeux, oui, même à la paume, si vous osez accepter mon défi. Eh bien ! Chiffinch, pourquoi gâter ta jolie figure pour forcer tes yeux à verser quelques larmes rebelles ?

— C'est que je crains, répondit mistress Chiffinch d'un ton larmoyant, que Votre Majesté ne pense..., que vous ne vous imaginiez...

— Que je ne m'imagine trouver de la reconnaissance dans un courtisan et de la bonne foi dans une femme ? répliqua le roi en lui passant la main sous le menton pour lui relever la tête ; non, mon enfant, je ne suis pas si ridicule.

— Voilà ce que c'est, dit-elle en poussant des cris pour remplacer les larmes qu'elle se sentait hors d'état de verser ; je vois bien que Votre Majesté est déterminée à jeter tout le blâme sur moi, qui suis aussi innocente que l'enfant au berceau. Je m'en rapporte à Sa Grace.

— Sans doute, sans doute, Chiffinch, dit le roi, Sa Grace et vous, vous serez d'excellens juges dans la cause de l'un et de l'autre, et chacun de vous sera aussi pour l'autre un excellent témoin ; mais pour instruire cette affaire avec impartialité, il faut que je vous entende tous deux séparément. Milord, je vous attends à midi pour une partie de paume, si votre Grace ose accepter mon défi.

Le duc de Buckingham salua et se retira.

CHAPITRE XXXII.

> « Mais quand le spadassin, d'un air audacieux,
> « Enfonçant fièrement son chapeau sur ses yeux,
> « En passant près de vous rudement vous coudoie,
> « Et vient effrontement vous disputer la voie,
> « Jetez-le, s'il se peut, dans le ruisseau voisin.
> « Et pourtant, si vous-même il vous y jette enfin,
> « Gardez-vous bien surtout, pour cette bagatelle,
> « De vous faire avec lui quelque sotte querelle. »
>   GAY. *Trivia.*

JULIEN PEVERIL, conduisant Alice Bridgenorth et lui servant d'appui, était arrivé au milieu de Saint-James's-Street avant d'avoir pensé au chemin qu'il devait suivre. Il lui demanda où elle désirait qu'il la conduisît; et il apprit avec surprise et embarras que, bien loin de savoir où elle trouverait son père, elle ne savait même pas s'il était à Londres, et qu'elle espérait seulement qu'il pourrait y être arrivé, d'après quelques mots qu'il lui avait dits à l'instant de son départ. Elle lui donna l'adresse de son oncle Christian; mais ce fut en hésitant et avec un air d'inquiétude, en se souvenant en quelles mains il l'avait confiée. Dès que quelques mots eurent établi dans l'esprit de son jeune guide l'identité de Ganlesse avec Christian, il la confirma dans la répugnance qu'elle avait à se mettre de nouveau sous sa protection. — Quel parti prendre?

— Alice, dit Julien après un moment de réflexion, il faut que vous alliez trouver votre plus ancienne amie, ma mère.

Elle n'est pas maintenant dans un château pour vous y recevoir; elle n'a qu'un misérable appartement, si voisin de la prison où mon père est enfermé, qu'il semble en faire partie. Je ne le sais que par les informations que j'ai prises, car je ne l'ai pas encore vue depuis mon arrivée à Londres. Quel que soit son logement, nous allons nous y rendre; je sais qu'elle le partagera volontiers avec une jeune fille innocente et sans appui comme vous l'êtes.

— Juste ciel! s'écria la pauvre fille, suis-je donc assez abandonnée pour être forcée d'aller implorer la compassion de celle qui, dans le monde entier, a le plus de raisons pour me repousser loin d'elle? Julien, pouvez-vous me donner un tel avis! N'existe-t-il aucun autre lieu où je puisse obtenir un asile pour quelques heures, jusqu'à ce que je puisse avoir des nouvelles de mon père? Ne puis-je trouver d'autre protection que celle dont je crains que la ruine n'ait été achevée par... Non, Julien, je n'ose paraître devant votre mère. Elle doit me haïr à cause de ma famille, et elle me mépriserait pour cette bassesse. Après qu'elle a été si mal payée de sa protection, aller la lui demander une seconde fois! Non, Julien, non; je ne puis vous suivre.

— Elle n'a jamais cessé de vous aimer, Alice, lui répondit Peveril, dont elle continuait à suivre les pas tout en lui annonçant sa résolution de n'en rien faire; elle a toujours pris intérêt à vous et même à votre père. Quoiqu'il nous ait traités bien durement, elle peut pardonner bien des choses à cause des provocations qu'il avait reçues. Croyez-moi, vous serez auprès d'elle en sûreté comme auprès d'une mère. Peut-être même contribuerez-vous à mettre fin à des divisions qui nous ont été si funestes.

— Dieu le veuille! dit Alice. Mais comment pourrai-je lever les yeux sur votre mère? Et pourra-t-elle me protéger contre ces hommes puissans, contre mon oncle Christian? Hélas! pourquoi me faut-il l'appeler mon plus cruel ennemi?

— Elle a pour vous défendre, répondit Julien, l'ascendant

que doivent avoir l'honneur sur l'infamie, et la vertu sur le vice. Nul pouvoir sur la terre, que la volonté de votre père, ne pourra vous arracher de ses bras, si vous consentez à y chercher un asile. Venez donc, Alice, venez, et...

Julien fut interrompu par quelqu'un qui, saisissant son habit sans cérémonie, le tira avec tant de force, qu'il se retourna en mettant la main sur sa rapière; mais au même instant il vit Fenella. Les joues de la jeune muette étaient enflammées, ses yeux étincelaient, et ses lèvres étaient serrées l'une contre l'autre, comme si elle eût eu besoin de faire un effort sur elle-même pour réprimer ces cris inarticulés qu'elle faisait entendre quand elle était agitée par quelque passion violente, et qui auraient attiré la foule à l'instant si elle les eût poussés dans la rue. Et cependant son air était si singulier et son émotion si évidente, que chacun la regardait en passant, et se retournait pour la regarder encore après avoir passé, tant on était frappé de l'étrange vivacité de tous ses gestes, tandis que tenant d'une main l'habit de Peveril elle lui faisait signe d'un air pressant et impérieux qu'il fallait qu'il quittât Alice Bridgenorth et qu'il la suivît. Elle toucha la plume qui surmontait sa toque, pour lui désigner le comte; mit la main sur son cœur pour lui rappeler la comtesse; leva une de ses mains, comme pour lui donner des ordres de leur part; les joignit comme pour le supplier en son propre nom; enfin regardant Alice avec des yeux exprimant la colère et le mépris, elle fit un geste de la main pour lui faire entendre qu'il devait l'abandonner comme un être indigne de sa protection.

Effayée sans savoir pourquoi de ces gestes étranges, Alice, tenant toujours le bras de Julien, se serra contre lui plus qu'elle n'avait d'abord osé le faire; et cette marque de confiance parut redoubler encore la colère de Fenella.

Julien se trouvait dans un cruel embarras; sa situation était déjà assez précaire, même avant que les passions indomptables de Fenella fussent venues menacer de faire échouer le seul plan qu'il eût été en état de suggérer. Que lui voulait-elle? Il ne pouvait même s'imaginer jusqu'à quel point le destin du comte et de sa mère pouvait dépendre de sa docilité à suivre la jeune muette; mais quoi qu'il en fût, il résolut de n'en rien faire avant d'avoir placé Alice en lieu de sûreté. Cependant il ne voulut pas perdre Fenella de vue; et malgré le dédain avec lequel elle avait plusieurs fois refusé le bras qu'il lui offrait, il parvint à l'apaiser au point que désespérant sans doute de le déterminer à la suivre, elle se décida à l'accompagner elle-même partout où il voudrait aller, et passa enfin la main sous son bras droit.

Marchant ainsi entre deux jeunes personnes, toutes deux faites pour exciter l'attention, quoique par des motifs différens, Julien résolut de choisir le chemin le plus court pour gagner le bord de l'eau, et y prendre une barque qui le conduirait à Black-Friars, lieu de débarquement le plus voisin de la prison de Newgate, où il présumait que Lance-Outram avait déjà annoncé son arrivée à Londres à sir Geoffrey, et où lady Peveril partageait et adoucissait son emprisonnement, autant que le lui permettaient les rigueurs du geôlier.

L'embarras de Julien fut si grand en traversant Charing-Cross pour gagner Northumberland-House, qu'il attira l'attention de tous les passans, car il avait à régler sa marche de manière à modérer la course rapide et inégale de Fenella, et à ne pas laisser en arrière son autre compagne, qui marchait d'un pas lent et timide; et tandis qu'il lui aurait été inutile de parler à la première, puisqu'elle ne pouvait l'entendre, il n'osait adresser un seul mot à Alice, de peur de porter jusqu'à la frénésie la jalousie ou du moins l'impatience de Fenella.

Plusieurs passans les regardaient avec surprise, et quelques-uns en souriant; mais Julien remarqua deux hommes qui ne le perdaient jamais de vue et à qui sa situation et les manières de ses compagnes semblaient fournir un sujet de gaîté qu'ils ne cherchaient point à cacher : c'étaient des jeunes gens semblables à ceux qu'on peut voir aujourd'hui dans les environs du même lieu, sauf la différence de leur costume. Ceux-ci portaient une grande perruque, et étaient couverts d'une profusion de rubans disposés en nœuds sur leurs manches, leurs culottes et leurs vestes, suivant la mode d'alors. Une quantité de dentelles et de broderies rendaient leur costume plus riche que de bon goût. En un mot ils offraient cette espèce de caricature outrée de la mode annonçant quelquefois un jeune écervelé de qualité, jaloux de se faire citer comme un petit-maître du premier ordre, quoiqu'elle soit plus souvent le déguisement de ceux qui veulent se faire passer pour des gens du bon ton par leurs vêtemens, parce qu'ils n'ont aucun autre moyen pour se distinguer de la foule.

Ces deux freluquets passèrent plusieurs fois devant Peveril, en se tenant par le bras; alors ils s'arrêtaient pour le laisser passer à son tour, riant et chuchotant pendant toutes ces manœuvres, le regardant sous le nez ainsi que ses deux compagnes, et ne se dérangeant nullement pour leur livrer passage, comme la bienséance l'exigeait lorsqu'ils se trouvaient en contact.

Peveril ne remarqua pas immédiatement leur impertinence; mais quand elle devint trop grossière pour ne pas frapper son attention, sa bile commença à s'enflammer, et outre les autres embarras de sa situation, il eut à combattre un violent désir de bâtonner les deux fats qui semblaient déterminés à l'insulter. Les circonstances lui imposaient la nécessité de la patience et de la prudence; mais enfin il lui devint presque impossible d'en suivre plus long-temps les conseils.

Quand il fut obligé de passer pour la troisième fois devant ces impertinens, ils le suivirent pas à pas, en parlant assez haut pour être entendus, et d'un ton qui faisait voir qu'ils s'inquiétaient fort peu de l'être.

— Ce rustre n'est pas malheureux, dit le plus grand des

deux, homme d'une taille remarquable, en faisant allusion aux vêtemens fort simples que portait Peveril, et qui ne répondaient guère aux luxe régnant alors à Londres. Deux si jolies filles sous la garde d'une casaque grise et d'un bâton de chêne !

— Dites donc ce puritain, et pire encore, dit son compagnon. Ne voyez-vous pas le puritanisme dans son allure et dans sa patience?

— Juste comme une pinte bien mesurée, Tom, reprit le premier, Issachar est un âne courbé entre deux fardeaux [1].

— J'ai une certaine envie, dit Tom, de débarrasser de l'un des deux l'animal à longues oreilles. Cette naine aux grands yeux noirs a l'air de chercher à se délivrer de sa compagnie.

— C'est vrai, ajouta l'autre, et cette trembleuse aux yeux bleus semble vouloir rester en arrière pour se jeter dans mes bras.

A ces mots, Alice s'attachant plus fortement que jamais au bras de Peveril, doubla le pas presqu'au point de courir, afin de s'éloigner de gens dont le langage était si alarmant, et Fenella se mit aussi à marcher encore plus vite qu'auparavant, les gestes et la conduite de ces deux hommes lui ayant peut-être causé la même frayeur que leurs discours avaient inspirée à Alice.

Craignant les suites d'une querelle qui devait nécessairement le séparer de deux jeunes filles dont il était le seul protecteur, Peveril appela à son secours toute la prudence qui lui restait pour faire taire son ressentiment; et comme ces deux fâcheux impertinens voulaient encore passer devant eux près de l'escalier d'Hungerford [2], il leur dit avec un calme forcé :—Messieurs, je vous dois des remerciemens pour l'attention que vous daignez faire à un étranger. Vous plairait-il de me dire où je pourrai vous rencontrer ?

(1) Citation biblique dans le style puritain. — Éd.
(2) Escalier qui conduit à la Tamise près de Strand. — Éd.

— Et dans quel dessein, lui dit le plus grand des deux, votre gravité rustique ou votre très grave rusticité nous fait-elle cette demande?

Tandis qu'il parlait ainsi, tous deux se placèrent devant Julien, de manière à lui barrer entièrement le passage.

— Descendez l'escalier, Alice, s'écria-t-il, je vous rejoindrai dans un moment. Se débarrassant alors non sans difficulté de ses deux compagnes qui le retenaient, il entoura à la hâte son bras gauche de son manteau, et dit d'un ton fier à ses antagonistes : — Voulez-vous me donner vos noms ou me faire place, messieurs ?

— Nous ne ferons ni l'un ni l'autre avant de savoir à qui nous avons affaire, répondit l'un d'eux.

— A quelqu'un qui vous donnera une leçon de ce qui vous manque, une leçon de savoir-vivre, répondit Peveril, et il s'avança brusquement comme pour passer entre eux.

Ils se séparèrent; mais l'un d'eux avança le pied devant Peveril comme s'il voulait lui donner un croc-en-jambe pour le faire tomber. Julien sentait déjà bouillonner dans ses veines tout son noble sang ; il appliqua sur les épaules du provocateur un grand coup du bâton de chêne qui avait excité leurs sarcasmes ; et le jetant loin de lui, il prit en main sa rapière. Ses deux adversaires en firent autant sur-le-champ, et l'attaquèrent simultanément. Peveril reçut dans son manteau la lame d'un de ses ennemis, et para le coup que lui portait l'autre. Il n'aurait peut-être pas été aussi heureux au second ; mais un cri général s'était déjà élevé parmi les bateliers : *Fi! fi! c'est une honte ! Deux contre un !*

— Ce sont des gens du duc de Buckingham, dit l'un d'entre eux : il ne ferait pas bon de s'y frotter.

— Quand ce seraient des gens du diable, dit un ancien triton en brandissant son aviron, je dis qu'il faut de l'égalité en tout, et vive la vieille Angleterre ! J'assommerai ces coquins à galons d'or s'ils ne se conduisent décemment avec l'habit gris. Quand l'un sera à bas, que l'autre se présente.

La populace de Londres a été remarquable en tout temps pour le plaisir avec lequel elle voit un combat soit au bâton, soit à coups de poing, et pour l'équité impartiale avec laquelle elle veille à ce que tout s'y passe régulièrement entre les adversaires. La noble science de l'escrime était si généralement connue à cette époque, qu'un combat à la rapière excitait autant d'intérêt et aussi peu de surprise qu'une lutte entre deux boxeurs en fait naître de nos jours. Les spectateurs formèrent à l'instant même un cercle dans lequel Peveril et le plus grand de ses antagonistes, qui était aussi le plus animé, se livrèrent bientôt un combat singulier, tandis que l'autre en avait été repoussé par les bateliers qui ne lui permirent pas de se mêler de la querelle.

— Bien poussé, longues jambes ! — Bravo ! — Huzza pour les deux aunes et un quart ! Tels étaient les cris qu'excita le commencement du combat : car non-seulement l'ennemi de Peveril montrait autant d'adresse que de force et d'activité, mais il avait un avantage marqué, à cause de l'inquiétude avec laquelle Julien cherchait à chaque instant à apercevoir Alice, pour la sûreté de laquelle il éprouvait plus de crainte que pour sa propre vie ; de sorte que ces distractions lui firent oublier un instant qu'il ne s'agissait de rien moins que de défendre ses jours : une égratignure qu'il reçut au côté le lui rappela en le punissant de son inattention ; s'occupant alors uniquement d'une affaire si sérieuse et animé par sa colère contre cet impertinent querelleur, il donna bientôt une autre face au combat, et l'on entendit crier : — Bravo, l'habit gris ! Voyez si son gilet doré est bien doublé. Bien poussé ! parfaitement paré ! Faites une autre boutonnière à son habit brodé. Le voilà pincé, de par Dieu ! Cette dernière exclamation fut suivie d'un brouhaha confus d'applaudissemens pendant lesquels Peveril poussant à propos une botte, passa sa rapière au travers du corps de son antagoniste. Il regarda un instant son ennemi renversé, et revenant à lui sur-le-champ, il demanda ce qu'était devenue la dame qu'il accompagnait.

— Ne pensez pas à elle si vous êtes sage, dit un des bateliers. Le constable va arriver dans une minute. Je vous ferai traverser l'eau en un clin d'œil. Dame! il y va de votre cou. Je ne vous prendrai qu'un jacobus.

— Tu seras damné comme ton père l'a été avant toi, s'écria un de ses rivaux, c'est-à-dire un homme exerçant la même profession. Pour un jacobus je conduirai Son Honneur en Alsace[1], et ni bailli ni constable ne sera assez hardi pour l'y suivre.

— Mais la dame, misérables! la dame! s'écria Peveril, qu'est-elle devenue?

— Je conduirai Votre Honneur où vous ne manquerez pas de dames, si c'est là ce qu'il vous faut, dit le vieux triton ; et pendant qu'il parlait, les clameurs des bateliers se renouvelèrent, chacun désirant tirer parti de la situation dangereuse où se trouvait Julien.

— Un batelet sera moins suspect, Votre Honneur, dit un batelier.

— Une barque à deux rames vous fera courir sur l'eau comme un canard sauvage, dit un autre.

— Mais vous n'avez point de banne[2], camarades, s'écria un troisième, et ma barque en a une sous laquelle Son Honneur sera aussi bien caché que s'il était caché à fond de cale dans un bâtiment de haut-bord.

Au milieu du bruit et des clameurs occasionnés par cette compétition, chaque batelier désirant s'assurer cette bonne aubaine, Peveril réussit enfin à leur faire entendre qu'il donnerait un jacobus, non à celui dont la barque avait les meilleures rames, mais à celui qui lui donnerait des nouvelles de la dame qui était avec lui.

---

(1) Lieu de refuge qui existait encore à Londres à cette époque. Voyez les *Aventures de Nigel*. — Éd.

(2) Tente de bateau. — Éd.

— Mais de quelle dame parlez-vous? lui demanda un fin matois; il me semble qu'il y en avait deux.

— De toutes deux, répondit Peveril; mais d'abord de celle qui a les cheveux blonds.

— Ah! repartit le même batelier, c'est donc de celle qui criait tant quand le camarade de l'habit brodé l'a fait entrer dans la barque numero vingt?

— Quoi! comment! s'écria Peveril, qui a osé la forcer à entrer dans une barque?

— M'est avis que j'en ai dit assez à Votre Honneur sans être payé, répliqua le batelier.

— Ame sordide! dit Peveril en lui donnant une pièce d'or, parlez donc, parlez vite, ou je vous passe ma rapière à travers le corps.

— Quant à cela, Votre Honneur, répondit le batelier, c'est ce que je ne crains pas, tant que je pourrai manier cet aviron. Mais un marché est un marché, ainsi donc je vous dirai que le camarade de l'habit brodé a forcé une de vos dames, celle aux cheveux blonds, à entrer, bon gré mal gré, dans la barque de Tom Tickling; et il y a long-temps qu'ils remontent la Tamise, ayant pour eux vent et marée.

— Dieu tout-puissant! je suis encore ici!

— C'est que vous le voulez bien, Votre Honneur; que ne prenez-vous une barque?

— Vous avez raison l'ami. Oui, une barque! vite une barque!

— A l'instant, Votre Honneur, suivez-moi, monsieur. Eh! Tom, donne-moi un coup de main; Son Honneur nous appartient.

Une vive bordée d'imprécations fut échangée entre l'heureux candidat qui avait réussi à s'assurer la pratique de Peveril et ses rivaux désappointés; — le vieux triton finit par lui crier d'une voix qui s'élevait par-dessus toutes les autres, que Son Honneur était en bon chemin pour faire un voyage à l'île des Dupes, attendu que le rusé Jack s'était moqué de lui. Le numéro vingt s'était dirigé vers York-Buïldings.

— Laissez-le faire, dit un autre, il arrivera sans peine à l'île des Pendus; car je vois arriver quelqu'un qui lui épargnera sa promenade sur la Tamise, et qui fera aborder au port des Exécutions.

En effet, tandis qu'il parlait ainsi, un constable, suivi de trois ou quatre agens portant ces hallebardes à manche de bois brun dont étaient encore armés alors ces gardiens de la tranquillité publique, s'avançait vers le bord de l'eau; et à l'instant où notre héros allait monter dans la barque, il l'arrêta de par le roi. Toute résistance eût été une témérité insensée, puisque Julien était entouré de toutes parts: on le désarma donc, on le conduisit devant le juge de paix le plus voisin, pour être interrogé et envoyé en prison.

Le sage magistrat devant lequel on le fit comparaître était un homme dont les intentions étaient pures, les talens fort bornés et le caractère un peu timide. Avant que la conspiration des papistes eût jeté l'alarme dans toute l'Angleterre et particulièrement dans la ville de Londres, maître Maulstatute n'avait trouvé qu'un plaisir sans trouble, une satisfaction tranquille à remplir avec orgueil et dignité ses fonctions de juge de paix, et il avait joui sans contrariété de toutes les prérogatives de son autorité imposante. Mais le meurtre de sir Edmondbury Godfrey avait fait sur son esprit une impression ineffaçable, et il ne siégeait dans la cour de Thémis qu'avec crainte depuis ce mémorable et funeste événement.

Ayant une haute idée de l'importance de sa place, et peut-être une opinion encore plus élevée de celle de sa personne, ce digne magistrat n'avait devant les yeux depuis ce temps que cordes et poignards, et jamais il ne sortait de sa maison, dans laquelle il entretenait une troupe de six constables, qui en étaient en quelque sorte la garnison, sans croire se voir épié par un papiste déguisé, portant un stylet sous son manteau. On disait même tout bas que le respectable maître

Maulstatute avait pris un matin sa cuisinière tenant un briquet pour un jésuite armé d'un pistolet. Mais si quelqu'un avait été tenté de rire de cette erreur, il aurait bien fait de rire tout bas, car il aurait couru le risque de se trouver frappé de l'accusation dangereuse d'être un des fauteurs et adhérens de ce complot. Dans le fait, les craintes du brave juge, quelque excessives et quelque ridicules qu'elles fussent, étaient si bien d'accord avec le cri général et la fièvre nerveuse dont tous les bons protestans étaient attaqués, qu'on regardait maître Maulstatute comme l'homme le plus intrépide et le meilleur magistrat, tandis qu'avec la terreur du poignard, que son imagination lui représentait toujours comme suspendu sur sa tête, il continuait à rendre la justice dans le local destiné à ses séances privées, et quelquefois même dans celui des sessions de trimestre, toujours gardé par un fort détachement de milice. Tel était le Salomon à la porte bien verrouillée duquel le constable qui avait arrêté Julien vint frapper avec importance, en s'annonçant par un signal convenu.

Mais malgré ce signal officiel, la porte ne fut ouverte que lorsque le clerc qui remplissait les fonctions de portier fut venu faire une reconnaissance à travers une petite grille en fer; car qui pouvait assurer que les papistes ne pussent venir à bout de surprendre le secret du constable, de disposer une fausse patrouille, de s'introduire dans la maison sous prétexte d'amener un prisonnier pour massacrer le digne magistrat? On avait vu figurer dans la relation des complots des papistes des trames beaucoup moins bien ourdies.

La reconnaissance faite, on ouvrit le double tour, on tira les verrous, on décrocha une chaîne, et l'on entr'ouvrit la porte de manière à laisser entrer le constable et le prisonnier, et on la referma sur-le-champ en avertissant, à travers le guichet, les témoins, comme gens méritant moins de confiance, qu'ils eussent à rester dans la cour jusqu'à ce qu'on les appelât chacun à leur tour.

Si Julien avait été en disposition de rire, ce dont il était bien éloigné, il n'aurait pu résister à l'envie que lui en aurait donnée le costume du clerc ; celui-ci avait mis par-dessus son habit de bougran noir un large ceinturon de buffle qui soutenait une grande rapière, et dans lequel étaient passés deux longs pistolets d'arçon. Un chapeau à forme aplatie remplaçait le bonnet des apprentis de la Cité, et complétait alors le costume d'un scribe ; mais celui-ci avait couvert ses cheveux gras d'un armet de fer rouillé qui, ayant figuré à la bataille de Marston-Moor, était surmonté, en guise de panache, de sa plume redoutable, la forme de l'armet ne lui permettant pas de la placer derrière l'oreille suivant la coutume.

Ce personnage grotesque conduisit le constable, ses aides et le prisonnier dans la salle où la justice était rendue par le vénérable magistrat dont l'extérieur était encore plus extraordinaire que celui de son clerc.

Certains bons protestans qui avaient une opinion assez relevée d'eux-mêmes pour croire qu'ils méritaient d'être particulièrement en butte aux coups des parricides catholiques, s'étaient munis d'armes défensives en cette occasion. Mais ils reconnurent bientôt qu'une armure d'acier à l'épreuve de la balle, attachée avec des agrafes de fer, n'était pas une enveloppe très commode pour l'estomac d'un homme qui aime à faire bonne chère, et qu'une cotte de mailles ou même de buffle gênait à table la liberté des mouvemens. On pouvait d'ailleurs faire encore d'autres objections contre cet usage, telles que l'air menaçant et l'espèce de signal d'alarme que ce vêtement guerrier donnait à la Bourse et aux autres endroits où se rassemblent le plus ordinairement les négocians, sans oublier les excoriations qui en résultaient et dont se plaignaient amèrement ceux qui, n'appartenant ni à l'artillerie ni à la milice en activité, n'étaient pas habitués à porter une armure défensive.

Pour obvier à ces inconvéniens et mettre en même temps

la personne des bons protestans à l'abri de toute entreprise d'assassinat de la part des catholiques, quelque ingénieux artiste, appartenant sans doute à l'honorable compagnie des marchands merciers, avait imaginé une espèce d'armure dont on ne voit aucun échantillon ni dans l'arsenal de la Tour de Londres, ni dans la salle gothique de Gwynnap, ni dans la précieuse collection d'anciennes armes du docteur Meyrick [1]. On l'appelait armure de soie, parce qu'elle était composée de plusieurs tissus doubles de soie piqués ensemble, tellement serrés et d'une telle épaisseur, qu'elle était à l'épreuve de l'acier et de la balle. Un bonnet de même fabrique, ayant des pendans qui couvraient les oreilles et ressemblant beaucoup à un bonnet de nuit, complétait l'équipement, et rendait celui qui le portait invulnérable de la tête aux genoux.

Maître Maulstatute, ainsi que d'autres dignes citoyens, avait adopté ce singulier accoutrement ou armure défensive qui avait l'avantage d'être aussi doux et chaud que souple et flexible. M. Maulstatute était un petit homme rond qui, assis dans son fauteuil, avait l'air d'avoir le corps tout entouré de coussins, à cause des vêtemens ouatés qu'il portait par surcroît de précaution. Son nez, qui faisait saillie sous son casque de soie, et la rotondité de tout son individu lui donnaient un air de ressemblance avec l'enseigne du POURCEAU ARMÉ ; ressemblance rendue encore plus frappante par la couleur d'un brun orangé de son armure défensive, qui imitait celle des sangliers des forêts du Hampshire.

Comptant sur son enveloppe impénétrable, le digne magistrat était sans inquiétude, quoiqu'il n'eût pas sous sa main sa rapière, son poignard et ses pistolets, posés pourtant sur une chaise à peu de distance de son fauteuil. Mais il avait jugé prudent de garder sur la table une arme offensive qu'on y voyait figurer à côté d'un énorme in-folio des commentaires de Coke sur Littleton. C'était une espèce de fléau

---

(1) Auteur d'un savant traité sur les armes et armures. — ÉD.

de poche, consistant en un manche du frêne le plus dur, d'environ dix-huit pouces de longueur, auquel était attachée une sorte de gourdin à peu près deux fois aussi long, mais ajusté au manche de manière à pouvoir se replier aisément. Cet instrument auquel on avait donné à cette époque le nom singulier de fléau protestant, pouvait aisément se cacher sous un habit, jusqu'à ce que les circonstances exigeassent qu'il se montrât en public. Une autre précaution contre toute surprise, et meilleure que toutes ces armes offensives et défensives, était une forte grille en fer, à hauteur d'appui, qui traversait toute la largeur de la salle, à deux pas de la table du juge, et qui séparait le magistrat de l'accusé.

Maulstatute, tel que nous venons de le décrire, voulut entendre les dépositions des témoins avant la défense du prévenu. Le détail de la querelle fut rapporté brièvement par quelques spectateurs, et parut faire une profonde impression sur l'esprit du juge instructeur. Il secoua son casque de soie d'un air expressif quand il apprit qu'après quelques propos qui avaient eu lieu entre les deux champions, et que les témoins déclarèrent n'avoir pas bien entendus, le prisonnier avait porté le premier coup, et avait tiré sa rapière quand celle de son antagoniste était encore dans le fourreau; il branla la tête d'un air plus solennel quand il apprit le résultat du combat; et tout son corps fut en agitation quand un des témoins déclara qu'autant qu'il pouvait le croire, le blessé était attaché au service du duc de Buckingham.

— Un respectable pair! dit le magistrat armé, un vrai protestant! un ami de son pays! Que le ciel nous prenne en pitié! A quel excès d'audace ce malheureux siècle est-il parvenu! Nous voyons fort bien, et nous pourrions le voir quand nous serions aussi aveugles qu'une taupe, de quel carquois cette flèche a été tirée.

Il mit alors ses lunettes; et ayant donné ordre qu'on fît avancer Julien, il fixa sur lui d'un air redoutable ses yeux sous verre, ombragés par son turban piqué.

— Si jeune et si endurci ! s'écria-t-il, hélas ! et c'est un papiste, j'en réponds.

Peveril avait eu assez de temps pour songer à la nécessité d'obtenir sa mise en liberté, s'il était possible, et il crut ici devoir démentir poliment la supposition charitable du magistrat. — Je ne suis pas catholique, lui dit-il, je suis un membre indigne de l'église anglicane.

— Peut-être est-ce un protestant tiède, dit le juge, car il se trouve bien des gens parmi nous qui font à petits pas le voyage de Rome, et qui en sont déjà à la moitié du chemin. Hem ! hem !

Peveril l'assura qu'il n'était pas de ce nombre.

— Et qui êtes-vous donc ? lui demanda le magistrat ; car pour vous parler franchement, votre physionomie ne me plaît pas. Hem ! hem !

Ces accès d'une petite toux sèche étaient accompagnés d'un mouvement de tête par lequel le juge voulait faire entendre qu'il venait de prononcer sur l'affaire qui l'occupait l'observation la plus sage, la plus spirituelle et la plus ingénieuse qu'il fût possible.

Julien, irrité par toutes les circonstances qui avaient précédé et accompagné sa détention, répondit d'un ton un peu hautain à la question du magistrat : — Mon nom est Julien Peveril.

— Que le ciel nous protège ! s'écria le juge épouvanté ; le fils de ce scélérat papiste, de sir Geoffrey Peveril, de ce traître maintenant en prison et à la veille d'être jugé !

— Qu'osez-vous dire, monsieur, s'écria Julien, oubliant sa situation, en secouant la grille de fer de manière à l'ébranler.

Cette violence effraya tellement le juge, qu'il saisit son fléau protestant et en allongea un coup vers le prisonnier, pour repousser ce qu'il regardait comme une attaque préméditée. Mais soit par trop de précipitation, soit par faute d'expérience dans le maniement des armes, il ne l'atteignit pas, et la charnière du fléau ayant joué par suite de la force du coup qu'il avait porté, la partie inférieure se replia sur celle d'en-haut, et revint appliquer sur le crâne du magistrat un coup assez fort pour éprouver son casque de sûreté. Malgré ce préservatif il fut un instant comme étourdi, ce qu'il attribua un peu à la hâte à un coup qu'il crut avoir reçu de Peveril.

Ses assistans à la vérité ne confirmèrent pas directement l'opinion que le magistrat avait conçue si mal à propos, mais ils convinrent unanimement que sans leur intervention prompte et active, on ne pouvait savoir tout le mal qu'aurait pu faire un homme aussi dangereux que le prisonnier.

L'opinion générale qu'il avait dessein de procéder à son élargissement par voie de fait parut alors si profondément imprimée dans l'esprit de tous les spectateurs, que Julien vit qu'il serait inutile de chercher à se défendre. D'ailleurs il ne sentait que trop que les suites alarmantes et probablement fatales de sa rencontre rendraient inévitable son envoi en prison. Il se contenta donc de demander où l'on avait dessein de l'envoyer; et quand le mot formidable *Newgate* eut été prononcé pour toute réponse, il eut du moins la consolation de savoir que quelque désagréable que fût un pareil séjour, sa tête se trouverait couverte par le même toit que celle de son père ; et que de manière ou d'autre il aurait peut-être la satisfaction de le voir : satisfaction douloureuse, au milieu des calamités de toute espèce qui menaçaient leur famille.

Montrant plus de patience qu'il n'en avait réellement, Julien, dont le ton de douceur ne put réussir à réconcilier maître Maulstatute avec lui, donna au magistrat l'adresse de la maison où il logeait, en le priant de permettre à son domestique, Lance-Outram, de lui apporter son linge et son argent; il ajouta qu'il laissait à la disposition des magistrats tous les autres effets qui pouvaient lui appartenir, ses armes, qui n'étaient qu'une paire de pistolets de voyage, et ses papiers, qui ne consistaient qu'en quelques notes de peu d'importance. Il songea en ce moment avec une véritable satisfaction que ceux que lui avait confiés la comtesse de Derby se trouvaient entre les mains du souverain.

Le juge lui promit de prendre cette demande en considération, et ajouta que par intérêt pour lui-même, il aurait dû montrer plus tôt ce ton de soumission et de respect, au lieu d'insulter à la présence d'un magistrat par les marques audacieuses de l'esprit de malignité, de rébellion et de meurtre qui animait les papistes, comme il l'avait fait d'abord ; que cependant comme il voyait en lui un jeune homme de bonne mine et d'une maison honorable, il ne voulait pas le faire traîner à travers les rues, comme un misérable coupeur de bourses, et qu'il lui procurerait un carrosse.

Maître Maulstatute prononça le mot carrosse avec l'importance d'un homme qui, comme dit le docteur Johnson à une époque plus rapprochée de nous, connaît tout le prix de pouvoir faire atteler ses chevaux à son équipage. Le digne magistrat ne fit pourtant pas à Julien, en cette occasion, l'honneur de faire atteler à son pesant carrosse de famille les deux haridelles efflanquées qui avaient coutume de conduire ce pieux protestant à la chapelle du pur et précieux M. Howlaglass, pour y entendre le jeudi soir une instruction, et le dimanche un sermon de quatre heures. Il eut recours à une de ces voitures de place, alors construites en cuir, encore rares à cette époque, puisqu'elles venaient seulement d'être inventées, mais qui promettaient les mêmes facilités que les fiacres ont procurées depuis pour toute espèce de communication honnête ou non, légale ou illégale. Notre ami Julien, jusque là plus habitué à la selle qu'à toute autre manière de voyager, se trouva bientôt embarqué dans une de ces voitures, ayant pour compagnon un constable et deux recors armés jusqu'aux dents ; le port pour lequel il était destiné étant, comme nous l'avons déjà dit, l'ancienne forteresse de Newgate.

CHAPITRE XXXIII.

> « C'est le chien noir de notre geôle ;
> « Regardez-le, mais d'un peu loin.
> « Ne le fâchez pas, car le drôle
> « Emporte la pièce au besoin. »
> *Le Chien noir de Newgate.*

La voiture s'arrêta devant ces portes effrayantes qui ressemblent à celles du Tartare, si ce n'est qu'elles permettent un peu plus souvent à ceux qu'elles renferment d'en sortir honorablement et en sûreté, quoique au prix des mêmes inquiétudes et des mêmes travaux qu'Hercule et un ou deux autres demi-dieux eurent à subir pour se tirer des enfers de l'ancienne mythologie.

Julien descendit de voiture, soutenu avec grand soin par deux de ses compagnons, qui furent même aidés dans cet office charitable par deux ou trois porte-clefs que le premier son d'une grosse cloche placée à la porte avait appelés à leur secours. Cette attention pour Julien n'était pas inspirée, comme on peut bien le présumer, par la crainte qu'il ne fît un faux pas, mais de peur qu'il ne cherchât à s'évader, ce dont il n'avait aucune intention. Quelques apprentis et quelques enfans du marché voisin, qui tiraient un profit considérable des nouvelles pratiques qu'on amenait tous les jours dans cette prison à cause de la conspiration papiste, et qui par conséquent étaient zélés protestans, le saluèrent à son arrivée par les cris : Ho! ho! un papiste! un papiste! Au diable le pape et tous ses adhérens!

Ce fut sous de tels auspices que Peveril fut introduit sous cette porte sombre où tant de gens à leur entrée font leurs adieux à l'honneur et à la vie. La voûte obscure sous laquelle il se trouvait le conduisit dans une grande cour où un grand nombre de prisonniers pour dettes s'amusaient à jouer à la balle, à la main chaude, au cheval fondu et à d'autres jeux auxquels la rigueur de leurs créanciers leur donnait tout le loisir de se livrer, tandis qu'elle leur ôtait les moyens de s'occuper à un travail honnête par lequel ils auraient pu réparer leurs affaires et soutenir leurs familles, réduites à la mendicité et mourant de faim.

Mais Julien ne devait pas faire partie de ce groupe de gens que le désespoir rendait insoucians. Il fut conduit ou plutôt entraîné de force par ses conducteurs vers une porte basse et cintrée, bien fermée par des verrous et des barres de fer, mais qui s'ouvrit pour sa réception, et qui fut refermée avec grand soin dès qu'il fut entré. On lui fit traverser ensuite deux ou trois corridors ténébreux qui se croisaient les uns les autres, et qui, à chaque point d'intersection, étaient fermés par des portes, les unes en fer, les autres en chêne garnies de lames de fer et de clous à grosse tête de même métal. Il ne lui fut permis de s'arrêter que dans une petite rotonde voûtée à laquelle aboutissaient plusieurs de ces corridors, et qui, à l'égard du labyrinthe dont il venait de parcourir une partie, paraissait ressembler au point central de la toile d'une araignée, auquel se rattachent toujours les principaux fils du tissu curieux, ouvrage de cet insecte.

La ressemblance allait plus loin ; car dans ce petit salon voûté, dont les murs étaient tapissés de mousquets, de coutelas, de pistolets et d'autres armes, ainsi que d'un assortiment complet de menottes et de fers de toute espèce, le tout arrangé avec beaucoup d'ordre et en état de service, était assis un homme qu'on aurait pu comparer, avec assez d'exactitude, à une grosse araignée à son poste pour saisir la proie qui pourrait tomber dans ses filets.

Ce personnage officiel avait été originairement un homme robuste et d'une grande taille; mais trop de nourriture et peut-être aussi trop peu d'exercice, l'avait si prodigieusement arrondi, qu'il ne ressemblait à ce qu'il était autrefois que comme le bœuf engraissé pour le boucher ressemble au taureau sauvage. Nul homme n'a l'air aussi repoussant qu'un gros homme sur les traits duquel un caractère bourru a empreint son cachet habituel. Il semble avoir démenti l'ancien proverbe et s'être engraissé sous l'influence des passions les plus honteuses pour la nature humaine. On peut permettre à un mortel joyeux d'être un peu emporté; mais il semble contre nature qu'un ami de la bonne chère soit sombre et brutal. Or, les traits sourcilleux de cet homme, son teint blafard, ses membres enflés et disproportionnés, son ventre énorme et sa taille épaissie, faisaient naître l'idée que, s'étant une fois introduit dans cette position centrale, il s'y était engraissé, *per fas et nefas,* comme la belette de la fable, devenue incapable d'effectuer sa retraite par aucun des sentiers étroits qui communiquaient avec son trou. Il rappelait encore le crapaud qui vit captif sous une pierre, comme s'il tirait tous ses sucs nourriciers de l'air fétide des cachots qui l'entouraient, et qui aurait été pestiféré pour tout autre. Près de cet espèce de monstre d'obésité on remarquait de gros livres, fermés par des agraffes en fer, registres de ce royaume de misère, dont il était le premier ministre. Dans une autre situation que la sienne, Peveril aurait perdu courage en réfléchissant sur la masse de maux accumulés dans ces funestes volumes; mais ses propres malheurs l'occupaient d'une manière trop cruelle pour qu'il pût se livrer à des réflexions d'une nature générale.

Le constable et le geôlier, après que le premier eut remis au second le mandat d'arrêt de Julien, causèrent quelques instans à voix basse, ou plutôt ils s'exprimèrent leurs idées, moins par leurs paroles que par leurs regards, et à l'aide de ce langage muet des signes qui ajoutent l'effroi du mystère à ce qui est déjà assez terrible pour un captif.

Les seuls mots que Julien put entendre distinctement furent ceux-ci; ils étaient prononcés par le geôlier, ou comme on le nommait alors, le capitaine de la prison; — Un autre oiseau à mettre en cage?

— Et qui sifflera *beau pape de Rome* aussi bien qu'aucun sansonnet de votre volière, répondit le constable d'un air facétieux, mais d'un ton qui prouvait en même temps qu'il n'oubliait pas le respect qu'il devait à son supérieur.

Les traits farouches du geôlier se relâchèrent jusqu'à laisser apercevoir une espèce de sourire quand il entendit l'observation du constable; mais reprenant presque aussitôt son air sombre et solennel, il fixa les yeux sur le nouveau venu, et prononça avec emphase, quoique à demi-voix, un seul mot, mais très expressif: — Etrennez!

Julien Peveril avait entendu parler des coutumes usitées en semblables lieux, et il avait résolu de s'y conformer, afin d'obtenir, s'il était possible, la grace de voir son père, grace qu'il se flattait d'obtenir plus facilement en satisfaisant la cupidité du geôlier.

— Je suis disposé, lui dit-il en affectant de montrer du calme, à me conformer aux coutumes du lieu où j'ai le malheur de me trouver; vous n'avez qu'à me dire ce que vous exigez, et je vous satisferai à l'instant.

A ces mots, il tira sa bourse de sa poche, s'applaudissant en même temps d'avoir gardé sur lui une somme assez considérable en or. Le geôlier en remarqua le volume dans toutes ses dimensions, avec un sourire involontaire. Mais ce sourire n'agita qu'un instant sa moustache et sa lèvre pendante, car il se rappela presque aussitôt les réglemens qui, mettant des bornes à sa rapacité, l'empêchaient de fondre sur sa proie comme un milan et de s'emparer de la totalité tout d'un coup.

Cette réflexion désagréable valut à Peveril la réponse suivante, qui fut faite avec un ton d'humeur.

— Il y a différens taux; chacun fait ce que bon lui semble, je ne demande que ce qui m'est dû; mais la civilité doit se payer.

— Et je la paierai s'il est possible de l'obtenir, dit Peveril; mais le prix, mon bon monsieur, le prix ?

Il y avait un accent de mépris dans le ton dont il parlait, et il cherchait d'autant moins à le déguiser qu'il voyait que même dans cette prison sa bourse lui donnait une influence indirecte mais puissante sur son geôlier.

Le capitaine de la prison semblait effectivement l'éprouver, car tandis que Julien parlait, il ôtait presque involontairement un vieux bonnet fourré qui lui couvrait la tête; mais ses doigts, révoltés d'avoir pris part à un acte de déférence si peu ordinaire, commencèrent à s'en dédommager en grattant une nuque couverte de cheveux gris, et il murmura d'une voix ressemblant au bruit que fait un chien en grondant quand il a cessé d'aboyer contre un intrus qui prouve qu'il n'a pas peur : — Il y a différens taux. Il y a la Petite-Aise, au taux d'une couronne : il y fait un peu sombre ; l'égoût passe par-dessous, et bien des gens ne se soucient pas de la compagnie qui s'y trouve, attendu qu'elle est principalement composée de filous et de voleurs. Ensuite il y a le côté du Maître, dont le taux est d'une pièce d'or, et là on ne trouve personne qui n'y soit au moins pour un meurtre.

— Dites-moi quel est votre taux le plus élevé, monsieur, et je vous le paierai, dit Peveril d'un ton bref.

— Trois pièces d'or pour le quartier du Chevalier, répondit le gouverneur de ce Tartare terrestre.

— En voilà cinq, et placez-moi avec sir Geoffrey, dit Julien en jetant son argent sur le bureau du geôlier.

— Avec sir Geoffrey! Hum!... dit le geôlier comme s'il eût réfléchi à ce qu'il devait faire. Ah! avec sir Geoffrey!

Vous n'êtes pas le premier qui ayez payé pour le voir, quoiqu'il n'y en ait guère qui aient payé si généreusement, mais aussi il est probable que vous serez le dernier qui le verrez. Ha! ha! ha!

Julien ne comprit pas bien ce que signifiaient ces exclamations entrecoupées qui se terminèrent par un éclat de rire à peu près semblable au hurlement joyeux du tigre qui dévore sa proie, et il ne lui répondit qu'en lui renouvelant la demande d'être placé dans la même chambre que sir Geoffrey.

— Oui, oui, dit le geôlier, ne craignez rien : je vous tiendrai parole, attendu que vous semblez connaître ce qui convient à votre situation et à la mienne. Et écoutez bien, Jem Clink vous apportera les *darbies*.

— Derby! s'écria Julien. Est-ce que le comte et la comtesse?...

— Comte et comtesse! Ah, ah, ah! dit le geôlier en riant, ou pour mieux dire en grondant, à quoi pense donc votre cerveau? Vous êtes un grand personnage, sans doute; mais ici c'est le royaume de l'Égalité. Vous ne connaissez pas les *darbies*? Nous appelons ainsi les serre-poignets, les menottes, mon brave jeune homme; et si vous étiez récalcitrant, je pourrais y ajouter un excellent bonnet de nuit de fer, et même un ami de cœur pour vous serrer la poitrine; mais soyez tranquille, vous vous êtes conduit honnêtement, et nous n'en viendrons pas à des extrémités. Quant à l'affaire qui vous a amené ici, il y a dix à parier contre un que ce ne sera que de l'eau claire : meurtre sans préméditation tout au plus; il vaut mieux se brûler le petit doigt que d'avoir le cou tordu, pourvu qu'il n'y ait pas de papisme dans votre fait; car en ce cas je ne répondrais de rien... Clink, emmenez Son Honneur.

Un porte-clefs, du nombre de ceux qui avaient conduit Peveril en présence de ce Cerbère, le précéda alors en silence, et le guida dans un second labyrinthe de corridors obscurs sur les deux côtés desquels étaient différentes portes, jusqu'à ce qu'ils fussent arrivés à celle de la chambre qu'il devait occuper.

Tout en cheminant dans cette triste région, le porte-clefs faisait les réflexions suivantes : — Il faut qu'il ait le cerveau timbré ! il aurait pu avoir la meilleure chambre de la prison pour moitié moins, et il paie le double pour partager le chenil de sir Geoffrey ! Hé ! hé ! hé ! hé ! Est-ce que sir Geoffrey est votre parent ? si l'on peut prendre la liberté de vous faire cette question.

— Je suis son fils, répondit Peveril d'un ton brusque, espérant imposer silence à la loquacité de ce bavard. Mais le porte-clefs n'en fit que rire davantage.

— Vous, son fils ! s'écria-t-il, la belle histoire ! vous, grand jeune homme de cinq pieds huit pouces, le fils de sir Geoffrey ! Hé ! hé ! hé !

— Trêve d'impertinences, dit Julien ; ma situation ne vous donne pas le droit de m'insulter.

— Je n'en ai nulle envie, répondit le porte-clefs, réprimant son envie de rire, peut-être parce qu'il se rappelait que la bourse du prisonnier n'était pas encore épuisée ; si j'ai ri, c'était parce que vous disiez que vous étiez fils de sir Geoffrey. Au surplus ce n'est pas mon affaire. C'est un enfant savant que celui qui connaît son père. Mais voici la chambre de sir Geoffrey, et vous pourrez arranger ensemble votre affaire de paternité.

A ces mots il ouvrit la porte et fit entrer Julien dans une chambre assez propre, dans laquelle il se trouvait quatre chaises, un lit à roulettes et quelques autres meubles.

Julien chercha son père des yeux dans tout l'appartement ; mais à sa grande surprise, la chambre lui parut vide. Il se tourna vers le porte-clefs et lui reprocha d'un air de colère de l'avoir trompé.

— Non, monsieur, lui répondit l'agent subalterne, je ne vous ai pas trompé. Votre père, puisque vous l'appelez ainsi, est tapi dans quelque coin ; il ne lui faut pas beaucoup de place : mais je vais le débusquer. Holà ! eh ! sir Geoffrey, montrez-vous donc. Le voici, hé ! hé ! hé ! C'est votre fils qui vient vous voir : le fils de votre femme, c'est-à-dire, car je ne crois pas que la façon vous ait coûté grand'chose.

Peveril ne savait que penser de l'insolence de cet homme. La surprise, l'inquiétude et la crainte de quelque méprise se mêlaient à sa colère et en neutralisaient l'effet. Il parcourut encore toute la chambre des yeux, et enfin il aperçut dans un coin quelque chose qui ressemblait plutôt à un paquet de drap cramoisi qu'à une créature vivante. Au bruit que faisait le porte-clefs, cet objet parut pourtant recevoir la vie et le mouvement ; il se développa peu à peu, prit une posture droite, et se montrant de la tête aux pieds, drapé d'un manteau écarlate, il offrit aux yeux de Julien ce que celui-ci prit d'abord pour un enfant de cinq ans. Mais le son de la voix ferme quoique un peu grêle de cet être singulier lui prouva bientôt qu'il s'était trompé sur ce point.

— Porte-clefs, demanda cet être extraordinaire, que veut dire cela? Pourquoi me troubler ainsi? Avez-vous quelques nouvelles insultes à accumuler sur la tête d'un homme qui a toujours été en butte à la malice de la fortune? Mais j'ai une ame capable de lutter contre l'adversité : elle est aussi grande qu'aucun de vos corps.

— Sir Geoffrey, dit le porte-clefs, vous savez, vous autres gens de qualité, comment vous devez vous conduire ; mais si c'est ainsi que vous recevez votre fils...

— Mon fils! répéta le pygmée; quel est l'audacieux...

— Il y a ici quelque étrange méprise, s'écria Peveril en même temps. J'avais demandé à voir sir Geoffrey...

— Il est devant vos yeux, jeune homme, dit le nain en jetant par terre son manteau et en se montrant avec toute la dignité que pouvaient lui donner trois pieds quatre pouces de hauteur. J'ai été successivement le favori de trois souverains d'Angleterre, et maintenant je suis l'habitant de ce cachot, le jouet du brutal qui en est le geôlier. Je suis sir Geoffrey Hudson.

Quoique Julien n'eût jamais vu cet important personnage, il n'eut pas de peine à reconnaître, d'après la description qui lui en avait été faite, le célèbre nain d'Henriette-Marie, qui n'avait survécu aux dangers de la guerre civile et des querelles particulières, au meurtre de son maître, Charles Ier, et à l'exil de la reine sa veuve, que pour succomber dans ce malheureux temps sous une dénonciation relative à la prétendue conspiration des papistes. Il salua l'infortuné vieillard, et s'empressa de lui expliquer, ainsi qu'au porte-clefs, que c'était sir Geoffrey Peveril du comté de Derby dont il avait désiré partager la prison.

— Vous auriez dû dire cela avant de secouer votre poudre d'or, mon maître, répondit Clink; vous auriez appris que l'autre sir Geoffrey, qui est un homme grand à cheveux gris, a été envoyé hier soir à la Tour, et le capitaine croira vous avoir suffisamment tenu parole en vous logeant ici avec sir Geoffrey Hudson, qui est le plus curieux à voir des deux.

— Je vous prie de retourner près de votre maître, dit Julien, de lui expliquer cette méprise, et de lui dire que je désire aussi être envoyé à la Tour.

— A la Tour! s'écria le porte-clefs; hé! hé! hé! La Tour est pour les lords et les chevaliers, et non pour de simples écuyers. Croyez-vous qu'on puisse y aller pour avoir fait blanc de son épée dans les rues? Non, non : il faut une bonne accusation de haute trahison, et un ordre de secrétaire d'état.

— Du moins, je ne veux pas être à charge à monsieur, dit Julien. Il est inutile de nous loger ensemble, puisque nous ne nous connaissons même pas. Allez informer votre maître de cette méprise.

— Je ne manquerais pas de le faire si je n'étais sûr qu'il en est déjà instruit, répondit Clink en faisant une grimace maligne. Vous l'avez payé pour être logé avec sir Geoffrey, et vous voilà logé avec sir Geoffrey. Le capitaine vous a porté sur ses registres en conséquence, et il n'y fera une rature pour personne au monde. Allons, soyez raisonnable, et je vais vous mettre une paire de fers bien légers, et qui ne vous gêneront pas.

La résistance étant aussi inutile que l'auraient été les remontrances, Peveril se soumit à la nécessité, et on lui attacha au-dessus de chaque cheville une paire de fers qui ne lui ôtaient pas la liberté de se promener dans la chambre.

Pendant cette opération, Julien réfléchit que le geôlier qui avait profité de l'équivoque entre les deux sirs Geoffrey devait avoir agi comme Clink venait de le lui donner à entendre, c'est-à-dire l'avoir trompé de propos délibéré, puisqu'il était désigné dans son mandat d'arrêt comme fils de sir Geoffrey Peveril. Il aurait donc été aussi dégradant qu'inutile de lui faire une nouvelle demande; et en conséquence Julien se soumit à un sort qu'il lui paraissait impossible de changer.

Le porte-clefs lui-même fut en quelque sorte touché de sa jeunesse, de sa bonne mine et de la patience avec laquelle, après la première effervescence de la contrariété qu'il éprouvait, il se résigna à son destin.

— Vous semblez un brave jeune homme, lui dit-il, et vous aurez du moins un aussi bon dîner et un aussi bon lit qu'on peut en trouver entre les murs de Newgate. Et vous, sir Geoffrey, vous qui n'aimez pas les hommes de grande taille, vous devez faire cas de monsieur Peveril, car je vous dirai qu'il est ici pour avoir fait une boutonnière aux deux côtés du pourpoint de Jack Jenkins, grand maître en fait d'armes, et l'homme le plus grand de Londres, exceptant toujours M. Evans, le portier du roi, qui vous a porté dans sa poche, sir Geoffrey, comme tout le monde le sait.

— Retire-toi, drôle, répondit le nain; je te méprise ainsi que tes discours.

Le drôle se retira en faisant une grimace, et n'oublia pas de fermer la porte aux verrous.

CHAPITRE XXXIV.

« .... Toi, le fils de Tydée!
« Toi, tu serais le sang d'un héros plein d'honneur,
« Qui dans un petit corps logeait un si grand cœur! »
HOMÈRE. *Iliade.*

Se trouvant, sinon seul, du moins en repos pour la première fois de ce jour si fertile en événemens, Julien s'assit sur une vieille chaise en bois de chêne, près d'une grille dans laquelle brûlait un reste de feu de charbon, et se mit à réfléchir sur sa misérable situation. Dévoré d'inquiétudes, et exposé à mille dangers, soit qu'il se rappelât son amour, son affection pour sa famille, ou les droits de l'amitié, tout semblait lui offrir une perspective semblable à celle du marin entouré d'écueils de toutes parts, sur le pont d'un navire qui n'obéit plus au gouvernail.

Tandis que Peveril se livrait à un accablement dont il ne pouvait se défendre, son compagnon d'infortune vint s'asseoir sur une chaise placée à l'autre coin de la cheminée, et le regardant avec un air sérieux et solennel, le força enfin presqu'en dépit de lui-même, à faire quelque attention à l'être singulier si occupé à le contempler.

Geoffrey Hudson, car nous nous dispenserons quelquefois d'ajouter à son nom la syllabe[1] qui indique le grade de chevalier que le roi lui avait conféré par une sorte de plaisan-

(1) Sir. — Éd.

terie, et qui pourrait introduire quelque confusion dans notre histoire; Geoffrey, dis-je, quoique nain de la plus petite stature, n'offrait rien de contrefait ni dans sa taille ni dans sa physionomie. Sa grosse tête, ses longues mains et ses pieds étaient à la vérité disproportionnés à son corps, et sa taille était plus épaisse que ne l'auraient exigé les règles de la symétrie; mais l'effet qui en résultait était plaisant, sans avoir rien de désagréable. S'il eut été un peu plus grand, il aurait même pu passer dans sa jeunesse pour avoir de beaux traits; dans sa vieillesse, ces traits étaient encore frappans et expressifs, ce n'était que la disproportion considérable qui se trouvait entre sa tête et son corps qui les faisait paraître bizarres et singuliers, effet qu'augmentaient encore ses moustaches, qu'il s'était plu à laisser croître de manière qu'elles allaient presque se confondre avec sa chevelure grise.

Le costume de cet être étrange annonçait qu'il n'était pas tout-à-fait exempt de ce malheureux penchant qui porte ceux que la nature a marqués par quelque difformité à se distinguer, et par conséquent à se rendre ridicules, en faisant choix de couleurs brillantes et de vêtemens dont la forme et les ornemens ne sont pas d'un usage général. Mais les galons du pauvre Geoffrey Hudson, ses broderies et tous les restes de son élégance avaient été cruellement ternis, souillés et usés par l'air de la prison, dont il était devenu un des habitans après avoir été accusé de complicité dans la conspiration des papistes; ce tourbillon entraînait tout, dévorait tout; il suffisait à la bouche la plus impure de prononcer cette accusation, pour faire succomber l'homme dont la réputation était le mieux établie. On verra bientôt qu'il y avait dans les discours et dans les opinions de cet infortuné quelque chose d'analogue au goût absurde qu'on remarquait dans son costume; car de même que la coupe bizarre de ses vêtemens rendait ridicules de bonnes étoffes et des ornemens précieux, ainsi les éclairs de bon sens et de sentimens honorables qui brillaient en lui devenaient ridicules par des airs d'importance et une crainte insurmontable d'être méprisé à cause de sa petite taille.

Après que les deux compagnons de prison se furent regardés en silence quelques instants, le nain crut que sa dignité, comme ayant occupé le premier cet appartement, l'obligeait à en faire les honneurs au nouveau venu.

— Monsieur, lui dit-il en adoucissant autant que possible le son dur et criard de sa voix, je comprends que vous êtes le fils d'un homme qui porte le même nom que moi, de mon digne et ancien ami, le brave sir Geoffrey Peveril du Pic. Je vous garantis que j'ai vu votre père en un lieu où il pleuvait plus de coups que de pièces d'or; et pour un homme d'une taille exagérée, à qui il manquait, comme nous le pensions nous autres guerriers plus agiles, quelque chose de cette légèreté et de cette activité qui distinguait certains cavaliers d'une forme un peu plus aérienne, il s'acquittait parfaitement de ses devoirs. Je suis ravi de voir son fils; et quoique ce soit par suite d'une méprise, je suis charmé que nous partagions ensemble ce triste appartement.

Julien se contenta de le remercier de sa politesse en le saluant; mais Geoffrey ayant rompu la glace, se mit à le questionner sans plus de cérémonie.

— Vous n'êtes pas attaché à la cour, je présume?

Julien répondit négativement.

— Je m'en doutais; car quoique je n'aie pas en ce moment d'emploi officiel chez le monarque, c'est à sa cour que j'ai passé mes premières années, et où j'ai occupé autrefois une place importante. Et cependant quand j'étais en liberté j'allais quelquefois au lever du roi, comme c'était mon devoir de le faire, attendu mes anciens services, et j'avais contracté l'habitude de faire quelque attention aux courtisans qui s'y trouvaient, à ces beaux esprits d'élite parmi lesquels j'étais enrôlé autrefois. Sans vouloir vous faire un compliment, monsieur Peveril, je puis vous dire que vous avez une figure remarquable, quoique vous soyez un peu grand comme votre père ; et je crois que si je vous avais vu quelque part il aurait été difficile que je ne vous reconnusse pas.

Julien pensa qu'il aurait pu en toute conscience lui faire le même compliment; mais il se borna à lui dire qu'il avait à peine vu la cour d'Angleterre.

— Tant pis ! Il est bien difficile qu'un jeune homme se forme sans la fréquenter. Mais vous vous êtes peut-être instruit à une école plus pénible? vous avez sans doute servi... ?

— Mon Créateur [1] ! je l'espère, dit Julien.

— Vous ne m'entendez pas; j'emploie une manière de parler à la française. — Je veux dire que vous avez porté les armes.

— Je n'ai pas encore eu cet honneur.

— Quoi! ni courtisan, ni militaire, monsieur Peveril! Votre père est blâmable. Oui, sur mon ame, il est blâmable, monsieur Peveril. Comment un homme peut-il se faire connaître, se distinguer, si ce n'est par sa conduite en paix et en guerre? Je vous dis, monsieur, qu'à Newberry, où je chargeais à la tête de ma compagnie, à côté du prince Ruper, lorsque, comme vous pouvez l'avoir entendu dire, nous fûmes tous deux battus par ces coquins de miliciens de Londres, nous fîmes tout ce que des hommes pouvaient faire, et je crois que pendant trois ou quatre minutes après la déroute des nôtres, Son Altesse et moi nous abattions leurs longues piques à coups d'épée ; je pense même que nous les aurions enfoncés si je n'avais eu une grande brute de cheval à longues jambes et une épée un peu trop courte. En un mot, nous fûmes enfin obligés de faire volte-face; et alors, comme j'allais le dire, les coquins furent si contens d'être débarrassés de nous qu'ils se mirent à crier de joie : — Voilà

---

(1) Ce quiproquo ne saurait avoir le même sel en français. Il rappelle une réponse triviale que le mot suscite quelquefois en France quand on dit de quelque homme pacifique qu'*il a servi....* —*la messe.* — Éd.

le prince Robin et le coq Robin qui dételent!... Oui, oui, il n'y avait pas un de ces drôles qui ne me connût bien; mais ces temps sont bien loin. Et où avez-vous été élevé, jeune homme?

— Dans la maison de la comtesse de Derby.

— Dame fort honorable, sur ma parole de gentilhomme! J'ai connu la noble comtesse lorsque je faisais partie de la maison de ma royale maîtresse Henriette-Marie : c'était le modèle de tout ce qu'il y avait de noble, de loyal et d'aimable. Elle était une des quinze belles de la cour à qui je permettais de m'appeler *Piccolnomini* [1], sotte plaisanterie sur ma taille qui n'est pas des plus hautes, ce qui même dans ma jeunesse m'a toujours distingué du commun des hommes. Aujourd'hui l'âge en me courbant m'en a fait perdre quelque chose; mais les dames prenaient toujours plaisir à me plaisanter. Il peut se faire que quelques-unes aient eu soin de m'en dédommager, n'importe où ni comment, c'est ce que je ne vous dirai point, jeune homme. Mais bien certainement servir les dames et se prêter à leurs fantaisies, quand même elles se donnent un peu trop de liberté, c'est ce qui caractérise un homme bien né.

Quelque accablé que fût Peveril, il pouvait à peine s'empêcher de sourire en regardant le pygmée qui lui contait ces histoires avec beaucoup de complaisance, et qui semblait disposé à se servir de héraut à lui-même pour se proclamer un véritable modèle de galanterie et de valeur, quoique l'amour et les armes parussent être deux métiers totalement inconciliables avec ses traits ridés et flétris. Julien avait cependant un tel désir d'éviter de donner de l'humeur à son nouveau compagnon, qu'il chercha à lui plaire en lui répondant qu'incontestablement un homme élevé dans les cours et dans les camps, comme sir Geoffrey Hud-

(1) Nom d'un général, et mot italien qui, décomposé, signifierait petit homme. — Éd.

son, savait exactement quelles étaient les libertés qu'il pouvait permettre, et celles qu'il devait réprimer.

Le petit chevalier, avec beaucoup de vivacité, sauta à bas de sa chaise, et se mit à la traîner non sans difficulté de l'autre côté de la cheminée, près de celle de Julien, en signe d'une cordialité toujours croissante, et y ayant réussi, il reprit la parole en ces termes :

— Vous avez raison, monsieur Peveril, et j'en ai donné les preuves dans l'un et l'autre cas. Oui, monsieur, ma très royale maîtresse Henriette-Marie n'avait rien à me demander que je ne fusse prêt à lui complaire ; j'étais son serviteur à toute épreuve, monsieur, tant en guerre que dans une fête, tant en bataille rangée que dans un banquet. A la requête particulière de Sa Majesté, je condescendis une fois, monsieur (vous savez que les femmes ont d'étranges fantaisies), je condescendis, dis-je, à habiter pour un certain temps l'intérieur d'un pâté.

— D'un pâté ! s'écria Julien un peu surpris.

— Oui, monsieur. J'espère que vous ne trouverez rien de risible dans ma complaisance ?

— Non, monsieur ; je vous assure que je n'ai nulle disposition à rire en ce moment.

— Il en fut de même de moi quand je me trouvai emprisonné dans un grand pâté d'une dimension peu ordinaire, comme vous pouvez croire puisque je pouvais m'y coucher tout de mon long, et que je me vis en quelque sorte enseveli entre des murs de croûte épaisse, et recouvert d'un immense couvercle en pâtisserie, de dimension suffisante pour y inscrire l'épitaphe d'un officier général ou d'un archevêque. Monsieur, quoiqu'on eût pris les précautions nécessaires pour m'y donner de l'air, je ressemblais beaucoup à un homme enterré tout vivant.

— Je conçois cela, monsieur.

— D'ailleurs, monsieur, peu de personnes étaient dans le secret, car c'était une plaisanterie imaginée par la reine pour son amusement ; et pour y contribuer je me serais tapi dans une coquille de noix, s'il eût été possible. Or comme je vous le disais, peu de personnes étaient dans le secret : il y avait quelques accidens à craindre. Je songeais pendant que j'étais dans cette espèce de tombeau, qu'il était possible que quelque serviteur maladroit me laissât tomber, comme je l'ai vu arriver à un pâté de venaison, ou que quelque convive affamé n'anticipât le moment de ma résurrection, en enfonçant un couteau dans ma croûte. Et quoique j'eusse mes armes sur moi, jeune homme, car je les porte toujours dans toute circonstance périlleuse, si quelque main téméraire s'était plongée trop avant dans les entrailles du pâté, mon épée et mon poignard auraient pu à la vérité me venger, mais non prévenir cette catastrophe.

— Certainement je l'entends bien ainsi, dit Julien, qui commençait pourtant à craindre que la compagnie du petit bavard ne servît qu'à aggraver les désagrémens d'une prison plutôt qu'à les alléger.

— Oh! oh! dit le nain, revenant encore sur le même sujet, j'avais bien d'autres motifs d'appréhensions, car il plut à lord Buckingham, père du duc actuel, dans la plénitude de la faveur dont il jouissait à la cour, d'ordonner qu'on reportât le pâté à l'office et qu'on le remît au four, alléguant bien mal à propos qu'il serait beaucoup meilleur étant chaud.

— Et cette proposition, monsieur, ne troubla pas votre égalité d'ame?

— Mon jeune ami, je ne le nierai pas, la nature a ses droits, et le plus brave de nous ne peut les méconnaître. Je pensais à Nabuchodonosor et à sa fournaise, et la crainte me faisait déjà sentir les effets de la chaleur. Mais grace au ciel, je songeais aussi à mes devoirs envers ma royale maîtresse, et cette idée m'obligeait de résister à toute tentation de me montrer prématurément, et m'en donnait la force. Néanmoins lord Buckingham, si c'était par malice, je prie le ciel de lui pardonner, suivit lui-même le pâté jusque dans l'office, et pressa vivement le cuisinier en chef de le remettre dans le four, ne fût-ce que pendant cinq minutes. Mais celui-ci, brave homme et dans le secret, résista à cet ordre avec un mâle courage, et l'on me servit de nouveau sain et sauf sur la royale table.

— Et sans doute vous ne tardâtes pas à être délivré de prison ?

— Oui, monsieur, ce moment heureux et glorieux, puis-je dire, arriva enfin. Ma croûte de dessus fut enlevée, et je sortis du pâté au son des trompettes et des clairons, semblable à l'ame d'un guerrier appelée à rendre son dernier compte, ou plutôt, si cette comparaison n'est pas trop audacieuse, comme un champion qui voit rompre le charme qui le tenait enchanté. Ce fut alors que le bouclier au bras et ma lame fidèle à la main j'exécutai une espèce de danse guerrière dans laquelle ma science et mon agilité me rendaient passé-maître, déployant en même temps des attitudes d'attaque et de défense d'une manière si inimitable, que je fus presque assourdi par les applaudissemens de tout ce qui m'entourait, et noyé par le déluge d'eau de senteur que toutes les dames de la cour me jetaient de leurs flacons. Je trouvai aussi le moyen de me venger de lord Buckingham, car tout en exécutant une danse pyrrhique sur la table, agitant mon épée de tous côtés, je lui dirigeai un coup vers le nez, une espèce d'estramaçon, dont la dextérité consiste à effleurer l'objet qu'on semble vouloir atteindre, mais sans le toucher. Vous avez pu voir un barbier en faire autant avec son rasoir. Je vous garantis qu'il recula au moins à un pied et demi de distance. Il eut l'audace de me menacer de me fendre le crâne avec l'os d'une cuisse de poulet, comme il s'exprima dédaigneusement ; mais le roi lui dit : — George, vous avez trouvé un Roland pour un Olivier [1]. Et je con-

---

(1) C'est-à-dire vous avez trouvé à qui parler. Proverbe anglais qui répond au nôtre : *A bon chat bon rat.* — Éd.

tinuai ma danse en montrant une mâle indifférence pour son mécontentement, ce que peu de personnes eussent osé faire alors, quoique je fusse encouragé par les sourires de la valeur et de la beauté. Mais hélas! monsieur, la jeunesse, ses plaisirs, ses folies, ses pompes et son orgueil, sont aussi peu durables que la flamme pétillante d'un fagot d'épines destiné à chauffer une marmite.

— La fleur jetée dans un four aurait été une comparaison plus convenable, pensa Peveril. Juste ciel! faut-il qu'un homme ait assez vécu pour regretter de n'être plus assez jeune pour être traité comme un morceau de venaison, et servi dans un pâté!

Son compagnon, dont la langue depuis un certain temps avait été aussi étroitement emprisonnée que sa personne, semblait résolu à s'indemniser de cette contrainte, en profitant de cette occasion pour satisfaire sa loquacité aux dépens de son camarade de détention. Il continua donc, d'un ton solennel, à moraliser sur l'aventure qu'il venait de raconter.

— Les jeunes gens regarderont sans doute comme digne d'envie un homme qui était en état de se rendre ainsi le favori et l'admiration de la cour.

Julien se disculpa intérieurement du reproche de tout sentiment d'envie.

— Et cependant, continua Geoffrey Hudson, il vaut mieux avoir moins de moyens de distinction et ne pas être exposé aux calomnies, aux insinuations perfides et à la haine qui suivent toujours les faveurs de la cour. Combien d'envieux se permettaient de me persifler, parce que ma taille différait tant soit peu de la taille ordinaire! quelquefois même j'étais l'objet des plaisanteries de personnes que c'était un devoir pour moi de respecter, et qui ne réfléchissaient peut-être pas assez que le roitelet a été fait par la même main que l'outarde, et que le diamant, quoique petit, vaut dix mille fois le granit. Néanmoins comme elles n'agissaient ainsi que par gaîté, et que le devoir et la reconnaissance ne me permettaient pas de leur riposter, je fus obligé de chercher les moyens de venger mon honneur aux dépens de ceux qui, n'étant pas d'un rang plus distingué que moi, c'est-à-dire étant serviteurs et courtisans, me traitaient comme s'ils étaient au-dessus de moi par leur rang et leur dignité autant que par la circonstance accidentelle de la taille. Et comme si c'eût été une leçon destinée par la Providence à mon orgueil et à celui des autres, il arriva que le banquet dont je viens de vous parler, et que je regarde avec raison comme l'époque la plus honorable de ma vie, à l'exception peut-être de la part distinguée que je pris à la bataille où je combattis à côté du prince Rupert; ce banquet, dis-je, devint la cause d'un événement tragique que je regarde comme le plus grand malheur de toute mon existence.

Le nain fit une pause en ce moment, poussa un gros soupir qui annonçait ses regrets, et continua avec le ton d'importance qui convenait à une narration tragique:

— Vous vous seriez imaginé, dans la simplicité de votre cœur, jeune homme, qu'on n'aurait jamais pu parler qu'à mon avantage de la jolie fête dont je viens de vous faire la description, et qu'on ne l'aurait citée que comme une espèce de mascarade parfaitement imaginée, et encore mieux exécutée. Point du tout. Les courtisans jaloux de mon mérite et de la faveur dont je jouissais exercèrent leur esprit à mes dépens, et n'y trouvèrent que des sujets de raillerie. En un mot mes oreilles furent tellement échauffées par les allusions aux pâtés, aux croûtes et aux fours qu'elles entendaient de toutes parts, que je me vis forcé d'interdire ce sujet de plaisanterie sous peine de tout mon déplaisir. Mais il arriva qu'il y avait alors à la cour un jeune homme de bonne naissance, fils d'un chevalier baronnet généralement estimé, mon ami particulier, et de qui par conséquent je ne devais pas attendre ce genre de raillerie que j'avais déclaré que je ne supporterais plus. Cependant un soir que je le rencontrai chez le portier du roi, et il est bon de vous dire qu'il avait bu un coup de trop, ayant l'esprit plein de malice, il lui plut de revenir sur ce sujet usé, et de dire, relativement à un pâté d'oie, quelque chose que je ne pus m'empêcher de regarder comme dirigé à mon adresse. Je ne fis pourtant que l'avertir d'un ton ferme mais calme de choisir un autre sujet de conversation, s'il ne voulait éprouver les effets de mon ressentiment. Il ne fit nul cas de cet avis, continua sur le même ton et aggrava même sa faute en m'appelant roitelet, et en faisant des comparaisons aussi odieuses qu'inutiles ; sur quoi je fus obligé de lui envoyer un cartel, et nous convînmes d'un rendez-vous. Comme j'aimais véritablement ce jeune homme, j'aurais voulu le combattre à l'épée, mon intention n'étant que de le corriger par une blessure ou deux dans les chairs ; mais il choisit le pistolet ; et s'étant rendu à cheval sur le terrain convenu, il tira pour toute arme un de ces ridicules instrumens dont les enfans malicieux se servent pour se jeter de l'eau les uns aux autres, un... une... j'en ai oublié le nom.

— Une petite seringue, dit Peveril qui commençait à se souvenir d'avoir entendu parler de cette aventure.

— Précisément. C'est là le nom de cet engin de malice dont j'ai éprouvé plus d'une fois les effets en passant près de l'école de Westminster. Eh bien ! monsieur, cette preuve de dédain me força de lui parler sur un ton qui lui rendit indispensable d'employer des armes plus sérieuses. Nous combattîmes à cheval, placés à une distance convenue, et avançant l'un sur l'autre à un signal donné ; et comme je ne manque jamais mon coup, j'eus le malheur de tuer l'honorable M. Crofts du premier feu. Je ne souhaiterais pas à mon plus cruel ennemi la moitié de la douleur que je ressentis quand je vis ce pauvre jeune homme chanceler sur la selle, tomber de cheval et rougir la terre de son sang. J'atteste le ciel que j'aurais voulu pouvoir lui racheter la vie au prix de la mienne. Ainsi périt un jeune homme plein de bravoure et donnant les plus belles espérances, sacrifié à la mauvaise plaisanterie inspirée par un esprit inconsidéré. Et cependant, hélas! que pouvais-je faire? puisque l'honneur est aussi nécessaire à la vie que l'air que nous respirons, et qu'on ne peut dire que nous vivions, quand nous y souffrons la moindre tache.

Le ton de sensibilité avec lequel ce héros nain conta la dernière partie de son histoire donna à Julien une meilleure opinion de son cœur et même de son esprit; car jusqu'alors il n'avait pas conçu une grande idée d'un homme qui se faisait honneur d'avoir été servi à table dans un pâté. Il en conclut que le petit champion s'était laissé déterminer à se prêter à cette folle idée par la nécessité que lui imposait sa situation, par sa propre vanité et par la flatterie de ceux qui voulaient s'amuser à ses dépens. Le destin du malheureux Crofts et les divers exploits de ce pygmée belliqueux pendant les guerres civiles, où il montra véritablement de la bravoure et commanda une compagnie de cavalerie, rendirent pourtant les courtisans plus circonspects dans leurs railleries, — railleries d'autant moins nécessaires d'ailleurs, que lorsqu'il n'y était pas en butte, Geoffrey Hudson manquait rarement de se montrer sous un point de vue ridicule.

A une heure après midi, le porte-clefs, fidèle à sa parole, apporta aux deux prisonniers un dîner passable et un flacon de vin d'assez bon goût quoiqu'un peu léger; et le vieillard, qui était un assez bon vivant, remarqua en souriant que la taille de la bouteille était aussi *diminutive* que la sienne. La soirée ne se passa pas sans que Geoffrey Hudson donnât encore de nouvelles preuves de sa loquacité.

Il est vrai que son babil prit alors un caractère plus grave que pendant la matinée. Lorsque le flacon fut vide, il prononça une longue prière en latin, et cet acte de religion fut une introduction à des sujets plus sérieux que ceux qu'il avait traités avant le dîner, et qui n'avaient roulé que sur la guerre, l'amour des dames et la splendeur de la cour.

Le petit chevalier harangua d'abord sur des points polémiques de théologie, et ne quitta ce sentier épineux que pour faire une excursion dans les labyrinthes obscurs de la mysticité. Il parla d'inspirations secrètes, de prédictions faites par de sombres prophètes, de visites d'esprits moniteurs, des secrets des Rose-croix, des mystères des cabalistes; sujets qu'il traita avec une telle apparence de conviction, et en citant tant de fois sa propre expérience, qu'on l'aurait pris pour un membre de la famille des Gnomes, auxquels il ressemblait par la taille.

— En un mot, il persévéra si long-temps dans son caquetage, que Peveril résolut de faire tous ses efforts pour se procurer un logement séparé. Le vieillard, après avoir fait ses prières du soir en latin, car il était catholique, commença une nouvelle histoire en se déshabillant, et il ne cessa de parler que lorsque le sommeil lui eut fermé les yeux, ainsi qu'à son compagnon.

CHAPITRE XXXV.

« Des habitans de l'air appelant les mortels. »
MILTON. *Comus.*

JULIEN s'était endormi, la tête plus remplie de ses tristes réflexions que de la scène mystique du petit chevalier, et cependant les visions que le sommeil lui présenta eurent plus de rapport à ce qu'il avait entendu sans le désirer, qu'aux sujets bien autrement importans de ses méditations.

Il rêva qu'il voyait des esprits passer rapidement devant lui, qu'il entendait des fantômes lui adresser des paroles inarticulées, que des mains sanglantes lui faisaient signe d'avancer, comme à un chevalier errant destiné à de lugubres aventures. Plus d'une fois il s'éveilla en tressaillant, tant était vive l'impression de ces rêves fantastiques ; chaque fois il s'éveillait avec l'idée bien prononcée qu'il y avait quelqu'un près de son lit. Le froid qu'il sentait aux pieds, le poids de ses fers, et le bruit qu'ils faisaient quand il se tournait sur son lit, lui rappelaient où il était et pourquoi il s'y trouvait ; et les dangers auxquels il voyait exposé tout ce qu'il avait de plus cher faisaient éprouver à son cœur un froid bien plus glacial que celui que causait à ses jambes le fer qui les entourait. Il ne pouvait se rendormir sans adresser au ciel une prière mentale pour lui demander sa protection. Mais lorsque les mêmes images troublèrent son repos pour la troisième fois, l'agitation de son esprit se manifesta par des paroles, et il ne put s'empêcher de s'écrier : — Que Dieu ait pitié de moi !

— *Amen!* répondit une douce voix qui paraissait prononcer ce mot tout à côté de son chevet.

Il était naturel d'en conclure que Geoffrey Hudson, son compagnon d'infortune, avait répondu à une prière qui convenait si bien à leur situation respective ; mais le son argentin de cette voix était si différent de l'accent dur et criard du pygmée, que Peveril fut convaincu que ce n'était pas lui qui venait de parler. Il fut saisi d'une terreur involontaire dont il n'aurait pu rendre raison, et ce ne fut pas sans un effort sur lui-même qu'il put faire la question : — Sir Geoffrey, avez-vous parlé ?

Le nain ne répondit pas. Il répéta plus haut la même question, et la même voix à son argentin, qui avait répondu *amen* à sa prière, lui dit : — Votre compagnon ne s'éveillera pas tant que je serai ici.

— Et qui êtes-vous ? Que cherchez-vous ici ? comment

y êtes-vous entré ? demanda Julien, entassant question sur question.

— Je suis un être malheureux, mais qui vous est attaché. Je viens ici pour vous être utile : le reste ne doit pas vous inquiéter.

Julien se rappela en ce moment qu'il avait entendu dire qu'il existait certaines personnes douées du talent merveilleux de parler de manière à ce que leur voix semblait partir d'un point tout opposé à celui où elles se trouvaient. Croyant avoir pénétré le mystère, il répondit : — Cette plaisanterie, sir Geoffrey, ne vient nullement à propos. Reprenez votre voix ordinaire pour me parler. Ces tours de passe-passe ne conviennent ni à une pareille heure de la nuit ni à la prison de Newgate.

— Mais ce qui convient le mieux à l'être qui vous parle, répondit la voix, c'est l'heure la plus sombre de la nuit ; c'est le séjour le plus redoutable aux mortels.

Dévoré d'impatience et déterminé à satisfaire sa curiosité, Julien sauta brusquement à bas de son lit, espérant saisir celui qui lui parlait et dont la voix indiquait la proximité ; mais il échoua dans cette tentative, et ses bras étendus n'embrassèrent que de l'air.

Il fit une ou deux fois le tour de la chambre au hasard, étendant toujours les bras et ne réussissant pas mieux. Enfin il réfléchit qu'enchaîné comme il l'était, et trahi par le bruit de ses fers, il lui serait impossible de mettre la main sur quelqu'un qui prendrait les précautions nécessaires pour se tenir hors de portée. Il se détermina donc à regagner son lit ; mais il se méprit dans l'obscurité, et arriva à celui de son compagnon. Le petit prisonnier dormait profondément, ainsi que l'indiquait une respiration sonore. Peveril s'arrêta quelques instants pour l'écouter, et fut convaincu, ou que son compagnon était un adepte dans l'art des prestiges et le plus habile des ventriloques, ou qu'il existait en ce moment dans cette chambre bien fermée un tiers dont la présence suffisait pour donner lieu de croire que son essence était différente de celle de l'espèce humaine.

Julien n'était pas très disposé à croire aux choses surnaturelles; mais ce siècle était loin d'être incrédule, comme le nôtre, aux apparitions, et il pouvait partager les préjugés de son temps, sans renoncer pour cela à l'exercice de son bon sens. Ses cheveux commencèrent à se dresser sur sa tête, et une sueur froide inonda son front. Enfin il appela son compagnon à haute voix, et le conjura, pour l'amour du ciel, de s'éveiller.

Le nain lui répondit, mais sans s'éveiller :

— Que m'importe qu'il fasse jour! Allez-vous-en au diable! Dites au grand écuyer que je ne suivrai pas la chasse, à moins qu'il ne me donne le bidet noir.

— Je vous dis, lui cria Julien, qu'il y a quelqu'un dans cette chambre. Avez-vous une pierre à battre le feu?

— Qu'importe que ce bidet n'ait pas de feu! répliqua le dormeur, suivant toujours la même chaîne d'idées qui le reportait sans doute au temps où il suivait la chasse du roi dans la forêt de Windsor : je saurai bien le faire marcher, et d'ailleurs je ne suis pas bien pesant. Je vous dis que je ne veux pas de cette grande brute de cheval Holstein, sur lequel je ne puis monter qu'à l'aide d'une échelle, et pour avoir l'air d'être perché sur un éléphant.

Julien prit le parti de le saisir par le bras, et il le secoua si violemment, qu'il l'éveilla enfin ; et Geoffrey Hudson, moitié ronflant, moitié bâillant, lui demanda d'un ton d'humeur ce que diable il avait.

— Oui, répondit Peveril, je crois que le diable en personne est en ce moment dans cette chambre.

A ces mots le pygmée se leva précipitamment, fit le signe de la croix, battit le briquet et alluma un bout de cierge qui était, dit-il, consacré à sainte Brigitte, et qui avait pour chasser les mauvais esprits de tous les lieux qu'il éclairait le même pouvoir que l'herbe appelée *fuga demonum*, ou le foie du poisson brûlé par Tobie dans la maison de Raguël, pourvu toutefois, ajouta le nain circonspect, qu'il existât des diables ailleurs que dans l'imagination de son compagnon.

En conséquence, la chambre ne fut pas plus tôt éclairée par les rayons partant du bout de cierge sacré, que Julien commença à douter de l'évidence de ses sens, car il n'y avait dans la chambre que Geoffrey Hudson et lui; et la porte était si bien fermée, qu'il paraissait impossible qu'on eût pu l'ouvrir et surtout la refermer ensuite, sans faire un bruit qui aurait nécessairement frappé ses oreilles, puisqu'il était debout en se promenant dans la chambre pendant le temps que l'être qui lui avait parlé avait dû prendre pour faire sa retraite, si toutefois il appartenait à la nature humaine.

Julien regarda un moment avec autant d'attention que de surprise, d'abord la porte bien fermée, ensuite la croisée garnie de gros barreaux de fer, et commença à accuser son imagination de lui avoir joué un tour fort désagréable. Il ne répondit pas grand'chose aux questions de Hudson; et ayant regagné son lit en silence, il l'entendit prononcer un long discours sur les mérites de sainte Brigitte, discours qui comprenait la plus grande partie de sa légende, et qui se termina par l'assurance que d'après tout ce que la tradition en avait conservé, cette grande sainte avait été la plus petite de toutes les femmes, en exceptant les femmes pygmées.

Lorsque le nain eut cessé de parler, Julien, qui avait éprouvé l'effet soporifique de son discours, jeta un nouveau coup d'œil autour de la chambre que le saint cierge éclairait encore; après quoi, fermant les yeux, il s'endormit d'un sommeil paisible qui ne fut pas troublé pendant le reste de la nuit.

L'aurore brille pour Newgate comme pour la plus haute montagne dont un habitant du pays de Galles où une chèvre sauvage ait jamais gravi le sommet; mais c'est d'une manière si différente, que les rayons même du soleil, quand ils pénètrent dans ce séjour de désolation, ont l'air d'y être emprisonnés.

Cependant quand Peveril se trouva éclairé par la lumière du jour, il se persuada facilement que ce qu'il avait cru entendre pendant la nuit n'était qu'un jeu de son imagination, et il sourit en songeant que des contes ridicules, semblables à tant d'autres qu'il avait souvent entendus dans l'île de Man, eussent pu faire une impression aussi forte sur son esprit, en passant par la bouche d'un être aussi singulier que Geoffrey Hudson, et dans la solitude d'une prison.

Avant que Julien fût éveillé, le nain avait déjà quitté son lit; il s'était assis au coin de la cheminée, avait allumé le feu, et avait placé sur les charbons un petit pot qui partageait son attention avec un gros in-folio presque aussi haut que lui, et ouvert sur une table devant laquelle il était assis. Il était enveloppé du manteau dont nous avons déjà parlé, qui lui tenait lieu de robe de chambre, comme de préservatif contre le froid, et dont le collet remontait par derrière jusqu'à son grand bonnet. La singularité de ses traits et ses yeux, armés de lunettes, se dirigeant tour à tour sur le volume qu'il lisait et sur le pot qui bouillait lentement, auraient rendu Rembrandt jaloux de le peindre comme un alchimiste ou un nécromancien s'occupant de quelque étrange expérience en consultant un gros manuel de son art mystique.

L'attention du nain avait pourtant pour but un objet plus utile, car il préparait une soupe savoureuse pour son déjeuner, dont il invita Julien à prendre sa part. — Je suis un ancien soldat, dit-il, je dois ajouter, un ancien prisonnier, et je sais mieux que vous, jeune homme, comment me tirer d'affaire. Au diable ce coquin de Clink! il a mis la boîte aux épices hors de ma portée. Voulez-vous bien me la donner? Elle est sur le manteau de la cheminée. Je vous apprendrai à *faire la cuisine*, comme disent les Français; et alors nous partagerons en frères, si cela vous convient, les travaux de notre prison.

Julien consentit sans hésiter à la proposition amicale du petit vieillard, et ne lui donna point à entendre qu'il songeât à ne pas être plus long-temps son compagnon de chambrée. La vérité, c'est que quoiqu'il fût tout porté à regarder comme une illusion la voix qu'il avait cru entendre la nuit précédente, il éprouvait cependant la curiosité de savoir comment il passerait une seconde nuit dans la même chambre. D'ailleurs le son de la voix de cet être invisible qui l'avait frappé de terreur pendant la nuit n'excitait plus en lui qu'une douce agitation, un souvenir qui n'avait rien de désagréable, et qui lui laissait même une sorte de désir de l'entendre encore.

Les jours qui se passent dans la captivité offrent peu d'événemens remarquables; celui qui suivit la nuit que nous venons de décrire n'en présenta aucun. Le nain offrit à son jeune compagnon un volume semblable à celui qu'il lisait, et qui était un tome des romans aujourd'hui oubliés de Scudéri dont Geoffrey Hudson était grand admirateur, et qui étaient alors fort à la mode tant à la cour d'Angleterre qu'à celle de France, quoique l'auteur ait su réunir dans ses énormes in-folios toutes les invraisemblances et toutes les absurdités des anciens romans de chevalerie, sans la fraîcheur de leur naïve imagination; mais en récompense on y trouve toute l'absurde métaphysique que Cowley et les autres poètes de son siècle ont accumulée sur la passion de l'amour, métaphysique assez semblable à une grande quantité de poussière de charbon, qui, jetée sur un feu mal allumé, l'éteint au lieu de l'entretenir.

Mais Julien n'avait d'autre alternative que de s'attendrir sur les chagrins d'Artamènes et de Mandane, ou de réfléchir tristement sur sa pauvre situation, et ce fut dans cette occupation agréable que la matinée se passa.

A une heure et à la chute du jour nos deux prisonniers

reçurent la visite de leur porte-clefs, qui d'un air sombre et bourru leur apporta leurs repas ordinaires, et leur rendit en silence le peu de services dont ils avaient besoin, sans échanger avec eux plus de paroles que ne s'en serait permis un officier de l'inquisition d'Espagne. Avec la même gravité taciturne, bien différente du sourire qui avait été surpris la veille de paraître un instant sur ses lèvres, il frappa sur leurs fers avec un petit marteau, pour s'assurer par le son qu'ils produisaient qu'ils n'avaient pas été entamés par la lime, et montant ensuite sur la table, il soumit à la même épreuve les barreaux de fer qui garnissaient la fenêtre.

Le cœur de Julien battit vivement en ce moment. N'était-il pas possible qu'un de ces barreaux eût été déplacé de manière à donner entrée à l'être inconnu qui leur avait rendu visite la nuit précédente? Mais le son clair et net qu'ils rendirent lorsqu'ils furent frappés tour à tour par le marteau du vigilant Clink, fut pour l'oreille expérimentée du porte-clefs une garantie complète que tout était en état de sûreté.

— Il serait difficile que quelqu'un entrât par cette croisée, dit Julien en exprimant tout haut les pensées qui l'occupaient.

— Peu de personnes s'en soucieraient, répondit le porte-clefs d'un ton bourru, en se méprenant sur le sens que Peveril attachait aux mots qu'il venait de prononcer. Et je puis vous dire encore qu'il serait tout aussi difficile d'y passer pour sortir.

Il se retira, et la nuit arriva.

Le nain, qui s'était chargé de la besogne de toute la journée, se donna beaucoup de mouvement pour tout ranger en ordre dans la chambre, éteindre le feu, et remettre à leur place divers objets dont on avait eu besoin pendant le jour. Pendant tout ce temps, il se parlait tout haut à lui-même, et toujours avec un ton d'importance; tantôt disant qu'un vieux soldat pouvait seul avoir la dextérité nécessaire pour savoir ainsi mettre la main à tout; tantôt s'étonnant qu'un courtisan de la première classe pût condescendre à mettre la main à quelque chose. Vint ensuite la répétition de ses prières; mais sa disposition à parler ne revint pas comme le soir précédent après cet acte de dévotion. Au contraire, long-temps avant que Julien eût fermé les yeux, Geoffrey Hudson lui prouva par son murmure peu harmonieux qu'il était déjà dans les bras de Morphée.

Au milieu de l'obscurité, et avec un violent désir qui n'était pourtant pas sans quelque mélange de crainte d'entendre de nouveau la voix mystérieuse de la nuit précédente, Julien resta long-temps éveillé, et le cours de ses pensées ne fut interrompu que lorsqu'il entendit sonner les heures à l'église du Saint-Sépulcre, voisine de la prison. Un léger sommeil s'empara enfin de ses sens, mais il n'avait guère dormi plus d'une heure, à ce qu'il lui sembla, lorsqu'il fut éveillé par la même voix dont il avait en vain attendu les accens avant de s'endormir.

— Pouvez-vous dormir? voulez-vous dormir? osez-vous dormir?

Telles furent les questions qui lui furent adressées par la même voix douce et mélodieuse qu'il avait entendue la nuit précédente.

— Qui me questionne ainsi? demanda Peveril; mais n'importe, que ses intentions soient bonnes ou mauvaises, je lui réponds : — Je suis un prisonnier innocent, et l'innocence peut, veut et ose dormir tranquillement.

— Ne me faites pas de questions, reprit la voix, et ne cherchez pas à découvrir qui vous parle; mais apprenez que la folie seule peut s'endormir entre la perfidie et le danger.

— Et vous qui me parlez de danger, pouvez-vous m'indiquer le moyen de l'éviter ou de le combattre?

— Mon pouvoir est limité. Cependant je puis faire quelque chose, comme le ver luisant peut faire apercevoir un précipice. Mais il faut que vous mettiez en moi votre confiance.

— La confiance engendre la confiance. Je ne puis en accorder sans savoir à qui et pour quoi.

— Ne parlez pas si haut, dit la voix en baissant le ton.

— Hier, dit Julien, vous me disiez que mon compagnon ne s'éveillerait pas tant que vous seriez ici.

— Et aujourd'hui je ne réponds pas qu'il ne s'éveille.

Et au même instant la voix rauque et discordante du nain se fit entendre, demandant à Julien pourquoi il parlait ainsi, pourquoi il ne dormait pas, et empêchait les autres de dormir ; enfin si ses visions de la nuit précédente étaient encore revenues.

— Si vous dites oui, reprit la voix d'un ton si bas que Julien doutait presque si ce n'était pas un écho de ses propres pensées, si vous dites seulement oui, je pars pour ne jamais revenir.

Dans une situation désespérée on a recours à des remèdes étranges ; et quoique Julien ne pût calculer quelles chances avantageuses cette correspondance singulière pouvait lui offrir, il n'avait pas envie de les laisser échapper. Il répondit donc au nain que son sommeil avait été troublé par un rêve alarmant.

— Je l'aurais juré d'après le son de votre voix, dit Hudson. Or, je vous le demande, n'est-il pas étrange que vous autres hommes de trop grande taille vous n'ayez jamais cette fermeté d'ame qui nous appartient, à nous qui avons été jetés dans un moule qui nous donne une forme plus compacte ? Ma voix conserve son accent masculin en toute occasion. Le docteur Cockerell prétend que les hommes, quelle que soit leur taille, ont la même proportion de nerfs et de fibres, mais que la nature les file plus gros ou plus déliés suivant l'étendue de la surface sur laquelle ils doivent se répandre. De là il résulte que les créatures les plus petites sont souvent les plus fortes. Placez un escarbot sous un grand chandelier, et l'insecte le fera mouvoir par ses efforts pour se mettre en liberté; ce qui est, pour suivre la comparaison, la même chose que si l'un de nous ébranlait par de semblables efforts la prison de Newgate. De même les chats et les belettes ont aussi les nerfs plus vigoureux et le principe vital plus fortement enraciné en eux que les chiens et les moutons. Vous pouvez remarquer en général que les petits hommes dansent mieux et sont moins fatigués des efforts de tout genre que ceux qui sont nécessairement écrasés sous le poids de leur propre taille. Je vous respecte, monsieur Peveril, parce qu'on m'a dit que vous avez donné une leçon à un de ces coquins de géans qui font les fanfarons, comme si leur ame était plus grande que la nôtre, parce que leur nez s'élève vers le ciel de quelques pouces de plus que celui des autres; mais cependant il ne faut pas vous enorgueillir de votre victoire comme d'une chose bien extraordinaire. Il est bon que vous sachiez qu'il en a toujours été ainsi, et que l'histoire de tous les siècles nous apprend que l'homme de petite taille, leste, vif et vigoureux, a toujours eu l'avantage sur un antagoniste gigantesque. Je n'ai besoin que de vous rappeler, dans les saintes écritures, la chute célèbre de Goliath et d'un autre grand flandrin dont la main avait plus de doigts et la taille plus de pouces qu'il ne doit en appartenir à un honnête homme, et qui fut tué par un neveu du roi David. Combien d'autres pourrais-je encore vous citer, si ma mémoire me rappelait leurs noms! mais une chose sûre, c'est qu'ils étaient tous Philistins. Car vous pouvez remarquer dans l'histoire sacrée comme dans l'histoire profane que ces géans sont toujours des hérétiques et des blasphémateurs, des oppresseurs et des brigands, des tyrans du sexe féminin et des rebelles contre l'autorité légitime. Tels étaient Gog et Magog, que nos chroniques authentiques rapportent avoir été tués près de Plymouth par le brave et petit chevalier Corineus, de qui le comté de Cornouailles a pris son nom. De même Ascaparte fut vaincu par Bevis; et Colbrand par Guy, comme Southampton et Warwick peuvent en rendre témoignage. Tel fut aussi le géant Hoel, tué en Bretagne par le roi Arthur. Et si Ryence, roi de la partie septentrionale du pays de Galles, qui reçut la mort des mains du même prince, digne champion de la chrétienté, n'était pas ce qu'on peut littéralement appeler un géant, il est évident qu'il n'en valait guère mieux puisqu'il lui fallut pour faire la fourrure de son manteau vingt-quatre barbes de rois, et on portait alors la barbe dans toute sa longueur. Par conséquent en calculant chaque barbe à raison de dix-huit pouces, car vous ne pouvez accorder moins à une barbe royale, et en supposant qu'on n'en avait garni que le devant du manteau comme nous le faisons quand nous employons l'hermine, et que la fourrure du reste, au lieu de peaux de chats sauvages et d'écureuils, avait été faite de barbes de ducs et d'autres dignitaires inférieurs, nous verrons que... Je vais en faire le calcul, et je vous en donnerai le résultat demain matin.

Pour quiconque n'est ni philosophe ni financier, il n'existe pas de somnifère plus puissant qu'un calcul de chiffres, et quand on est au lit, l'effet en est irrésistible. Sir Geoffrey s'endormit donc en calculant quelle était la taille du roi Ryence, d'après la longueur supposée de son manteau. S'il n'était tombé sur ce sujet de calcul abstrait, on ne peut savoir combien de temps il aurait discouru sur la supériorité des hommes de petite taille, sujet si important pour lui, que quelque considérable que soit le nombre des relations de ce genre, notre nain avait réuni une collection presque complète des histoires romanesques ou véritables des victoires qu'ils avaient remportées sur les géans.

Dès que l'oreille de Julien commença à avoir des preuves non équivoques que son compagnon s'était rendormi, il écouta avec grande attention, dans l'espoir d'entendre de nouveau la voix mystérieuse qui l'intéressait et le surprenait en même temps. Même pendant qu'Hudson parlait, au lieu d'écouter l'éloge qu'il faisait des personnes de petite taille, il avait l'oreille au guet, pour ne pas perdre le moindre bruit qui pourrait se faire dans la chambre, de sorte qu'il croyait à peine possible qu'une mouche y volât sans qu'il entendît les mouvemens de ses ailes. Si donc ce moniteur invisible était un habitant de ce monde, et le bon sens de Julien ne lui permettait pas de renoncer tout-à-fait à cette idée, il ne pouvait avoir quitté l'appartement, et il renouvellerait sans doute la conversation. Mais l'espoir de Peveril fut trompé : pas le plus léger son ne lui annonça la présence de l'être qui lui rendait des visites nocturnes, et qui paraissait déterminé à garder le silence s'il était encore dans l'appartement.

Ce fut en vain que Peveril se moucha, toussa, et essaya toutes les manières possibles de faire entendre qu'il ne dormait pas : tout fut inutile, et enfin son impatience s'accrut à un tel point, qu'il résolut de parler le premier, dans l'espoir de renouer l'entretien.

— Qui que tu sois, dit-il d'une voix assez haute pour être entendu par une personne éveillée, mais assez modérée pour ne pas troubler le repos de son compagnon endormi, qui que tu sois et qui que tu puisses être, puisque tu as montré quelque intérêt au sort de l'infortuné Julien Peveril, parle-moi encore, n'importe que tu aies à m'annoncer le bonheur ou l'adversité, et sois sûr que je suis préparé à supporter l'un et l'autre.

Il ne reçut aucune réponse à cette invocation solennelle. Pas le moindre bruit n'indiqua la présence de l'être auquel il l'adressait.

— Je parle en vain, dit Julien, et peut-être j'invoque un être étranger aux sentimens qui animent les hommes, ou qui prend un malin plaisir à voir leurs souffrances.

Un léger soupir à demi retenu se faisant entendre dans un coin de la chambre, sembla servir de réponse à cette exclamation, et démentir l'accusation qu'elle exprimait.

Julien, naturellement courageux et commençant à se familiariser avec sa situation, se mit sur son séant et étendit le bras comme pour proférer une nouvelle conjuration. Mais la voix, comme si les gestes et l'énergie de Peveril lui eussent fait concevoir des alarmes, s'écria d'un ton plus agité que celui qu'elle avait fait entendre jusqu'alors : — Restez tranquille ; ne remuez pas, ou je garde le silence pour toujours.

— C'est donc un être mortel qui est en ce moment avec moi, pensa alors Julien assez naturellement. C'est quelqu'un qui probablement craint d'être découvert, et par conséquent j'ai quelque ascendant sur lui, quoique je ne doive en profiter qu'avec précaution. Si vos intentions sont bonnes, dit-il, jamais il n'a existé un instant où j'aie eu plus besoin d'amis, où un service rendu ait pu mériter de moi plus de reconnaissance. Le destin de tout ce qui m'est cher est dans la balance, et j'achèterais au prix de tout l'univers la certitude que je n'ai rien à craindre à ce sujet.

— Je vous ai déjà dit que mon pouvoir est limité, répondit la voix. Je puis peut-être vous sauver, *vous ;* mais le destin de vos amis ne dépend pas de moi.

— Du moins faites-le-moi connaître, reprit Julien, et quel qu'il puisse être, je ne craindrai pas de le partager.

— Et quels sont ceux dont le sort vous inquiète ? demanda la voix avec un léger tremblement, comme si elle eût fait cette question avec répugnance, et qu'elle craignît d'en entendre la réponse.

— Mes parens, reprit Julien après avoir hésité un instant, comment se trouvent-ils ? Quel sera leur destin ?

— Ils sont comme le fort sous lequel l'ennemi a creusé une mine redoutable. Les travaux peuvent avoir coûté des années aux mineurs, tant ils avaient à vaincre d'obstacles ; mais le temps porte l'occasion sur ses ailes.

— Et quel sera l'événement ?

— Puis-je lire dans l'avenir ? Je ne puis le juger qu'en le

comparant au passé. Quels sont ceux qui ont été poursuivis par ces cruels et infatigables délateurs, et qui ont enfin succombé sous leurs accusations? Une naissance noble et illustre, une vieillesse respectable et une bienveillance universellement reconnue ont-elles pu sauver l'infortuné lord Stafford? Qu'ont valu à Coleman sa science, son esprit d'intrigue, la faveur dont il jouissait à la cour, et sa place de confident de l'héritier présomptif de la couronne d'Angleterre? L'esprit, la subtilité et toutes les démarches d'une secte nombreuse ont-elles conservé les jours de Fenwicke, de Whitbread et de quelqu'un des autres prêtres accusés? L'obscurité de Groves, de Pickering et d'autres misérables leur a-t-elle servi de sauvegarde? Nulle condition, nuls talens, nuls principes ne peuvent protéger personne contre une accusation qui nivelle tous les rangs, qui confond tous les caractères, qui change en crimes les vertus, et qui regarde les hommes comme d'autant plus dangereux qu'ils jouissent de plus d'influence, quoiqu'ils l'aient acquise de la manière la plus honorable, et qu'ils ne l'exercent qu'avec droiture. Accusez qui vous voudrez d'être complice de la conspiration, faites entendre en témoignage contre lui Oates ou Dugdale, et l'être le moins clairvoyant pourra prévoir l'événement.

— Prophète de malheur! Mais mon père est couvert d'un bouclier qui le rendra invulnérable : il est innocent.

— Qu'il fasse valoir son innocence devant le tribunal de Dieu : elle lui servira peu devant celui que préside Scroggs.

— Je ne crains pourtant rien, dit Julien en affectant plus de confiance qu'il n'en avait réellement; la cause de mon père sera plaidée devant douze jurés anglais.

— Il vaudrait mieux qu'elle le fût devant douze bêtes féroces que devant des Anglais influencés par l'esprit de parti, les passions, les préjugés et la terreur épidémique d'un danger imaginaire.

— Tes discours sont de mauvais augure, dit Julien, et ta

voix peut servir de pendant à celle du hibou et à la cloche de minuit. Parle-moi encore pourtant, et dis-moi, si tu peux, si..... Il voulait parler d'Alice Bridgenorth, mais ses lèvres n'en purent prononcer le nom. — Dis-moi, reprit-il, si la noble famille de Derby.....

— Qu'elle reste sur son rocher comme l'oiseau de mer pendant la tempête, et il peut arriver qu'elle y trouve un abri. Mais il y a du sang sur son hermine, et la vengeance la poursuit depuis bien des années, comme un limier que le matin a séparé de sa proie, mais qui espère la saisir avant le coucher du soleil. Au surplus cette famille est en sûreté jusqu'à présent. Vous parlerai-je maintenant de vos propres affaires, où il ne s'agit guère moins que de votre vie et de votre honneur; où reste-t-il encore quelqu'un dont vous préféreriez les intérêts aux vôtres?

— Il existe une personne dont j'ai été séparé hier par violence. Si je la savais en sûreté, je ne m'inquiéterais guère de la mienne.

— Une! seulement une?

— Et cette séparation m'a ravi tout le bonheur que ce monde pouvait me procurer.

— Vous voulez dire, Alice Bridgenorth, dit la voix avec un accent d'amertume. Vous ne la verrez plus : il faut l'oublier. Votre vie et la sienne en dépendent.

— Je ne puis acheter la vie à ce prix.

— Mourez donc dans votre obstination, répondit l'être invisible. Et toutes les prières de Julien ne purent en obtenir un autre mot pendant tout le reste de la nuit.

CHAPITRE XXXVI.

« Petit homme, il est vrai, mais tout rempli d'orgueil. »
ALLAN RAMSAY.

PEVERIL était si troublé du départ de l'être invisible qui lui rendait des visites, que pendant assez long-temps il lui fut impossible de goûter le sommeil. Il se promit bien de découvrir et de livrer le démon nocturne qui ne venait interrompre son repos que pour ajouter du fiel à l'amertume dont il était déjà abreuvé, et pour verser du poison sur des blessures déjà si douloureuses. Il le menaçait dans sa colère de toute la vengeance que la captivité lui permettrait d'exercer. Il résolut de faire un examen plus sérieux et plus attentif de toute sa chambre, de manière à découvrir le moyen qu'employait pour y entrer l'être qui venait le tourmenter, l'issue en fût-elle aussi imperceptible que le trou d'une tarière. Si sa recherche n'aboutissait à rien, il informerait de tout ce qui s'était passé le geôlier de la prison, à qui il ne pouvait pas être indifférent de savoir que ses cachots n'étaient pas impénétrables. Il verrait bien dans ses yeux s'il était instruit de ses visites; et en ce cas, il le dénoncerait lui-même aux magistrats, aux juges, à la chambre des communes; et c'était le plus doux de tous les moyens de vengeance que le dépit lui suggérait. Le sommeil et la fatigue l'emportèrent enfin sur tous ces projets; et comme cela arrive souvent, la lumière du jour le ramena à des résolutions plus calmes.

Il réfléchit alors qu'il n'avait aucune raison positive pour attribuer les visites de l'être dont il avait entendu la voix à des motifs annonçant une malveillance décidée, quoiqu'il ne lui eût guère donné lieu de se flatter qu'il pourrait en obtenir quelques secours pour ce qu'il avait le plus à cœur. En ce qui le concernait, il avait trouvé en lui une compassion véritable, un intérêt bien prononcé; si, en profitant de ces sentimens il venait à recouvrer sa liberté, il pourrait dès qu'il l'aurait obtenue l'employer au service de ceux dont la situation lui inspirait bien plus d'inquiétude que la sienne.

— J'ai agi comme un insensé, se dit-il à lui-même : j'aurais dû temporiser avec cet être singulier pour apprendre les motifs de l'intérêt qu'il semble prendre à mon sort, et tâcher de profiter de ses secours, si je pouvais les obtenir sans qu'il y attachât aucune condition que l'honneur me défendît d'accepter. J'aurais toujours eu le temps de refuser son intervention, quand j'aurais su quel prix il y mettait.

Tout en parlant ainsi, il formait un plan pour mettre plus de prudence à l'avenir dans ses relations avec cet être inconnu, si sa voix se faisait entendre de nouveau. Mais ses méditations furent interrompues par Geoffrey Hudson, qui lui déclara que s'étant occupé la veille de tous les soins qu'exigeait leur habitation commune, c'était à lui à en faire autant à son tour, pendant tout le jour qui commençait.

Peveril ne pouvait se refuser à une demande si raisonnable. Il se leva donc, et se mit à tout ranger dans leur prison, tandis que le nain, perché sur une chaise, et ayant ses pieds à plus de six pouces de la terre, pinçait avec un air de langueur et d'aimable aisance les cordes d'une vieille guitare, en chantant des chansons espagnoles, moresques et françaises. A la fin de chacune, il ne manquait pas de l'expliquer à Julien, soit en lui en donnant la traduction, soit en lui racontant l'anecdote historique qui en était le sujet. Il en chanta même une qui avait rapport à sa propre histoire et à l'accident qui l'avait fait entrer captif à Maroc, après avoir été pris par un corsaire de Salé.

Cette époque de sa vie était pour Hudson une ère feconde en étranges aventures, et s'il fallait l'en croire, il avait fait des prodiges de galanterie dans le sérail de l'empereur. Mais quoiqu'il y eût peu de personnes en état de lui donner un démenti formel sur des intrigues dont la scène était si éloignée, il courait un bruit, parmi les officiers de la garnison de Tanger, que le tyran more, ne sachant à quoi employer un esclave de cette taille, l'avait forcé à garder le lit pour couver des œufs de dindon. La moindre allusion à cette histoire mettait Hudson hors de lui-même, et la funeste issue de sa querelle avec le jeune Crofts qui avait payé de sa vie une plaisanterie faisait qu'on prenait garde de ne pas échauffer la bile du pygmée belliqueux par des railleries inconsidérées.

Tant que Peveril s'occupa de ranger les meubles dans l'appartement, le nain resta fort tranquille s'amusant comme nous l'avons déjà dit; mais quand il le vit commencer à faire les préparatifs du déjeuner, il sauta à bas de la chaise sur laquelle il était assis en *signor*, au risque de briser sa guitare et de se rompre le cou, en s'écriant qu'il préparerait le déjeuner tous les matins jusqu'au jour du jugement, plutôt que de confier cette tâche importante à une main aussi novice que celle de son compagnon.

Le jeune homme céda volontiers ce soin au petit chevalier, et il ne fit que sourire en l'entendant dire avec humeur que quoique monsieur Peveril ne fût que de moyenne taille, il était presque aussi stupide qu'un géant. Pendant qu'il donnait toute son attention à cette occupation essentielle, Julien examinait la chambre de tous côtés, et cherchait à y découvrir quelque issue secrète qui pût permettre qu'on y pénétrât pendant la nuit et dont il lui serait peut-être possible de profiter lui-même pour s'évader en cas de besoin. Ses recherches autour des murailles furent inutiles; mais il eut plus de succès quand il porta les yeux sur le plancher.

Tout à côté de son lit, et placé de manière qu'il aurait dû l'apercevoir plus tôt sans la précipitation avec laquelle il avait obéi aux ordres de son compagnon, était un billet cacheté dont l'adresse ne portait que les lettres initiales J. P., ce qui semblait l'assurer qu'il lui était destiné. Il saisit l'occasion de l'ouvrir, tandis que le nain était tout occupé de sa soupe et donnait toute son attention à une affaire qu'il regardait, de même que bien des gens plus grands et plus sages que lui, comme une des principales nécessités de la vie, de sorte que, sans être remarqué et sans exciter sa curiosité, il lut ce qui suit :

— Quelque imprudent et quelque inconsidéré que vous soyez, il existe quelqu'un qui sacrifierait tout pour vous arracher à votre destinée. Vous devez être demain transféré à la Tour, où votre vie ne peut être assurée pour un seul jour, car pendant le peu d'heures que vous avez passées à Londres, vous vous êtes fait un ennemi dont le ressentiment ne s'éteint pas facilement. Vous n'avez qu'une chance de salut, c'est de renoncer à A. B., de ne plus songer à elle, ou si cela vous est impossible, de n'y songer que comme à un être que vous ne pouvez jamais revoir. Si votre cœur peut se déterminer à abjurer un attachement auquel il n'aurait jamais dû se livrer, et que vous ne pouvez nourrir plus longtemps sans folie, faites connaître que vous acceptez cette condition, en mettant à votre chapeau une plume blanche, un ruban blanc, n'importe quel objet de cette couleur que vous pourrez vous procurer. En ce cas, une barque viendra heurter, comme par accident, celle qui doit vous transporter à la Tour; dans ce moment de confusion, sautez dans la Tamise, traversez le fleuve à la nage, et prenez terre sur la rive opposée, du côté de Southwark. Des amis vous y attendront pour favoriser votre évasion, et vous vous trouverez avec quelqu'un qui perdrait tout au monde et même sa vie, plutôt que de souffrir qu'on arrachât un seul cheveu de votre tête, mais qui, si vous refusez de suivre ses avis, ne pensera plus à vous que comme à un insensé méritant de périr dans sa folie. Puisse le ciel vous inspirer le seul parti qui convienne à votre situation! c'est la prière bien sincère de l'être qui, si vous le voulez, désire être

« VOTRE AMI INCONNU. »

La Tour! C'était un mot inspirant la terreur, plus de terreur qu'une prison ordinaire; car combien de souvenirs de mort présentait ce lugubre édifice! Les exécutions cruelles qu'il avait vues sous les règnes précédens n'étaient peut-être pas aussi nombreuses que les meurtres secrets qui avaient eu lieu dans l'enceinte de ses murailles! Cependant Peveril n'hésita pas un instant sur le parti qu'il devait prendre. — Je partagerai le destin de mon père, s'écria-t-il; je ne pensais qu'à lui lorsqu'on m'a amené ici, je ne penserai pas à autre chose quand je serai enfermé dans cet horrible lieu de détention : c'est sa demeure, et il convient que ce soit aussi celle de son fils. Et toi, Alice, le jour où je renoncerai à toi, puissé-je être regardé comme un traître et un lâche! Loin de moi, faux ami, et subissez le destin réservé aux séducteurs et aux prédicateurs d'hérésie.

Il ne put s'empêcher de prononcer ces derniers mots à haute voix, en jetant dans le feu le billet qu'il venait de lire, avec un air de violence qui fit tressaillir le nain de surprise.

— Que dites-vous de brûler les hérétiques, jeune homme? s'écria-t-il; par ma foi, il faut que votre zèle soit plus ardent que le mien, pour que vous parliez ainsi quand les hérétiques forment la grande majorité. Je veux être condamné à avoir six pieds de hauteur, si les hérétiques n'ont pas le dessus! Prenez garde à vos paroles, mon jeune ami.

— Il est trop tard pour y prendre garde quand elles sont prononcées, dit le porte-clefs, qui, ayant ouvert la porte avec des précautions extraordinaires pour ne pas faire de bruit, était entré sans être aperçu ; au surplus monsieur Pe veril s'est conduit en homme comme il faut, et je ne suis pas un rapporteur, pourvu qu'il prenne en considération les peines que je me suis données pour lui.

Julien n'avait d'autre alternative que de profiter de ce que le drôle lui donnait à entendre, et de le gagner par quelques pièces d'argent. Clink fut si satisfait de sa libéralité, qu'il s'écria : — J'ai le cœur gros d'être obligé de dire adieu à un jeune homme si généreux, j'aurais volontiers tiré le verrou sur lui pendant vingt ans ; mais il faut quelquefois que les meilleurs amis se séparent.

— Je vais donc quitter Newgate?

— Oui, monsieur : l'ordre du conseil vient d'arriver.

— Et je vais être transféré à la Tour?

— Comment! s'écria le porte-clefs, qui diable vous l'a dit? Mais n'importe, puisque vous le savez ce n'est pas la peine de vous le cacher. Ainsi, monsieur, préparez-vous à partir sur-le-champ. Mais d'abord allongez vos supports pour que j'en ôte les *darbies*.

— Est-ce l'usage ordinaire? demanda Peveril en étendant les jambes, pendant que Clink en détachait les fers.

— Bien certainement : les *darbies* appartiennent au capitaine, et vous jugez bien qu'il n'a pas envie d'en faire présent au lieutenant de la Tour. C'est à ses gardes à prendre leurs précautions, je vous réponds qu'ils n'emporteront rien d'ici. Si pourtant Votre Honneur avait envie de partir avec ses *darbies*, comme pour émouvoir la compassion, il serait possible de...

— Je n'ai nulle envie de faire paraître ma situation pire qu'elle ne l'est, s'écria Julien ; et il pensa en même temps qu'il fallait que son correspondant anonyme le connût bien, puisque le plan d'évasion qu'il lui avait proposé ne pouvait s'exécuter que par un excellent nageur, et qu'il fût bien au fait des usages de la prison, puisqu'il lui aurait été impossible de nager si on lui eût laissé les fers aux pieds. Ce que lui dit ensuite le porte-clefs lui suggéra de nouvelles conjectures.

— Il n'y a rien au monde que je ne fusse disposé à faire pour un si brave jeune homme, dit Clink. Je volerais pour vous un des rubans de ma femme si vous aviez envie d'arborer le pavillon blanc sur votre chapeau.

— A quoi bon? demanda Julien, dont l'imagination rapprocha au même instant la proposition que lui faisait le porte-clefs du signal qui lui avait été indiqué dans la lettre qu'il avait reçue.

— Je n'en sais trop rien, répondit Clink, si ce n'est qu'on dit que le blanc est l'emblème de l'innocence; et qu'on soit coupable ou non, on aime toujours à se donner un air d'innocence. Mais qu'importe qu'on soit coupable ou qu'on ne le soit pas, le tout est de savoir si ce mot se trouvera dans la déclaration des jurés?

— Il est bien étrange, pensa Peveril, quoique le porte-clefs parût parler naturellement et sans double entente, que tout semble combiné pour faire réussir le plan d'évasion, si j'y veux consentir. Et n'ai-je pas tort de m'y refuser? Un être qui fait tant pour moi doit être mon ami, et un ami ne peut insister sur l'exécution de conditions injustes qu'on m'impose pour prix de ma délivrance.

Mais il ne chancela qu'un instant et s'affermit plus que jamais dans sa première résolution. Il se rappela que quel que fût celui qui faciliterait son évasion, il courrait nécessairement de grands dangers, et que par conséquent il avait le droit de prescrire les conditions sous la foi desquelles il consentait à s'y exposer. Il se souvint aussi que la fausseté fut toujours une bassesse, n'importe qu'elle s'exprime par des paroles ou par des actions, et il réfléchit qu'en montrant le signal qu'on lui avait demandé pour preuve de sa renonciation à Alice, c'était mentir tout aussi bien que s'il y renonçait dans les termes les plus exprès sans avoir dessein de tenir sa promesse.

— Si vous voulez m'obliger, dit-il à Clink, procurez-moi

un morceau de soie noire ou de crêpe pour m'en servir à l'usage dont vous parlez.

— De crêpe! s'écria le porte-clefs; qu'est-ce que cela signifierait? Les gardes de la Tour qui vont vous y conduire vous prendraient pour un ramoneur de cheminées du 1er mai[1].

— Ce sera une preuve de mon profond chagrin, dit Julien, et de ma résolution déterminée.

— Comme il vous plaira, monsieur, répliqua le porte-clefs; je vous trouverai aisément quelque guenille noire, n'importe de quelle étoffe. Et maintenant il s'agit de partir.

Julien lui répondit qu'il était prêt, et s'avança vers Geoffrey Hudson pour lui faire ses adieux. La séparation ne se fit pas sans émotion de part et d'autre; elle fut pénible surtout au pauvre petit chevalier, qui avait conçu une affection toute particulière pour le compagnon dont il allait être privé.

— Adieu, mon jeune ami, lui dit-il en levant ses deux mains pour prendre celle de Julien, ce qui lui donnait l'attitude d'un marin qui tire une corde pour soulever une voile : bien des gens à ma place se trouveraient outragés en se voyant, quoique anciens serviteurs de la maison du roi et ayant porté les armes pour lui, laissés dans une prison comme celle-ci, tandis que vous en allez habiter une bien plus honorable. Mais grâce à Dieu, je ne vous envie pas la Tour; je ne vous envierais même pas les rochers de Scilly, ni le château de Carisbrook, qui eut l'honneur de servir de prison au bienheureux martyr le roi mon ancien maître. En quelque lieu que vous deviez aller, je vous souhaite toutes les distinctions d'une prison honorable, et le bonheur d'en sortir aussi promptement qu'il plaira à Dieu. Quant à moi, ma carrière touche à sa fin, parce que je succombe martyr de la trop grande susceptibilité de mon

---

(1) Jour de la fête des ramoneurs en Angleterre. Ils parcourent les rues, couverts de vêtemens bizarres, en dansant au son des instrumens. — Éd.

cœur. Il y a une circonstance dont je vous aurais fait part, mon bon monsieur Julien Peveril, si la Providence nous eût permis une plus longue liaison; mais cette confidence ne convient pas au moment actuel. Adieu donc, mon jeune ami, et rendez témoignage à la vie et à la mort, que Geoffrey Hudson brave les coups et les persécutions de la fortune, comme il mépriserait ainsi qu'il l'a fait plusieurs fois les sarcasmes malins d'un grand écolier.

A ces mots il se détourna et se cacha le visage avec son petit mouchoir, tandis que Julien éprouvait cette espèce de sensation tragi-comique qui fait qu'on ressent une compassion véritable pour celui qui en est l'objet, et qu'on est saisi en même temps d'une certaine envie de rire dont on a peine à se défendre. Enfin le porte-clefs lui fit signe de le suivre. Julien obéit à l'instant, et laissa son inconsolable petit compagnon dans sa triste solitude.

Pendant que Julien suivait son guide à travers les nombreux détours de ce labyrinthe de misères, Clink lui dit : — C'est un égrillard que ce petit sir Geoffrey Hudson, et quant à la galanterie un vrai coq de Bandam, tout vieux qu'il est. J'ai connu une gaillarde qui l'avait fait mordre à l'hameçon, mais il serait difficile de deviner ce qu'elle en voulait faire, à moins qu'elle n'eût dessein de le conduire à Smithfield, et de l'y faire voir pour de l'argent dans un spectacle de marionnettes.

Encouragé par cette ouverture, Julien lui demanda s'il savait pourquoi on allait le transférer à la Tour.

— Pour vous apprendre à vous faire facteur de la poste du roi sans autorisation, répondit Clink.

Il n'en dit pas davantage; car ils approchaient alors du formidable point central où était étendu dans son fauteuil de cuir le commandant de la forteresse, tel que l'énorme Boa qui couvre, dit-on, de ses replis monstrueux les trésors souterrains des rajahs de l'Orient, dont il est le gardien. Il regarda Julien d'un air sombre et mécontent, comme l'avare regarde la guinée dont il faut qu'il se sépare, ou le chien affamé l'os qu'on donne à un de ses camarades. Il tourna les feuillets de son sinistre registre pour y faire la note nécessaire relativement à la translation du prisonnier, en grommelant entre ses dents :—A la Tour! à la Tour! Oui, il faut que tout aille à la Tour! c'est la mode d'à présent. Des Anglais libres dans une prison militaire, comme si nous n'avions ici ni serrures ni verrous! J'espère que le parlement prendra en considération toute cette besogne de la Tour; c'est tout ce que j'ai à dire. Au surplus, le jeune homme ne gagnera rien au change, c'est une consolation.

Ayant fini en même temps cet acte officiel d'enregistrement et son soliloque, il fit signe à ses subalternes d'emmener Julien, qui eut à parcourir de nouveau les corridors obscurs qu'il avait traversés en arrivant, et qui fut conduit jusqu'à la porte de la prison. Il y trouva une voiture de place qui devait le mener jusque sur les bords de la Tamise, et qui était escortée par deux officiers de police.

Une barque, à bord de laquelle se trouvaient quatre gardes de la Tour, l'attendait sur la rive. Ses anciens gardiens firent la remise de sa personne à ceux qui en devenaient responsables à leur place; mais Clink, le porte-clefs, avec qui il avait fait une connaissance plus particulière, ne prit congé de lui qu'après lui avoir remis le morceau de crêpe noir qui lui avait été demandé. Julien l'attacha à son chapeau, tandis que les gardes de la Tour chuchotaient entre eux.—Il est bien pressé de prendre le deuil, dit l'un d'eux; il ferait aussi bien d'attendre qu'il en eût plus de sujet.

D'autres le prendront peut-être pour lui avant qu'il ait le temps de le prendre pour personne, répondit un autre de ces fonctionnaires.

Malgré ces propos tenus à voix basse, la conduite de ses nouveaux gardiens à son égard était plus respectueuse que n'avait été celle des satellites de Newgate, et l'on aurait pu l'appeler une civilité sombre. Les employés des prisons ordinaires étaient en général grossiers, parce qu'ils avaient affaire à des brigands de toute espèce ; mais ceux de la Tour n'étaient chargés de garder que des criminels d'Etat, c'est-à-dire des gens à qui leur naissance et leur fortune donnaient le droit d'attendre des égards et les moyens de les récompenser.

Julien ne fit pourtant pas plus d'attention à ce changement de ses gardes qu'à la scène aussi belle que diversifiée qu'offrait à ses yeux le beau fleuve sur lequel il naviguait. Une centaine de barques chargées de personnes que le plaisir ou les affaires amenaient sur la Tamise passèrent à peu de distance. Julien ne les regarda qu'avec l'espoir mêlé d'un peu de dépit, que l'être qui avait voulu ébranler sa fidélité par l'offre de sa délivrance verrait à la couleur du signal qu'il portait combien il était déterminé à résister à cette tentation.

C'était l'instant de la haute marée, et une grande barque remontant rapidement la rivière à voile et à rames se dirigeait si directement sur celle qui portait Julien, qu'elle semblait avoir envie de l'aborder et de la renverser.

— Préparez vos carabines, s'écria celui des gardes de la Tour qui était le chef des autres. Que veulent donc faire ces coquins ?

Mais l'équipage de la grande barque parut avoir reconnu son erreur, car elle changea de direction tout à coup, et gagna le milieu de la Tamise, d'où les bateliers de chaque bord se soulagèrent respectivement en lâchant les uns contre les autres une volée d'imprécations.

— L'inconnu a tenu parole, pensa Julien, et j'ai aussi tenu la mienne.

Il lui sembla même, tandis que les deux barques s'approchaient, entendre dans celle qui s'avançait une espèce de gémissement ou de cri étouffé ; et quand le moment de confusion fut passé, il demanda au garde dont il était le plus voisin s'il savait qui était sur cette barque.

— Des marins de quelques vaisseaux de ligne qui viennent faire des folies sur l'eau douce, répondit le garde ; je le suppose du moins, car seuls ils peuvent être assez impudens pour oser venir aborder une barque du roi, et je suis sûr que le drôle qui tenait le gouvernail n'avait pas d'autre dessein. Mais il est possible, monsieur, que vous en sachiez à ce sujet plus que moi.

Cette insinuation ne donna pas envie à Julien de faire de nouvelles questions, et il garda le silence jusqu'à ce que la barque fût arrivée sous les sombres bastions de la Tour. Elle passa alors sous une arche basse et ténébreuse, fermée du côté de la forteresse par cette porte bien connue nommée la porte des Traîtres ; c'était une grille en grosses barres de fer, à travers laquelle on pouvait voir les gardes et les sentinelles en faction et le sentier escarpé qui conduit de la rivière dans l'intérieur de la citadelle. C'est par cette porte dont le nom vient de cette coutume qu'on fait ordinairement entrer dans la Tour les personnes accusées de haute trahison, la Tamise offrant un moyen secret et silencieux d'y transporter ceux dont la chute aurait pu exciter la compassion, ou la popularité donner à craindre trop d'émotion parmi le peuple. Quand même il n'y avait aucun motif pour cette crainte, on évitait ainsi de troubler la tranquillité de la ville, en se dispensant de faire passer un prisonnier suivi de gardes par les rues les plus fréquentées.

Cependant cette coutume dictée par la politique doit avoir souvent glacé le cœur du prisonnier qui, dérobé ainsi en quelque sorte à la société, arrivait au lieu de sa détention sans recueillir sur son chemin un seul regard de commisération ; et lorsqu'en sortant de dessous cette arche ténébreuse il débarquait sur ces marches de pierres usées par les pas de ceux qui avaient été agités par les mêmes inquiétudes que lui, et dont chaque marée venait baigner le pied, s'il regardait devant lui la montée rapide conduisant à une prison d'État gothique, et en arrière la partie de la rivière que la voûte basse lui permettait encore d'apercevoir, il devait souvent sentir qu'il laissait derrière lui la lumière du jour, l'espérance et la vie même.

Tandis que le chef des gardes se faisait reconnaître, Julien chercha à apprendre d'un de ses conducteurs quel endroit allait lui servir de prison.

— Celui que le lieutenant indiquera, lui répondit un des gardes.

— Ne me sera-t-il pas permis de partager la chambre de mon père, sir Geoffrey Peveril? car il n'oublia pas pour cette fois de prononcer le nom de sa famille.

Le garde, vieillard respectable, le regarda comme s'il eût été surpris d'une demande si extravagante, et se contenta de lui répondre : — Impossible!

— Du moins, montrez-moi le lieu où il est détenu, que je puisse jeter un coup d'œil sur le mur qui nous sépare.

— J'en suis fâché pour vous, jeune homme, répondit le vieillard en secouant sa tête couverte de cheveux gris, mais toutes ces questions ne peuvent vous être utiles : on ne connaît ici ni pères ni enfans.

Le hasard, quelques instans après, sembla pourtant offrir à Peveril la satisfaction que la rigueur de ses gardes était disposée à lui refuser. Comme on le faisait monter le passage escarpé qui conduit à ce qu'on appelle la tour de Wakefield, une voix de femme s'écria avec un accent qui exprimait à la fois la joie et la douleur: — Mon fils, mon cher fils!

Les gardes même de Julien semblèrent touchés de cet élan d'une vive sensibilité. Ils ralentirent le pas et s'arrêtèrent presque, pour lui donner le temps de lever les yeux vers la fenêtre d'où partait la voix d'une mère au désespoir. Mais l'ouverture en était si étroite et si bien grillée, que tout ce qu'on put voir fut la main blanche d'une femme qui s'accrochait à un barreau rouillée comme pour soutenir la personne à qui elle appartenait, tandis qu'une autre main agitait un mouchoir blanc qu'elle laissa tomber, et à l'instant la croisée parut abandonnée.

— Donnez-le-moi, dit Julien au vieux garde qui l'avait ramassé : c'est peut-être le dernier présent d'une mère.

Le vieux garde étendit le mouchoir et le regarda avec l'attention scrupuleuse d'un homme habitué à découvrir des moyens secrets de correspondance dans les bagatelles en apparence insignifiantes.

— Il peut s'y trouver de l'écriture en encre invisible, lui dit un de ses camarades.

— Il est humide, répondit le vieillard, mais je crois que cette humidité est causée par des larmes; je ne puis en priver ce pauvre jeune homme.

—Ah! Coleby, lui dit son camarade d'un ton de reproche fait avec douceur, si vous n'aviez pas eu un trop bon cœur, vous porteriez aujourd'hui un autre uniforme que celui de garde de la Tour.

— Qu'importe ce qui se passe dans mon cœur, répondit Coleby, et quel est l'habit qui conserve la chaleur, pourvu que je m'acquitte fidèlement de mes devoirs envers mon roi?

Cependant Peveril serra contre son cœur le gage de l'affection d'une mère que le hasard lui avait procuré; et lorsqu'il eut été conduit dans la petite chambre qu'on lui annonça comme devant être son séjour solitaire tant qu'il resterait à la Tour, il fut ému jusqu'aux larmes par cet événement, qu'il ne put s'empêcher de regarder comme un signe que sa malheureuse famille n'était pas encore totalement abandonnée par la Providence.

Mais les pensées qu'offre à l'esprit l'intérieur d'une prison et les événemens qui s'y passent ont quelque chose de trop uniforme, et il est temps que nous transportions nos lecteurs dans une sphère plus agitée.

CHAPITRE XXXVII.

> « La fortune ennemie à la fin me pardonne :
> « Je vivrai désormais, car Buckingham l'ordonne. »
> POPE.

L'HABITATION spacieuse du duc de Buckingham, ainsi que le terrain qui en faisait partie, portait originairement le nom d'York-House, et était adjacente au palais de Savoie.

Construite par son père, favori de Charles 1er, avec une magnificence sans égale, elle pouvait presque disputer de splendeur avec le palais royal de White-Hall. Mais la manie toujours croissante de construire de nouvelles rues et presque une nouvelle ville pour joindre Londres à Westminster avait donné une grande valeur à tout ce terrain. Le fils du fondateur, le duc de Buckingham actuel, aimait les entreprises ; et comme il avait souvent besoin d'argent, il avait approuvé le plan proposé par un architecte non moins avide, pour convertir les jardins qui entouraient son palais en ces rues qui conservent encore aujourd'hui le souvenir de son nom et de ses titres. Et cependant ceux qui habitent à présent Villiers-street, Duke-street, Buckingham-street et Of-alley, car on avait même donné à une de ces rues le nom de la particule qui joignait le titre de duc au nom de Buckingham[1], ne pensent probablement guère à la mémoire

---

(1) *Of*, signifie *de* : de sorte qu'il y a la *rue Villiers*, la *rue Duc*, *l'allée De* et la *rue Buckingham*. — ÉD.

du spirituel, du bizarre, du licencieux Villiers, duc de Buckingham, noms qui appartiennent encore aux rues où ils demeurent.

Le duc avait adopté ce plan de construction avec tout l'empressement qu'il mettait à tout ce qui était nouveau. Ses jardins furent détruits, ses pavillons rasés, ses belles écuries démolies. Toute la pompe de ce beau domaine *sub urbe* s'évanouit; il se trouva encombré de ruines et coupé de tous côtés par les fondations de nouveaux bâtimens, et par les travaux nécessaires pour le nivellement du terrain sur les différentes lignes que devaient occuper les rues projetées. Mais cette spéculation, devenue par la suite très lucrative, éprouva dans son origine de grands obstacles, partie faute des fonds nécessaires, partie à cause du caractère impatient et inconstant du duc qui l'emporta bientôt vers de nouveaux projets. Ainsi, quoiqu'on eût fait beaucoup de démolitions à l'époque dont nous parlons, presque rien ne s'élevait encore pour remplacer ce qui avait été abattu. Cependant le corps de logis principal était resté intact, mais le domaine au milieu duquel il s'élevait avait une singulière analogie avec l'esprit irrégulier du propriétaire. Ici l'on voyait un beau groupe d'arbres et d'arbrisseaux exotiques coupés par une tranchée destinée à faire un égout, et étouffés sous des amas de gravois. Là une vieille tour menaçait de s'écrouler sur celui qui la regardait, et plus loin on courait le risque de tomber dans un gouffre ouvert pour pratiquer une cave. Le plan de cette entreprise annonçait de grandes idées, mais elle semblait avortée faute d'argent, ou faute de stabilité dans l'esprit de celui qui les avait conçues. En un mot, on y remarquait partout les preuves de grands talens mal employés, et devenus plus nuisibles qu'utiles à la société, par suite de l'imprudence et du caractère versatile du propriétaire.

Il se trouvait des gens qui supposaient au duc des projets tout différens en souffrant que les dépendances de son palais fussent remplies d'anciens bâtimens à demi démolis et de nouveaux édifices à demi élevés. Ils prétendaient qu'ayant sur les bras tant d'affaires amoureuses, engagé dans les détours d'une mystérieuse politique, et avec la réputation de l'intrigant le plus entreprenant et le plus dangereux de son temps, le duc trouvait à propos de s'entourer de toutes ces ruines, parce qu'aucun officier de justice n'aurait pu y pénétrer sans difficulté, et sans courir quelques risques ; et qu'ainsi il pouvait y procurer une retraite sûre aux agens qu'il employait pour des expéditions où il ne voulait point paraître lui-même, et il leur ménageait aussi en même temps les moyens d'arriver chez lui secrètement et sans pouvoir être observés, quand il avait des raisons pour ne pas les y recevoir publiquement.

Laissant Julien Peveril dans la Tour, nous transporterons encore une fois nos lecteurs au lever du duc, qui le matin du jour où notre héros avait été transféré dans cette forteresse, parla ainsi à son *premier ministre*, à son serviteur de confiance :

— Je suis tellement satisfait de votre conduite dans cette affaire, Jerningham, que si Satan lui-même se présentait à moi et m'offrait le meilleur de ses diables pour vous remplacer, je ne serais pas exposé à une grande tentation.

— Toute une légion de diables, dit Jerningham en s'inclinant profondément, n'aurait pas pu être plus occupée du service de Votre Grace que son serviteur l'a été. Mais si vous me permettez de vous le dire, milord, tout votre plan a failli échouer, parce que vous n'êtes revenu qu'hier au soir, ou pour mieux dire ce matin.

— Et s'il vous plaît, sage Jerningham, pourriez-vous me dire pourquoi je serais revenu un instant plus tôt que mon plaisir et ma convenance le demandaient ?

— Je n'en sais rien, milord ; mais quand vous nous fîtes dire par Empson, à la porte de Chiffinch, de nous emparer de cette jeune fille, à quelque prix et à quelque risque que ce fût, vous ajoutâtes que vous seriez ici aussitôt que vous auriez pu vous débarrasser du roi.

— Me débarrasser du roi, maraud ! que signifie cette manière de parler ?

— C'est Empson qui nous a dit que Votre Grace s'était exprimée ainsi.

— Jerningham, ce que ma Grace peut dire, il ne convient pas que des bouches comme la vôtre et la sienne le répètent, dit le duc avec hauteur ; mais il reprit sur-le-champ son ton de familiarité, car il était aussi capricieux dans son humeur que dans ses goûts, et il ajouta : Je vois où tu veux en venir, drôle ; tu voudrais savoir ce que je suis devenu depuis que je t'ai envoyé mes ordres de l'appartement de Chiffinch ; et ensuite ta valeur voudrait sonner une nouvelle fanfare pour célébrer ta retraite fort adroite lorsque tu laissas ton camarade entre les mains des Philistins.

— Je prie Votre Grace de faire attention que je n'ai fait retraite que pour sauver le bagage[1].

— Comment, monsieur, vous vous mêlez de faire de l'esprit avec moi ? Je suis bien aise que vous sachiez que le plus grand sot d'une paroisse se ferait fustiger par les commissionnaires et les cochers de place, s'il voulait faire passer devant eux un misérable quolibet pour un jeu d'esprit.

— Et cependant, milord, je me rappelle avoir entendu Votre Grace se permettre des jeux de mots.

— Il faut congédier ta mémoire, maraud, ou lui apprendre à avoir plus de discrétion, sans quoi elle nuira à ton avancement dans le monde. Tu peux m'avoir vu jouer à la balle avec des citadins, embrasser une jolie servante par fantaisie, boire de l'ale et manger par caprice une rôtie au fromage dans un cabaret ; mais convient-il que tu te souviennes de ces folies ? N'en parlons plus ; dites-moi comment ce grand

---

(1) Le mot anglais qui signifie *le bagage* veut dire aussi quelquefois *la fille*, dans l'acception la moins honnête de ce mot. — Éd.

imbécile Jenkins a pu se laisser percer de part en part par un berger rustique comme ce Peveril?

— Je prie Votre Grace de croire que ce Corydon n'est pas novice. J'ai vu pousser les premières bottes, et je ne connais qu'une main qui sache manier une rapière avec autant de grace, d'aisance et de vivacité.

— Oui-dà, dit le duc en prenant sa rapière, qui était dans le fourreau; je ne l'aurais pas cru. Cette lame est un peu rouillée et a besoin de prendre l'air. Peveril est un nom qui n'est pas obscur. Autant aller à Barn-Elms, ou derrière Montagu-House, avec lui qu'avec un autre. D'ailleurs son père est connu pour avoir trempé dans le complot; le public regardera cet acte comme convenable à un bon protestant. J'ai besoin de faire quelque chose pour soutenir ma bonne renommée dans la Cité, pour me faire pardonner de ne pas être plus exact à assister aux prières et aux sermons. Mais le fameux vainqueur est bien resserré à Newgate, à ce que vous m'avez dit; et je présume que son sot adversaire est mort ou mourant?

— Point du tout, milord; il en reviendra: la lame n'a heureusement touché aucune de ses parties vitales.

— Au diable ses parties vitales! Dis-lui que je ne veux pas qu'il soit si tôt hors de danger, ou que je le tuerai tout de bon.

— Je donnerai cet avis à son chirurgien, milord; cela vaudra bien autant.

— N'y manque pas, et dis-lui qu'il vaudrait mieux pour lui d'être sur son lit de mort que de guérir son malade avant que je le lui permette; il ne faut pas que ce jeune drôle soit relâché si promptement.

— Il n'y a guère de danger qu'il le soit, milord. J'ai entendu dire que certains témoins l'ont déjà enveloppé de leurs filets, en raison de quelques affaires qui ont eu lieu dans le nord, et qu'on doit le transférer à la Tour, autant pour cela que pour quelques lettres de la comtesse de Derby, à ce qu'on dit.

— Eh bien ! qu'il aille à la Tour, et qu'il en sorte comme il le pourra. Quand vous apprendrez qu'il y est bien claquemuré, que ce sot maître d'escrime se guérisse aussi vite que son chirurgien et lui pourront arranger cela ensemble.

Le duc fit alors deux ou trois tours dans sa chambre, et parut enfoncé dans ses réflexions. Jerningham en attendit patiemment le résultat, car il savait que lorsque son patron paraissait profondément occupé de quelque idée, cet accès n'était jamais d'assez longue durée pour devenir une épreuve bien sérieuse pour sa patience.

Effectivement le silence ne dura que sept à huit minutes, après quoi le duc le rompit en prenant sur sa toilette une grande bourse de soie qui paraissait pleine d'or. — Jerningham, dit-il, tu es un maraud fidèle, et ce serait dommage de ne pas te récompenser. Le roi m'avait défié à la paume, et je l'ai battu. L'honneur est assez pour moi ; ce sera toi qui auras les profits, mon garçon.

Jerningham empocha la bourse en faisant les remerciemens convenables.

— Je sais, continua le duc, que vous me blâmez de changer si souvent mes projets, et sur mon ame, je vous ai entendu dire à ce sujet de si belles choses que je commence à être de votre avis ; depuis deux ou trois heures je me reproche de n'avoir pas toujours eu un but unique en vue ; comme je le ferai sans doute (dit-il en se touchant le front) lorsque l'âge aura rouillé cette girouette pour qu'elle ne tourne plus à tout vent. Mais quant à présent, tandis que j'ai toute ma force et toute mon activité, qu'elle tourne comme celle qui est sur le mât d'un vaisseau pour annoncer au pilote comment il doit diriger sa course ; et quand il s'agira de la mienne, je crois que je suis frété pour suivre la fortune, et non pour en contrôler la marche.

— Tout ce que je puis comprendre à cela, répondit Jerningham, c'est que Votre Grace a changé quelque chose à certaines mesures qu'elle avait adoptées, et qu'elle croit avoir eu raison de le faire.

— Vous en jugerez vous-même, Jerningham. J'ai vu la duchesse de Portsmouth... Pourquoi ce mouvement de surprise...? Oui, de par le ciel! je l'ai vue, et d'ennemis mortels que nous étions nous sommes devenus amis jurés. Le traité entre ces deux hautes puissances renfermait quelques articles importans, et j'avais affaire à un négociateur français en jupons : vous conviendrez donc que quelques heures d'absence n'étaient que ce qu'il fallait pour régler nos arrangemens diplomatiques.

— Votre Grace me surprend. Le plan de Christian pour supplanter la grande dame est donc entièrement abandonné? Je croyais que vous n'aviez fait venir ici la belle destinée à la remplacer que pour vous charger vous-même de le conduire à fin.

— J'oublie quelles étaient mes intentions alors, si ce n'est que je ne voulais pas qu'elle me prît pour dupe comme ce bonhomme de roi, et j'y suis encore déterminé, puisque vous me faites penser à la belle. Mais pendant que nous jouions à la paume, j'avais reçu de la duchesse un billet plein de contrition. J'allai la voir, c'était une Niobé parfaite. Sur mon ame! Jerningham, il existe des femmes qui, en dépit de leurs yeux rouges et de leurs cheveux en désordre, sont, comme le disent les poètes, plus belles dans l'affliction. Il fallut m'en apprendre la cause, et ce fut avec tant d'humilité, tant de repentir, elle se jeta tellement à ma merci, elle qui est la princesse la plus orgueilleuse de toute la cour, qu'il m'aurait fallu un cœur d'airain pour y résister. En un mot Chiffinch, dans un de ses accès d'ivrognerie, avait bavardé, et mis le jeune Saville au courant de notre intrigue. Saville voulut nous jouer un tour, et informa la duchesse de tout par un exprès qui heureusement arriva un peu tard sur le marché. Elle apprit aussi, car c'est un démon pour tout savoir, qu'il y avait eu quelques criailleries entre le maître et moi relativement à cette nouvelle Philis, et que c'était probablement moi qui attraperais l'oiseau, comme il est facile de s'en douter quand on nous regarde tous deux ; il faut que ce soit le flageolet d'Empson qui ait joué cet air aux oreilles de Sa Grace. Et pensant que ses chiens et les miens pouvaient chasser ensemble, elle me pria de donner le change à ceux de Christian, et de dérober la péronnelle aux yeux du roi, surtout si c'était un rare modèle de perfection, comme on le prétendait.

— Et Votre Grace a promis de s'employer pour soutenir une influence qu'elle a si souvent juré de renverser !

— Oui, Jerningham, car j'étais tout aussi bien parvenu à mon but en la voyant reconnaître en quelque sorte qu'elle était en mon pouvoir, et en l'entendant me crier merci. D'ailleurs, que m'importe l'échelle qui me servira pour monter au cabinet du roi ? Celle de Portsmouth est déjà placée : pourquoi ne pas s'en servir au lieu de l'abattre pour en placer une autre ? Je n'aime pas à me donner des peines inutiles.

— Et Christian ?

— Il peut aller à tous les diables, comme un âne plein de sottes prétentions. Sur mon ame, ce qui me plaît davantage dans toute cette intrigue, c'est le plaisir de me venger de ce misérable, qui s'est cru si important qu'il a osé forcer ma porte pour venir me faire ma leçon comme à un écolier. Au diable ce gibier de potence, ce reptile hypocrite ! s'il dit un mot, je lui ferai fendre le nez comme celui de Coventry[1]. A propos, le colonel est-il arrivé ?

— Je l'attends à chaque instant, milord.

— Envoyez-le-moi dès qu'il arrivera. Eh bien ! qu'avez-vous à me regarder ? qu'attendez-vous ?

— Les ordres de Votre Grace relativement à la jeune personne.

(1) Voyez sur cet atroce assassinat la *Vie de Dryden* par sir Walter Scott. — Éd.

— De par le ciel, je l'avais totalement oubliée! Est-elle bien en pleurs? excessivement affligée?

— Elle n'a pas l'air de prendre les choses d'une manière si tragique que quelques-unes de ces princesses que j'ai vues, milord; mais quant à une indignation profonde et concentrée, je n'ai jamais rien vu qu'on puisse lui comparer.

— Eh bien! nous lui laisserons le temps de se calmer : je ne veux pas si tôt avoir affaire une seconde fois à une belle affligée. Je suis las de voir des yeux rouges et des joues tirées : d'ailleurs il faut que je ménage mes moyens de consolation. Retire-toi, et n'oublie pas de m'envoyer le colonel.

— Votre Grace me permettra-t-elle une autre question?

— Parle, dépêche-toi, et va-t'en.

— Puisque Votre Grace a résolu d'abandonner Christian, puis-je lui demander ce que devient le royaume de Man?

— Oublié, sur mon ame de chrétien! aussi complètement oublié que si je n'avais jamais formé ce projet d'ambition royale. Diable! il faudrait tâcher de renouer les fils rompus de cette intrigue embrouillée. Cependant ce n'est qu'un misérable rocher qui ne vaut pas le temps que j'ai perdu à y songer; et quant au mot de royaume, il sonne assez bien, à la vérité; mais au fond, autant vaudrait mettre à mon chapeau une plume de chapon, et l'appeler un panache. D'ailleurs, maintenant que j'y réfléchis, serait-il bien honorable de confisquer ainsi ce petit royaume? J'ai gagné mille pièces d'or au jeune comte de Derby la dernière fois qu'il est venu ici, et j'ai souffert qu'il se montrât à la cour pendu à mes côtés. Je ne sais si le revenu total de son royaume vaut le double de cette somme. S'il était ici, je lui en ferais le pari avec moins de peine qu'il n'en faudrait pour suivre les intrigues tortueuses de ce Christian.

— S'il m'était permis de vous faire une observation, milord, je vous dirais volontiers que s'il vous arrive quelquefois de changer d'opinion, il n'existe personne en Angleterre plus capable que vous d'en donner d'excellentes raisons.

— Je pense de même, Jerningham, et c'est peut-être pour cela que j'en change. On aime à justifier sa conduite et à trouver de bonnes raisons pour faire ce qu'on a envie de faire. Et maintenant, encore une fois, va-t'en..... Un instant! écoute! J'aurai besoin de quelques pièces d'or, rends-moi la bourse dont je viens de te faire présent, et je te donnerai un bon de même somme, en y joignant l'intérêt de deux ans, sur ce vieux Jacob Doublefee.

— Comme il plaira à Votre Grace, répondit Jerningham dont la provision de patience se trouva épuisée et suffit à peine pour cacher la mortification qu'il éprouvait en se voyant obligé d'échanger le métal brillant que contenait la bourse qui lui avait été donnée contre un bon à longue échéance, et dont il savait par expérience que le paiement pourrait souffrir des retards ou des difficultés. Il fit en secret, mais solennellement, le vœu que deux ans d'intérêts ne seraient pas la seule indemnité qu'il aurait pour le changement survenu malgré lui dans la forme de sa récompense.

Le confident, peu satisfait, sortit enfin de l'appartement, et rencontra au haut de l'escalier Christian lui-même qui, avec toute la liberté d'un ancien ami de la maison, prenait le chemin de l'appartement du duc sans se faire annoncer. Jerningham pensant qu'il venait fort mal à propos dans ce moment de crise, tâcha de le renvoyer en lui disant que le duc était indisposé et dans sa chambre à coucher; et il le dit assez haut pour que son maître pût l'entendre et se servir de l'excuse faite en son nom, en se retirant effectivement dans ce sanctuaire et en s'y renfermant au verrou.

Mais bien loin d'avoir recours à un stratagème qu'il avait employé plus d'une fois pour se dispenser de recevoir même ceux à qui il avait donné rendez-vous pour quelque affaire importante, Buckingham éleva la voix du fond de son appartement, et ordonna à son chambellan de faire entrer sur-le-champ son ami M. Christian, en le grondant de l'avoir fait attendre un instant.

— Si Christian connaissait Sa Grâce aussi bien que moi, pensa Jerningham, il braverait la fureur d'un lion comme le brave apprenti de Londres, plutôt que de se hasarder en ce moment près de mon maître dont l'humeur n'est guère moins dangereuse.

Il ouvrit à Christian la porte de l'appartement du duc, et eut soin de se poster de manière à pouvoir entendre tout ce qui s'y passerait.

CHAPITRE XXXVIII.

« Les dames frémissaient tout en considérant
« Etendu sur le pont le dauphin expirant,
« — A l'instant du naufrage, un semblable scrupule,
« Leur dit le capitaine, est vraiment ridicule:
« Si nous coulons à fond, ces messieurs sauront bien
« Faire un fort bon repas de la chair d'un chrétien;
« Et puisque l'un d'entre eux vient nous rendre visite,
« Il faut qu'à notre table à son tour on l'invite.
« L'homme sage applaudit quand on mange un mangeur,
« Et le diable est content quand on trompe un trompeur. »

Le Voyage par mer.

Quelque expérience que Christian eût du monde, qu'il n'avait pas toujours vu du meilleur côté, l'accueil que lui fit le duc ne pouvait lui faire soupçonner que Sa Grâce aurait en ce moment la visite du diable en personne plus volontiers que la sienne, si ce n'est que la politesse extraordinaire que Buckingham témoigna à une si ancienne connaissance aurait pu lui inspirer quelques soupçons.

Echappé, non sans difficulté, au vague préambule de ces complimens généraux qui ont autant de rapport aux affaires que le *limbo patrum* de Milton à la terre sensible et matérielle, Christian demanda au duc avec cette brusque franchise qui servait ordinairement de voile à sa dissimulation, s'il y avait long-temps qu'il n'avait vu Chiffinch ou sa femme.

— Je n'ai vu ni l'un ni l'autre depuis peu, répondit Buckingham; mais je croyais que vous auriez vous-même passé chez eux. Je m'imaginais que vous auriez plus de zèle pour faire réussir le grand projet.

— Je m'y suis présenté deux fois, dit Christian; mais je n'ai pu parvenir jusqu'à ce couple important. Je commence à craindre qu'ils ne marchent pas droit.

— Et par toutes les régions visibles de l'air et leurs étoiles, vous ne tarderiez pas à vous en venger, monsieur Christian. Je connais les principes des puritains sur ce point, et je sais que ce sont les vôtres. Il faut que la vengeance soit aussi douce qu'on le dit, puisque des personnages si graves et si sages sont disposés à la préférer à toutes les douceurs que le plaisir offre à de pauvres pécheurs en ce monde.

— Vous pouvez plaisanter, milord, mais.....

— Cependant vous vous vengeriez de Chiffinch et de sa petite femme si commode; mais c'est une entreprise qui ne serait pas très facile. Chiffinch a tant de moyens d'obliger son maître; sa digne moitié est une espèce d'écran si utile, et a des manières si engageantes, que sur ma foi, à votre place, je n'oserais y songer. Mais qu'importe qu'ils vous aient refusé leurs portes? c'est ce que nous faisons quelquefois à nos meilleurs amis, comme à nos créanciers et à des importuns.

— Si vous êtes en train de plaisanter ainsi hors de propos, milord, vous connaissez ma patience; elle est toujours la même; j'attendrai qu'il vous plaise de parler plus sérieusement.

— Plus sérieusement? et pourquoi non? Je désire seulement savoir quelle est l'affaire sérieuse dont vous avez à m'entretenir.

— Eh bien! milord, dit Christian avec beaucoup d'emphase, je vous dirai donc, en un mot, que la porte de Chiffinch m'ayant été refusée, et m'étant présenté de même inutilement plusieurs fois à la vôtre, j'en conclus ou que notre plan est échoué, ou qu'on prétend se passer de moi pour le conduire à fin.

— Se passer de vous, Christian! Ce serait une injustice et une perfidie que de vouloir priver de sa part du butin l'ingénieur qui a conduit l'attaque. Écoutez-moi : je suis fâché d'avoir à vous annoncer de mauvaises nouvelles sans avoir le temps de vous y préparer; mais puisque vous voulez tout savoir, et que vous ne rougissez pas de soupçonner vos meilleurs amis, vous me forcerez à parler. Je vous dirai donc que votre nièce a quitté la maison de Chiffinch avant-hier matin.

Christian fit un mouvement en arrière comme s'il eût reçu un coup violent, et le sang se porta à son visage avec une telle force que le duc crut un instant qu'il était frappé d'apoplexie. Mais reprenant bientôt tout l'empire qu'il pouvait avoir sur lui-même dans une telle circonstance, il dit d'une voix dont le calme offrait un contraste presque effrayant avec le changement extraordinaire de sa physionomie : — En dois-je conclure, milord, que cette jeune fille, en renonçant à la protection du toit sous lequel je l'avais placée, a trouvé une retraite sous celui de Votre Grace?

— Monsieur, cette supposition faite à ma galanterie plus d'honneur qu'elle n'en mérite.

— Oh! milord, ce n'est pas à moi que vous pouvez en imposer par ce jargon de courtisan. Je sais de quoi Votre Grace est capable; je sais que pour satisfaire les caprices d'un moment, vous n'hésiteriez pas à faire échouer les projets au succès desquels vous auriez travaillé vous-même. Mais supposons que vous ayez réussi dans votre dessein ; riez des précautions que j'avais prises pour assurer vos intérêts et ceux de tant d'autres ; mais sachons du moins jusqu'où vous avez porté la folie, et cherchons les moyens d'en prévenir les conséquences.

— Sur mon ame ! Christian, dit le duc en riant, vous êtes le modèle des oncles et des tuteurs : peu vous importe que votre nièce ait autant d'aventures que la *Fiancée du roi de Garbe* de Bocace ; pure et souillée, il faut qu'elle soit le marche-pied de votre fortune.

Un proverbe indien dit que le dard du mépris perce l'écaille de la tortue ; c'est ce qui arrive surtout quand la conscience avertit que le sarcasme est mérité. Christian, piqué du reproche de Buckingham, prit un air hautain et menaçant tout-à-fait inconvenant dans sa position qui, comme celle de Shylock[1], lui faisait un devoir de la patience. — Vous êtes un misérable indigne de votre rang, milord, s'écria-t-il, et je vous ferai connaître pour tel si vous ne me faites réparation de cette insulte.

— Et pour qui vous ferai-je connaître, répliqua Buckingham, pour vous donner le moindre droit à l'attention d'un homme comme moi ? Quel nom donnerai-je à la petite intrigue qui aboutit à cette mésintelligence inattendue entre nous ?

Christian garda le silence, étouffé par la rage ou écrasé sous le poids d'une conviction intérieure.

— Allons, allons, Christian, continua le duc, nous nous connaissons trop bien pour que nous puissions nous quereller sans danger. Nous pouvons nous haïr, chercher à nous nuire, c'est l'usage des cours ; mais nous faire connaître ! fi donc !

— Je n'ai parlé ainsi, dit Christian, que parce que Votre Grace m'a poussé à bout. Vous savez, milord, que j'ai porté

(1) Le Juif du *Marchand de Venise.* — Éd.

les armes, tant en Angleterre qu'en pays étranger, et vous ne devez pas être assez téméraire pour croire que je souffrirai aucune insulte que le sang pourrait effacer.

— Au contraire, Christian, répondit le duc avec un air de politesse ironique, je suis parfaitement sûr que la vie d'une douzaine de vos amis ne serait rien pour vous, si leur existence pouvait nuire, je ne dirai pas à votre réputation, mais à votre intérêt. Fi! Christian, nous nous connaissons depuis long-temps; je sais que vous n'êtes pas un lâche; mais je vois avec plaisir que je puis tirer quelques étincelles de votre ame froide. Maintenant si cela vous convient, je vous donnerai des nouvelles de la jeune personne, à qui je vous prie de croire que je prends un véritable intérêt.

— Je vous écoute, milord. Ne croyez pas que le sourire ironique de vos lèvres et le mouvement de vos sourcils m'aient échappé. Votre Grace connaît ce proverbe français : Rira bien qui rira le dernier. Mais je vous écoute.

— J'en rends grace au ciel, Christian; car l'affaire exige célérité, et je vous réponds que vous n'y trouverez pas le mot pour rire. Apprenez donc un fait que je pourrais garantir sur ma vie, sur ma fortune, sur mon honneur, s'il convenait à un homme comme moi d'offrir une autre garantie que sa simple assertion. Avant-hier matin, étant allé chez Chiffinch pour passer une heure dont je n'avais que faire et voir si votre projet avançait, j'y rencontrai le roi inopinément, et je fus témoin d'une scène fort singulière. Votre nièce effraya Chiffinch, c'est de la femelle de ces deux animaux que je parle, brava le roi en face, et partit en triomphe sous la garde d'un jeune égrillard que rien ne distingue, si ce n'est un extérieur assez avenant, et l'avantage d'une impudence imperturbable. Sur mon ame, j'ai peine à m'empêcher de rire quand je pense à la manière dont le roi et moi nous fûmes bafoués; car, je ne le nierai pas, je m'étais amusé à conter quelques douceurs à la demoiselle. Mais, par Dieu! le jeune drôle l'enleva à notre barbe, comme mon propre

Drawcansir[1] fait disparaître les coupes de la table des deux rois de Brentford. Il avait dans sa retraite un air de dignité imposante que je veux tâcher d'apprendre à Mohun[2] à imiter : elle conviendrait admirablement à son rôle !

— Tout cela est incompréhensible, milord, dit Christian, qui avait alors recouvré son sang-froid ordinaire ; vous ne pouvez croire que j'ajoute foi à cette histoire. Qui aurait été assez hardi pour enlever ainsi ma nièce en présence du roi ? Et elle-même, sage et circonspecte comme je la connais, comment aurait-elle consenti à partir de cette manière avec un jeune homme qui devait être pour elle un étranger ? Non, milord, je n'en crois rien.

— Un de vos prêtres, très dévot Christian, se contenterait de vous répondre : — Meurs dans ton incrédulité, infidèle ! — Mais je suis un mondain, un pauvre pécheur, et je vous donnerai le peu d'informations que je puis ajouter à ce que je vous ai déjà dit. Le nom de ce jeune drôle, à ce qu'on m'a donné à entendre, est Julien, fils de sir Geoffrey, que le monde surnomme Peveril du Pic.

— Peveril du diable, qui est sorti de son repaire ! s'écria Christian avec feu. Je le connais, et je le crois capable d'un coup hardi et désespéré. Mais comment a-t-il pu parvenir en présence du roi ? Il faut que l'enfer soit venu à son aide, ou que le ciel se mêle des affaires de ce monde plus que je ne le pensais. S'il en est ainsi, que Dieu nous pardonne, à nous qui ne nous imaginions pas qu'il songeât à nous.

— *Amen !* très chrétien Christian ; je suis charmé qu'il te reste quelque sentiment de componction qui permette à la grace de te toucher ainsi. Mais Empson, la Chiffinch et une demi-douzaine d'autres personnes ont vu arriver et

---

(1) Héros terrible qui, selon la définition de Bayes, « épouvante sa maîtresse, « gourmande les rois, taille les armées en pièces, et fait tout ce qui lui passe par la « tête sans égard pour le nombre de ses ennemis, la politesse, la justice. » Il faut voir dans *la Répétition* la scène où il escamote le banquet des rois de Brentford. — Éd.

2) Acteur du temps. — Éd.

partir le galant berger. Allez interroger ces témoins avec votre sagesse ordinaire, si vous ne croyez pas que votre temps puisse être mieux employé à poursuivre les fugitifs. Je crois qu'il est entré comme faisant partie d'une troupe de masques ou de danseurs. Vous savez que le vieux Rowley se rend fort accessible pour quiconque peut contribuer à l'amuser. C'est ainsi que s'est introduit ce redoutable conquérant, comme Samson parmi les Philistins, pour renverser notre beau projet et nous enterrer sous ses débris.

— Je vous crois, milord, je suis forcé de vous croire, et je vous pardonne ; car il est dans votre nature de ne trouver qu'à rire dans tout ce qui est ruine et destruction. Mais où sont-ils allés ?

— Sans doute dans le comté de Derby ; car elle parlait d'aller se mettre sous la protection de son père, et ne songeait nullement à vous, digne Christian. Il s'était passé chez la Chiffinch certaines choses qui lui donnaient lieu de penser que la manière dont vous aviez disposé d'elle à Londres n'aurait pas tout-à-fait l'approbation de son père.

— Dieu soit loué ! Elle ne sait pas que son père est à Londres. Ils seront allés au château de Martindale ou à Moultrassie-Hall ; et dans l'un comme dans l'autre cas, ils sont en mon pouvoir. Il faut que je les suive à la piste. Je vais partir pour le comté de Derby. Tout serait perdu si elle voyait son père avant que toutes ces fautes soient réparées. Adieu, milord ; je vous pardonne d'avoir contribué, comme j'ai lieu de le craindre, à faire échouer notre entreprise. Ce n'est pas le moment de nous faire des reproches mutuels.

— C'est la vérité, Christian, dit le duc. Puis-je vous aider d'hommes, de chevaux ou d'argent ?

— Je remercie Votre Grace, répondit Christian ; et il sortit de l'appartement avec précipitation.

Le duc écouta le bruit de ses pas tandis qu'il descendait l'escalier ; et lorsqu'il ne les entendit plus, il dit à Jerningham qui était rentré à l'instant où Christian était sorti :

Victoria! victoria! magna est veritas, et prævalebit[1] *!* Si j'avais fait un seul mensonge à ce misérable, il connaît si bien toutes les régions de la fausseté, toute sa vie a été un tel tissu d'impostures, que j'aurais été découvert au même instant. Mais je lui ai dit la vérité, et c'était le seul moyen de l'abuser. *Victoria!* mon cher Jerningham; je suis plus fier d'avoir trompé Christian, que je ne le serais d'avoir fait voir des étoiles en plein jour à un ministre d'état.

— C'est faire un grand éloge de sa prudence, milord, dit Jerningham.

— Ou du moins de son astuce, répondit le duc; et dans les cours elle l'emporte souvent sur la prudence, de même que dans la rade d'Yarmouth une barque de pêcheurs battra une frégate. Mais si je puis l'empêcher, il ne reviendra à Londres qu'après le dénouement de toutes ces intrigues.

Comme il parlait encore, un gentilhomme de sa chambre vint annoncer le colonel qu'il avait plusieurs fois demandé.

— Aurait-il rencontré Christian? s'écria le duc avec vivacité.

— Non, milord. Le colonel est arrivé par l'escalier du vieux jardin.

— Je m'en doutais : c'est un hibou qui ne se montrera pas au grand jour tant qu'il trouvera un buisson pour se cacher. Le voilà arrivant par une allée tortueuse et encombrée de ruines, avec une figure presque aussi sinistre que l'oiseau de mauvais augure auquel il ressemble.

Le colonel, car on paraissait ne lui donner d'autre nom que le titre de son grade militaire, entra en ce moment dans l'appartement. C'était un homme robuste, de grande taille, paraissant avoir passé l'âge moyen de la vie, et dont la physionomie aurait pu être belle si son front n'eût été comme couvert d'un sombre nuage. Lorsque le duc lui parlait il baissait vers la terre ses gros yeux sérieux, mais il les levait en lui répondant, et fixait sur lui le regard d'un ob-

---

[1] Grande est la vérité : elle prévaudra. — Éd.

servateur attentif. Son costume était fort simple et ressemblait plus à celui des puritains qu'à celui des Cavaliers de ce temps ; un chapeau noir à larges bords, semblable au *sombrero* des Espagnols, un grand manteau noir et une longue rapière lui donnaient assez l'air d'un Castillan ; et sa raideur ainsi que sa gravité y ajoutaient encore.

— Eh bien ! colonel, dit le duc, il y a long-temps que nous ne nous sommes vus. Comment avez-vous passé le temps ?

— Comme le passent les gens actifs quand les circonstances les condamnent à l'inaction, répondit le colonel ; comme le brigantin échoué sur la vase dans une crique, et dont la sécheresse fend toutes les planches.

— Eh bien ! colonel, j'ai déjà donné de l'occupation à votre valeur, et je puis avoir à lui en donner encore. Ainsi, que je voie bientôt le brigantin bien radoubé et prêt à appareiller.

— J'en conclus que Votre Grâce a quelque voyage à faire faire.

— Au contraire, c'en est un qu'il s'agit d'interrompre.

— C'est une autre chanson sur le même air. Eh bien ! milord, j'écoute.

— Oh ! ce n'est qu'une bagatelle après tout. Vous connaissez Nel Christian ?

— Sans doute, milord ; nous nous connaissons depuis long-temps.

— Il va dans le comté de Derby pour y chercher certaine nièce qu'il aura de la peine à y trouver. Or je compte sur votre amitié éprouvée pour empêcher son retour. Partez avec lui, ou allez à sa rencontre ; cajolez-le, ou attaquez-le : en un mot, faites de lui ce qu'il vous plaira, mais arrangez-vous pour qu'il ne revienne pas à Londres avant quinze jours : ce délai passé, peu m'importe ce qu'il deviendra.

— Car je suppose qu'à cette époque vous consentez qu'on

trouve la nièce, si quelqu'un juge qu'elle vaille la peine qu'on la cherche.

— Vous pouvez m'en croire, elle mérite la peine que vous la cherchiez pour vous-même; elle porte bien des milliers de livres dans son tablier. Une telle femme vous épargnerait la peine de vivre aux dépens du public.

— Milord, répondit le colonel d'un air sombre, je vends mon sang et mon épée, mais je ne vends pas mon honneur. Si je me marie jamais, mon lit nuptial pourra être pauvre, mais il sera honnête.

— En ce cas, votre femme sera la seule chose honnête qui ait jamais été en votre possession, du moins depuis que je vous connais.

— Votre Grace peut dire sur ce point tout ce que bon lui semblera. Ce sont vos affaires qui m'ont principalement occupé depuis quelque temps; et si elles étaient moins honnêtes que je ne l'aurais désiré, celui qui ordonne est aussi blâmable que celui qui exécute. Mais moi épouser une maîtresse congédiée; oh! il n'existe personne, sauf Votre Grace qui peut tout se permettre avec moi, qui osât m'en faire la proposition.

Le duc partit d'un grand éclat de rire. — Vraiment, dit il, c'est précisément ce que dit mon vieux Pistol :

<blockquote>
Quoi! vais-je devenir sir Pandarus de Troie,
Tandis qu'à mon côté brille ce noble fer?
Que mille fois plutôt tout aille à Lucifer¹!
</blockquote>

— J'ai été élevé trop simplement pour comprendre des fragmens de vers de comédie, milord, dit le colonel d'un ton bourru. Votre Grace a-t-elle d'autres ordres à me donner?

— Aucun. À propos, on m'a dit que vous avez publié une narration sur quelques événemens relatifs à la conspiration?

---

(1) Shakspeare, *Henri V.* — Éd.

— Et qui m'en aurait empêché, milord? je me flatte que je suis un témoin aussi irrécusable qu'aucun de ceux qui ont été entendus jusqu'ici.

— En vérité j'en suis complètement convaincu; et il m'aurait paru bien dur, quand il y avait tant à gagner à mal faire, qu'un aussi bon protestant que vous n'eût pas sa part du gâteau.

— Je suis venu pour prendre les ordres de Votre Grace, milord, et non pour être en butte aux traits de son esprit.

— Bien parlé, noble et immaculé colonel. Comme vous allez être à mon service, à paye entière, pour un mois, je vous prie d'accepter cette bourse pour votre équipement et vos dépenses imprévues. Partez; vous recevrez de temps en temps mes instructions.

— Et elles seront ponctuellement exécutées, milord, dit le colonel; je connais les devoirs d'un officier subalterne. Je souhaite le bonjour à Votre Grace.

A ces mots il mit la bourse dans sa poche, sans avoir l'air d'hésiter à l'accepter, sans en témoigner aucune reconnaissance, mais uniquement comme étant la condition d'une affaire régulière, une partie essentielle d'un traité, et il sortit de l'appartement avec toute sa gravité sombre.

— Voilà bien un coquin suivant mon cœur, dit le duc en le voyant partir : voleur dès son berceau, assassin depuis qu'il a pu manier un poignard, profond hypocrite en religion, plus hypocrite encore en honneur, brigand qui vendrait son ame au diable pour accomplir un crime, et qui couperait la gorge à son frère s'il ne craignait d'encourir le nom qu'on donne à ce forfait. Eh bien! pourquoi cet air d'étonnement, monsieur Jerningham? pourquoi me regarder comme vous regarderiez un monstre des Indes dont la vue vous aurait coûté un shelling? pourquoi ouvrir vos grands yeux ronds, comme si vous aviez peur de perdre un sou de l'argent que vous auriez donné? Croyez-moi, clignez les yeux pour conserver votre vue, et chargez votre langue de m'expliquer ce mystère.

— Sur ma parole, milord, puisque vous me forcez de parler, tout ce que je puis dire, c'est que plus je vis avec Votre Grace, plus je suis embarrassé pour pénétrer dans les motifs de vos actions. D'autres font des plans pour trouver du plaisir ou du profit à les exécuter; mais vous, milord, vous semblez vous plaire à faire échouer vos propres projets à l'instant même de les accomplir, comme un enfant, pardonnez-moi cette comparaison, comme un enfant qui brise le jouet dont il s'est amusé, ou comme un homme qui met le feu à sa maison à demi construite.

— Eh! pourquoi non, s'il veut se chauffer les mains à la chaleur de l'incendie?

— Fort bien, milord; mais ne risque-t-il pas de se brûler les doigts? Une des plus nobles qualités de Votre Grace est d'écouter quelquefois la vérité sans vous en offenser; mais quand il en serait autrement, je ne pourrais m'empêcher en cet instant de vous la dire.

— Eh bien! continue, je suis disposé à l'entendre, dit le duc en se jetant dans un fauteuil et en prenant un cure-dent avec un air d'indifférence gracieuse et de magnanimité; je suis curieux de savoir ce que des pots de terre comme toi pensent de nous, qui sommes des vases de la plus pure porcelaine[1].

— Permettez-moi donc, milord, de vous demander au nom du ciel quel mérite vous vous attribuez, quel avantage vous espérez pour avoir introduit dans tout ce qui vous concerne un chaos semblable à celui de ce poème du vieil aveugle de Tête-Ronde, que Votre Grace aime tant[2]? Pour commencer par le roi, il sera courroucé, en dépit de toute sa bonne humeur, de vous voir devenir encore une fois son rival.

(1) Allusion à un vers de Dryden. — Éd.
(2) Le paradis perdu de Milton. — Éd.

— Sa Majesté m'en a défié.

— Vous avez sacrifié vos vues sur l'île de Man en vous brouillant avec Christian.

— Je n'en donnerais pas maintenant un farthing.

— En perdant Christian, que vous avez insulté, et dans la famille duquel vous voulez porter le déshonneur, vous avez perdu un adhérent plein de sagacité, de zèle et de sang-froid.

— Pauvre Jerningham! je suis sûr que Christian en dirait autant de toi, si je te donnais demain ton congé. Votre erreur générale, à vous autres instrumens subalternes, c'est de vous croire indispensables. Quant à sa famille, comme elle ne fut jamais honorable, rien de ce que je puis faire ne peut la déshonorer.

— Je ne parlerai pas de Chiffinch à Votre Grace, et cependant il aura assez d'humeur quand il saura que la jeune fille n'est plus chez lui, et qu'il apprendra comment et à cause de qui elle en est sortie. Mais je ne vous parle ni de lui ni de son épouse.

— Et vous avez raison; quand bien même ils seraient dignes qu'on parlât d'eux en ma présence, leur disgrace est une des conditions que la duchesse de Portsmouth a mises à notre réconciliation.

— Jusqu'à ce limier de colonel, comme il se nomme, Votre Grace ne peut le lâcher sur la proie qu'il doit poursuivre, sans lui faire une indignité dont il se souviendra pour vous sauter à la gorge, si jamais il en trouve l'occasion.

— Et j'aurai soin qu'il n'en trouve point. Toutes vos craintes sentent la crapule, Jerningham. Battez bien votre chien, si vous voulez qu'il vous obéisse, et ne laissez pas ignorer à vos agens que vous savez les connaître et les apprécier. Un scélérat qu'on traiterait en homme d'honneur finirait par s'oublier. Mais c'est assez d'avis et de censure, Jerningham; nous différons sur tous les points. Si nous étions deux ingénieurs, vous passeriez votre vie à suivre les mouvemens du rouet d'une vieille femme qui file une once de chanvre par jour; et je serais sans cesse au milieu des machines les plus compliquées, des poids et des contre-poids, des rouages, donnant la vie et le mouvement aux chefs-d'œuvre de la mécanique la plus ingénieuse, et réglant la marche de cent ressorts.

— Et votre fortune pendant ce temps, milord? Excusez cette dernière observation.

— Ma fortune est trop grande pour craindre une petite blessure. D'ailleurs tu sais que j'ai en réserve mille recettes pour guérir les égratignures et les contusions qu'elle reçoit quelquefois en graissant mes rouages.

— Votre Grace veut-elle parler de la poudre de projection du docteur Wilderhead?

— Fi donc! c'est un empirique, un charlatan.

— Ou du plan de Drowndland pour dessécher les marais?

— Encore moins, c'est un escroc, c'est-à-dire un procureur.

— Ou de la vente des bois du laird de Lackpelf, dans les montagnes d'Écosse?

— C'est un Écossais, c'est-à-dire fourbe et mendiant.

— Il s'agit donc des rues commencées sur le terrain voisin de votre palais?

— L'architecte est un sot, et ce plan n'est qu'une billevesée. Je suis las de voir tous ces décombres, et je compte remplacer incessamment nos allées, nos bosquets et nos parterres par un jardin à l'italienne et un nouveau palais.

— Ce serait ruiner votre fortune, milord, au lieu de la réparer.

— Esprit étroit et bouché! as-tu donc oublié la plus belle de toutes les spéculations, les pêcheries de la mer du Sud? Les actions gagnent déjà cinquante pour cent. Cours à la Bourse, et dis au vieux Manassès de m'en acheter pour vingt mille livres. Pardonne-moi, Plutus, si j'osais attendre tes faveurs en oubliant d'offrir un sacrifice sur ton autel. Cours donc, Jerningham, fais hâte, vole comme s'il s'agissait de ta vie.

Les mains et les yeux levés vers le ciel, Jerningham sortit de l'appartement, et le duc, sans songer un instant de plus à ses intrigues anciennes ou nouvelles, au traité d'amitié qu'il venait de conclure, aux inimitiés qu'il avait provoquées, à la beauté qu'il avait enlevée à ses protecteurs naturels et à son royal amant, au monarque dont il venait de se déclarer le rival, s'assit pour calculer les chances avec tout le zèle d'un Demoivre, se lassa de cette occupation ennuyeuse au bout d'une demi-heure, et refusa de voir l'agent zélé qu'il avait employé à la Bourse, uniquement parce qu'il s'était mis à composer une nouvelle satire.

CHAPITRE XXXIX.

« Ah! quel cœur inconstant! Quel naturel volage! »
Les Progrès du mécontentement.

Rien n'est plus commun dans les ouvrages du genre de celui-ci que l'enlèvement de la belle sur qui l'intérêt romanesque est supposé se concentrer ; mais celui d'Alice Bridgenorth eut cela de particulier, que le duc de Buckingham en donna l'ordre plutôt par esprit de contradiction que par une passion véritable. Comme il lui avait fait sa première visite chez Chiffinch par le désir d'aller sur les brisées de son souverain, et non par suite de l'impression que pouvait avoir faite sur lui une beauté qu'il ne connaissait encore que par ouï-dire, il avait de même formé tout à coup le projet de la faire enlever par ses agens plutôt pour intriguer le roi, Christian, Chiffinch et tous ceux qui y prenaient intérêt, que par un désir bien prononcé de jouir de sa société chez lui. C'était si bien la vérité, qu'il éprouva plus de surprise que de joie lorsqu'il apprit le succès de l'acte de violence qui l'y avait conduite, quoiqu'il soit probable qu'il se serait livré à quelque accès de fureur si ses ordres n'avaient pu s'exécuter.

Vingt-quatre heures s'étaient passées depuis son retour chez lui, et quoique Jerningham n'eût pas manqué de lui rappeler plusieurs fois le souvenir de sa belle prisonnière, il n'avait pas encore pu se décider à secouer son indolence ordinaire au point d'aller lui rendre une visite, et quand enfin il s'y détermina, ce fut avec la répugnance secrète d'un homme à qui rien ne peut plaire que la nouveauté.

— Je ne conçois pas, se dit-il à lui-même, ce qui a pu m'engager à m'embarrasser de cette belle et à me condamner à entendre les rapsodies hystériques d'une Philis campagnarde dont la tête est farcie des leçons de sa grand'-mère sur la vertu et la Bible, quand sans me donner aucune peine je pourrais avoir les femmes les plus jolies et les mieux élevées de la capitale. C'est dommage qu'on ne puisse monter sur le char de triomphe du vainqueur sans avoir à se vanter d'une victoire ; et cependant c'est ce que font la plupart de nos galans à la mode, mais c'est ce qui ne conviendrait pas à Buckingham. Allons, il faut que je la voie, quand ce ne serait que pour en débarrasser ma maison. Cependant la Portsmouth ne voudra pas qu'elle soit remise en liberté si près de Charles, tant elle craint qu'une nouvelle belle n'attache à son char le vieux pécheur. Qu'en ferai-je donc ? elle est trop riche pour que je l'envoie à Cliefden comme femme de charge. C'est une affaire à laquelle il faudra réfléchir.

Il prit le costume qui faisait le mieux ressortir les avantages personnels qu'il tenait de la nature, attention qu'il crut se devoir à lui-même; quant au reste, il se préparait à aller voir sa belle captive avec la même nonchalance qu'on met à se battre en duel quand on n'y apporte pas un intérêt plus vif que celui de maintenir sa réputation d'homme d'honneur.

L'appartement destiné à l'habitation des favorites qui faisaient de temps en temps une résidence momentanée chez le duc, et qui y jouissaient à peu près de la même liberté que laissent les règles d'un couvent, était entièrement séparé du reste de sa maison. Il vivait dans un siècle où ce qu'on appelait la galanterie justifiait les actes les plus atroces de perfidie et de violence. On peut en donner pour preuve la catastrophe d'une actrice infortunée, dont la beauté avait allumé les désirs de de Vere, comte d'Oxford. N'ayant pu triompher de sa vertu, il la trompa par un faux mariage; et quoique ce stratagème eût occasionné la mort de sa victime, il fut récompensé du succès qu'il avait obtenu par les applaudissemens unanimes des galans beaux-esprits qui remplissaient les antichambres de Charles.

Buckingham avait réuni dans l'intérieur de son palais ducal tout ce qui pouvait lui être utile pour des exploits du même genre; et le corps de logis dans lequel il se rendait alors offrait tout ce qui pouvait être agréable aux sultanes qui l'habitaient volontairement, et tout ce qui était nécessaire pour assurer la captivité des victimes que la contrainte y retenait.

Comme il servait alors à ce dernier usage, la clef fut présentée au duc par une vieille dame à capuchon et à lunettes, qui était assise, lisant un livre de dévotion dans une espèce de vestibule servant de point de communication entre le principal corps de logis et celui qu'on nommait ordinairement le couvent. Cette douairière pleine d'expérience jouait le rôle de maîtresse des cérémonies en ces occasions, et elle était la fidèle dépositaire de plus d'intrigues que n'en connaissaient douze femmes respectables qui s'occupent du même métier.

— C'est une aussi jolie linotte qu'on n'en ait jamais entendu chanter dans une cage, dit-elle en ouvrant la première porte.

— Je crains qu'elle n'ait passé le temps à pleurer plutôt qu'à chanter, Dowlas, dit le duc.

— Encore hier nous n'entendions que des sanglots, milord, et cela même a duré, pour dire la vérité, jusqu'à ce matin. Mais l'air de la noble maison de Votre Grace est favorable aux oiseaux chanteurs, et aujourd'hui les choses vont beaucoup mieux.

— C'est un changement bien soudain, et il me semble étrange qu'avant même que j'aie été la voir, la petite peureuse ait pris si bravement son parti.

— Ah! milord, Votre Grace a une vertu magique qui se fait sentir à travers les murailles, comme le dit l'Exode, chapitres I et VII : « Elle fend les murs et les portes. »

— Vous avez de la partialité, dame Dowlas.

— Je ne dis que la vérité, milord; et puissé-je être rejetée de la bergerie des agneaux sans tache, si je ne crois pas que tout est changé en elle depuis qu'elle est chez vous, même son extérieur! Il me semble qu'elle a la taille plus svelte, la démarche plus légère, l'allure plus dégagée. Enfin il y a un changement bien sûr, quoique je ne puisse dire précisément en quoi; car Votre Grace sait que je suis aussi vieille que fidèle, et que mes yeux commencent à s'affaiblir.

— Surtout quand vous les lavez avec du vin des Canaries, dame Dowlas, dit le duc, qui savait que la tempérance n'était pas au nombre des vertus cardinales pratiquées par la béate.

— Du vin des Canaries! s'écria la matrone offensée; et c'est avec du vin des Canaries que Votre Grace prétend que je me lave les yeux! Je suis fâchée que Votre Grace me connaisse si mal.

— Je vous demande pardon, dame Dowlas, dit le duc en secouant dédaigneusement du bout des doigts la manche de son habit, que la duègne avait saisie dans l'ardeur de sa justification; je vous demande pardon, vous m'avez détrompé en m'approchant de plus près : j'aurais dû dire de l'eau-de-vie, et non du vin des Canaries.

Et tout en parlant ainsi il entra dans l'appartement meublé avec une magnificence voluptueuse.

— La vieille a pourtant raison, dit l'orgueilleux propriétaire de cette demeure splendide; une campagnarde peut aisément se réconcilier avec une prison comme celle-ci. C'est une volière dans laquelle un pareil oiseau peut entrer sans qu'il faille l'appeau d'un bien habile oiseleur pour l'y attirer. — Mais où est-elle donc cette Philis champêtre ? Est-il possible que, comme un commandant qui désespère de défendre une ville, elle se soit retirée dans la citadelle, dans la chambre à coucher, sans même essayer de disputer les avant-postes ?

Tout en parlant ainsi il traversait une antichambre et une petite salle à manger meublées avec une élégance recherchée, où l'on voyait quelques tableaux de l'école vénitienne, et il entrait dans un salon dont l'ameublement offrait aux yeux une magnificence encore plus grande. Les croisées en étaient garnies de verres de couleurs, à travers lesquels les rayons du soleil de midi imitaient les riches teintes qu'ils prennent au coucher de cet astre; et suivant la célèbre expression du poète, apprenaient à la lumière à simuler l'obscurité.

Buckingham était trop habitué à voir tout céder à ses fantaisies et à ses goûts, pour être en général sensible même à ces plaisirs qu'il s'était fait toute sa vie une affaire de poursuivre. Le voluptueux blasé est comme l'épicurien arrivé à cet état de satiété où rien ne peut plus aiguiser son appétit, punition suffisante d'avoir fait de la bonne chère le principal objet de ses pensées et de ses jouissances. Cependant la nouveauté a toujours quelques charmes, et l'incertitude en ajoute encore de nouveaux.

L'incertitude où le duc était sur l'accueil qu'il allait recevoir, le changement d'humeur qu'on disait survenu dans sa captive, la curiosité de savoir comment une jeune fille, telle qu'on lui avait représenté Alice, le recevrait dans les circonstances où elle se trouvait placée d'une manière si inattendue, excitaient dans Buckingham un intérêt peu ordinaire. Il était loin d'éprouver cette sensation d'inquiétude qui anime tout homme, même celui qui a reçu en partage l'esprit le plus grossier, quand il arrive en présence de la femme à qui il désire plaire, encore bien moins les sentimens plus exaltés d'amour, de respect, de désir et d'admiration avec lesquels l'amant véritablement épris s'approche de l'objet aimé. Il avait été, pour me servir d'un mot français très expressif, trop complètement *blasé*, même dès sa première jeunesse, pour ressentir l'empressement tout physique de l'un, et encore moins le plaisir plus sentimental de l'autre. Ce qui rend encore plus fâcheux cet état de satiété et de dégoût, c'est que le voluptueux ne peut renoncer aux plaisirs. Il faut qu'il continue, soit par habitude, soit pour soutenir sa réputation, à encourir les peines, les fatigues, les dangers de la chasse, tandis qu'il ne prend presque aucun intérêt au gibier qu'il poursuit.

Buckingham crut donc qu'il devait à sa renommée, comme ayant été le héros de tant d'intrigues amoureuses, de se présenter devant Alice Bridgenorth avec une apparence d'empressement. Avant d'ouvrir la porte du salon, il s'arrêta pour réfléchir s'il devait prendre en cette occasion le ton de la galanterie ou celui de la passion. Ce délai suffit pour lui faire entendre les sons harmonieux d'un luth accompagnés par la voix encore plus harmonieuse d'une femme qui, sans exécuter aucun air, semblait s'amuser à rivaliser avec le son argentin de son instrument.

— Une créature qui a reçu une telle éducation, pensa le duc, et qui a le bon sens qu'on lui suppose, ne ferait que rire, toute campagnarde qu'elle est, des rodomontades passionnées d'un Oroondate. — C'est la manière de Dorimant[1] qu'il faut adopter ici. — C'était la tienne autrefois, Buckingham. D'ailleurs ce rôle est le plus facile.

Ayant pris cette résolution, il entra dans le salon avec cet air de grace et d'aisance qui caractérisait les élégans courtisans au milieu desquels il florissait, et s'avança vers la belle captive, qu'il trouva assise devant une table couverte de livres de musique, près d'une grande fenêtre à demi ouverte, dont les verres de couleurs n'admettaient qu'un demi-jour dans ce superbe appartement orné des plus belles tapisseries des Gobelins, de magnifiques vases de porcelaine et de glaces de la plus grande beauté. On aurait dit un boudoir décoré par un prince pour y recevoir sa fiancée.

Le costume splendide de la prisonnière répondait au style de l'appartement qu'elle occupait, et avait quelque chose du goût oriental que la célèbre Roxelane avait alors mis à la mode. Un petit pied et une jambe fine qui dépassait un pantalon de satin bleu richement brodé, étaient les seules parties de sa personne qu'on pût voir distinctement ; — la jeune dame était d'ailleurs presque enveloppée par un long voile de gaze d'argent qui, produisant le même effet qu'un léger brouillard sur un beau paysage, laissait deviner les charmes qu'il cachait, et portait même l'imagination à en relever le prix. Toutes les parties de sa parure qu'on pouvait apercevoir étaient, comme le voile et le pantalon, dans le goût oriental; un riche turban, un magnifique cafetan, étaient plutôt indiqués par les plis que formait le voile, qu'ils ne se laissaient apercevoir à travers ce tissu. Tout dans cette toilette annonçait au moins quelque coquetterie de la part d'une belle à qui sa situation devait faire attendre une visite accompagnée de quelques prétentions. Cette idée n'échappa point à Buckingham, qui sourit intérieurement en se rap-

---

(1) Dorimant est l'homme du bon ton (selon le siècle) de la pièce d'Etheredge intitulée l'*Homme à la mode*. — Ed.

pelant ce que Christian lui avait dit de l'innocence et de l'extrême simplicité de sa nièce.

Il s'avança vers elle avec un air cavalier et en homme qui semble croire que la condescendance qu'il veut bien avoir de reconnaître une faute doit suffire pour la faire pardonner.

— Belle Alice, dit-il, je sens combien je vous dois d'excuses pour le zèle indiscret de mes gens qui, vous voyant abandonnée et sans protection pendant une malheureuse querelle, ont pris sur eux de vous conduire dans la maison d'un homme qui exposerait sa vie pour vous épargner un moment d'inquiétude. Était-ce ma faute s'ils ont cru devoir intervenir pour vous mettre en sûreté ; ou si connaissant tout l'intérêt que je devais prendre à vous, ils vous ont retenue ici jusqu'à ce que je pusse venir moi-même recevoir vos ordres.

— Vous ne vous êtes pas trop pressé, milord ; j'ai été prisonnière deux jours entiers, négligée, abandonnée à des mercenaires.

— Que dites-vous, belle Alice? Négligée! de par le ciel! si vous avez la moindre plainte à m'adresser contre qui que ce soit de ma maison, il en sera chassé à l'instant.

— Je ne me plains pas de vos gens, milord ; mais il me semble que vous auriez pu m'expliquer vous-même plus tôt pourquoi vous avez la hardiesse de me retenir ici comme une prisonnière d'état.

— Et la divine Alice peut-elle douter que si le temps, ce cruel ennemi des plus tendres passions, me l'eût permis, l'instant qui vous a vue passer le seuil de la porte de votre vassal n'en eût vu à vos pieds le maître qui vous est tout dévoué, et qui depuis le fatal moment où vous parûtes à ses yeux chez Chiffinch n'a fait que songer à vos charmes?

— Je dois donc en conclure, milord, que vous avez été absent, et que vous n'avez eu aucune part à la contrainte qui a été exercée contre moi?

— Absent par ordre du roi, belle Alice, répondit Buckingham sans hésiter, et occupé à remplir les devoirs qui m'avaient été imposés. Que pouvais-je faire? A l'instant où vous sortîtes, Sa Majesté m'ordonna de monter à cheval, et il fallut obéir si précipitamment, que je n'eus pas le temps de quitter mes brodequins de satin pour prendre des bottes. Si mon absence vous a occasionné un moment d'inquiétude, blâmez-en le zèle inconsidéré de ceux qui, me voyant partir de Londres presque désespéré de me séparer de vous, crurent mal à propos sans doute, mais dans de bonnes intentions, devoir faire tous leurs efforts pour sauver leur maître du désespoir, en lui conservant la charmante Alice. Et entre les mains de qui auraient-ils pu vous confier? celui que vous aviez choisi pour protecteur est en prison ou en fuite, votre père n'est pas à Londres, votre oncle est parti pour le nord de l'Angleterre, vous n'auriez pas voulu retourner chez Chiffinch : quel asile plus convenable pourriez-vous choisir que la maison d'un homme qui est votre esclave, et où vous régnerez toujours en souveraine?

— En souveraine emprisonnée! je ne désire pas une pareille souveraineté.

— Comme vous feignez de ne pas me comprendre, dit le duc en fléchissant un genou devant elle, quel droit avez-vous de vous plaindre de quelques heures d'une captivité qui n'a rien eu de rigoureux, vous, destinée à réduire tant de cœurs dans un esclavage éternel! Soyez une fois miséricordieuse; et écartez ce voile envieux, car ce ne sont que les divinités les plus cruelles qui rendent leurs oracles dans de sombres retraites. Souffrez du moins que ma main téméraire.....

— J'épargnerai à Votre Grace une peine indigne d'elle, répondit la jeune personne avec un ton de hauteur; et se levant, elle rejeta sur ses épaules le voile qui la couvrait. — Regardez-moi, milord, dit-elle en même temps, et voyez si ce sont réellement ces charmes qui ont fait tant d'impression sur Votre Grace.

Buckingham la regarda, et la surprise produisit sur lui un tel effet qu'il se releva précipitamment et resta quelques secondes comme pétrifié. La femme qui était debout devant lui n'avait pas la belle taille d'Alice, et quoiqu'elle fût bien faite, la petitesse de tous ses membres lui donnait presqu'un air enfantin. Ses vêtemens consistaient en trois ou quatre vestes de satin brodé disposées l'une sur l'autre, et de différentes couleurs, ou plutôt de diverses nuances de la même couleur. Elles s'ouvraient sur le devant de manière à laisser voir une partie du sein, caché par une collerette de la plus belle dentelle. La captive portait par-dessus une sorte de manteau de la plus riche fourrure. Un petit turban, mais d'une grande beauté, était placé négligemment sur sa tête et laissait échapper de belles tresses de cheveux noirs que Cléopâtre aurait enviés. Le goût et la splendeur de ce costume oriental étaient parfaitement d'accord avec le teint de celle qui le portait, car la couleur en était presque assez foncée pour la faire passer pour une Indienne.

Une physionomie vive et expressive avait bien son prix à défaut d'une beauté régulière, et des yeux brillans comme des diamans, et des dents aussi blanches que des perles, n'échappèrent pas à l'attention du duc de Buckingham, excellent connaisseur en charmes féminins. En un mot, la femme bizarre et singulière qui s'offrait si inopinément à ses regards avait une de ces figures qu'il est impossible de voir sans qu'elles fassent une impression dont on se souvient encore long-temps après qu'elle est effacée : impression à laquelle notre imagination attribue cent motifs, et qu'elle suppose causée par l'influence de différens genres d'émotion. Chacun doit se rappeler quelques physionomies de ce genre, qui par une originalité séduisante d'expression vivent plus long-temps dans la mémoire et captivent l'imagination plus que des beautés plus régulières.

— Milord, dit-elle, il semble que mon voile levé ait produit un effet magique sur Votre Grace. Est-ce ainsi que vous regardez la princesse captive dont le moindre signe devait être un ordre pour un vassal si illustre? Hélas! je crois qu'elle court le risque d'être mise à la porte comme Cendrillon pour aller chercher fortune parmi les laquais et les porteurs.

— Je suis confondu! s'écria le duc. Il faut que ce coquin de Jerningham.... Je briserais les os de ce misérable!

— Ne cherchez pas querelle à Jerningham, milord, prenez-vous en plutôt à votre malheureuse absence. Pendant que vous étiez à courir la poste par ordre du roi, en brodequins de satin, la véritable dame de vos pensées passait ici son temps dans le deuil et les larmes, dans la solitude à laquelle votre éloignement la condamnait. Elle y est restée deux jours inconsolable, mais le troisième une enchanteresse africaine vint opérer un changement de scène pour elle, et une seule métamorphose de personne pour Votre Grace. Il me semble, milord, que cette aventure ne sonnera pas trop bien lorsque quelque fidèle ménestrel chantera les prouesses galantes du duc de Buckingham.

— Battu et bafoué en même temps! s'écria le duc; mais, de par tout ce qui est piquant! la petite a du talent pour la satire. Dites-moi, belle princesse, comment avez-vous osé être complice d'un pareil tour?

— Osé! milord. Faites cette question à d'autres, et non à une femme qui ne craint rien.

— Sur mon ame, je le crois, car ton front a été bronzé par la nature. Mais répondez-moi, mistress; quel est votre nom? quelle est votre condition?

— Ma condition? Je vous l'ai déjà dit : je suis enchanteresse de profession, née en Mauritanie. Mon nom? Zarah.

— Mais il me semble que cette figure, cette taille, ces yeux..... Dites-moi, ne vous êtes-vous jamais fait passer pour une fée danseuse? N'étiez-vous pas quelque chose de semblable, il n'y a que deux ou trois jours?

— Vous pouvez avoir vu ma sœur, ma sœur jumelle, mais non pas moi, milord.

— En vérité! Eh bien! votre double, si ce n'était pas vous, était possédée d'un démon muet, comme vous l'êtes de l'esprit du babil; mais j'ai encore dans l'idée que vous et elle vous ne faites qu'une, et que Satan, qui est toujours si puissant sur votre sexe, vous a douée, lors de votre première entrevue, du pouvoir de retenir votre langue.

— Croyez-en ce qu'il vous plaira, milord : votre persuasion ne changera rien à la vérité. Et maintenant je vais prendre congé de Votre Grace. A-t-elle quelques ordres à me donner pour la Mauritanie.

— Un instant, ma princesse, un instant. Songez que vous avez pris ici volontairement la place d'une autre, et que vous êtes par là soumise à telle peine qu'il me plaira de vous infliger. Personne ne bravera Buckingham avec impunité.

— Je ne suis pas trop pressée, milord; et si Votre Grace a quelques ordres à me donner, je puis les attendre.

— Quoi! ne craignez-vous ni mon ressentiment, ni mon amour, belle Zarah?

— Ni l'un ni l'autre, de par ce gant! Votre ressentiment doit être une passion bien mesquine, s'il peut s'abaisser jusqu'à tomber sur un être aussi faible que je le suis; et quant à votre amour..... hélas! hélas!

— Et pourquoi hélas! et pourquoi ce ton de mépris? Croyez-vous que Buckingham ne puisse aimer, et n'ait jamais été payé de retour?

— Il a pu se croire aimé, mais par quelles créatures? par des femmes dont quelques insipides tirades de comédie suffisaient pour tourner la tête, dont le cerveau n'était rempli que de souliers à talons rouges et de brodequins de satin blanc, pour qui l'argument d'une étoile brodée sur un habit était irrésistible.

— Et n'existe-t-il donc pas dans votre pays des belles aussi fragiles, dédaigneuse princesse?

— Sans doute il en existe ; mais on les regarde comme des perroquets et des singes, des créatures qui n'ont ni ame, ni sentiment, ni cœur, ni tête. La proximité du soleil a purifié nos passions en leur donnant plus de force. Les glaçons de votre froid climat vous serviront de marteaux pour convertir des barres de fer rouge en socs de charrue, avant que la sottise et la fatuité de votre prétendue galanterie fasse la plus légère impression sur un cœur comme le mien.

— Vous parlez en femme qui sait ce que c'est qu'une passion. Asseyez-vous, belle dame, et ne trouvez pas mauvais que je vous retienne encore. Qui pourrait consentir à se séparer d'une bouche dont les accens sont si mélodieux ; d'un regard dont l'éloquence est si expressive ? Vous connaissez donc l'amour ?

— Je le connais, n'importe que ce soit par expérience ou par ouï-dire. Mais je sais qu'aimer comme je saurais aimer, ce serait ne pas céder un pouce à la cupidité, pas une ligne à la vanité, ne pas sacrifier le moindre sentiment à l'intérêt ou à l'ambition ; mais tout abandonner, tout sans réserve, à la fidélité du cœur et à une affection mutuelle.

— Et combien de femmes croyez-vous capables d'éprouver une passion si désintéressée ?

— Des milliers de plus qu'il n'existe d'hommes capables de la mériter. Hélas ! combien de fois voyez-vous la femme pâle, misérable et dégradée, suivre avec patience les pas de quelque despote qui la tyrannise, et supporter toutes ses injustices avec la soumission d'un fidèle épagneul qui, quoique maltraité par le maître le plus bourru et le plus inhumain, en attend un regard comme un bienfait, et en fait plus de cas que de tous les plaisirs que le monde pourrait lui procurer ? Songez à ce que serait une telle femme pour celui qui mériterait et qui partagerait son affection.

— Peut-être tout le contraire ; et quant à votre comparaison, je ne la trouve nullement juste. Je ne puis accuser mon épagneul de perfidie ; mais pour mes maîtresses il faudrait me presser diablement, je dois en convenir, pour avoir l'honneur de changer avant elles.

— Et elles vous traitent comme vous le méritez. Milord, qu'êtes-vous? Ne froncez pas les sourcils, il faut que vous entendiez une fois la vérité. La nature a fait ce qu'elle pouvait faire en vous donnant les graces extérieures, et l'éducation y a ajouté ses qualités. Vous êtes noble par le hasard de la naissance; bien fait par un caprice de la nature; généreux, parce qu'il est plus facile de donner que de refuser; bien mis, ce qui fait honneur à votre tailleur; assez gai, parce que vous êtes jeune et en bonne santé; brave, parce que sans cela vous vous dégraderiez; spirituel, parce que vous ne pouvez vous empêcher de l'être.

Le duc jeta un coup d'œil sur une des grandes glaces qui ornaient le salon. — Noble, bien fait, généreux, bien mis, gai, brave! s'écria-t-il; en vérité, madame, vous m'accordez beaucoup plus que je ne prétends obtenir, et sûrement c'en est assez, à certains égards du moins, pour mériter les bonnes graces d'une femme.

— Je ne vous ai accordé ni tête, ni cœur, milord, dit Zarah avec calme. Il ne faut pas que la rougeur vous monte au visage, comme si vous vouliez me dévorer : je ne dis pas que la nature ait voulu vous les refuser; mais la folie a troublé l'une et l'égoïsme a perverti l'autre. L'homme qui mérite d'en porter le nom est celui dont toutes les pensées et toutes les actions se rapportent aux autres plutôt qu'à lui-même, dont tous les projets sont fondés sur des principes de justice, et qui n'y renonce jamais tant que le ciel et la terre lui fournissent les moyens de réussir. C'est celui pour qui l'espoir de se procurer un avantage indirect n'est pas un motif pour suivre la bonne route, et qui ne suit pas la mauvaise, même pour arriver à un but vraiment louable. Tel est l'homme pour qui le cœur d'une femme serait fidèle tant qu'il battrait, et qu'elle voudrait accompagner au tombeau.

Elle parlait avec tant d'énergie que ses yeux brillaient d'un éclat presque surnaturel, et que les sentimens qu'elle exprimait appelaient de vives couleurs sur ses joues.

— Vous parlez, dit le duc, comme si vous aviez vous-même un cœur capable de payer le tribut dont vous parlez avec tant de chaleur.

— Oui, répondit-elle en appuyant la main sur son sein. Le cœur qui bat ici justifierait tout ce que j'ai dit, à la vie et à la mort.

— S'il était en mon pouvoir, dit le duc à qui cet être extraordinaire commençait à inspirer plus d'intérêt qu'il ne l'avait d'abord cru possible, s'il était en mon pouvoir d'obtenir un attachement si fidèle, je crois que je saurais le récompenser dignement.

— Votre fortune, vos titres, votre réputation de galanterie, tout ce que vous possédez, seraient trop peu de chose pour mériter une affection si sincère.

— Allons, belle dame, dit le duc d'un ton piqué, ne soyez pas tout-à-fait si dédaigneuse. Croyez que si votre amour est de l'or bien marqué, un pauvre diable peut au moins vous offrir de l'argent en échange. La quantité alors fait passer sur la qualité.

— Mais je ne porte pas mon affection au marché, milord, et je n'ai par conséquent nul besoin de la fausse monnaie que vous m'offrez en échange.

— Comment puis-je le savoir, ma charmante? C'est ici le royaume de Paphos. Vous l'avez envahi, vous savez mieux que moi dans quel dessein; mais je ne crois pas qu'il soit d'accord avec cet air de cruauté que vous affectez. Allons, allons, des yeux si brillans peuvent lancer des éclairs de plaisir aussi bien que de mépris et de colère. Vous êtes ici une épave sur le domaine de Cupidon, et je vous saisis au nom de ce petit dieu.

— Ne me touchez pas, milord, ne m'approchez pas, si vous désirez apprendre pourquoi je suis ici. Votre Grace peut se supposer un Salomon, si bon lui semble; mais je ne suis pas une reine venue d'un climat éloigné pour flatter votre orgueil ou admirer votre gloire.

— Un défi, de par Jupiter! s'écria le duc.

— Vous vous méprenez, milord. Je ne suis pas venue ici sans prendre les précautions nécessaires pour assurer ma retraite.

— C'est parler bravement; mais jamais commandant de forteresse ne vante plus ses ressources que lorsque la garnison pense à capituler. Voici comme j'ouvre ma première tranchée.

Ils avaient été séparés jusqu'alors par une table longue et étroite qui, placée près de la croisée dont nous avons déjà parlé, formait une sorte de barrière entre la dame menacée et le chevalier entreprenant qui osait l'attaquer. Le duc tira la table pour l'écarter; mais au même instant l'inconnue qui avait l'œil sur tous ses mouvemens disparut par la fenêtre.

Buckingham poussa un cri de surprise et d'horreur, ne doutant pas dans le premier instant qu'elle ne se fût précipitée d'une hauteur de quatorze pieds au moins, car la croisée était à cette distance de la terre. Mais s'étant mis à la hâte à la croisée, il vit à son grand étonnement qu'elle en était descendue avec agilité et sans accident.

L'extérieur de cette grande maison était décoré d'une quantité de sculptures offrant ce mélange d'architecture grecque et gothique qui caractérise le siècle d'Élisabeth et de ses successeurs; et quoique le fait dût paraître surprenant, ces ornemens pouvaient offrir à une créature aussi agile et aussi légère des points d'appui suffisans pour effectuer sa descente, même avec précipitation.

Brûlant de curiosité et courroucé de la mortification qu'il venait d'éprouver, le duc pensa d'abord à la suivre par la même route, quoiqu'elle fût assez dangereuse. Il monta même dans ce dessein sur l'appui de la croisée, et il examinait où il pourrait ensuite placer le pied avec sûreté, quand du milieu d'un bosquet dans lequel l'inconnue s'était enfoncée, il entendit chanter les couplets suivans, tirés d'une chanson alors fort en vogue faite sur un amant au désespoir qui voulait se précipiter du haut d'un rocher :

> Mais quand il s'en fut approché,
> Que tout en haut il fut perché,
> Il vit avec inquiétude
> Que la chute serait bien rude,
> Et réfléchit fort prudemment
> Qu'il pouvait agir autrement.
>
> L'amoureux le plus amoureux
> Qu'a trahi l'objet de ses feux
> Peut se consoler près d'une autre
> (Ainsi pensait le bon apôtre) :
> Mais une fois mon cou rompu,
> Qui le remettrait *in statu?*

Le duc ne put s'empêcher de rire, quoique fort à contrecœur, de l'allusion que ces vers faisaient à sa situation ridicule, et redescendant dans l'appartement, il renonça à une entreprise qui aurait pu être aussi dangereuse qu'elle était absurde. Il appela ses gens à haute voix, et en les attendant se contenta de surveiller des yeux le bosquet dans lequel il avait vu entrer celle qui s'était nommée Zarah, ne pouvant se résoudre à croire qu'une femme qui était venue en quelque sorte se jeter à sa tête eût véritablement le dessein de le mortifier par une telle retraite.

Cette question fut décidée en un instant. Une femme, ou plutôt une forme aérienne, couverte d'un manteau et portant un chapeau rabattu surmonté d'une plume noire, sortit du bosquet et disparut en un instant au milieu des ruines et des décombres qui, comme nous l'avons déjà dit, couvraient alors le domaine qu'on nommait York-House.

Les domestiques du duc, obéissant aux ordres qu'il leur avait donnés avec un ton d'impatience, parcoururent tout ce terrain à la hâte pour chercher la sirène dont la voix venait de se faire entendre. Leur maître, toujours ardent et impétueux dans ses désirs, et surtout quand sa vanité était piquée, leur prodiguait les menaces et les promesses; mais tout fut inutile : on ne trouva de la princesse de Mauritanie que son turban, son voile et ses pantoufles de satin, qu'elle avait sans doute voulu quitter pour en prendre de moins remarquables.

Voyant que toutes ses recherches étaient vaines, le duc, à l'exemple des enfans gâtés de tout âge et de toute condition, s'abandonna à la violence de sa colère, jura de se venger de celle qui l'avait joué, lui donnant tous les noms de mépris que sa mémoire put lui suggérer, parmi lesquels l'expression élégante de *créature* se fit entendre plusieurs fois.

Jerningham lui-même, qui connaissait parfaitement toutes les passions de son maître, et qui savait assez bien les manier sans les irriter presqu'à chaque occasion, ne jugea pas à propos en celle-ci de se présenter devant lui. Il alla s'enfermer avec la vieille béate, et protesta, en buvant avec elle une bouteille de ratafia, que si Sa Grace n'apprenait à modérer la violence de son caractère, la solitude, les chaînes, un lit de paille et Bedlam, verraient la fin de la carrière du célèbre et accompli Villiers, duc de Buckingham.

CHAPITRE XL.

> « De ces dissensions quelle fut donc la cause ?
> « Vous allez en juger ; ce n'est pas peu de chose. »
> *Albion.*

Les querelles entre mari et femme ont passé en proverbe ; mais que les bons et honnêtes époux ne s'imaginent pas que les liaisons d'une nature moins permanente soient à l'abri de semblables altercations. La boutade amoureuse du duc de Buckingham, et la disparition d'Alice Bridgenorth, qui en avait été la suite, avaient allumé le feu de la discorde chez Chiffinch lorsqu'en rentrant chez lui il apprit deux événemens si étourdissans.

— Je vous répète, cria-t-il à sa compagne obligeante qui ne paraissait que médiocrement émue de tout ce qu'il lui disait à ce sujet, je vous répète que votre maudite insouciance a ruiné l'ouvrage de bien des années.

— Je crois que vous me l'avez déjà dit vingt fois, répondit la dame ; et si vous ne me l'aviez assuré si souvent, j'aurais cru que la moindre bagatelle pouvait suffire pour renverser un plan éclos dans votre cerveau, quelque temps que vous ayez mis à le mûrir.

— Mais comment diable avez-vous été assez folle pour laisser entrer ici le duc quand vous attendiez le roi ?

— Mon Dieu, Chiffinch, c'est une question que vous feriez mieux d'adresser au portier qu'à moi... J'étais à mettre un bonnet pour recevoir Sa Majesté.

— Avec toute la grace d'une chouette, et pendant ce temps vous laissiez au chat le soin de garder la crème !

— En vérité, Chiffinch, vos courses à la campagne vous rendent excessivement grossier : vos bottes même ont quelque chose de brutal ; et vos manchettes de mousseline, sales et chiffonnées, donnent à vos poignets un air de rusticité, je puis bien vous le dire.

— Je crois que je ferais bien, murmura Chiffinch entre ses dents, d'employer mes bottes et mes poignets à te guérir de ton affectation... Parlant ensuite à voix haute, en homme qui veut appuyer son argument sur une concession extorquée à son adversaire, et prouver ainsi qu'il a la raison pour lui : — Je suis sûr, Kate, dit-il, que vous devez sentir que toutes nos espérances reposent sur le roi.

— Fiez-vous à moi, Chiffinch : je sais mieux que vous ce qu'il faut faire pour mettre Sa Majesté en belle humeur. Croyez-vous que le roi soit assez fou pour pleurer comme un écolier parce que son moineau s'est envolé ? Sa Majesté a trop bon goût pour cela. Je suis surprise que vous, Chiffinch, vous qui avez toujours passé pour être connaisseur en beauté, ajouta-t-elle en se redressant, vous ayez fait tant de bruit de cette campagnarde. Sur ma foi ! elle n'a pas même le mérite d'être grasse comme une volaille née dans la grange ; c'est une véritable mauviette dont on peut avaler la chair et les os d'une seule bouchée. Qu'importe d'où elle vient et où elle va ? Il en reste après elle qui sont plus dignes des attentions de Sa Majesté, même quand la duchesse de Portsmouth est dans ses grands airs.

— Vous voulez parler de votre voisine, mistress Nelly ; mais vous oubliez, Kate, qu'elle date déjà d'un peu loin. Elle a de l'esprit, mais c'est un esprit qui convient à un autre genre de compagnie. Le jargon qu'elle a appris dans une troupe de comédiens ambulans n'est pas ce qui convient à la chambre d'un prince.

— Peu importe qui je veux dire et ce que je veux dire, Tom Chiffinch; mais je vous dis que vous trouverez votre maître tout-à-fait consolé de la perte de cette pièce curieuse d'orgueil et de puritanisme dont vous aviez envie de l'affubler; comme s'il n'y avait pas assez de puritains au parlement pour faire endiabler le brave homme, sans que vous ne lui en ameniez encore jusque dans sa chambre à coucher.

— Fort bien, Kate; quand un homme aurait tout le bon sens des sept sages de la Grèce, une femme aurait encore en elle assez de déraison pour l'étourdir. Je n'en parlerai donc plus; mais fasse le ciel que le roi soit dans l'humeur que vous lui attribuez, car j'ai ordre d'aller le trouver pour descendre la rivière avec lui et le suivre à la Tour, où il va faire je ne sais quelle inspection des armes et des munitions. Ils sont bien adroits ces drôles qui empêchent le vieux Rowley de s'occuper d'affaires; car, sur ma parole, ce n'est pas l'envie qui lui en manque.

— Je vous garantis, répondit mistress Chiffinch en minaudant, mais en adressant les graces qu'elle voulait se donner moins à son politique mari qu'à sa propre figure réfléchie dans une glace; je vous garantis que nous trouverons le moyen de l'occuper, de manière à ne plus lui laisser un instant de vide.

— Sur mon honneur, Kate, je vous trouve étrangement changée; et pour dire la vérité, il me semble que vous êtes devenue extrêmement attachée à vos opinions. Je souhaite que cette confiance soit bien fondée.

La dame sourit d'un air dédaigneux, et ne lui fit qu'une réponse indirecte. — Je vais ordonner une barque pour suivre aujourd'hui Sa Majesté sur la Tamise.

— Prenez garde à ce que vous allez faire, Kate : personne n'oserait agir ainsi, que des dames du premier rang, la duchesse de Bolton, la duchesse de Buckingham, la duchesse de Ba.....

— A quoi bon cette longue liste? Croyez-vous que je ne puisse me montrer aussi bien que la plus fière de toute cette kyrielle de B...?

— Je sais fort bien que tu peux le disputer à la plus grande B... de toute la cour; ainsi fais ce que tu voudras; mais n'oublie pas de dire à Chaubert qu'il prépare une collation, *un souper au petit couvert,* dans le cas où on le demanderait pour ce soir.

— Et c'est là que commence et finit toute votre science politique! Chiffinch, Chaubert et compagnie! — Que cette société soit rompue, et il n'est plus question de Chiffinch parmi les courtisans.

— *Amen!* Kate; et permettez-moi de vous apprendre qu'il vaut autant compter sur les doigts d'un autre que sur son propre esprit. Mais il faut que j'aille donner des ordres pour le départ. Si vous prenez une barque, il y a dans la chapelle quelques coussins de drap d'or que vous pourrez emporter pour couvrir les bancs, car ils ne servent à rien dans l'endroit où ils sont.

On vit donc la barque de mistress Chiffinch se mêler parmi celles qui formaient le cortége du roi sur la Tamise. La reine s'y trouvait aussi, accompagnée des principales dames de la cour. La petite et grosse Cléopâtre, vêtue aussi avantageusement que son goût avait pu le lui suggérer, et assise sur ses coussins brodés comme Vénus sur sa conque, ne négligea rien de tout ce que pouvaient faire l'effronterie et les minauderies pour attirer sur elle les regards du roi; mais elle n'obtint de lui qu'une marque d'attention dont elle l'aurait volontiers dispensé. Comme elle avait fait avancer sa barque plus près de celle de la reine que l'étiquette ne le permettait, Charles s'en étant aperçu ordonna aux bateliers d'un ton assez dur de ramer en sens contraire, et de se retirer du cortége. Mistress Chiffinch en versa des larmes de dépit, et contrevint à l'avis de Salomon en maudissant le roi dans son cœur ; mais elle n'avait pas d'autre parti à prendre que de retourner chez elle, et de diriger les apprêts de Chaubert pour le souper.

Cependant la barque royale s'arrêta à la Tour, et le monarque enjoué, accompagné d'un joyeux cortége de dames et de courtisans, entendit les échos des prisons d'État répéter des accens d'allégresse et de gaîté auxquels ils n'étaient guère accoutumés. Tandis qu'ils montaient du bord de la rivière au centre des édifices où s'élève ce beau et ancien donjon de Guillaume-le-Conquérant nommé la Tour-Blanche, qui domine sur toutes les fortifications extérieures, Dieu sait combien on fit de bonnes et de mauvaises plaisanteries en comparant la prison d'État de Sa Majesté à celle de Cupidon. Que de parallèles tracés entre les canons de la forteresse et les yeux redoutables des dames ! De semblables propos tenus avec le bon ton des agréables du temps, et écoutés par les dames avec un sourire d'indulgence, composaient ce qu'on appelait alors la bonne conversation.

Ce joyeux essaim de têtes frivoles ne s'attacha pourtant pas constamment à la personne du prince, quoiqu'il eût formé le cortége royal sur la Tamise. Charles, distrait plus souvent par l'indolence et le plaisir, prenait quelquefois des résolutions sages et dignes d'un monarque. Il avait conçu le désir d'inspecter lui-même l'état des armes et des munitions dont la Tour était alors le magasin, comme elle l'est encore aujourd'hui ; trois ou quatre courtisans l'accompagnèrent dans cette visite, tandis que les autres s'amusaient comme ils le pouvaient dans les autres parties de la place. Ce fut avec les ducs de Buckingham et d'Ormond et deux autres seigneurs qu'il entra dans la grande salle où se trouve aujourd'hui le plus bel arsenal du monde, et qui offrait déjà un arsenal digne de la grande nation à laquelle il appartenait.

Le duc d'Ormond bien connu par les services qu'il avait rendus à la cause royale pendant la grande guerre civile était en général, comme nous l'avons déjà fait observer ailleurs, assez froidement accueilli par son souverain qui lui demandait pourtant quelquefois ses avis, ce qu'il fit en cette occasion où l'on n'avait pas peu à craindre que le parlement dans son zèle pour la religion protestante ne voulût prendre exclusivement sous ses ordres les magasins d'armes et de munitions. Tandis que le roi causait assez tristement avec Ormond de la méfiance qui régnait alors, et qu'ils discutaient ensemble les moyens de la dissiper ou d'y résister, Buckingham restant un peu en arrière s'amusa à tourner en ridicule l'air embarrassé et les manières antiques du vieux garde qui les suivait conformément à l'usage. C'était précisément celui qui avait escorté Peveril jusqu'à sa nouvelle prison. Le duc se livra d'autant plus volontiers à son penchant pour la raillerie qu'il remarqua que le vieillard, malgré le respect que lui inspirait la présence du roi, était taciturne et bourru, ce qui donnait beau jeu à son persécuteur. Les armures anciennes dont les murailles étaient couvertes fournirent surtout au duc l'occasion de déployer son esprit, et il insista pour que le vieux garde lui racontât depuis le temps du roi Arthur au moins jusqu'à ce jour l'histoire des batailles dans lesquelles elles avaient été portées, disant que personne ne pouvait se les rappeler mieux que lui.

Le vieillard souffrait évidemment en se voyant obligé à force de questions de répéter des légendes souvent assez absurdes, conservées par la tradition sur chacune de ces armures. Loin de le voir brandir sa pertuisane et prendre un ton d'emphase, comme c'est la coutume de ces ciceroni guerriers, à peine était-il possible d'arracher de celui-ci un mot sur un sujet d'éloquence ordinairement intarissable.

— Savez-vous, mon ami, lui dit le duc, que je commence à changer de façon de penser relativement à vous? Je supposais que vous deviez avoir servi comme yeoman des gardes sous Henry VIII, et je m'attendais à tirer de vous quelques détails sur le champ du Drap-d'Or. Je pensais même à vous demander quelle était la couleur du nœud de rubans d'Anne de Boulen, qui coûta au pape trois royaumes ; mais je crains que vous ne soyez qu'un novice dans ces souvenirs d'amour et de chevalerie. Voyons, est-il bien sûr que tu ne te sois pas glissé dans ce poste militaire en sortant de quelque boutique obscure des environs de la Tour, et que tu n'aies pas échangé une aune contre cette glorieuse hallebarde? je suis sûr que tu ne pourrais pas même me dire à qui cette vieille armure a appartenu?

Le duc lui montra au hasard une vieille cuirasse suspendue au milieu de plusieurs autres, mais qui paraissait avoir été nettoyée avec un soin tout particulier.

— Je dois le savoir, répondit le garde avec hardiesse, mais d'une voix un peu altérée, car j'ai connu un homme qui l'a portée, et qui n'aurait pas enduré la moitié des impertinences que j'ai entendues aujourd'hui.

Le ton du vieillard et les paroles qu'il venait de prononcer attirèrent l'attention du roi et du duc d'Ormond, qui n'en étaient qu'à deux pas. Ils s'arrêtèrent tous deux, se retournèrent, et Charles lui dit en même temps : — Que veut dire cela, drôle? est-ce ainsi qu'on répond? Quel est l'homme dont vous parlez ?

— Je veux parler, dit le garde, d'un homme qui n'est plus rien aujourd'hui, quelque titre qu'il ait pu réclamer naguère.

— Ce vieillard parle sûrement de lui-même, dit le duc d'Ormond en examinant de plus près la physionomie du garde, qui tâchait en vain de se soustraire à cet examen. Ces traits ne me sont certainement pas inconnus. N'êtes-vous pas mon ancien ami le major Coleby?

— J'aurais désiré que la mémoire de Votre Grace eût été moins fidèle, répondit le vieillard en rougissant et en baissant les yeux.

— Juste ciel! dit le roi en tressaillant. Le brave major Coleby, qui vint nous joindre à Warrington, avec ses quatre fils et cent cinquante hommes! Est-ce donc là tout ce que nous pouvons faire pour un de nos anciens amis de Worcester?

De grosses larmes tombaient des yeux du vieillard, tandis qu'il répondit au roi : — N'y pensez pas, sire ; je me trouve bien ici : vieux soldat rouillé au milieu de vieilles armes. Pour un ancien Cavalier mieux partagé que moi, il en est vingt qui sont plus à plaindre. Je suis fâché que Votre Majesté l'ait appris, puisque cela la chagrine.

Avec cette bonté qui faisait excuser bien d'autres de ses défauts, Charles, pendant que le vieillard parlait ainsi, lui retira des mains sa pertuisane, et la mit dans celles du duc de Buckingham, en lui disant : — Ce que la main de Coleby a touché ne peut déshonorer ni la vôtre ni la mienne, milord ; et vous lui devez cette réparation. Il fut un temps où avec moins de provocation il vous l'aurait brisée sur la tête.

Le duc s'inclina profondément en rougissant de colère, et saisit la première occasion de s'en débarrasser en la déposant contre un faisceau d'armes. Le roi ne remarqua pas un mouvement de mépris, qui probablement lui aurait déplu, attendu qu'il était en ce moment tout occupé du vétéran. Il l'obligea à s'appuyer sur son bras, et le conduisit lui-même à une chaise, sans permettre que personne l'assistât.

— Reposez-vous là, mon brave et ancien ami, lui dit-il ; il faudrait que Charles Stuart fût bien pauvre, s'il souffrait que vous portassiez cet habit une heure de plus. — Vous paraissez bien pâle, mon cher Coleby ; et vous aviez tant de couleurs il y a quelques instans! Ne songez pas à ce que vous a dit Buckingham ; personne ne fait attention à ses folies ;... mais vous pâlissez encore davantage! Allons, allons, cette rencontre vous a trop agité. Ne vous agenouillez pas; ne vous levez pas, restez assis sur cette chaise; je vous ordonne de vous y reposer jusqu'à ce que j'aie fait le tour de cette salle.

Le vieux Cavalier baissa la tête en signe de soumission aux ordres de son souverain, mais il ne la releva plus. L'agitation qu'il avait éprouvée avait occasionné un choc trop violent pour un esprit abattu par de longues souffrances, et pour une santé délabrée. Lorsque le roi avec sa suite, au bout d'une demi-heure revint à l'endroit où il avait laissé le vétéran, il le trouva mort, déjà presque froid et dans l'attitude d'un homme profondément endormi. Le roi fut visiblement ému par ce triste spectacle, et ce fut en balbutiant et d'une voix presque éteinte qu'il ordonna que ses restes fussent honorablement ensevelis dans la chapelle de la Tour. Il garda ensuite le silence jusqu'à ce qu'il fût arrivé sur les degrés en face de l'arsenal, où ceux qui composaient son cortége commencèrent à se rassembler dès qu'ils le virent approcher, et où se trouvaient aussi quelques personnes d'un extérieur respectable que la curiosité avait attirées.

— Cela est épouvantable, dit alors le roi. Il faut que nous trouvions quelques moyens de soulager la détresse et de récompenser la fidélité de nos anciens serviteurs, ou la postérité maudira notre mémoire.

— De pareils plans ont souvent été agités dans le conseil de Votre Majesté, dit Buckingham.

— C'est la vérité, Georges, répondit le roi, et je puis dire en conscience que je n'ai rien à me reprocher, car j'y pense depuis bien des années.

— On ne peut trop y penser, sire, reprit Buckingham; d'ailleurs, chaque année rend la tâche plus facile.

— Sans doute, dit le duc d'Ormond, en diminuant le nombre de ceux qui souffrent. Voici le pauvre Coleby qui ne sera jamais un fardeau pour la couronne.

— Vous êtes trop sévère, milord, dit le roi; vous devriez respecter davantage une sensibilité que vous blessez. Vous ne pouvez supposer que nous aurions souffert que ce brave homme restât dans une pareille situation, si nous avions su dans quel état il se trouvait.

— En ce cas, sire, et pour l'amour du ciel, répondit le duc d'Ormond, tournez sur la détresse des autres les yeux qui viennent de se fixer avec pitié sur le cadavre d'un vieil ami. Dans cette tour est enfermé le vieux et brave sir Geoffrey Peveril du Pic, qui se montra pendant toute la dernière guerre partout où il y avait des coups à recevoir, et qui fut, je crois, le dernier homme d'Angleterre qui mit bas les armes. Ici est aussi son fils, dont j'entends parler comme d'un jeune homme plein de courage, d'esprit et de talens. Et que vous dirais-je de l'infortunée maison de Derby? Par pitié, sire, sauvez ces victimes enveloppées dans les replis de cette hydre de conspiration qui veut les étouffer. Chassez les tigres qui cherchent à les dévorer, et trompez l'espoir des harpies qui veulent se partager leurs dépouilles. Il y a aujourd'hui huit jours que cette malheureuse famille, le père et le fils, sont destinés à être mis en jugement pour des crimes dont ils sont aussi innocens, j'ose l'affirmer, qu'aucun de ceux qui se trouvent en ce moment en votre auguste présence. Pour l'amour de Dieu, sire, permettez-nous d'espérer que si les préventions du peuple les condamnent, comme cela est arrivé à tant d'autres, vous interposerez enfin votre autorité, comme le dernier moyen entre les buveurs de sang et leur proie.

Le roi parut embarrassé, et il l'était véritablement.

Il existait entre Buckingham et Ormond une inimitié constante et presque mortelle. Le premier essaya de faire une diversion en faveur de Charles.

— Votre Majesté, dit-il, ne manquera jamais d'objets pour exercer sa bienveillance royale, tant que le duc d'Ormond sera près de sa personne. Il porte sa manche coupée à l'ancienne mode, afin de la remplir d'un assortiment de vieux cavaliers ruinés, qu'il peut en tirer au besoin; assemblage vraiment curieux d'anciens squelettes à nez aviné, à tête chauve, à taille déhanchée, répertoire vivant et sans pitié d'antiques histoires d'Edgehill et de Naseby.

— Je conviens que ma manche est coupée à l'antique, dit Ormond en regardant Buckingham en face; mais je n'y attache ni spadassins ni coupe-jarrets, milord, comme j'en vois attachés à des habits à la nouvelle mode.

— C'est être un peu trop vif en notre présence, milord, dit le roi.

— Et si je prouve ce que j'avance, sire? répondit Ormond. — Milord, ajouta-t-il en se tournant vers Buckingham, vous plairait-il de nommer l'individu à qui vous parliez en débarquant?

— Je n'ai parlé à personne, répondit le duc avec précipitation. — Pardon. — Je me trompe. Je me rappelle que quelqu'un est venu me dire un mot à l'oreille pour m'avertir qu'un homme à qui j'ai affaire, et que je croyais parti de Londres, est encore dans cette ville.

— Et n'est-ce pas là l'homme qui vous a parlé? lui demanda le duc d'Ormond en désignant du doigt un individu dans la foule, homme de grande taille, à teint basané, enveloppé d'un grand manteau, portant un chapeau rabattu à larges bords, et à la ceinture duquel pendait une longue épée à la mode d'Espagne; en un mot, ce même colonel que Buckingham avait chargé de se mettre à la poursuite de Christian pour l'empêcher de revenir à Londres.

Les yeux de Buckingham suivirent la direction du doigt d'Ormond, et la rougeur lui monta tellement au visage, en dépit de tous ses efforts, que le roi s'en aperçut.

— Georges, lui dit-il, quelle est donc cette nouvelle folie? Messieurs, qu'on fasse avancer cet homme. Sur mon ame, il a l'air d'un vrai spadassin. Qui êtes-vous, l'ami? Si vous êtes honnête, la nature a oublié de l'imprimer sur votre front. Y a-t-il ici quelqu'un qui le connaisse?

Tous ses traits annonçant un homme sans honneur,
S'il en a tant soit peu, c'est un grand imposteur!

— Bien des gens le connaissent, sire, répondit le duc d'Ormond; et cet homme qui se trouve ici, la tête sur ses épaules et sans être chargé de fers, est une preuve entre mille que nous vivons sous l'empire du prince le plus clément de toute l'Europe.

— Comment diable, milord! s'écria le roi, qui est donc cet homme? Votre Grace parle comme le sphinx. Buckingham rougit, et ce coquin ne dit mot.

— Cet honnête homme, sire, répondit Ormond, que sa modestie rend muet quoiqu'elle ne puisse le faire rougir, est le fameux colonel Blood, ou du moins tel est le nom qu'il se donne; c'est celui qui, il n'y a pas long-temps encore et dans cette tour même, osa tenter de voler la couronne royale de Votre Majesté.

— C'est un exploit qui ne s'oublie pas facilement, dit le roi; mais si le coquin vit encore, c'est une preuve de la clémence de Votre Grace, aussi bien que de la mienne.

— Je ne puis nier que je n'aie été entre ses mains, sire; et certainement il m'aurait assassiné s'il eût voulu me faire périr sur la place, au lieu de me destiner à être pendu à Tyburn, honneur dont je le remercie. J'aurais bien sûrement été expédié s'il m'eût cru digne d'un coup de stylet ou de pistolet, ou de toute autre chose qu'un bout de corde. — Regardez-le, sire! si le misérable l'osait, il dirait en ce moment comme Caliban[1] dans la comédie : — Oh! oh! je voudrais l'avoir fait[2].

— Sur mon ame, milord, il a un perfide sourire qui semble en dire autant. Mais il a obtenu notre pardon, de même que celui de Votre Grace.

— Il m'aurait paru peu convenable, sire, de montrer de la sévérité en poursuivant un attentat contre mon humble vie, quand il avait plu à Votre Majesté de pardonner une

---

(1) *La Tempête*, scène 4. Shakspeare. — Éd.

(2) Le duc d'Ormond fut sauvé par ses amis, comme on l'entraînait vers Tyburn pour le pendre. Le duc de Buckingham fut violemment soupçonné d'avoir soudoyé Blood pour commettre cet assassinat. — Éd.

entreprise audacieuse et insolente pour dérober sa couronne royale. Mais je dois regarder comme un trait d'impudence sans égal de la part de cet effronté coupe-jarrets, n'importe qui le protége maintenant, d'oser se montrer dans la Tour, naguère le théâtre d'une de ses scélératesses, et devant moi, qui fus si près d'être la victime d'une autre.

— C'est ce qui n'arrivera plus, dit le roi. Blood, écoutez-moi bien, misérable : si jamais vous osez vous présenter devant nous, comme vous venez de le faire, le coutelas de l'exécuteur des hautes-œuvres fera connaissance avec vos oreilles.

Blood s'inclina, et avec un sang-froid d'impudence qui faisait grand honneur à son insensibilité, répondit qu'il n'était venu à la Tour qu'accidentellement, et pour communiquer à un ami particulier une affaire d'importance. — Sa Grace, le duc de Buckingham, ajouta-t-il, sait que je n'avais pas d'autre intention.

— Retirez-vous, infâme scélérat, s'écria Buckingham, aussi mécontent des prétentions que le colonel Blood affichait à sa connaissance qu'un jeune débauché de bonne condition qui a passé la nuit à faire des folies avec des jeunes gens d'une classe inférieure est honteux quand un d'entre eux vient l'accoster en bonne compagnie : si vous osez jamais prononcer mon nom, je vous ferai jeter dans la Tamise.

Blood, repoussé de cette manière, fit une pirouette avec le sang-froid le plus insolent, et opéra sa retraite à loisir et avec calme; tout le monde le regardant comme un monstre de scélératesse, tant il était généralement connu pour un homme capable de tous les crimes! Quelques-uns le suivirent même pour le voir de plus près, comme les oiseaux se rassemblent autour du hibou qui ose se montrer à la lumière du soleil. Mais de même que dans ce dernier cas la gent emplumée a grand soin de se tenir hors de portée des serres et du bec de l'oiseau de Minerve, ainsi ceux qui suivaient Blood et qui le regardaient comme un oiseau de mauvais augure avaient soin de ne pas échanger un regard avec lui, et d'éviter ceux qu'il lançait quelquefois comme un trait empoisonné sur ceux qui s'approchaient de plus près. Il marcha ainsi, comme un loup qui a pris l'alarme, n'osant fuir et craignant de s'arrêter, jusqu'à ce qu'il fût arrivé à la porte des Traîtres. Là, montant sur une barque qui l'attendait, il disparut bientôt aux yeux des curieux.

Charles désirait effacer tout souvenir de l'apparition de ce misérable : il dit qu'il serait honteux qu'un scélérat réprouvé fût un sujet de discorde entre deux des principaux seigneurs de sa cour, et il finit par ordonner aux ducs de Buckingham et d'Ormond de se donner la main, et d'oublier une altercation dont le sujet était si peu digne de les occuper.

Buckingham répondit nonchalamment que les honorables cheveux blancs du duc d'Ormond lui permettaient de faire les premières avances vers une réconciliation, et il lui tendit la main. Ormond se contenta de saluer, et dit que le roi n'avait aucun sujet de craindre que la cour fût troublée par son ressentiment, puisqu'il ne pouvait obtenir ni du temps vingt ans de moins, ni du tombeau son brave fils Ossory. Quant au brigand qui avait osé se montrer en ce lieu, il lui avait des obligations, puisqu'en voyant que la clémence de Sa Majesté pouvait s'étendre jusqu'au plus infâme des criminels, il n'en avait que plus d'espoir d'obtenir la faveur du roi pour ceux de ses innocens amis qui gémissaient en prison, exposés aux plus grands dangers par suite de l'accusation odieuse portée contre eux.

Le roi ne répondit à cette observation qu'en donnant ordre qu'on s'embarquât pour retourner à Whitehall, et il prit congé des officiers de la Tour, en leur faisant sur la manière dont ils s'acquittaient de leurs devoirs un de ces complimens bien tournés que personne n'était capable d'exprimer en meilleurs termes. Il leur donna en même temps des ordres sévères et précis pour la défense de la forteresse importante confiée à leurs soins, et de tout ce qu'elle contenait.

En arrivant à Whitehall, avant de se séparer du duc d'Ormond, il se tourna tout à coup vers lui, et lui dit en homme qui vient de prendre une résolution bien prononcée :
— Soyez sûr, milord, que l'affaire de nos amis ne sera pas oubliée.

Dans la même soirée, le procureur-général et North, président de la cour des Plaids-Communs, reçurent des ordres secrets pour se rendre sur-le-champ près de Sa Majesté, pour un objet important, dans l'appartement de Chiffinch, centre général de toutes les affaires d'état comme des intrigues galantes.

CHAPITRE XLI.

« L'oubli ne couvrira ton nom ni ta mémoire,
« Coras. Elève-toi, bronze monumental,
« Plus haut que ce serment fait du même métal,
« Et que les nations soient en paix sous ton ombre. »
DRYDEN. *Absalon et Architopel.*

La matinée que Charles avait passée à la Tour avait été bien différemment employée par les malheureux que leur mauvais destin et le caractère singulier du temps avaient conduits dans cette prison d'État, tout innocens qu'ils étaient, et qui avaient reçu l'annonce officielle que leur procès serait instruit le septième jour suivant devant la cour du Banc du Roi, à Westminster. Le vieux et brave Cavalier lança d'abord un sarcasme à l'officier qui lui annonçait cette nouvelle, en lui reprochant de troubler son déjeuner. Mais il laissa échapper un mouvement de sensibilité bien naturel quand il apprit que le nom de Julien se trouvait compris dans le même acte d'accusation.

Nous n'avons dessein de rendre compte qu'en termes généraux de ce procès dont les formes furent à peu près les mêmes que celles qu'on suivit dans toutes les affaires criminelles suscitées par la prétendue conspiration des papistes. Un ou deux témoins infâmes et parjures, dont la profession de délateur était devenue horriblement lucrative, affirmaient sous la foi du serment que l'accusé s'était déclaré membre de la grande confédération catholique. D'autres mettaient en avant des faits ou des soupçons tendant à compromettre sa réputation d'honnête protestant ou de sujet loyal; et soit dans les preuves directes, soit dans les présomptions, il y avait toujours de quoi autoriser des juges corrompus et des jurés parjures à prononcer la condamnation de l'innocent.

La fureur du peuple commençait pourtant alors à se calmer, épuisée par sa propre violence. La nation anglaise diffère de toutes les autres, même de celles qui habitent les deux autres royaumes soumis à la même couronne, en ce qu'elle se rassasie aisément du châtiment, même quand elle le suppose le plus mérité. D'autres nations sont comme le tigre apprivoisé qui, quand on lui a permis une fois de satisfaire sa soif de sang naturelle, ne respire plus que le carnage. Mais le peuple anglais a toujours ressemblé davantage à cette race de chiens ardens à poursuivre leur proie, qui s'arrêtent tout à coup si quelque trace de sang se présente sur leur chemin [1].

On examinait de plus près quel était le caractère des témoins, et si leurs dépositions s'accordaient ensemble. On

---

(1) Et cette partie de l'histoire d'Angleterre dont le bourreau serait seul le digne historien, selon Voltaire! Mais l'oiseau ne doit pas salir son nid, pour nous servir d'un proverbe employé par l'aubergiste de Cumnor. — Éd.

commençait à concevoir des soupçons salutaires contre des gens qui ne voulaient jamais dire qu'ils avaient déclaré complètement tout ce qu'ils savaient, mais qui réservaient toujours quelque déclaration pour une autre occasion.

Le roi lui-même, resté passif pendant le premier éclat de la rage populaire, paraissait enfin sortir de sa léthargie, ce qui produisait un effet marqué sur la conduite des conseils de la couronne[1] et même sur celle des juges. Sir Georges Wakeman avait été acquitté en dépit du témoignage direct rendu contre lui par le fameux Oates ; et l'attention publique était fortement excitée sur le résultat que pourrait avoir le procès qui devait avoir lieu ensuite, et c'était précisément celui des deux Peverils, père et fils, avec lesquels je ne sais par quelle espèce de rapprochement le nain, notre ami, le petit sir Geoffrey Hudson, avait été placé à la barre de la cour du Banc du Roi.

C'était un spectacle digne de pitié que de voir un père et un fils, qui séparés depuis si long-temps se retrouvaient dans des circonstances si tristes ; et plus d'un assistant ne put retenir ses larmes quand ce vieillard plein de majesté, car tel était encore sir Geoffrey Peveril quoique affaissé sous le poids des ans, serra son fils contre son cœur avec un mélange de joie, de tendresse et d'amertume, causé par l'idée de l'événement qu'il regardait comme la fin probable du procès. Plusieurs spectateurs ne se contentèrent même pas de pleurer, car on entendait un bruit sourd de sanglots et de murmures.

Ceux à qui il restait assez de sang-froid pour examiner la conduite du pauvre petit Geoffrey Hudson, auquel on faisait à peine attention au milieu du vif intérêt qu'excitaient ses deux compagnons d'infortune, purent remarquer sur ses traits l'expression d'un mécontentement bien prononcé. Il s'était consolé de ses malheurs par l'idée de jouer le rôle qu'il était appelé à remplir d'une manière dont on se sou-

(1) Ce qu'on appelait en France le parquet, les gens du roi. — Éd.

viendrait long-temps ; et à son entrée il avait salué la cour et l'auditoire avec un air cavalier qui devait suivant lui exprimer la grace, le savoir-vivre, un sang-froid parfait et une sorte d'indifférence méprisante pour le résultat du procès. Mais sa petite personne resta si complètement dans l'ombre, à cause de la sensation générale qu'occasionna la reconnaissance du père et du fils amenés séparément de la Tour et placés à la barre au même instant, que sa détresse et sa dignité reléguées sur l'arrière-plan du tableau n'excitèrent ni pitié ni admiration.

Le meilleur moyen qu'aurait pu prendre le nain pour attirer sur lui l'attention eût été de rester tranquille à sa place, car un extérieur aussi remarquable que le sien n'aurait pu manquer de fixer enfin sur lui les regards du public, comme il le désirait si ardemment. Mais la vanité a-t-elle jamais écouté les conseils de la prudence? Notre impatient ami monta non sans peine sur le banc qui lui était destiné; et se levant sur la pointe des pieds, il essaya d'attirer l'attention de l'auditoire, en cherchant à se faire reconnaître du chevalier qui portait le même nom que lui, sir Geoffrey le grand, dont il atteignait à peine les épaules, malgré sa situation élevée.

Peveril du Pic, dont l'esprit était occupé de toute autre chose, ne prit pas garde aux avances réitérées que lui faisait le nain en le saluant, et il s'assit avec la ferme résolution de périr plutôt que de donner le moindre signe de faiblesse devant des Têtes-Rondes et des presbytériens, noms qu'il appliquait à tous ceux qu'il regardait en ce moment comme ses ennemis, parce que toutes ses idées se reportaient à des temps trop éloignés pour qu'il songeât à leur donner des épithètes plus récentes.

Par ce changement de position de sir Geoffrey le grand, sa tête se trouva de niveau avec celle de sir Geoffrey le petit, qui saisit cette occasion pour le tirer par l'habit. Peveril du Pic, par un mouvement plus mécanique que volontaire, se tourna vers le visage ridé qui cherchant à se faire remarquer et à prendre un air d'aisance et d'importance, faisait des grimaces à deux pas de lui. Mais ni la singularité de cette physionomie, ni les signes de tête et les sourires de reconnaissance que le nain lui adressait, ni l'exiguité de son individu n'eurent le pouvoir en ce moment d'en rappeler le souvenir à l'esprit du vieux chevalier, qui après l'avoir regardé un instant se détourna sans y penser davantage.

Julien, dont la connaissance avec le pygmée était d'une date plus récente, au milieu des sensations pénibles qui l'agitaient, ne refusa pas une place dans son cœur à la compassion que lui inspirait son compagnon de souffrance. Dès qu'il le reconnut, sans pouvoir comprendre par quel enchaînement de circonstances il se trouvait impliqué dans la même affaire que son père et lui, et traduit en même temps devant ce terrible tribunal, il lui tendit la main, et le vieillard la saisit avec une dignité affectée et une gratitude véritable.

— Digne jeune homme, lui dit-il, votre présence est pour moi un baume semblable au nepenthe d'Homère, même dans cette crise commune de notre destin. Je suis fâché de voir que l'ame de votre père n'ait pas le même ressort que les nôtres, logées un peu plus à l'étroit; mais il a oublié un ancien compagnon d'armes qui fait peut-être en ce moment avec lui sa dernière campagne.

Julien lui répondit brièvement que son père avait beaucoup à penser. Mais le petit homme, pour lui rendre justice, et comme il le dit alors lui-même, ne se souciait pas plus du danger et de la mort que d'une piqûre de la proboscide d'une puce; il ne renonça pas si aisément au secret objet de son ambition; c'était d'attirer l'attention du grand sir Geoffrey Peveril qui, ayant au moins trois pouces de plus que son fils, possédait cette éminente supériorité de taille que le pauvre nain estimait secrètement plus que toute autre distinction, quoiqu'il en fît dans sa conversation l'objet de ses sarcasmes habituels.

— Mon ancien camarade, dit-il en allongeant une seconde fois le bras pour tirer l'habit de sir Geoffrey Peveril, je vous pardonne votre manque de mémoire, car il s'est passé bien du temps depuis que je vous ai vu à Naseby, combattant comme si vous aviez eu autant de bras que le Briarée de la fable.

Le chevalier, qui avait tourné la tête une seconde fois vers le petit homme, et qui l'écoutait comme s'il eût cherché dans ce qui lui était adressé quelque chose qui méritât la peine d'être entendu, l'interrompit ici en s'écriant d'un air d'impatience : Ta, ta, ta !

— Ta, ta, ta ! répéta sir Geoffrey le petit. Ta, ta, ta ! est une expression qui indique peu d'estime, méprisante même dans toutes les langues ; et si nous étions en lieu convenable....

Mais les juges venaient de prendre séance ; les huissiers crièrent : Silence ! et la voix farouche du président, le fameux Scroggs, de honteuse mémoire, demanda aux officiers à quoi ils songeaient en permettant aux accusés d'avoir des communications ensemble en présence de la cour.

On peut faire observer ici que cet illustre personnage ne savait trop comment il devait se conduire en cette occasion. Un air de calme et de dignité convenable à ses fonctions officielles n'était nullement ce qui le caractérisait. Il fallait toujours qu'il beuglât à tort ou à travers pour ou contre ceux qui étaient traduits à son tribunal, et jamais on n'apercevait en lui rien qui ressemblât à l'impartialité. Dans les premiers procès relatifs à la conspiration, quand l'opinion populaire était déclarée contre les accusés, personne n'avait crié si haut que Scroggs. Essayer d'attaquer la réputation d'Oates, de Bedlowe, ou des autres principaux témoins, était à ses yeux un crime plus odieux que de blasphémer l'Évangile sur lequel ils prêtaient serment ; c'était vouloir étouffer la conspiration, chercher à affaiblir la confiance due à des témoins respectables, en un mot commettre un attentat peut-être égal à celui de haute trahison.

Mais depuis peu une nouvelle lumière commençait à briller aux yeux de ce digne interprète des lois. Plein de sagacité pour découvrir les signes des temps, il commençait à reconnaître que le torrent changeait de cours, et il prévoyait aussi que la faveur de la cour et probablement l'opinion publique se déclareraient avant peu contre les délateurs en faveur des accusés.

Scroggs avait pensé jusqu'alors que Shaftesbury, l'un des créateurs de la conspiration prétendue, jouissait d'un grand crédit auprès de Charles; mais cette opinion avait été ébranlée par une confidence que lui avait faite le matin même de ce jour son confrère North. — Lord Shaftesbury, lui avait-il dit à voix basse, n'a pas plus de crédit à la cour que votre laquais.

Cet avis reçu de bonne part avait mis le digne juge dans un grand embarras; car quoiqu'il s'inquiétât peu d'agir d'une manière conforme à ses principes, il désirait infiniment sauver les apparences. Il ne pouvait avoir oublié les violences auxquelles il s'était porté tout récemment contre les accusés, et sachant en même temps que le crédit des délateurs, quoique fort ébranlé dans l'esprit de toutes personnes judicieuses, était encore fort considérable sur la masse du peuple ignorant, il se voyait dans une position fort délicate. Sa conduite dans tout ce procès ressembla donc à celle d'un pilote dont les manœuvres tendraient à changer la route de son navire avant que les voiles étendues puissent recevoir le vent qui doit le pousser dans une direction opposée. En un mot, il était si incertain sur le côté qu'il devait favoriser, qu'on pouvait dire qu'il était en ce moment, pour la première fois, dans un état d'impartialité relative. On en eut la preuve dans le ton bourru dont il parla tantôt aux accusés, tantôt aux témoins qui déposaient contre eux, semblable à un dogue trop courroucé pour ne pas aboyer, mais ne sachant pas encore qui il doit mordre le premier.

On lut l'acte d'accusation. Sir Geoffrey Peveril en entendit avec assez de calme la première partie, où il était accusé d'avoir placé son fils dans la maison de la comtesse de Derby, papiste prononcée, afin d'aider l'horrible et sanguinaire conspiration; d'avoir eu des armes et des munitions cachées dans sa maison; d'avoir reçu une commission en blanc de lord Stafford, condamné à mort et exécuté comme complice de la conspiration. Mais quand il entendit ajouter qu'il avait eu des communications tendant à même fin avec Geoffrey Hudson, dit sir Geoffrey Hudson, maintenant ou autrefois au service de la reine douairière, il regarda son petit compagnon comme s'il s'en fût rappelé le souvenir à l'instant, et s'écria d'un ton d'impatience : — Ces mensonges sont trop grossiers pour que j'aie besoin d'y répondre. Je puis avoir eu des relations, innocentes et loyales toutefois, avec le feu lord Stafford mon noble parent, car je l'appellerai encore ainsi malgré ses infortunes, et avec la parente de ma femme, l'honorable comtesse de Derby; mais quelle vraisemblance que j'aie eu quelques communications avec un bouffon décrépit, dont tout ce que je me rappelle, c'est qu'il y a long-temps, à une fête de Pâques, je sifflais un air tandis qu'il dansait dans un plat pour divertir la compagnie!

Le pauvre nain pleurait presque de rage; mais il affecta de tourner la chose en plaisanterie, et dit avec un sourire forcé qu'au lieu de se rappeler ces traits de gaîté de jeunesse, sir Geoffrey Peveril aurait pu se souvenir de l'avoir vu charger avec lui à Wigan-Lane.

— Sur ma parole, dit sir Geoffrey après un moment de réflexion, je dois vous rendre justice, monsieur Hudson ; je crois que vous y étiez, et que j'ai entendu dire que vous vous y êtes bien comporté : mais vous conviendrez que vous pouviez être bien près de moi sans que je vous aperçusse.

La naïveté de cette observation fit élever dans toute la salle un bruit qui ressemblait à des éclats de rire étouffés. Le nain, toujours monté sur son banc, et se levant sur la pointe des pieds, s'efforça de réprimer cette audace en regardant autour de lui d'un air fier, comme pour avertir les rieurs qu'ils ne se livraient à leur gaîté qu'à leurs risques et périls. Mais s'apercevant que ses efforts ne servaient qu'à redoubler l'hilarité générale, il prit un air d'insouciance méprisante, et dit avec un sourire dédaigneux que personne ne craignait le regard d'un lion enchaîné, noble comparaison qui augmenta encore l'envie de rire.

On ne manqua pas de faire valoir ensuite, contre Julien Peveril, qu'il avait servi d'entremetteur pour une correspondance secrète entre la comtesse de Derby et d'autres papistes et prêtres catholiques, tous ayant pris part à la détestable conspiration. On eut soin de rapporter tout au long le siége de Moultrassie-Hall, les voies de fait contre Chiffinch sur le grand chemin du roi, la manière dont l'accusé avait attaqué, car on se servit de cette expression, John Jenkins, serviteur du duc de Buckingham, et l'on y ajouta nombre d'autres faits, tous tendant à le faire déclarer coupable de trahison envers l'État et la religion. A toutes ces accusations Julien se contenta de répondre qu'il n'était pas coupable.

Son petit compagnon ne se borna point à une défense si simple; quand il s'entendit accuser d'avoir reçu d'un agent de la conspiration une commission de colonel d'un régiment de grenadiers, il répondit avec un mouvement de colère et de mépris que si Goliath de Gath était venu lui faire une pareille proposition, et lui offrir le commandement d'un corps composé de tous les enfans d'Anak, il ne lui aurait laissé ni l'envie ni la possibilité de le tenter une seconde fois. — Il aurait péri par mes mains à l'instant même, dit le vaillant et loyal petit homme.

Lorsque le conseil de la couronne eut prononcé son discours à l'appui de l'acte d'accusation, on vit paraître le fameux docteur Oates, en grand costume, et couvert de la robe de soie appartenant à son grade ecclésiastique : car il affectait alors beaucoup de dignité dans sa mise et dans toutes ses manières.

Cet homme singulier, s'appuyant sur les intrigues obscures de quelques catholiques, et grace à la circonstance fortuite du meurtre de sir Edmondbury Godfrey, avait trouvé moyen de faire impression sur le crédule vulgaire par les plus absurdes dépositions; c'était un homme qui n'avait d'autre talent pour l'imposture qu'une impudence imperturbable et à l'épreuve. Un homme réfléchi ou de bon sens, en essayant de donner plus de probabilité à la conspiration, ouvrage de son cerveau, aurait indubitablement échoué dans son entreprise, comme cela arrive souvent à des hommes sages quand ils s'adressent à la multitude, parce qu'ils n'osent pas compter autant sur sa crédulité, surtout quand les fictions qui lui sont présentées réunissent l'effrayant et le terrible.

Oates était d'un caractère colérique, et le crédit qu'il avait obtenu le gonflait d'insolence et de vanité. Son extérieur même était sinistre : une grande perruque blanche, semblable à une toison, couvrait son visage abject et d'une longueur démesurée, tant était remarquable la projection de son menton. Sa prononciation était affectée, et il donnait aux voyelles un accent tout particulier.

Ce fameux personnage, tel que nous venons de le décrire, parut comme témoin au procès dont il s'agit, et fit son étonnante déposition sur l'existence d'un complot tramé par les catholiques pour renverser le gouvernement et assassiner le roi, avec les détails qu'on peut trouver dans toutes les histoires d'Angleterre. Mais comme le docteur avait toujours en réserve quelque déclaration spéciale applicable aux accusés mis en jugement, il lui plut en cette occasion d'inculper principalement la comtesse de Derby. — Il avait vu, dit-il, cette honorable dame, lorsqu'il était au collége des jésuites à Saint-Omer. Elle l'avait mandé dans une auberge à l'enseigne du Veau d'Or, et l'avait invité à déjeuner avec elle. Elle lui avait dit ensuite que, sachant combien les pères de la société de Jésus avaient de confiance en lui, elle avait résolu de lui confier aussi ses secrets. Elle avait alors tiré de son sein un large couteau pointu bien affilé, semblable à ceux dont se servent les bouchers pour tuer les moutons, et lui avait demandé à quoi il le croyait destiné. Oates avait fait allusion à l'usage le plus naturel de ces sortes d'instrumens ; mais la comtesse lui appliquant un coup d'éventail sur les doigts, l'avait traité d'esprit lourd, et avait ajouté que ce couteau était destiné à tuer le roi.

Sir Geoffrey Peveril ne put retenir plus long-temps sa surprise et son indignation. — Merci de Dieu ! s'écria-t-il ; a-t-on jamais entendu parler de dames de qualité portant dans leur sein des couteaux de boucher, et confiant au premier effronté qu'elles rencontrent des projets d'assassinat contre le roi ? Messieurs les jurés, pensez-vous que cela soit croyable ? Que ce scélérat produise un témoin honnête qui déclare que lady Derby a proféré en sa présence de pareilles sottises, et je consens à croire tout ce qu'il lui plaira de dire ensuite.

— Sir Geoffrey, dit le juge, tenez-vous en repos. Vous ne devez point parler ainsi. L'emportement ne peut être utile à votre cause. Continuez, docteur.

Oates ajouta que la comtesse avait parlé avec amertume des injustices du roi envers la maison de Derby, de l'oppression de sa religion, des projets formés par les jésuites et les prêtres de ce séminaire, dont un des principaux coadjuteurs devait être son noble parent de la maison de Stanley. Il assura que la comtesse et les pères comptaient beaucoup sur les talens de sir Geoffrey Peveril et de son fils, ce dernier faisant partie de la maison de cette dame. Quant à Hudson, tout ce dont il se souvenait, c'était d'avoir entendu un des pères dire que, quoique nain par stature, il se montrerait géant pour la cause de l'Église.

Quand il eut terminé sa déposition, il y eut une pause ; après quoi, le juge, comme si cette pensée l'eût frappé tout d'un coup, demanda au docteur Oates s'il avait jamais fait mention de la comtesse de Derby dans aucune des dépositions qu'il avait faites relativement à la conspiration, soit devant la cour, soit devant le conseil privé.

Oates parut surpris de cette question, rougit de colère, et répondit, en appuyant sur chaque voyelle, suivant le mode de prononciation qui lui était particulier : — Mais... non..., milord.

— Et s'il vous plaît, docteur, reprit le juge, comment se fait-il qu'un homme qui a révélé tant de mystères n'ait pas dit un seul mot d'une circonstance aussi importante que l'adhésion de cette famille puissante à la conspiration?

— Milord, répliqua Oates avec une effronterie sans égale, je ne viens pas ici pour qu'on mette en question mes dépositions sur le complot.

— Je ne les mets nullement en question, docteur, dit Scroggs, car le moment de le traiter avec le mépris qu'il méritait n'était pas encore arrivé; et je ne doute pas de l'existence du complot, puisque vous l'avez affirmé sous serment. Je désire seulement que par égard pour vous-même et pour la satisfaction de tous les bons protestans, vous nous expliquiez pourquoi vous avez gardé le silence sur un point d'information que le roi et votre pays avaient un si grand intérêt de connaître.

— Milord, dit Oates, je vous raconterai une petite fable à ce sujet.

— J'espère, répondit le juge, que ce sera la première que vous aurez racontée ici, et la dernière que vous y débiterez.

— Milord, continua Oates, il y avait autrefois un renard

qui, ayant à transporter une oie par-dessus une rivière couverte de glace, et craignant que la glace ne fût pas assez forte pour le porter lui et sa proie, commença d'abord par porter une pierre pour en essayer la force.

— Ainsi, dit sir William Scroggs, vos premières dépositions n'étaient que la pierre, et pour cette fois-ci vous nous apportez l'oie. Nous parler ainsi, docteur, c'est traiter en oisons la cour et les jurés.

— Je prie Votre Seigneurie d'interpréter convenablement mes paroles, dit Oates, qui, voyant que le courant se déclarait contre lui, résolut de payer d'effronterie ; tout le monde sait ce qu'il m'en a coûté pour rendre témoignage à la vérité, et pour être l'instrument dans la main de Dieu, afin de donner l'éveil à cette pauvre nation sur l'état dangereux dans lequel elle se trouve. Il y a ici bien des gens qui savent que j'ai été obligé de fortifier mon logement à Whitehall, pour me défendre contre les attentats des sanguinaires papistes. Personne ne devait penser que je conterais toute l'histoire tout d'un coup. Je crois que votre prudence ne m'en aurait pas donné le conseil.

— Ce n'est pas à moi à vous en donner dans cette affaire, docteur, dit le juge ; et c'est au jury à examiner s'il doit vous croire ou non. Quant à moi, je ne siége ici que pour rendre justice à l'accusé comme à l'accusateur. Le jury a entendu votre réponse à ma question.

Le docteur Oates quitta le banc des témoins, rouge de dépit, en homme peu accoutumé à entendre élever le moindre doute sur les dépositions qu'il lui plaisait de faire devant les cours de justice ; et pour la première fois peut-être on entendit parmi les avocats, les procureurs, les clercs et les étudians en droit qui assistaient à cette séance, un murmure défavorable à l'illustre père de la conspiration des papistes.

Everett et Dangerfield, avec qui le lecteur a déjà fait connaissance, furent appelés tour à tour pour déposer à l'appui de l'accusation. C'étaient des délateurs en sous-ordre; des gens qui battaient le fer tandis qu'il était chaud; qui suivaient le sentier tracé par Oates avec toute la déférence due à son génie supérieur et à son esprit inventif, et qui tâchaient de faire accorder leurs fictions avec les siennes, aussi bien que leurs talens le leur permettaient. Mais comme leurs dépositions n'avaient jamais été reçues avec une confiance aussi aveugle que celle que l'impudence d'Oates avait réussi à obtenir du public, ils avaient commencé à tomber en discrédit plus promptement que leur prototype, de même que les tourelles que soutient un bâtiment mal construit sont les premières à s'écrouler.

Ce fut en vain qu'Everett, avec la précision d'un hypocrite, et Dangerfield, avec l'audace d'un scélérat, racontèrent avec des ornemens tirés de leur imagination la rencontre qu'ils avaient faite de Julien Peveril, d'abord à Liverpool, et ensuite au château de Martindale. Ce fut en vain qu'ils décrivirent les armes et les armures qu'ils prétendaient avoir découvertes dans le château de sir Geoffrey, et qu'ils firent un récit effrayant de la manière dont le jeune Peveril avait été enlevé à main armée de Moultrassic-Hall.

Les jurés écoutèrent leurs déclarations froidement, et il était aisé de voir que l'accusation n'avait pas fait grande impression sur leur esprit; d'autant plus que le juge, tout en renouvelant à chaque instant les protestations de sa croyance à la réalité du complot, et de son zèle pour la religion protestante, leur rappelait aussi que des présomptions n'étaient pas des preuves; qu'un ouï-dire n'était pas une certitude; que ceux qui faisaient un métier de découvrir les traîtres pouvaient se faire aider dans leurs recherches par un esprit d'invention; et que sans avoir aucun doute du crime des malheureux accusés qui étaient à la barre, il serait bien aise d'entendre rapporter contre eux quelques preuves d'une nature différente.

— On nous dit, ajouta-t-il, que le jeune Peveril a été enlevé à main armée de la maison d'un grave et digne magistrat, connu, je pense, de la plupart de nous. Eh bien! monsieur le procureur général, pourquoi ne faites-vous pas comparaître M. Bridgenorth, pour prouver ce fait, et toute sa maison, si cela est nécessaire? L'enlèvement d'un prisonnier à main armée est une affaire trop sérieuse pour la juger sur les ouï-dire rapportés par ces deux témoins, quoique à Dieu ne plaise que je croie qu'ils aient dit un seul mot sans le croire véritable! Ils sont témoins pour le roi, et ce qui nous est également cher, pour la religion protestante; témoins contre un complot païen et abominable. Mais d'une autre part, voici un vieux chevalier respectable, car je dois le supposer tel, puisqu'il a versé plus d'une fois son sang pour le roi; voici son fils, jeune homme de belle espérance: je dois veiller à ce que la justice leur soit rendue, monsieur le procureur général.

— Sans contredit, milord, répondit le procureur général; à Dieu ne plaise qu'il en soit autrement! Mais nous allons serrer ces messieurs d'un peu plus près, si vous nous permettez de continuer à faire entendre nos témoins.

— Cela est juste, dit le juge en se renfonçant dans son fauteuil; que le ciel me préserve de vouloir empêcher la preuve de l'accusation! Je vous dirai seulement, et vous le savez aussi bien moi, que *de non apparentibus, et non existentibus, eadem est ratio* [1].

— Nous appellerons donc M. Bridgenorth, comme Votre Seigneurie le désire, dit le procureur général; il doit être ici, prêt à comparaître.

— Non! répondit du milieu de la foule une voix qui paraissait être celle d'une femme; il est trop sage et trop honnête pour s'y montrer.

Cette voix était aussi distincte que l'avait été celle de lady Fairfax lorsqu'elle s'exprima à peu près de la même manière lors du jugement de Charles Ier. Mais en cette occasion les

(1) Ce qui est sans preuve est comme ce qui n'existe pas. — Ed.

recherches qu'on fit pour découvrir la personne qui venait de parler furent infructueuses.

Après le moment de confusion occasionnée par cet incident, le procureur général, qui avait causé un instant avec les conseils de la couronne, dit au juge : — Quelle que soit la personne qui vient de nous donner cette information, elle ne nous trompe pas; car j'apprends à l'instant que M. Bridgenorth est devenu tout à coup invisible ce matin.

— Vous voyez, monsieur le procureur général, dit Scroggs, ce qui résulte de ne pas s'occuper davantage d'avoir sous la main les témoins de la couronne, et de les réunir ensemble; je ne puis être responsable des conséquences.

— Je ne puis l'être plus que vous, milord, répondit le procureur général d'un ton de dépit. J'aurais prouvé par la déposition du digne M. Bridgenorth, juge de paix, l'ancienne amitié qui existe entre sir Geoffrey Peveril et la comtesse de Derby, sur les mauvaises intentions de laquelle le docteur Oates vient de faire une déclaration si concluante. J'aurais prouvé qu'il lui avait donné asile dans son château lorsqu'il existait un mandat d'arrêt décerné contre elle, et qu'il avait eu recours aux armes et à la force ouverte pour empêcher ledit Bridgenorth de le mettre à exécution. J'aurais prouvé en outre contre le jeune Peveril la manière dont il s'est fait enlever à main armée de la maison de ce même juge de paix. J'aurais...

Ici Scroggs mit ses pouces dans sa ceinture, ce qui était son attitude favorite en semblable occasion, et s'écria : — Tout cela est fort bon, monsieur le procureur général ; mais il ne faut nous parler ni de ce que vous auriez prouvé, ni de ce que vous auriez pu prouver. Prouvez-nous tout ce qu'il vous plaira, mais que ce soit par la bouche de vos témoins. La vie des hommes ne doit pas être à la merci des coups de dents d'un jurisconsulte.

— Et un complot détestable, s'écria le procureur général,

ne doit pas être étouffé par la précipitation que vous apportez dans cette affaire. Je ne puis pas davantage faire comparaître M. Chiffinch ; car l'ordre spécial du roi l'a appelé ailleurs en ce moment, comme il vient de me le faire savoir.

— Produisez donc les lettres dont ce jeune homme est accusé d'avoir été porteur.

— Elles sont devant le conseil privé, milord.

— Et pourquoi donc en faites-vous une des bases de l'accusation ? C'est en quelque sorte vous jouer de la cour.

— Puisque Votre Seigneurie le prend ainsi, dit le procureur général en s'asseyant d'un air d'humeur, vous pouvez disposer de l'affaire comme bon vous semblera.

— Si vous n'avez plus de témoins à faire entendre, je vous engage à faire au jury le résumé des preuves.

— Je n'en prendrai pas la peine, milord. Je vois clairement comment vont les choses.

— Réfléchissez-y bien. Songez que votre accusation contre les deux Peverils n'est qu'à demi prouvée, et qu'elle ne l'est nullement contre ce petit homme, si ce n'est que le docteur Oates a déclaré qu'il avait entendu dire qu'en un certain cas il deviendrait un géant : c'est un miracle que les papistes auraient peine à faire.

Cette saillie fit rire tout l'auditoire, et le dépit du procureur général parut en redoubler.

— Monsieur le procureur général, dit Oates, qui intervenait toujours dans la conduite des procès de cette nature, c'est abandonner complètement et de gaîté de cœur une bonne cause ; je dois dire que c'est étouffer la conspiration.

— Eh bien ! s'écria le procureur général, que le diable qui l'a enfantée lui rende la vie si bon lui semble ! Et jetant par terre son acte d'accusation avec un mouvement de colère, il se retira de la cour, comme outré de dépit contre tous ceux qui s'y trouvaient.

Le juge ayant obtenu silence, car un murmure s'éleva dans la cour à l'instant où le procureur général jeta l'acte d'accusation, il commença à faire au jury le résumé de toute l'affaire, balançant, comme il l'avait fait pendant toute l'instruction, les opinions différentes par lesquelles il semblait alternativement entraîné. Il protesta sur l'espoir de son salut qu'il ne doutait pas plus de l'existence de l'horrible et infernal complot appelé la *conspiration des papistes*, que de la trahison de Judas Iscariotes, et qu'il regardait Oates comme l'instrument choisi par la Providence pour sauver la nation du gouffre de maux dans lequel l'aurait plongée l'assassinat de Sa Majesté, et la préserver du fléau d'une Saint-Barthélemy dans Londres. — Mais il ajouta que le vœu bien entendu des lois anglaises était que plus le crime est grand, plus il faut que les preuves en soient fortes. Ici l'on voyait les complices d'un crime mis en jugement, tandis que le principal coupable, car c'était ainsi qu'il nommait la comtesse de Derby, était en liberté et n'était pas même accusé. Quant au docteur Oates, il n'avait parlé que de choses qui concernaient personnellement cette noble dame, dont les expressions, si elle en avait employé de semblables dans un moment d'égarement relativement à l'assistance qu'elle espérait recevoir dans des projets criminels des deux Peverils, de ses parens ou des parens de son fils, de la maison de Stanley, pouvaient n'être que le vain éclat du ressentiment d'une femme, *dulces Amaryllidis iræ*. Qui savait même si le docteur Oates, homme de bonne mine, de manières agréables, n'avait pas commis une méprise en prenant pour un châtiment du peu de zèle qu'il montrait pour la cause des catholiques ce coup d'éventail qu'il avait reçu sur les doigts? Les dames papistes, disait-on, soumettaient parfois à de sévères épreuves les jeunes néophytes qui se disposaient à prendre les ordres. — Je parle de cette circonstance d'un ton badin, continua le juge, parce que je ne veux nuire à la bonne renommée ni de l'honorable comtesse ni du révérend docteur, et que je pense que ce qui s'est passé entre eux en cette occasion pouvait avoir un tout autre objet qu'un crime de haute trahison. Quant à ce que le procureur général vous a dit de résistance à l'autorité, d'enlèvemens à main armée, et de je ne sais quoi, il me semble que lorsque de tels événemens se passent dans un pays civilisé, il est facile d'en rapporter la preuve ; et que ni vous ni moi, messieurs, nous ne devons les croire légèrement sur des ouï-dire. Pour cet autre accusé, ce *Galfridus minimus*, je dois dire que je ne vois pas même s'élever l'ombre d'un soupçon contre lui. Qui pourrait croire qu'une créature semblable, un avorton, s'enfoncerait dans les profondeurs de la politique, et prendrait part à des stratagèmes de guerre ? On n'a qu'à le regarder pour être convaincu du contraire. Son âge le rapproche du tombeau plutôt que d'une conspiration ; et sa taille comme tout son extérieur le rend plus propre à être montré comme une pièce curieuse qu'à être initié dans les mystères d'un complot.

Le nain fit entendre alors sa voix aigre et criarde pour assurer le juge que tel qu'on le voyait il avait pris part à sept conspirations du temps de Cromwell, et cela, ajouta-t-il fièrement, avec quelques-uns des hommes les plus grands d'Angleterre. L'air et la manière dont Geoffrey Hudson prononça cette rodomontade, et dont il serait impossible de donner une idée, suscitèrent dans tout l'auditoire de grands éclats de rire, et augmentèrent le ridicule qui commençait à s'attacher à cette affaire ; de sorte que ce fut en se tenant les côtés et avec des larmes arrachées par une toute autre cause que la douleur, que les spectateurs entendirent la déclaration unanime du jury en faveur des trois accusés innocens.

Mais un mouvement de sensibilité plus vive agita le cœur de ceux qui virent le père et le fils se jeter dans les bras l'un de l'autre, et après s'être embrassés cordialement, tendre la main à leur pauvre petit compagnon de danger qui, de même qu'un chien quand il se trouve à pareille scène, avait enfin réussi à se glisser jusqu'à eux, et à s'assurer une part de leurs félicitations en leur offrant les siennes.

Telle fut la fin singulière de ce procès. Charles désirait se faire honneur auprès du duc d'Ormond de la manière adroite dont la loi venait d'être éludée, grace aux ruses qu'il avait lui-même imaginées et fait exécuter; et il fut surpris et mortifié de la froideur avec laquelle Sa Grace lui répondit qu'il était enchanté de voir ses pauvres amis hors de danger, mais qu'il aurait voulu que Sa Majesté les en tirât en roi, en usant du droit qu'il avait de faire grace, au lieu de voir un juge les dérober à l'atteinte des lois, à peu près comme un faiseur de tours de gibecière escamote une muscade sous un gobelet.

CHAPITRE XLII.

« Moi seul j'en battrais bien quarante. »
SHAKSPEARE.

PARMI ceux qui avaient assisté à l'instruction du procès et au jugement dont nous avons donné le précis, il se trouvait sans doute bien des gens qui pensaient que cette affaire avait été conduite d'une manière fort singulière, et que la querelle qui avait eu l'air d'avoir lieu entre le juge et le procureur général n'était que le résultat d'un arrangement concerté d'avance entre eux pour faire tomber l'accusation. Mais quoiqu'on les soupçonnât de s'être entendus ensemble à cet effet, la plus grande partie de l'auditoire étant composée de gens sensés et bien élevés, regardait déjà la conspiration dénoncée comme une billevesée, et voyait avec plaisir que des accusations banales qui avaient fait couler tant de sang pouvaient être éludées, n'importe de quelle manière. Mais la foule qui attendait dans la cour des Requêtes, dans le vestibule et sur la place, voyait sous un jour tout différent ce qu'elle appelait la prévarication du juge et du procureur général pour sauver les prisonniers.

Oates, qui n'avait pas besoin de tant de provocations qu'il en avait reçues ce jour-là pour agir en véritable frénétique, se jeta au milieu des flots de la multitude en criant jusqu'à en perdre la voix : — Ils étouffent la conspiration ! ils étranglent la conspiration ! — Milord le juge et M. le procureur général sont ligués pour sauver les conspirateurs et les papistes !

— C'est une invention de la papiste de Portsmouth, dit un des auditeurs.

— Ou plutôt de Rowley lui-même, dit un autre.

— S'il pouvait s'assassiner lui-même, dit un troisième, au diable qui l'en empêcherait !

— On devrait le juger pour avoir conspiré contre lui-même, s'écria un quatrième, et le pendre *in terrorem*.

Cependant sir Geoffrey, son fils et leur petit compagnon sortirent de la salle des séances du tribunal dans l'intention d'aller rejoindre lady Peveril, qui avait pris un logement dans Fleet-Street. Elle avait été tirée de bien des inquiétudes, comme sir Geoffrey le donna à entendre en peu de mots à Julien, par un ange sous la forme d'une jeune amie, et elle les attendait sans doute en ce moment avec impatience. L'humanité et une idée confuse qu'il pouvait bien avoir blessé la susceptibilité du pauvre nain engagèrent le vieux Cavalier à l'inviter à les accompagner. — Je sais que lady Peveril est logée un peu à l'étroit, dit-il à son fils ; mais il serait bien étrange qu'il ne se trouvât pas chez elle un buffet assez grand pour servir de lit à cette pauvre petite créature.

Le nain entendit cette remarque dont l'intention était bonne, et la grava dans sa mémoire avec l'allusion à sa danse sur un plat, pour en faire le sujet d'une explication quand les circonstances le permettraient.

En sortant de la cour de justice ils attirèrent l'attention générale, tant à cause de la situation dont ils venaient de sortir que par leur ressemblance, comme le dit un espiègle étudiant du Temple, aux trois degrés de comparaison, le grand, le moindre, le très petit. Mais ils n'avaient pas fait beaucoup de chemin quand Julien s'aperçut que des passions plus à craindre que la simple curiosité agitaient la foule qui les suivait et qui semblait épier tous leurs mouvemens.

— Les voilà, ces scélérats de papistes! dit un homme du peuple; les voilà qui vont à Rome!

— Vous voulez dire à Whitehall, dit un autre.

— Les monstres sanguinaires! s'écria une femme, c'est une honte d'en laisser vivre un seul après le meurtre abominable du pauvre sir Edmondbury.

— Que la foudre, dit un autre, écrase les coquins de jurés qui ont lâché ces chiens enragés contre une malheureuse ville!

Le tumulte croissait à chaque instant, et les plus furieux s'écriaient déjà : *lambons-les, mes amis, lambons-les!* mot fort en usage à cette époque, et qui avait été forgé par allusion au destin du docteur Lamb, charlatan et astrologue massacré par la populace, du temps de Charles 1er.

Julien commença à être alarmé de ces symptômes de violence, et regretta de n'avoir pas pris un bateau pour se rendre par eau dans la Cité. Il était alors trop tard pour faire ainsi sa retraite, et il engagea tout bas son père à doubler le pas pour gagner Charing-Cross, sans faire attention aux insultes qu'on pourrait leur adresser, un air ferme et que d'imiter son père, et il s'empara comme lui d'une des armes que le hasard lui présentait.

Tandis qu'ils donnaient ainsi des signes non équivoques de leur détermination à se défendre, la foule se jeta sur eux avec tant d'impétuosité que le malheureux nain fut renversé, et il allait être foulé aux pieds si le vieux chevalier, écartant la populace en faisant le moulinet autour de lui avec son sabre, ne l'eût saisi d'un bras vigoureux et ne l'eût mis à l'abri des coups en le plaçant sur l'auvent en terrasse qui couvrait la porte de l'armurier. Le nain saisit à l'instant parmi les armes rouillées étalées sous ses pieds un vieux bouclier, puis une rapière, et se couvrant de l'un tandis qu'il estramaçonnait de l'autre aux yeux de la populace ameutée, il se trouvait si bien du poste avantageux qu'il occupait, qu'il criait à haute voix à ses deux amis escarmouchant à armes plus égales avec leurs adversaires, de ne pas perdre de temps pour venir se mettre sous sa protection. Mais bien loin d'avoir besoin de son secours, le père et le fils se seraient aisément fait jour à travers la canaille, s'ils avaient pu se résoudre à laisser leur petit compagnon dans la situation où il se trouvait, et où, à tout autre œil qu'au sien, il était comme un petit mannequin armé d'une épée et d'un bouclier, placé pour servir d'enseigne à la porte d'un maître d'escrime.

Les pierres et les bâtons commencèrent bientôt à voler, et la populace, malgré les efforts des deux Peverils pour la disperser en faisant le moins de mal possible, semblait déterminée à les sacrifier à sa rage, quand quelques personnes qui avaient assisté au jugement, apprenant que les accusés qui venaient d'être acquittés étaient en danger d'être massacrés par la canaille, tirèrent l'épée pour les dégager. La populace ne commença pourtant à se disperser que lorsqu'elle vit approcher, presque au même instant, un détachement des gardes-du-corps qu'on avait fait partir de leur résidence ordinaire à la première nouvelle de ce qui se pasune démarche assurée pouvant empêcher la canaille d'en venir à des extrémités. Cet avis était prudent; mais lorsqu'ils eurent passé devant le palais de Whitehall, le caractère impétueux de sir Geoffrey Peveril et le naturel non moins irascible de *Galfridus minimus,* dont le courage ne comptait pas plus le nombre qu'il ne mesurait la taille, ne leur permirent pas de le suivre.

— Au diable les coquins, avec leurs cris et leurs hurlemens! dit sir Geoffrey le grand. De par le ciel, si je pouvais trouver un bâton, j'inculquerais la raison et la loyauté dans quelques-unes de leurs carcasses!

— J'en ferais autant, dit le nain qui suait sang et eau pour suivre ses compagnons, et qui pouvait à peine respirer; et moi aussi je bâtonnerais outre mesure ces marauds de plébéiens, hem! hem!

Parmi la foule qui les suivait en criant et en les insultant de toutes manières, si l'on en excepte les voies de fait, se trouvait un garçon cordonnier, qui, entendant cette malheureuse bravade du nain belliqueux, l'en récompensa en lui déchargeant sur la tête un coup d'une botte qu'il tenait à la main, et qu'il reportait à sa pratique. La violence du coup enfonça le chapeau du nain sur ses yeux, et ne sachant qui l'avait frappé il se jeta par instinct sur le plus grand des drôles qu'il vit près de lui. Celui-ci para l'attaque en lui donnant dans la poitrine un coup de poing qui renvoya le pauvre petit champion près de ses compagnons. Ils furent alors assaillis de toutes parts; mais la fortune, favorable aux désirs de sir Geoffrey le grand, voulut que cette querelle eût lieu près de la boutique d'un armurier; et parmi les armes qui y étaient exposées à la vue du public, sir Geoffrey Peveril saisit une épée qu'il fit brandir avec la dextérité d'un homme habitué depuis long-temps à s'en servir. Julien, tout en appelant à haute voix un officier de paix, et en rappelant aux assaillans qu'ils attaquaient des gens qui ne les avaient nullement provoqués, ne vit rien de mieux à faire sait. Quand ce renfort inattendu arriva, le vieux chevalier entendit avec joie partir du milieu de ce petit groupe de braves quelques-uns des cris qui avaient animé sa jeunesse plus active.

— Où sont ces coquins de Têtes-Rondes! criaient les uns. — Assommez ces chiens d'hypocrites! disaient les autres. — Vivent le roi et ses amis, et au diable tout le reste! s'écriaient quelques autres, avec plus de juremens qu'il n'est nécessaire d'en confier au papier dans un siècle où les oreilles sont plus délicates.

Le vieux Cavalier, dressant les oreilles comme un chien de chasse qui reconnaît la voix des piqueurs, aurait volontirs, maintenant qu'il se voyait si bien appuyé, balayé le Strand, dans la charitable intention de forcer les coquins qui l'avaient insulté à se cacher dans des bouteilles d'osier, comme il le dit; mais il fut retenu par la prudence de Julien qui, quoique trop courroucé lui-même de la manière dont ils avaient été traités sans provocation, voyait qu'ils étaient dans une position où ils devaient songer à leur sûreté, au lieu de se livrer à des projets de vengeance. Il pria et pressa son père de chercher une retraite momentanée, tandis qu'ils le pouvaient, pour se dérober à la fureur de la populace. Le sous-officier qui commandait le détachement des gardes-du-corps engagea aussi l'ancien Cavalier à suivre ce conseil prudent, et fit même sonner le nom du roi pour l'y déterminer, tandis que Julien avait recours à celui de sa mère.

Sir Geoffrey Peveril regarda sa lame rougie du sang de quelques-uns de ses plus audacieux adversaires qu'il avait légèrement blessés, et il avait l'air de n'être qu'à demi satisfait. — Si du moins j'avais couché sur le carreau un de ces drôles! s'écria-t-il; mais je ne sais comment cela s'est fait, en voyant leurs figures anglaises rondes et larges, je ne pouvais me résoudre à pointer, et je me contentais de quelques taillades.

— Le bon plaisir du roi est que cette affaire n'aille pas plus loin, dit le sous-officier.

— Ma mère mourra d'inquiétude, dit Julien, si elle entend parler de ce tumulte avant que nous soyons arrivés.

— Oui, oui, dit le chevalier, Sa Majesté d'une part et ma bonne femme de l'autre... Eh bien! que leur bon plaisir s'accomplisse, c'est tout ce que je puis dire. Il faut bien obéir aux rois et aux dames. Mais par où battre en retraite, puisqu'il faut le faire?

Julien aurait été assez embarrassé pour répondre à cette question; car toutes les portes, toutes les boutiques avaient été fermées dans les environs dès qu'on avait vu cette scène de confusion prendre un caractère redoutable. Mais l'armurier, des marchandises duquel ils s'étaient emparés sans trop de cérémonie, leur offrit un asile de la part du propriétaire de la maison dans laquelle il louait sa boutique, ajoutant seulement avec beaucoup de douceur qu'il espérait que ces messieurs prendraient en considération l'usage qu'ils avaient fait de ses armes.

Julien réfléchissait à la hâte s'il était prudent d'accepter l'invitation de cet homme, sachant par expérience combien de piéges étaient dans l'usage de se tendre deux factions dont la haine était trop invétérée pour se faire un scrupule d'employer la duplicité contre leurs ennemis, quand le nain faisant entendre sa voix aigre et criant de toutes ses forces du haut du poste qu'il occupait toujours sur l'auvent de la boutique, les exhorta à accepter l'offre du digne maître de la maison. — Lui-même, dit-il en se reposant après la glorieuse victoire à laquelle il se flattait d'avoir eu quelque part, avait été favorisé d'une vision béatifique, trop splendide pour être décrite au commun des mortels. Une voix qui avait fait bondir son cœur comme le son d'une trompette l'avait invité à se réfugier chez le respectable propriétaire de cette maison, et à solliciter ses amis à en faire autant.

— Une vision! le son d'une trompette! s'écria le chevalier du Pic. Le petit homme est fou à lier.

Mais l'armurier se hâta de lui expliquer que le nain avait reçu avis d'une dame de sa connaissance qui lui avait parlé par une fenêtre tandis qu'il était sur l'auvent, que ses amis et lui trouveraient une retraite sûre chez le propriétaire de la maison. Il l'engagea en même temps à faire attention à de nouveaux cris qui se faisaient entendre dans l'éloignement. En effet, la canaille se disposait à revenir à la charge en plus grand nombre et avec une nouvelle violence.

Le père et le fils remercièrent donc à la hâte l'officier et son détachement, de même que les autres personnes qui avaient pris volontairement leur défense, et ils descendirent le petit sir Geoffrey Hudson du poste élevé qu'il avait si honorablement occupé pendant l'escarmouche ; ils suivirent alors l'armurier qui, les conduisant par un passage voisin, et leur faisant traverser une ou deux cours, afin, leur dit-il, de tromper l'espion si quelqu'un voulait voir où ils allaient se terrer, les fit entrer dans la maison par une porte de derrière. Ils montèrent ensuite un escalier couvert de nattes de paille pour obvier à l'humidité, et au haut duquel ils entrèrent dans un assez grand salon dont les murs étaient couverts d'une grosse serge verte bordée de cuir doré, tenture que les citoyens peu riches ou économes adoptaient alors au lieu de tapisserie ou de boiserie.

Là Julien récompensa si généreusement l'armurier de l'emprunt forcé qui lui avait été fait de ses armes, que l'artisan en abandonna la propriété à ceux qui venaient de s'en servir, d'autant plus volontiers, ajouta-t-il, qu'il était charmé de les voir entre les mains de gens qui en connaissaient le maniement, et d'hommes de grande taille.

Le nain lui sourit d'un air courtois en le saluant, et mit en même temps la main dans sa poche ; mais il l'en retira d'un air d'insouciance, probablement parce qu'il n'y trouva pas de quoi faire la petite libéralité qu'il méditait.

L'armurier les salua ; et comme il allait se retirer, il dit qu'il prévoyait que le bon temps reviendrait en Angleterre, et que les lames de Bilbao se vendraient aussi bien que jamais. — Je me souviens, messieurs, dit-il, quoique je ne fusse alors qu'apprenti, qu'en 1641 et 1642 la demande d'armes était considérable ; on achetait plus de sabres que de cure-dents, et le vieux Ironsides, mon maître, vendait de méchantes rapières de Provant le double de la somme que j'oserais demander aujourd'hui pour une lame de Tolède. Mais à coup sûr la vie d'un homme dépendait de la lame qu'il portait ; les Cavaliers et les Têtes-Rondes se battaient tous les jours à la porte de Whitchall. Comme il est probable, d'après votre bon exemple, messieurs, que cela peut encore arriver, ce qui me mettrait en état de quitter cette boutique pour en ouvrir une plus belle, j'espère que vous me recommanderez à vos amis ; j'ai toujours des marchandises avec lesquelles un gentilhomme peut risquer sa vie sans crainte.

— Je vous remercie, mon cher ami, répondit Julien ; mais je vous prie de nous laisser. J'espère que nous n'aurons pas besoin de vos marchandises, du moins d'ici à quelque temps.

L'armurier se retira ; mais pendant qu'il descendait, le nain lui cria qu'il reviendrait le voir incessamment pour se munir d'une lame plus longue et plus convenable pour se battre, la rapière qu'il avait n'étant bonne que pour la parade ou pour une escarmouche avec de la canaille comme celle qui venait d'avoir lieu.

Ce peu de mots rappelèrent l'armurier, qui dit à sir Geoffrey le petit qu'il trouverait chez lui une lame digne de son courage ; et comme si cette idée ne se fût présentée à son esprit qu'en ce moment : — Mais, messieurs, dit-il, vous ne pouvez traverser le Strand avec des lames nues à la main, ce serait le moyen d'ameuter encore une fois la populace. Si vous le désirez, pendant que vous allez vous reposer ici, j'y ajusterai des fourreaux.

Cette observation parut si raisonnable, que Julien et son père remirent sur-le-champ leurs armes au bon armurier. Le nain suivit leur exemple, mais après avoir hésité un moment, ne se souciant pas, dit-il avec emphase, de se séparer si tôt de l'ami fidèle que la fortune venait de lui procurer il n'y avait qu'un instant. L'artisan sortit en emportant les armes des trois amis ; et quand il se retira ils entendirent fermer la porte à double tour.

— Avez-vous entendu cela ? demanda sir Geoffrey à son fils ; et nous voilà désarmés !

Julien avant de lui répondre examina la porte qui était bien fermée, et les fenêtres, qui étaient au premier étage, garnies de barreaux de fer. — Je ne puis croire, dit-il après un moment de réflexion, que ce drôle ait voulu nous prendre dans un piége. Dans tous les cas il ne serait pas difficile de forcer la porte et de nous en aller. Mais avant d'en venir à cette mesure violente, je crois qu'il vaut mieux laisser la canaille se disperser, et donner à cet homme un temps raisonnable pour nous rapporter nos armes. Alors s'il ne revient pas, j'espère que nous ne trouverons pas beaucoup de difficulté à nous tirer d'embarras.

Comme il finissait de parler, la tapisserie se souleva ; on vit s'ouvrir une petite porte qu'elle cachait, et le major Bridgenorth entra dans l'appartement.

CHAPITRE XLIII.

> « Tel qu'un esprit sortant de la nuit des tombeaux,
> « Il vint leur annoncer des jugemens terribles,
> « Les cieux fermés pour eux, des tortures horribles. »
> *Le Réformateur.*

L'étonnement de Julien à l'apparition inattendue du major Bridgenorth fut remplacé au même instant par la crainte que lui inspira le caractère violent de son père ; car il avait toutes les raisons possibles pour craindre de le voir se livrer à quelque emportement contre un homme qu'il respectait autant pour lui-même que parce qu'il était le père d'Alice. La manière dont il se présenta n'était pourtant pas faite pour éveiller le ressentiment. Son front était calme, sa démarche lente et mesurée ; ses yeux indiquaient à la vérité les soucis et l'inquiétude, mais n'exprimaient ni l'animosité de la colère ni la joie du triomphe.

— Vous êtes le bienvenu chez moi, sir Geoffrey Peveril, dit-il ; aussi bienvenu que vous l'auriez été jadis quand nous nous appelions voisins et amis.

— Sur mon ame, répondit le vieux Cavalier, si j'avais su que cette maison fût à toi, j'aurais souffert qu'on m'arrachât l'ame du corps plutôt que de passer le seuil de ta porte, c'est-à-dire pour y chercher ma sûreté.

— Je pardonne votre animosité à vos préventions, dit le major.

— Gardez votre pardon jusqu'à ce que vous l'ayez obtenu vous-même, répliqua sir Geoffrey. Par saint Georges! j'ai juré que si je mettais jamais les pieds hors de cette infernale prison où j'ai été envoyé, en grande partie grace à vous, monsieur Bridgenorth, je vous ferais payer les loyers de ce mauvais logis. Je ne frapperai personne dans sa maison ;.. mais si vous voulez ordonner à ce drôle de me rendre mon arme et venir faire un tour avec moi dans cette cour sombre à deux pas, je vous ferai voir quelle chance peut avoir un traître contre un sujet loyal, — un puritain contre un Peveril du Pic.

— Quand j'étais plus jeune et que j'avais le sang plus ardent, sir Geoffrey, répondit Bridgenorth en souriant et avec beaucoup de sang-froid, j'ai refusé votre cartel. Est-il probable que je l'accepte à présent, que nous sommes tous deux si voisins du tombeau? Je n'ai jamais été, je ne serai jamais avare de mon sang pour mon pays.

— C'est-à-dire quand il s'agit de prendre les armes contre le roi, dit le chevalier.

— Mon père! s'écria Julien, écoutons monsieur Bridgenorth. Nous avons trouvé un asile chez lui; et quoique nous le voyons à Londres, nous devons nous rappeler qu'il n'a point paru en témoignage contre nous ce matin, quand sa déposition aurait pu donner une tournure fâcheuse à votre affaire.

— Vous avez raison, jeune homme, dit Bridgenorth, et mon défaut de comparution aujourd'hui à Westminster doit être un gage de ma sincérité. Il ne me fallait que dix minutes de marche pour aller dans la salle des séances de la cour de justice assurer votre condamnation. Mais comment aurais-je pu m'y résoudre, sachant comme je le sais que c'est à toi, Julien Peveril, que je dois le salut de ma fille, de ma chère Alice, de tout ce qui me reste de sa sainte mère; que c'est toi qui l'as délivrée des piéges dont l'enfer et la perfidie l'avaient entourée!

— Elle est en sûreté, j'espère! s'écria Julien avec vivacité, oubliant presque la présence de son père; bien en sûreté et sous votre propre garde!

— Non pas sous la mienne, mais sous celle d'une personne à la protection de laquelle, après celle du ciel, je puis la confier avec le plus de sécurité.

— En êtes-vous sûr? en êtes vous bien sûr? Je l'ai trouvée entre les mains d'une femme à qui elle avait été confiée, et qui cependant....

— Était la plus vile des créatures. Mais celui qui l'avait choisie avait été trompé sur son caractère.

— Dites plutôt que vous vous êtes trompé sur celui de cet homme. Souvenez-vous que lorsque nous nous quittâmes à Moultrassie-Hall, je vous avertis de vous méfier de ce Ganlesse, qui....

— Je sais ce que vous voulez dire, et vous ne vous êtes pas trompé en m'en parlant comme d'un mondain. Mais il a réparé son erreur en délivrant Alice des dangers dans lesquels elle fut plongée lorsqu'elle se trouva séparée de vous. D'ailleurs je n'ai pas jugé à propos de lui confier de nouveau celle qui est tout ce que j'ai de plus cher.

— Je rends graces au ciel de ce que vous avez ouvert les yeux, du moins en partie.

— Ce jour les ouvrira tout-à-fait ou les fermera pour toujours, répondit Bridgenorth.

Pendant ce court dialogue que les interlocuteurs tinrent ensemble sans faire attention qu'ils avaient d'autres auditeurs, sir Geoffrey écoutait avec surprise et curiosité, espérant entendre quelque chose qui rendrait cette conversation intelligible pour lui; mais ne pouvant rien y comprendre, il cria tout à coup : — Sang et tonnerre! Julien, que signifie tout ce bavardage? Que peux-tu avoir de commun avec cet homme, à moins que ce soit pour le bâtonner, si tu ne jugeais pas indigne de toi de faire périr sous le bâton un aussi vieux coquin?

— Vous ne connaissez pas monsieur Bridgenorth, mon père, s'écria Julien; je suis certain que vous ne lui rendez pas justice. Je lui ai de grandes obligations, et je suis sûr que lorsque vous les apprendrez....

— J'espère que je mourrai auparavant, s'écria sir Geoffrey avec une violence toujours croissante; j'espère que le ciel dans sa merci me réunira à mes ancêtres avant que j'apprenne que mon fils, mon fils unique, le dernier espoir de mon ancienne maison, tout ce qui me reste du nom de Peveril, a consenti à contracter quelque obligation envers l'homme que je devais le plus haïr dans le monde entier, si je ne devais le mépriser encore davantage. Enfant dégénéré! vous rougissez! vous gardez le silence! Parlez! désavouez une telle bassesse, ou par le Dieu de mes pères....

Le nain s'avança vers lui tout à coup. — Silence! s'écria-t-il d'une voix si discordante et si imposante en même temps qu'elle semblait presque surnaturelle; silence! homme de péché et d'orgueil, et n'appelez pas le nom d'un Dieu qui est la sainteté même, en témoignage de votre ressentiment profane.

Ces paroles prononcées d'un ton ferme et décidé, et l'enthousiasme avec lequel il s'exprimait donnèrent en ce moment au nain méprisé un ascendant marqué sur l'homme dont il n'atteignait pas le coude. Sir Geoffrey Peveril le regarda un instant d'un air surpris et presque timide, comme si une apparition surnaturelle se fût offerte à ses yeux. — Connaissez-vous la cause de mon ressentiment? lui demanda-t-il ensuite.

— Non, répondit le nain : il me suffit de savoir que rien ne peut justifier le serment que vous alliez faire. Homme ingrat! vous avez été sauvé aujourd'hui de la fureur dévorante des méchans par un concours merveilleux de circonstances; est-ce dans un pareil jour que vous devez vous livrer à vos ressentimens?

— Je mérite ce reproche, dit sir Geoffrey; mais il m'arrive par une entremise bien singulière. La sauterelle, comme dit le livre de prières, est devenue un fardeau pesant pour mes épaules. Julien, je te parlerai plus tard de cette affaire. Quant à vous, monsieur Bridgenorth, je désire ne plus avoir aucune communication avec vous, ni amicale, ni hostile : le temps se passe, et je ne demande qu'à retourner dans ma famille. Faites-nous rendre nos armes; ouvrez-nous les portes, et séparons-nous sans autre altercation, car cela ne pourrait servir qu'à nous troubler l'esprit et à nous aigrir encore davantage.

— Sir Geoffrey Peveril, dit Bridgenorth, je ne désire troubler ni votre esprit ni le mien; mais pour nous séparer si promptement, c'est ce qui serait difficile, car cela ne peut s'accorder avec l'œuvre que j'ai sous la main.

— Comment, monsieur! s'écria le nain, voulez-vous dire que vous nous retiendrez ici de gré ou de force? si je n'étais obligé d'y rester par l'ordre d'un être qui a tout pouvoir de commander à ce pauvre microcosme, je vous ferais voir que les clefs et les verroux ne peuvent arrêter un homme comme moi.

— Il a raison, dit sir Geoffrey Peveril; car je crois qu'au besoin le petit homme pourrait s'échapper par le trou de la serrure.

Les traits du major s'épanouirent presque jusqu'à sourire en entendant la bravade d'un petit héros et le commentaire méprisant de sir Geoffrey Peveril; mais une telle expression ne s'y laissait jamais voir deux secondes de suite; — il retrouva aussitôt toute sa gravité : — Messieurs, dit-il, il faut que vous ayez la bonté de prendre votre parti. Croyez-moi, on ne vous veut aucun mal; au contraire, en restant ici vous consulterez votre sûreté, qui sans cela pourrait courir de grands dangers. Ce sera votre faute si vous perdez un cheveu de votre tête. Mais j'ai la force pour moi, et quoi qu'il puisse vous arriver, si vous essayez d'employer la violence pour sortir d'ici, vous n'aurez de reproches à faire qu'à vous-mêmes. Si vous ne m'en croyez pas, je consens que Julien Peveril m'accompagne, et je lui ferai voir que j'ai le moyen de réprimer tout acte de violence.

— Trahison! trahison! s'écria le vieux chevalier. Trahison contre Dieu et contre le roi! Oh! que n'ai-je pour une demi-heure la lame dont j'ai été assez sot pour me dessaisir!

— Calmez-vous, mon père, je vous en conjure, dit Julien. Je vais suivre monsieur Bridgenorth, puisqu'il y consent. Je m'assurerai s'il existe quelque danger et de quelle nature il est. S'il s'agit de quelque mesure de violence, peut-être réussirai-je à l'en détourner. Mais dans tous les cas, ne craignez pas que votre fils fasse rien qui soit indigne de lui.

— Faites ce qu'il vous plaira, Julien, lui répondit son père, je mets ma confiance en vous; mais si vous la trahissez, la malédiction d'un père s'attachera à vos pas.

Bridgenorth fit alors signe à Julien de le suivre, et ils sortirent par la petite porte par laquelle il était arrivé.

Cette porte conduisait dans un vestibule ou espèce d'antichambre, dans laquelle semblaient aboutir différens corridors fermés par autant de portes. Bridgenorth en ayant ouvert une, fit signe à Julien de le suivre en silence et avec précaution. Julien obéit; et après avoir fait quelques pas il entendit des sons semblables à ceux de la voix humaine, et bientôt une véritable déclamation solennelle et emphatique. Continuant à marcher avec lenteur et sans bruit, Bridgenorth le fit passer par une porte qui terminait ce corridor, et l'introduisit dans une petite galerie fermée par un rideau. Là il entendit très distinctement une voix qui lui parut celle d'un prédicateur.

Julien ne douta pas alors qu'il ne fût dans un de ces conventicules en contravention avec les lois existantes, mais qui continuaient à se tenir régulièrement dans différentes parties de Londres et des faubourgs. La prudence et la timidité du gouvernement fermaient les yeux sur ceux qui étaient fréquentés par des gens dont les opinions politiques étaient modérées, et qui n'étaient non-conformistes que par principe de conscience. Mais on cherchait, on dispersait, on persécutait partout où l'on pouvait les découvrir ceux où se rassemblaient les esprits plus rigides et plus exaltés composant les sectes connues sous les noms d'Indépendans, d'Anabaptistes, et plusieurs autres dont le farouche enthousiasme avait contribué à renverser le trône de Charles Ier.

Julien fut bientôt convaincu que l'assemblée dans laquelle il était ainsi secrètement introduit appartenait à cette dernière classe, et qu'elle se composait de gens professant les principes les plus exagérés, à en juger par la violence du prédicateur. Il en fut encore plus certain quand à un signe que lui fit Bridgenorth, il eut entr'ouvert avec précaution une partie du rideau qui couvrait le devant de la galerie, et qu'il put sans être vu lui-même voir l'auditoire et le prédicateur.

Environ deux cents hommes étaient assemblés dans une grande salle garnie de bancs, et semblaient occupés de l'exercice de leur culte. Mais tous étaient armés de piques, de mousquets, de sabres et de pistolets. La plupart avaient l'air de soldats vétérans, commençant à entrer dans l'automne de la vie, mais conservant assez de force pour suppléer à l'agilité de la jeunesse. Ils étaient assis dans diverses attitudes, mais annonçant une profonde attention. Appuyés sur leurs piques ou sur leurs mousquets, ils avaient les yeux fixés sur le prédicateur, qui termina une violente déclamation en déployant du haut de sa chaire une bannière sur laquelle était représenté un lion avec l'inscription *Vicit leo ex tribu Judæ*[1].

L'éloquence mystique mais animée du prédicateur, vieillard à cheveux gris à qui le zèle semblait rendre une voix

(1) Le lion de Juda a vaincu. — Ta.

que l'âge avait cassée, convenait parfaitement au goût de ses auditeurs ; mais on ne pourrait le reproduire dans ces pages sans faire crier à l'inconvenance et au scandale. Il menaça le gouvernement d'Angleterre des jugemens rendus par le ciel contre Moab et l'Assyrie. Il conjura les saints qui l'écoutaient de se revêtir de force, de se lever et d'agir ; et leur promit ces miracles qui dans les campagnes de Josué et de ses successeurs les vaillans juges d'Israël avaient suppléé au nombre contre les Ammonites, les Madianites et les Philistins.

Julien, dévoré d'inquiétudes, en eut bientôt assez entendu pour être persuadé que cette assemblée se terminerait probablement par une insurrection ouverte, comme celle des hommes de la Cinquième Monarchie, sous Venner, au commencement du règne de Charles Ier, et il songea avec effroi qu'il était vraisemblable que Bridgenorth se trouverait entraîné dans une entreprise si criminelle et si désespérée. S'il avait pu conserver quelques doutes sur le résultat de cette assemblée, ils se seraient dissipés quand il entendit le prédicateur exhorter ses auditeurs à renoncer à l'espoir qu'on avait conçu jusqu'alors de sauver la nation par le moyen des lois ordinaires d'Angleterre. Ce n'était, dit-il, qu'un désir charnel d'une assistance terrestre ; c'était aller chercher du secours en Égypte, ce que l'œil jaloux de leur divin maître ne verrait que comme une fuite vers un autre rocher, vers une bannière différente de celle qui était déployée en ce moment à leurs yeux. A ces mots il agita solennellement la bannière du lion sur leur tête, comme le seul étendard sous lequel ils dussent chercher la vie et le salut.

Il soutint ensuite que tout recours à la justice ordinaire était inutile, était même un péché. — Ce qui s'est passé aujourd'hui à la cour de justice de Westminster, dit-il, peut vous apprendre que l'homme qui siége à Whitehall est semblable à l'homme qui fut son père. Et il termina une longue tirade contre les vices de la cour, en les assurant que Tophet[1] était ordonné depuis long-temps, et qu'il était échauffé par le roi.

Lorsque le prédicateur commença la description du gouvernement théocratique qui approchait, Bridgenorth, qui semblait avoir oublié quelque temps la présence de Julien pour écouter avec toute l'attention dont il était capable le discours de cet énergumène, parut tout à coup revenir à lui-même; et prenant Peveril par la main, il le fit sortir de la galerie dont il ferma la porte avec soin, et le conduisit dans un appartement voisin.

Quand ils y furent arrivés, il prévint les questions que Julien se disposait à lui faire en lui demandant d'un ton sévère, mais qui exprimait un secret triomphe, s'il était probable que les hommes qu'il venait de voir feraient leur ouvrage avec négligence, et s'il ne serait pas dangereux de vouloir sortir de vive force d'une maison dont toutes les issues étaient gardées par des hommes semblables, anciens guerriers habitués aux armes depuis leur enfance?

— Au nom du ciel! dit Julien sans répondre à cette question, pour quel projet, inspiré par le désespoir, avez-vous rassemblé tant de gens exaspérés? Je sais que vous avez des opinions religieuses toutes particulières ; mais prenez garde de vous tromper vous-même. Jamais la religion, sous quelque point de vue qu'on la considère, ne peut sanctionner la rébellion et le meurtre. Telles sont pourtant les conséquences naturelles et nécessaires de la doctrine que nous venons d'entendre prêcher aux oreilles de ces fanatiques et violens enthousiastes.

— Mon fils, répondit Bridgenorth avec calme, je pensais comme vous dans les jours de ma jeunesse. Je croyais avoir

---

(1) *Tophet* est un mot employé par le prophète Isaïe, sur le sens duquel on n'est pas trop d'accord. Suivant les uns, c'était une tuerie située au sud de Jérusalem, où brûlait un feu continuel destiné à consumer les entrailles des bestiaux et autres immondices. D'autres prétendent qu'on donnait ce nom au brasier dans lequel on brûlait les enfans sacrifiés à Moloch. — Éd.

fait assez quand j'avais payé ma dîme de cumin et d'anis, quand j'avais accompli les petites observances morales de l'ancienne loi; je croyais avoir amassé des trésors précieux, qui hélas! n'avaient pas plus de valeur que les cosses laissées par les pourceaux dans leur auge. Béni soit le ciel! les écailles sont tombées de mes yeux, et après avoir erré quarante ans dans les déserts de Sinaï, je suis enfin arrivé dans la Terre de Promission. Je me suis purifié de la corruption de ma nature humaine; je me suis dépouillé du vieil homme, et ma conscience me permet à présent de mettre la main à la charrue, certain que partout où je porterai mes regards en arrière je n'apercevrai en moi aucune faiblesse. — Les sillons, ajouta-t-il en fronçant les sourcils, doivent être longs et profonds, et il faut que le sang des forts les arrose.

Ses yeux s'animèrent de plus en plus, et il s'opéra dans son ton et ses manières, tandis qu'il prononçait ces singulières expressions, un changement qui convainquit Julien que l'esprit du major, qui avait chancelé tant d'années entre son bon sens naturel et l'enthousiasme insensé de son siècle, s'était enfin abandonné à ce dernier mouvement. Sentant le danger auquel allaient vraisemblablement être exposés l'innocente et belle Alice et son père, pour ne rien dire du risque qu'une insurrection soudaine ferait courir à tous les citoyens, il sentait aussi que nul raisonnement ne pouvait être efficace sur un homme qui opposerait la conviction que le fanatisme avait opérée dans son esprit à tous les argumens qu'on pourrait multiplier contre ses projets insensés. S'adresser à son cœur, semblait une ressource dont le succès était plus probable. Julien conjura donc le major de réfléchir combien l'honneur et la sûreté de sa fille exigeaient qu'il s'abstînt de la démarche dangereuse qu'il méditait. — Si vous succombez, lui dit-il, ne tombe-t-elle pas sous la tutelle et l'autorité de son oncle qui, d'après vous-même, s'est rendu coupable de la méprise la plus grossière en lui choisissant une protectrice; et qui, suivant moi, et comme j'ai de bonnes raisons pour le croire, a fait ce choix infâme, les yeux ouverts ?

— Jeune homme, répondit Bridgenorth, vous me faites éprouver ce qu'éprouve le pauvre oiseau à la patte duquel un enfant cruel a attaché une ficelle pour le ramener vers la terre quand bon lui semble. Mais puisque vous voulez jouer ce rôle barbare et me faire descendre de mes contemplations plus élevées, apprenez que celle aux soins de qui j'ai confié Alice, et qui a désormais plein et entier pouvoir de diriger ses actions et de décider de son sort, en dépit de Christian et de qui que ce soit, est... Non, je ne vous dirai pas qui elle est : qu'il vous suffise de savoir que personne ne doit craindre pour sa sûreté, vous moins que tout autre.

En ce moment une porte latérale s'ouvrit, et Christian lui-même entra dans l'appartement. Il tressaillit et rougit en apercevant Julien, et se retournant vers Bridgenorth, il lui demanda d'un air d'indifférence : — Saül est-il parmi les prophètes ? Un Peveril se trouve-t-il au nombre des saints ?

— Non, mon frère, répondit Bridgenorth ; son heure n'est pas plus arrivée que la tienne. Tu es enfoncé trop profondément dans les intrigues de l'âge mûr, et il est trop emporté par les passions orageuses de la jeunesse, pour que vous puissiez l'un et l'autre entendre la voix calme qui vous appelle. — Vous l'entendrez tous deux, je l'espère du moins, et je le demande au ciel dans mes prières.

— Monsieur Ganlesse, Christian, ou quel que soit le nom que vous vous donniez, dit Julien, quels que soient les motifs qui vous guident dans cette affaire dangereuse, vous du moins vous n'êtes pas enflammé par l'idée que l'ordre immédiat du ciel vous ordonne des hostilités contre l'État. Oubliant donc, quant à présent, les sujets de discussion que nous pouvons avoir ensemble, unissez-vous à moi, je vous en conjure, comme homme doué de jugement et de bon sens, pour dissuader monsieur Bridgenorth de l'entreprise fatale qu'il médite.

— Jeune homme, répondit Christian avec beaucoup de sang-froid, quand nous nous sommes rencontrés dans l'ouest, je désirais faire de vous un ami ; mais vous avez repoussé mes avances. Vous m'aviez pourtant assez vu pour être assuré que je n'étais pas homme à donner les mains témérairement à une entreprise désespérée. Dans celle qui nous occupe, mon frère Bridgenorth apporte la simplicité de la colombe, sinon son innocence, et j'y joins la subtilité du serpent. Il a la conduite des saints qui sont inspirés par l'esprit ; et je puis ajouter à leurs efforts ceux d'un corps puissant d'auxiliaires qui ont pour instigateurs le monde, Belzébuth et la chair.

— Et pouvez-vous consentir à une semblable union? demanda Julien à Bridgenorth.

— Je ne m'unis pas avec eux, répondit le major ; mais je ne pourrais, sans me rendre coupable, rejeter les secours que la Providence envoie à ses serviteurs. Nous ne sommes nous, qu'un petit nombre, quoique déterminés. Ceux qui arrivent avec des faucilles pour nous aider à moissonner, doivent être les bienvenus. Quand la récolte sera faite, ils seront convertis ou dispersés. — Avez-vous été à York-Place, mon frère? Avez-vous vu cet épicurien vacillant? Il nous faut sa dernière résolution, il nous la faut avant qu'une heure se soit écoulée.

Christian jeta les yeux sur Julien, comme si sa présence l'eût empêché de répondre à cette question, sur quoi Bridgenorth se leva, et prenant le jeune homme par le bras, il le reconduisit dans l'appartement où il avait laissé son père. Chemin faisant, il l'assura que des factionnaires vigilans et déterminés avaient été stationnés à tous les endroits par où il serait possible de sortir de la maison, et qu'il ferait bien de persuader à son père de rester tranquillement prisonnier pendant quelques heures.

Julien ne lui répondit rien, et le major se retira, le laissant avec son père et Hudson. Tout ce qu'il put répondre à leurs questions fut qu'il craignait qu'ils n'eussent donné dans un piége, puisqu'il se trouvait dans la maison au moins deux cents fanatiques complètement armés, et paraissant disposés à quelque entreprise désespérée. Étant eux-mêmes sans armes, ils ne pouvaient recourir à la force ouverte, et quelque fâcheux qu'il pût être de rester dans une telle situation, la fermeture solide de la porte et des verrous rendait presque impossible toute tentative pour s'évader secrètement, sans courir le risque de se voir découverts.

Le vaillant nain était le seul qui conservât encore quelque espoir, et il s'efforçait de le faire partager à ses compagnons d'affliction. — La belle dont les yeux étaient semblables aux astres fils jumeaux de Léda, dit-il, car le petit homme était un grand admirateur du style élevé, ne l'avait pas invité lui, le plus dévoué et non le moins favorisé peut-être de ses serviteurs, à entrer dans cette maison comme dans un port, pour l'exposer à y faire naufrage ; et il assura généreusement ses amis que sa sûreté garantirait la leur.

Sir Geoffrey Peveril, peu consolé par cette promesse, exprima son désespoir de ne pouvoir aller jusqu'à Whitehall, où il se flattait qu'il aurait trouvé assez de braves Cavaliers pour étouffer cet essaim de guêpes dans leur guêpier, tandis que Julien pensait que le meilleur service qu'il pourrait rendre à Bridgenorth serait de découvrir son complot pendant qu'il en était encore temps, et de le faire avertir en même temps de mettre sa personne en sûreté.

Nous allons maintenant les laisser méditer sur leurs plans à loisir. Ils dépendaient de leur évasion préalable du lieu où ils étaient retenus, et par conséquent il n'y avait guère d'apparence qu'ils pussent être exécutés.

CHAPITRE XLIV.

> « Chacun d'eux à son tour fit le saut périlleux :
> « Ceux-ci pour se sauver, ceux-là croyant des cieux
> « Reconnaître le signe et la voix protectrice;
> « Les uns pour s'avancer, d'autres par avarice ;
> « Par boutade ou gaîté j'en fis moi-même autant. »
>
> SHAKSPEARE. *Le songe d'une nuit d'été.*

Après avoir eu une conversation particulière avec Bridgenorth, Christian courut à l'hôtel du duc de Buckingham en choisissant le chemin le plus propre à éviter la rencontre d'aucune personne de sa connaissance. On le fit entrer dans l'appartement du duc, qu'il trouva mangeant des noisettes et vidant un flacon d'excellent vin blanc.

— Christian, dit le duc, venez m'aider à rire. J'ai mordu sir Charles Sedley, je lui ai gagné mille guinées, de par tous les dieux !

— Je vous félicite de votre bonne fortune, milord, mais je viens pour affaires sérieuses.

— Sérieuses ! ma foi, je crois que pendant tout le reste de ma vie, je ne pourrai plus garder mon sérieux. Ah ! ah ! bonne fortune ! Ce n'est pas cela, c'est mon génie, une idée excellente, pas autre chose. Si ce n'était que je ne me soucie pas de faire un affront à la fortune, je pourrais lui dire en face comme l'ancien général grec : — Tu n'as eu aucune part à ce succès. Vous savez, Ned Christian, que la mère Cresswell est morte ?

— Oui, milord : j'ai appris que le Diable s'est emparé de ce qui lui appartenait.

— Fort bien! vous êtes un ingrat, car je sais qu'elle vous a obligé comme beaucoup d'autres. De par saint Georges! c'était une vieille dame très obligeante et très secourable; et pour qu'elle ne dorme pas sans honneur dans sa tombe, j'ai parié, — vous m'écoutez? — j'ai parié avec Sedley que j'écrirais son oraison funèbre; que chaque mot en serait à son éloge; qu'elle ne contiendrait rien qui ne fût vrai; et que cependant le diocésain ne pourrait pincer Quodling, mon petit chapelain, qui la prononcerait.

— Je vois parfaitement la difficulté, milord, dit Christian qui savait que s'il voulait captiver l'attention de ce seigneur frivole, il fallait qu'il le laissât d'abord épuiser le sujet quel qu'il fût qui s'etait mis en possession de sa glande pinéale [1].

— Eh bien! continua le duc, j'ai fait dire à mon petit Quodling que malgré les mauvais bruits qu'on avait fait courir pendant la vie de la digne matrone dont on venait de rendre les restes à la terre, l'envie même ne pouvait nier qu'elle ne fût bien née, qu'elle ne se fût bien mariée, qu'elle n'eût bien vécu, et qu'elle ne fût bien morte, puisqu'elle était née à Shadwell, s'était mariée à Cresswell, avait vécu à Camberwell, et était morte à Bridewell [2]. C'était toute l'oraison funèbre, et avec elle se terminèrent les espérances ambitieuses de Sedley d'être plus malin que Buckingham. Ah! ah! ah! mais à présent, monsieur Christian, quels ordres avez-vous à me donner aujourd'hui?

— D'abord je dois remercier Votre Seigneurie d'avoir procuré à votre ami, à votre serviteur, la compagnie d'un

---

(1) Petit corps du cerveau où quelques physiologistes métaphysiciens placent le siége de l'ame. — Éd.

(2) Il y a ici un jeu de mots qu'il est impossible de faire passer en français. Il roule sur le mot *well* qui signifie *bien*. C'est comme si l'on disait en français : Cette femme a fait une belle alliance, car elle s'est mariée à Bellevue; elle a fait une belle fin, car elle est morte à Belleville, etc. — Éd.

homme aussi formidable que le colonel Blood. Sur ma foi, il prenait tant d'intérêt à mon départ de Londres, qu'il voulait me forcer à l'accélérer à la pointe de l'épée, de sorte que je fus obligé de lui tirer quelques gouttes de mauvais sang. Les braves de Votre Grace ont eu du malheur depuis quelque temps, et cela est fort désagréable, puisque vous avez toujours soin de choisir les meilleurs bras et les ames les moins scrupuleuses.

— Allons, allons, Christian, ne prenez pas ce ton de triomphe avec moi. Un grand homme, si je puis me donner ce titre, n'est jamais plus grand que lorsque ses plans sont déjoués. Je ne vous ai préparé ce tour que pour vous donner une idée salutaire de l'intérêt que je prends à tous vos mouvemens. Le drôle a osé tirer l'épée contre vous! C'est ce que je ne lui pardonnerai jamais. Quoi! attaquer les jours de mon ancien ami Christian?

— Et pourquoi non? répondit Christian d'un ton calme, si votre ancien ami est assez entêté pour ne pas vouloir sortir de Londres quand Votre Grace le désire, dans le dessein honnête d'amuser ma nièce chez vous en mon absence?

— Quoi! comment! que voulez-vous dire? Amuser votre nièce chez moi! c'était un personnage bien au-dessus de mes humbles intentions. Elle était destinée, s'il m'en souvient bien, à un poste plus élevé, à la faveur du roi.

— Elle a pourtant habité le couvent de Votre Grace deux jours ou environ. Heureusement le père confesseur était absent, et comme on a escaladé plus d'un couvent depuis quelque temps, quand il est revenu l'oiseau était envolé.

— Christian, tu es un vieux renard : je vois qu'on ne peut jouer au plus fin avec toi. C'est donc toi qui m'as dérobé ma jolie prise; mais tu m'as laissé en place une nymphe qui me plaisait bien davantage, et si elle ne s'était fait des ailes pour m'échapper, je l'aurais mise dans une cage d'or.

Ne crains rien, Christian, je te pardonne; je te pardonne de bon cœur.

— Votre Grace est dans une humeur miséricordieuse, d'autant plus que c'est moi qui ai été injurié; et comme le dit le sage, celui qui fait l'injure est moins disposé au pardon que celui qui la reçoit.

— C'est vrai, Christian, c'est vrai; et il y a quelque chose de nouveau dans ce que tu dis, quelque chose qui place ma clémence sous un point de vue frappant. Eh bien! l'homme pardonne, quand reverrai-je ma princesse de Mauritanie?

— Quand je serai certain qu'un quolibet, une gageure ou une oraison funèbre ne la banniront pas de votre mémoire.

— Elle y resterait mieux gravée que tous les traits d'esprit de South et d'Etherege, s'écria le duc avec vivacité, pour ne rien dire des miens.

— Cependant, pour la laisser de côté un instant, un instant bien court; car je vous promets qu'en temps convenable Votre Grace la reverra, et verra en elle la femme la plus extraordinaire que ce siècle ait produite. Mais pour la laisser de côté, comme je vous le dis, un instant, avez-vous reçu des nouvelles récentes de la santé de la duchesse votre épouse?

— De sa santé! mais..... non....., rien de particulier. Elle a été fort mal, mais.....

— Mais elle ne l'est plus maintenant, puisqu'elle est morte il y a quarante-huit heures, dans le comté d'York.

— Il faut que tu aies fait un pacte avec le diable! s'écria le duc.

— Cela conviendrait mal à un homme qui porte mon nom, répondit Christian[1]; mais dans le court intervalle écoulé depuis cette nouvelle que le public ne connaît pas encore, vous avez, je crois, fait une demande au roi pour

---

(1) Nous rappelons aux lecteurs que *Christian*, en anglais, signifie *chrétien*. — Éd.

obtenir la main de lady Anna, seconde fille du duc d'York, et Votre Grace a essuyé un refus.

— Mort et furie! s'écria le duc en s'élançant sur Christian et en le saisissant par le collet de son habit! qui t'a dit cela, misérable?

— Lâchez mon habit, milord, et je vous répondrai. J'ai un vieux levain d'humeur puritaine, et je n'aime pas l'imposition des mains. Lâchez-moi, vous dis-je, ou je saurai trouver le moyen de vous y forcer.

Le duc avait la main droite sur son poignard, tandis qu'il tenait de la gauche le collet de Christian. Il le lâcha pourtant, mais lentement et en homme qui suspend l'exécution d'un dessein formé à la hâte, mais sans y renoncer. Christian, rajustant son habit avec le plus grand calme, lui dit :
— Fort bien ; mon habit étant dégagé, nous pouvons parler sur le pied de l'égalité. Je ne viens pas pour insulter Votre Grace, mais pour lui offrir les moyens de se venger de l'insulte qu'elle a reçue.

— La vengeance! s'écria le duc, c'est ce qu'on peut me présenter de plus précieux dans la situation d'esprit où je me trouve ; j'ai faim et soif de vengeance ; je mourrais pour me venger. Mort de ma vie! continua-t-il en donnant les signes de l'agitation la plus violente, j'ai cherché à bannir ce refus de mon esprit par mille folies, parce que je croyais que personne n'en était instruit, et le voilà connu! connu de l'égout des secrets de la cour, de Ned Christian! Parle, homme d'astuce et d'intrigue, de qui me promets-tu de me venger? Parle, et si ta réponse est d'accord avec mes désirs, je ferai un pacte avec toi aussi volontiers qu'avec Satan lui-même, qui est ton maître.

— Je ne serai pas aussi déraisonnable dans mes demandes que le fut, à ce qu'on nous conte, le vieil apostat. J'offrirai à Votre Grace, comme il pourrait le faire, la félicité temporelle et la vengeance, monnaie dont il se sert souvent pour gagner des recrues. Quant à votre salut futur, je vous laisse le maître d'y pourvoir comme bon vous semblera.

Le duc fixa sur lui un regard mélancolique. — Plût à Dieu, Christian, dit-il, que je pusse lire dans tes traits quels diaboliques projets de scélératesse tu as à me proposer, sans te mettre dans la nécessité de parler!

— Votre Grace n'a qu'à essayer, répondit Christian en souriant d'un air calme.

— Non, dit le duc après l'avoir encore regardé pendant une minute. — Tu as un masque si épais d'hypocrisie, que tes traits ignobles pourraient cacher un crime de haute trahison aussi aisément qu'un vol, qu'un larcin, et tout autre délit plus convenable à ta basse condition.

— Haute trahison, milord! Ma foi vous êtes arrivé plus près du but que vous ne le pensiez. J'honore la pénétration de Votre Grace.

— Haute trahison! répéta le duc; qui ose nommer un tel crime en ma présence?

— Si le mot vous fait peur, milord, vous pouvez y substituer celui de vengeance. Vengeance contre la cabale de conseillers qui vous ont supplanté en dépit de tout votre esprit et de votre crédit auprès du roi. Vengeance contre Arlington, contre Ormond, contre Charles lui-même.

— Non, de par le ciel! s'écria Buckingham en marchant à grands pas dans son appartement. Vengeance contre ces rats du conseil privé, et n'importe comme elle arrive! Mais contre le roi! jamais! jamais! Je lui ai fait cent provocations pour une; je l'ai contrecarré dans des intrigues d'État; j'ai été son rival en amour; je l'ai battu des deux côtés, et de par le diable! il m'a pardonné. Quand la trahison pourrait m'élever au trône en sa place, rien ne saurait me justifier; ce serait une ingratitude infâme.

— C'est parler noblement, milord, et d'une manière digne des obligations que vous avez à Charles Stuart et de la reconnaissance que vous avez toujours montrée. Mais qu'importe ? Si Votre Grace ne veut pas se mettre à la tête de notre entreprise, il y a Shaftesbury, il y a Monmouth.

— Misérable ! s'écria le duc avec une agitation toujours croissante, crois-tu donc aller faire à d'autres des propositions que je refuse ? Non, de par tous les dieux du paganisme et du christianisme ! Écoute-moi bien, Christian, je vais te faire arrêter à l'instant même, te conduire à Whitehall, et il faudra bien que tu y dévoiles tes intrigues.

— Et les premiers mots que j'y prononcerai, répondit l'imperturbable Christian, seront pour informer le conseil privé en quel endroit il pourra trouver certaines lettres dont Votre Grace a honoré son pauvre vassal, et qui contiennent des détails que Sa Majesté lira, je crois, avec plus de surprise que de.....

— Par la mort ! scélérat, s'écria le duc en portant de nouveau la main sur son poignard ; tu me tiens dans tes filets, et je ne sais pourquoi je ne te poignarde pas à l'instant.

— Je puis succomber, milord, dit Christian en rougissant légèrement et en mettant la main droite dans son sein, mais je ne mourrai pas sans vengeance ; car je ne me suis pas exposé au danger sans quelques moyens de défense. Je puis succomber ; mais hélas ! la correspondance de Votre Grace est entre des mains qui, en ce cas, ne manqueraient pas d'activité pour la faire passer entre celles du roi et du conseil privé. Que dites-vous de la princesse de Mauritanie, milord ? Que direz-vous si je l'ai constituée exécutrice de mes dernières volontés en lui laissant des instructions sur ce qu'elle avait à faire si je ne revenais pas sain et sauf de chez vous ? Je savais qu'en venant ici je mettais ma tête dans la gueule du loup ; mais je n'ai pas été assez oison pour ne pas disposer une batterie de carabines qui fera feu sur lui dès qu'il aura serré les mâchoires. Allons donc, milord, vous avez affaire à un homme qui ne manque ni de courage ni de bon sens, et vous lui parlez comme à un lâche et à un enfant.

Le duc se jeta dans un fauteuil, baissa les yeux vers le plancher, et dit sans les relever : — Je vais appeler Jerningham ; mais ne craignez rien, ce n'est que pour un verre de vin. La drogue qui est sur cette table est bonne pour faire passer des noisettes et des noix, mais elle ne suffit pas pour un entretien comme le vôtre. Apporte-moi du champagne, dit-il à Jerningham qui parut à l'instant même où son maître l'appela.

Jerningham revint sur-le-champ, et apporta un flacon de champagne et deux grands gobelets d'argent. Il en remplit un, le présenta au duc qui contre l'étiquette d'usage était toujours servi le premier chez lui, et offrit ensuite le second à Christian, qui le refusa.

Buckingham vida le grand gobelet qui lui avait été présenté, se couvrit un instant le front avec la main, et la retirant tout à coup : — Christian, dit-il, expliquez-vous clairement. Nous nous connaissons l'un et l'autre. Si ma réputation est jusqu'à un certain point à votre discrétion, votre vie est à la mienne. Et à ces mots il tira de son sein un pistolet et le plaça sur la table. Asseyez-vous et faites-moi comprendre vos projets.

— Milord, dit Christian en regardant le pistolet avec un sourire, je n'appellerai point à mon aide en ce moment un pareil argument, quoiqu'il fût possible qu'au besoin vous vissiez que je n'en suis pas dépourvu ; mais ma défense est dans la situation même des choses, et dans la manière calme dont Votre Majesté les envisagera.

— Ma Majesté ! s'écria le duc ; mon ami Christian, vous avez si long-temps fait société avec les puritains, que vous confondez les titres en usage à la cour.

— Je ne sais comment m'excuser, milord, répondit Christian, à moins que Votre Grace ne suppose que j'ai le don de prophétie.

— Prophétie semblable à celle que le diable fit à Macbeth, dit Buckingham. A ces mots le duc fit encore quelques tours dans la chambre, reprit un siége et ajouta : — Parlez clairement, Christian ; répondez-moi en homme et sans tergiverser. Quels sont vos projets ?

— Mes projets ! Quels projets puis-je avoir ? Je ne puis rien dans une telle affaire. Mais j'ai cru devoir informer Votre Grace que les saints de cette ville (et il prononça ce mot avec une sorte de grimace ironique) sont las de rester dans l'inaction, et ont besoin de faire quelque chose. Mon frère Bridgenorth est à la tête de toute la congrégation du vieux Weiver ; car il faut que vous sachiez qu'après avoir long-temps vacillé d'une foi à l'autre, il a maintenant passé toutes les bornes, et qu'il est devenu un homme de la Cinquième Monarchie. Il a en ce moment environ deux cents hommes de la congrégation de Weiver, bien armés et équipés, et prêts à tomber sur Whitehall ; et avec un peu d'aide de votre part, je ne doute pas qu'ils n'emportent le palais et qu'ils ne fassent prisonniers tous ceux qui s'y trouvent.

— Misérable ! et c'est à un pair d'Angleterre que vous osez faire cette proposition ?

— Entendez-moi bien, milord. Je conviens que ce serait le comble de la folie que de vous montrer avant que le coup ait réussi. Mais permettez-moi de dire un mot de votre part à Blood et aux autres. Il y a aussi les quatre congrégations allemandes, les Knipperdolings, les Anabaptistes, qui nous seront d'une grande utilité. Ensuite, milord, vous êtes instruit, et vous savez quelle est la valeur d'un corps de gladiateurs domestiques qu'un homme entretient auprès de sa personne : vous le savez aussi bien qu'Octave, Lépide et Antoine, qui se partagèrent le monde par le moyen de pareilles forces.

— Un moment, s'il vous plaît ; quand même je permettrais à ces limiers de se joindre à vous, ce que je ne ferais qu'avec l'assurance la plus positive de la sûreté personnelle du roi ; mais en le supposant, dis-je, quel espoir auriez-vous d'emporter le palais ?

— Bully Tom Armstrong, milord, a promis son crédit près des gardes-du-corps. D'ailleurs nous avons les troupes légères de lord Shaftesbury dans la Cité; trente mille hommes prêts à se déclarer, s'il lève seulement un doigt.

— Qu'il lève les deux mains, et s'il en trouve seulement cent par doigt, ce sera plus que je n'en attends. Vous ne lui avez point parlé?

— Non sûrement, milord; j'attends le bon plaisir de Votre Grace. Mais si nous n'avons pas recours à lui, nous avons la congrégation hollandaise, — celle d'Hans Snorehout dans le Strand, — les protestans français de Piccadilly, — la famille de Levi de Lewkenor-Lane, — les Muggletoniens dans Thames-Street.

— Fi! fi donc! au loin de tels complices! On ne sentira que le fromage et le tabac quand on en viendra à l'action. Ils neutraliseront tous les parfums de Whitehall. — Epargne-moi ce détail, mon cher Ned, et dis-moi seulement quel sera le total de tes forces odoriférantes.

— Quinze cents hommes bien armés, milord, sans compter la canaille, qui s'insurgera très certainement. Elle a déjà presque mis en pièces les prisonniers acquittés ce matin au sujet de la conspiration.

— Je vous comprends maintenant. Mais écoutez-moi, très chrétien Christian. A ces mots, le duc avança son fauteuil de manière à le mettre en face de la chaise sur laquelle son agent était assis. Vous m'avez dit bien des choses aujourd'hui. Serai-je aussi communicatif que vous l'avez été? Vous montrerai-je que j'ai des informations aussi exactes que les vôtres? Vous dirai-je, en un mot, pourquoi vous avez résolu de pousser tout le monde, depuis le puritain jusqu'à l'esprit fort, à faire une attaque générale contre le palais de Whitehall, sans me donner, à moi, pair du royaume, le temps de réfléchir à une démarche si désespérée, ou de m'y préparer? Vous dirai-je pourquoi, par séduction ou compulsion, vous voulez m'engager ou me forcer à soutenir votre projet?

— Si vous voulez me faire part de vos conjectures, milord, je vous dirai avec sincérité si vous avez bien deviné.

— La comtesse de Derby est arrivée ce matin à Londres. Elle doit se présenter ce soir à la cour; elle a l'espoir d'y être parfaitement accueillie. Il est possible qu'elle soit surprise dans la mêlée. Eh bien! maître Christian, n'ai-je pas raison? Vous qui prétendez m'offrir les plaisirs de la vengeance, vous vous proposez d'en savourer la douceur.

— Je ne me permettrais pas, répondit Christian en souriant à demi, d'offrir un mets à Votre Grace sans le déguster comme pourvoyeur et maître-d'hôtel.

— C'est parler avec franchise. Pars donc sur-le-champ; donne cette bague à Blood, il la connaît, et il sait qu'il doit obéir à celui qui en est porteur. Qu'il rassemble mes gladiateurs, comme tu appelles ingénieusement mes coupe-jarrets. On peut aussi recourir au vieux projet de musique allemande, car je crois que tu as les instrumens prêts. Mais songe bien que j'ignore tout, et qu'il faut qu'on respecte la personne du vieux Rowley. Je ferai dresser des potences et allumer des bûchers partout, si sa perruque noire perd un seul cheveu. Mais ensuite qu'en résultera-t-il? un lord protecteur du royaume. Cromwell a dégoûté de ce titre, il est dépopularisé. Pourquoi pas un lord lieutenant du royaume? Oui. Les patriotes qui se chargent de venger les injures faites à la nation, et d'éloigner du trône du roi les mauvais conseillers, pour établir le Juste en leur place (c'est bien là le mot, je pense), ne peuvent manquer de faire un bon choix.

— Sans doute, milord, puisqu'il n'existe dans les trois royaumes qu'un seul homme sur qui ce choix puisse tomber.

— Je vous remercie, Christian, et je me fie à vous. Partez; préparez tout, soyez assuré que vos services ne seront pas oubliés. Vous serez placé près de notre personne.

— Vous m'attachez doublement à vous, milord; mais souvenez-vous que, comme on vous épargne toute démarche préliminaire et tous les inconvéniens qui peuvent résulter d'une escarmouche avec la force militaire, il est à propos que vous soyez prêt, au premier mot d'avis, à vous mettre à la tête d'une troupe d'amis et d'alliés honorables, et à vous rendre au palais, où vous serez reçu par les vainqueurs comme leur chef, et par les vaincus comme leur sauveur.

— Je vous comprends, Christian, je vous comprends : je me tiendrai prêt.

— Et pour l'amour du ciel, milord, qu'aucune de ces bluettes qui sont les Dalila de votre imagination[1] ne vienne vous distraire ce soir, et mettre obstacle à l'exécution de ce grand dessein.

— Me croyez-vous donc fou, Christian? C'est vous qui perdez le temps ici, quand vous devriez vous occuper des mesures à prendre pour faire réussir un coup si hardi. Mais un instant, Christian, dites-moi donc, avant de partir, quand je reverrai cet être d'air et de feu, cette Péri orientale qui entre dans un appartement par le trou de la serrure, et qui s'envole par la croisée, cette Houri aux yeux noirs du paradis de Mahomet. Quand la reverrai-je?

— Quand Votre Grace tiendra le bâton de lord lieutenant du royaume, répondit Christian en sortant de l'appartement.

Après qu'il fut parti, Buckingham resta quelques instans plongé dans de profondes réflexions. — Aurais-je dû agir ainsi? se dit-il en raisonnant avec lui-même. Mais avais-je le choix de faire autrement? Ne devrais-je pas courir à la cour à l'instant même, et avertir Charles de la trahison qui se trame contre lui! — Oui, de par le ciel! je le ferai. Jerningham! ici! Ma voiture, avec la célérité d'un éclair. — Je me jeterai à ses pieds, je lui avouerai toutes les folies que j'ai rêvées avec ce Christian. Il me rira au nez et me repous-

---

(1) Expression de Dryden. — Éd.

sera. J'ai déjà embrassé ses genoux aujourd'hui, et il m'a répondu d'une manière qui n'était rien moins que flatteuse. Non, être humilié deux fois en un seul jour, c'est trop pour Buckingham.

Après avoir fait ces réflexions, il s'assit devant une table, et fit à la hâte une liste des jeunes gens de qualité et de leurs très ignobles compagnons qu'il regardait comme pouvant le reconnaître pour chef, en cas d'émeute populaire. Il la finissait à peine quand Jerningham, apportant à son maître son habit, son chapeau et son épée, vint lui dire que sa voiture était prête.

— Qu'on la fasse rentrer, dit le duc, mais qu'elle soit prête à partir au premier signal. Envoyez chez toutes les personnes dont vous trouverez les noms sur cette liste; faites-leur dire que je suis légèrement indisposé, et que je les invite à une petite collation. Grande diligence surtout, et qu'on n'épargne ni peines ni argent.

Les préparatifs de la fête furent bientôt faits, et les convives invités, étant la plupart disposés à écouter la voix du plaisir, quoique souvent sourds à celle du devoir, ne tardèrent pas à arriver. Les uns étaient des jeunes gens du plus haut rang; les autres, comme c'est l'usage dans la grande société, étaient des hommes que leur impudence ou leurs talens, leur esprit ou leur amour pour le jeu y faisaient admettre. Le duc de Buckingham était le patron général de cette dernière classe, et la réunion qui eut lieu chez lui en cette occasion fut très nombreuse.

Le vin, la musique et les jeux de hasard firent, suivant l'usage, la plus grande partie des frais de la fête. Il se mêla pourtant à la conversation beaucoup plus d'esprit que les talens de la génération actuelle n'en pourraient fournir, et elle fut infiniment plus licencieuse que le goût de notre siècle ne le permettrait.

Le duc lui-même prouva l'empire complet qu'il possédait sur lui-même, malgré son caractère versatile, en riant, badinant et plaisantant avec ses amis, tandis que son oreille saisissait avec empressement les sons les plus éloignés, comme pouvant indiquer le commencement d'exécution des projets révolutionnaires de Christian. Il entendit plusieurs fois des bruits qui naissaient et mouraient presqu'en même temps, mais il n'en résulta aucune des conséquences qu'il attendait.

Enfin, et la soirée était déjà avancée, Jerningham annonça M. Chiffinch, venant de la cour, et ce digne personnage entra aussitôt.

— Il est arrivé d'étranges choses, milord, dit-il, et Sa Majesté désire que vous vous rendiez à l'instant à la cour.

— Vous m'alarmez! dit Buckingham en se levant. J'espère qu'il n'est arrivé nul événement fâcheux, que Sa Majesté se porte bien?

— Parfaitement, et elle désire vous voir sans un instant de délai.

— Cet ordre est un peu subit. Vous voyez que j'ai joyeuse compagnie, Chiffinch; et je ne suis guère en état de me montrer.

— Vous êtes en fort bon état, milord. D'ailleurs vous savez que Sa Majesté est indulgente.

— C'est la vérité, dit le duc, fort inquiet d'un ordre si soudain, je sais que Sa Majesté est l'indulgence même. Je vais demander ma voiture.

— La mienne est à votre porte, et au service de Votre Grace.

Privé de tout moyen d'évasion, Buckingham prit un verre sur la table, et pria ses amis de rester tant qu'ils trouveraient à s'amuser. Il espérait, leur dit-il, venir les rejoindre presqu'à l'instant, sinon il prendrait congé d'eux avec son toast ordinaire: — Puissent tous ceux de nous qui ne seront pas pendus d'ici là se retrouver ici le premier lundi du mois prochain!

Ce toast avait rapport au caractère de plusieurs de ses

convives, mais le duc ne prononça pas ces mots sans faire quelques réflexions sur le destin qui pouvait l'attendre si Christian l'avait trahi. Il prit à la hâte un costume de cour et monta dans la voiture de Chiffinch pour se rendre à Whitehall.

CHAPITRE XLV.

« C'était fête à la cour. Sous des lambris dorés
« Des coupes de nectar répandaient l'allégresse ;
« Les élégans danseurs déployaient leur souplesse ;
« Le joueur, sur un dé risquant un monceau d'or,
« Riait quand il gagnait, perdant riait encor,
« C'est que l'air de la cour a certaine éloquence
« Qui, bien mieux qu'un sermon, prêche la patience. »
Pourquoi ne venez-vous pas à la cour?

Dans la soirée du même jour Charles tenait sa cour dans les appartemens de la reine : ouverts pendant une certaine heure aux personnes spécialement invitées qui n'appartenaient pas à la première classe de leurs sujets, ils le furent sans restriction à la noblesse privilégiée par sa naissance, et aux courtisans qui jouissaient de ces entrées en vertu de leurs charges.

Un des traits du caractère de Charles II qui le rendit personnellement populaire et qui retarda jusqu'à un autre règne la chute de sa famille, était qu'il avait banni de sa cour une partie de cette étiquette cérémonieuse qui auparavant environnait les rois. Il connaissait toutes les graces naturelles de sa bonhomie, et il s'y fiait souvent avec raison pour effacer de mauvaises impressions produites par des actions qu'il savait que ni la politique ni la morale ne pouvaient justifier.

Pendant la journée on rencontrait souvent le roi dans les promenades, seul, ou n'étant accompagné que d'une ou deux personnes ; et l'on connaît sa réponse à son frère qui lui faisait un jour des représentations sur le danger qu'il courait en exposant ainsi sa personne : — Croyez-moi, Jacques, lui dit-il, personne ne m'assassinera pour vous faire roi.

Le même Charles passait fréquemment ses soirées, à moins qu'elles ne fussent destinées à des plaisirs plus secrets, au milieu des personnes qui avaient quelques droits, si légers qu'ils fussent, à se trouver dans le cercle de la cour. Ce fut ce qui arriva le soir dont nous parlons. La reine Catherine, qui avait pris son parti sur les infidélités du roi, avait cessé depuis long-temps de montrer aucun sentiment de jalousie ; elle semblait même tellement exempte de cette passion, qu'elle recevait dans son cercle sans aucun scrupule et même avec bonté les duchesses de Portsmouth et de Cleveland, et d'autres dames qui sans avoir été favorites avouées comme celles-ci, avaient cependant la réputation d'avoir régné momentanément sur le cœur volage du prince. Toute contrainte était bannie d'un cercle ainsi composé, et l'on y voyait en même temps, sinon les plus sages, au moins les plus spirituels courtisans qui se soient jamais assemblés autour d'un monarque. Un grand nombre d'entre eux ayant partagé les malheurs, les besoins, les plaisirs et les folies de ce prince pendant son exil, avaient acquis une sorte de licence privilégiée qu'il lui aurait été bien difficile de réprimer, quand même il eût été dans son caractère de le vouloir lorsqu'il fut arrivé à l'époque de sa prospérité. Mais c'était la dernière des pensées de Charles. Ses manières pleines de dignité le mettaient à l'abri du manque de respect, et il ne voulait d'autre protection contre un excès de familiarité que celle que lui fournissait la vivacité de son esprit

En cette occasion il était parfaitement disposé à jouir de la scène de plaisir qui avait été préparée. La mort singulière du major Coleby qui avait eu lieu sous ses propres yeux, en proclamant à ses oreilles, comme une cloche qui frappe l'air un instant, la négligence avec laquelle il avait traité un homme ayant tout sacrifié pour son roi, lui fit éprouver une douleur véritable. Mais dans son opinion du moins il avait complètement expié cette faute par les peines qu'il s'était données pour intervenir en faveur de sir Geoffrey Peveril et de son fils, dont il regardait la délivrance non-seulement comme une excellente action en elle-même, mais comme effectuée d'une manière très pardonnable dans la situation difficile où il se trouvait, quoi qu'en pût dire le grave duc d'Ormond. Il sentit même une sorte de satisfaction en apprenant qu'il y avait eu quelques troubles dans les rues de la Cité, et qu'un certain nombre des plus violens fanatiques s'étaient rendus dans leurs conventicules, d'après une convocation soudaine, pour s'enquérir, comme le disaient leurs prédicateurs, sur les causes de la colère du ciel et de la marche rétrograde de la cour de justice, qui avaient soustrait au châtiment mérité de sanguinaires fauteurs de la conspiration des papistes.

Le roi, nous le répétons, semblait entendre ces détails avec plaisir, même quand on lui rappelait le caractère dangereux de ceux qui cherchaient à répandre de tels soupçons.
— Quelqu'un m'accusera-t-il à présent de négliger les intérêts de mes amis? disait-il avec une secrète satisfaction; vous voyez le péril auquel je m'expose, et même le risque que je fais courir à la tranquillité publique pour sauver un homme que j'ai à peine vu depuis vingt ans, sauf le jour où il est venu en ceinturon et bandoulière me baiser la main, comme tant d'autres Cavaliers, après ma restauration. On dit que les rois ont les bras longs, je crois qu'ils n'auraient pas moins besoin d'une longue mémoire, puisqu'on exige d'eux qu'ils aient les yeux ouverts sur quiconque leur a

montré de la bonne volonté en criant *vive le roi!* et qu'ils le récompensent.

— Les drôles sont encore plus déraisonnables, lui répondit Sedley, car il n'en existe pas un qui ne croie avoir droit à la protection de Votre Majesté quand il a pour lui la justice, qu'il ait ou non crié *vive le roi!*

Charles sourit, et s'avança d'un autre côté de ce splendide salon où se réunissait tout ce qui, d'après le goût du temps, pouvait contribuer à faire passer le temps de la manière la plus agréable.

A l'un des bouts, un groupe de jeunes gens et de jeunes dames écoutaient notre ancienne connaissance Empson, accompagnant sur son flageolet, avec son talent sans égal, une jeune syrène qui, le cœur palpitant de crainte et de plaisir, chantait en présence de toute la cour l'air charmant qui commence ainsi :

> Trop jeune et trop novice encore
> Pour gagner le cœur d'un amant, etc.

L'accent de sa voix était si bien d'accord avec les vers du poète érotique, et avec l'air voluptueux que le célèbre Purcell avait composé pour ces paroles, que les hommes s'assemblaient autour d'elle comme ravis en extase, tandis que la plupart des dames croyaient devoir feindre de ne faire aucune attention aux paroles, ou se retiraient du cercle sans affectation. Au chant succéda un concerto exécuté par des musiciens d'élite, que le roi, dont le goût était incontestable, avait choisis lui-même.

Assis à différentes tables dans le même appartement, les courtisans d'un âge plus mûr sacrifiaient à la fortune et jouaient à divers jeux de hasard à la mode, comme l'hombre, le quadrille, etc. Des monceaux d'or placés devant chaque joueur augmentaient ou diminuaient, suivant que les cartes ou les dés les favorisaient. Un seul coup disposait souvent de plus d'une année du revenu d'un beau domaine.

Cette somme aurait été mieux employée à réparer les dommages que l'artillerie de Cromwell avait occasionnés aux murs du château; elle aurait pu même y rouvrir les sources de l'aisance et de l'hospitalité, épuisées pendant la génération précédente par les amendes et les confiscations, et qui couraient alors le risque de se tarir à jamais par suite de l'insouciance et de la prodigalité.

Ailleurs, sous prétexte de regarder le jeu ou d'écouter la musique, d'aimables coquettes et de jeunes courtisans s'occupaient de galanterie avec toute la liberté de ce siècle licencieux, et étaient observés de près par de vieilles douairières et de jeunes femmes disgraciées par la nature, qui voulaient jouir du moins du plaisir d'épier des intrigues qu'elles ne pouvaient partager, et peut-être se préparer la consolation d'en parler.

Le joyeux monarque voltigeait d'une table à l'autre, tantôt échangeant un coup d'œil avec une beauté de la cour, ou une plaisanterie avec un courtisan bel esprit, tantôt battant la mesure en écoutant la musique, quelquefois gagnant ou perdant quelques pièces d'or à la table de jeu dont il se trouvait alors le plus près; se montrant partout le plus aimable des voluptueux, le compagnon le plus enjoué, l'homme de tout l'univers qui aurait le mieux rempli son rôle si la vie n'eût été qu'un banquet continuel, et si elle n'avait eu d'autre but que de jouir du présent et de faire passer le temps le plus agréablement possible.

Mais personne n'est moins exempt que les rois du sort ordinaire de l'humanité, et Seged, roi d'Éthiopie, n'est pas le seul monarque qui ait pu reconnaître combien peu ils peuvent compter sur un jour, sur une heure de sérénité sans nuage. Un chambellan arriva tout à coup pour dire à Leurs Majestés qu'une dame qui ne voulait s'annoncer que comme pairesse d'Angleterre demandait à être admise en leur présence.

— Cela est impossible! s'écria vivement la reine, aucune

pairesse n'a droit aux priviléges de son rang sans faire connaître son nom et son titre.

— Je jurerais, dit un seigneur de la cour, que c'est quelque bizarrerie de la duchesse de Newcastle.

Le chambellan qui avait apporté le message dit qu'il croyait assez que c'était la duchesse elle-même, tant à cause de la singularité de sa demande que parce qu'elle parlait avec un accent étranger.

— Au nom de la folie, s'écria le roi, laissons-la donc entrer; Sa Grace est une véritable pièce curieuse, une mascarade complète, et sa tête une espèce d'hôpital de Bedlam, car ses idées sont autant de maniaques dont la folie amoureuse et lettrée ne rêve que Minerve, Vénus et les Muses.

— Le bon plaisir de Votre Majesté doit toujours être une loi pour moi, dit la reine; mais j'espère qu'on ne s'attend pas que j'entretienne une femme si fantasque. La dernière fois qu'elle vint à la cour, — Isabelle, dit-elle en s'adressant alors à une de ses dames d'honneur portugaise, vous n'étiez pas de retour de notre cher pays de Lisbonne, — Sa Grace eut l'assurance de prétendre qu'elle avait le droit de me porter la queue jusque dans mon appartement. Et comme on n'eut aucun égard à cette prétention, que croyez-vous qu'elle fit? Elle déploya une queue si ample, qu'il restait trois mortelles aunes de satin brodé en argent dans l'antichambre, portées par quatre jeunes filles, tandis qu'elle me rendait ses devoirs à l'autre bout du salon. Trente aunes du plus beau satin employées de cette manière par la folie de Sa Grace!

— Et elles étaient, ma foi, charmantes celles qui portaient cette énorme queue, dit le roi; jamais on n'en a vu une semblable, si ce n'est celle de la grande comète de 1566. Sedley et Etherege nous ont dit des merveilles de ces demoiselles; car un avantage de cette nouvelle mode introduite par la duchesse, c'est qu'une femme à laquelle est attachée une pareille queue peut ignorer les petites intrigues de coquetterie de celles qui la portent.

— Dois-je comprendre que le bon plaisir de Votre Majesté est que cette dame soit reçue? demanda le chambellan.

— Sans doute, répondit le roi, c'est-à-dire si elle a réellement droit à cet honneur. Il n'y aurait pas de mal de lui demander son nom, il y a dans le monde d'autres folles que la duchesse de Newcastle. J'irai moi-même dans l'antichambre recevoir votre réponse.

Mais avant que le roi fût arrivé au milieu du salon, le chambellan surprit toute l'assemblée en annonçant un nom qu'on n'avait pas entendu prononcer à la cour depuis bien des années, la comtesse de Derby.

Bien faite, majestueuse, et avancée en âge sans que le poids des années eût courbé sa taille, la noble dame s'avança vers son souverain du même pas qu'elle se serait approchée de son égal. A la vérité on ne voyait dans ses manières rien qui annonçât une hauteur présomptueuse et déplacée en présence du monarque; mais le sentiment intime des injustices qu'elle avait souffertes sous le gouvernement de Charles, et de la supériorité que doit avoir celui qui a reçu une injure sur celui qui la lui a faite ou au nom duquel on l'a commise, donnait de la dignité à son regard et de la fermeté à sa démarche. Elle était en grand deuil, et sa robe était taillée à la mode du temps qui avait vu son mari périr sur un échafaud, mode à laquelle elle n'avait jamais voulu rien changer pendant près de trente ans écoulés depuis cette époque.

La surprise ne fut pas agréable pour le roi qui maudit intérieurement la précipitation avec laquelle il avait donné ordre qu'on laissât entrer la dame inconnue sur cette scène de plaisir et de gaîté; mais il vit en même temps la nécessité de la recevoir d'une manière convenable à son propre caractère et au rang qu'elle occupait dans la cour britannique. Il s'avança donc vers elle avec l'air d'aisance et de grace qui lui était naturel, et lui dit en français : — Chère comtesse de Derby, puissante reine de Man, notre très auguste sœur...

— Parlez anglais, sire, je puis vous demander cette faveur, dit la comtesse. Je suis pairesse d'Angleterre, mère d'un comte anglais, et, hélas! veuve d'un autre. C'est en Angleterre que j'ai passé mes jours si courts de bonheur, et mes longues années de veuvage et de chagrin. La France et son langage ne sont pour moi que les rêves sans intérêt de l'enfance. Je ne connais d'autre langue que celle de mon époux et de mon fils. Permettez-moi, comme veuve et comme mère d'un Derby, de vous rendre ainsi mes hommages.

A ces mots, elle voulut fléchir le genou devant le roi, mais Charles l'en empêcha, l'embrassa sur la joue suivant l'usage, et la conduisit vers la reine, à qui il la présenta lui-même : — Il est bon que Votre Majesté sache, ajouta-t-il, que la comtesse a mis une interdiction sur le français, sur la langue de la galanterie et des complimens. J'espère que Votre Majesté, quoique étrangère aussi, trouvera assez de bon anglais pour assurer la comtesse de Derby que nous la voyons avec grand plaisir à la cour après une absence de tant d'années.

— Je tâcherai du moins de le faire, répondit la reine, sur qui la comtesse avait fait une impression plus favorable que bien des étrangères qu'elle avait coutume de recevoir avec politesse, par complaisance pour le roi.

Charles reprit la parole : — A toute autre dame du même rang, je pourrais demander pourquoi elle a été si long-temps absente de la cour; mais à la comtesse de Derby, je crains que la seule question que je puisse lui faire ne soit pour savoir à quelle heureuse cause nous devons le plaisir de la revoir.

— Ce n'est pas à une heureuse cause, sire, répondit la comtesse, quoiqu'elle soit urgente.

Ce début parut de mauvais augure au roi; et dans le fait, depuis l'instant que la comtesse était entrée, il avait prévu quelque explication désagréable : il se hâta donc de chercher à la prévenir.

— Si cette cause, dit-il en donnant à ses traits une expression d'intérêt et de bonté, est de nature à nous mettre à même de vous être utile, nous ne pouvons demander à Votre Seigneurie de nous l'expliquer en ce moment; mais un mémoire adressé à notre secrétaire d'état, ou directement à nous-même si vous le préférez, sera pris en considération sur-le-champ, et je n'ai pas besoin d'ajouter, avec intérêt.

La comtesse salua avec un air de dignité, et répondit : — Il est vrai que l'affaire qui m'amène est importante, sire, mais elle est de telle nature qu'elle n'exigerait que quelques minutes de l'attention que vous pourriez accorder à des objets plus agréables, et elle est si urgente que je crains de la retarder un seul instant.

— Cette demande est un peu inusitée, dit Charles, mais votre présence ici, comtesse de Derby, n'est pas un événement ordinaire, et mon temps doit être à votre disposition. L'affaire demande-t-elle un entretien particulier?

— Quant à moi, sire, répondit la comtesse, je puis m'expliquer en présence de toute la cour, mais peut-être Votre Majesté préférera-t-elle m'entendre devant un ou deux de ses conseillers seulement.

Le roi jeta un coup d'œil autour de lui. — Ormond, dit-il, suivez-nous, et vous aussi, Arlington.

Charles les conduisit dans un cabinet voisin, s'assit, et invita la comtesse à en faire autant.

— Je n'en ai pas besoin, sire, répondit-elle; et après un moment de silence qu'elle employa à s'armer de toute sa force d'ame, elle continua en ces termes :

— Vous avez dit avec raison, sire, que ce n'est pas une cause peu importante qui m'a fait sortir de mon habitation solitaire. On ne m'a pas vue accourir ici quand une partie de la fortune de mon fils, fortune qu'il tenait d'un père mort pour la défense des droits légitimes de Votre Majesté lui fut arrachée, sous de spécieux prétextes de justice, pour nourrir la cupidité du rebelle Fairfax, et fournir ensuite à la prodigalité de son gendre Buckingham.

— Ces expressions sont beaucoup trop fortes, milady; nous nous rappelons fort bien qu'une peine légale fut encourue par un acte irrégulier de violence, comme l'appellent nos lois et nos cours de justice, quoique personnellement je consente à le nommer avec vous un acte d'honorable vengeance. Mais ce qui peut paraître tel aux yeux de l'honneur est mainte fois nécessairement suivi de conséquences légales fort fâcheuses.

— Je ne parais pas en votre présence, sire, pour me plaindre de l'injustice qu'on a faite à mon fils en le dépouillant d'une partie de ses biens. Je n'en parle que pour vous rappeler la résignation dont j'ai donné des preuves lors de cet événement fâcheux. Je viens aujourd'hui pour racheter l'honneur de la maison de Derby, honneur plus cher pour moi que tous les domaines qui lui ont jamais appartenu.

— Et qui attaque l'honneur de la maison de Derby? sur mon ame, vous m'en apportez la première nouvelle.

— N'a-t-on pas imprimé ici une relation, car c'est le nom qu'on donne à ces tissus de mensonges; une relation, dis-je, relative à la conspiration des papistes, à cette prétendue conspiration, comme je la nommerai, et dans laquelle on a terni et souillé l'honneur de notre maison? Deux nobles alliés de la maison de Stanley ne courent-ils pas le risque de la vie pour des faits dont je suis la principale accusée?

Charles se tourna vers Ormond et Arlington. — Il me semble, leur dit-il en souriant, que le courage de la comtesse doit nous faire honte. Quelle bouche aurait osé appliquer l'épithète de *prétendue* à l'immaculée conspiration, ou appeler les relations des dignes témoins qui nous ont sauvé des poignards des papistes, *des tissus de mensonges?* Mais, madame, ajouta-t-il, tout en admirant la générosité de votre intention en faveur des deux Peverils, je dois vous apprendre qu'elle est inutile : ils ont été acquittés ce matin.

— Dieu soit loué! s'écria la comtesse en levant ses mains jointes vers le ciel. A peine ai-je pu dormir depuis que j'ai appris la nouvelle de l'accusation portée contre eux, et je suis venue ici pour me livrer à la justice de Votre Majesté, ou aux préventions de la nation, dans l'espoir que je pourrais sauver la vie de mes nobles et généreux amis, qui ne sont devenus suspects que par suite de leurs liaisons avec moi. Mais est-il bien possible qu'ils soient acquittés?

— Ils le sont, sur mon honneur, répondit le roi. Je suis surpris que vous ne l'ayez pas appris.

— Je ne suis arrivée qu'hier soir, sire, dit la comtesse, et je suis restée dans une retraite absolue, n'osant faire aucune question qui aurait pu me faire découvrir avant que j'eusse vu Votre Majesté.

— Et maintenant que nous nous sommes vus, dit le roi en lui prenant la main avec bonté; puis-je vous conseiller de retourner dans votre île, à petit bruit, comme vous en êtes venue? Le monde a changé, ma chère comtesse, depuis le temps où nous étions jeunes. Pendant la guerre civile, on se battait avec des sabres et des mousquets; aujourd'hui on se bat avec des actes d'accusation, des sermens, et d'autres armes légales de même espèce. Vous ne connaissez rien à cette guerre. Je sais parfaitement que vous êtes en état de défendre un château-fort, mais je doute que vous connaissiez l'art de parer un acte d'accusation. Cette conspiration a fondu sur nous comme une tempête, et pendant la tempête on ne peut gouverner le navire, il faut se diriger vers le port le plus voisin; et heureux si l'on peut le gagner.

— C'est couardise! s'écria la comtesse avec vivacité. Pardonnez cette expression, sire, ce n'est qu'une femme qui l'a prononcée. Appelez autour de vous vos nobles amis, et soutenez le choc, comme votre noble père. Tout est bien ou mal dans le monde : il n'existe qu'un chemin droit et honorable, et tous les sentiers qui en dévient sont tortueux et indignes d'un homme de bien.

— Votre langage, ma vénérable amie, dit le duc d'Ormond qui vit la nécessité d'intervenir entre la dignité du souverain et la libre franchise de la comtesse, plus accoutumée à recevoir des marques de respect qu'à en accorder; votre langage est énergique, mais il ne convient pas aux circonstances actuelles. Le parti que vous proposez pourrait occasionner une nouvelle guerre civile, et tous les maux qui en sont la suite; il serait bien difficile qu'il produisît les effets que vous semblez en attendre avec tant de confiance.

— C'est une témérité, milady, dit Arlington, non-seulement de vous précipiter vous-même au-devant du danger, mais de vouloir encore y entraîner Sa Majesté. Permettez-moi de vous dire franchement que dans ce temps de périls vous avez eu tort de quitter le château où vous étiez en sûreté, pour courir le risque d'obtenir un logement dans la Tour de Londres.

— Et quand je devrais y placer ma tête sur le billot fatal, comme mon époux à Bolton, s'écria la comtesse, j'y consentirais volontiers plutôt que d'abandonner un ami, un ami surtout que j'ai moi-même envoyé au milieu des dangers, comme le jeune Peveril.

— Mais ne vous ai-je pas assuré, ma chère comtesse, dit le roi, que les deux Peverils, le vieux comme le jeune, sont hors de danger? Qui pourrait donc vous engager à vous jeter dans des périls dont vous espéreriez sortir par mon intervention? Il me semble qu'une dame qui a votre bon sens ne doit pas se jeter dans la rivière, uniquement pour donner à ses amis l'embarras et le mérite de l'en retirer.

La comtesse répéta que son intention était d'obtenir justice par le moyen d'un jugement impartial, et les deux conseillers lui donnèrent de nouveau l'avis de repartir promptement pour son petit royaume féodal, et d'y rester tranquillement, dût-elle être accusée de se soustraire à la justice.

Le roi, voyant que cette discussion n'aurait pas de fin, dit à la comtesse en souriant que s'il la retenait plus longtemps, il craindrait que la reine n'en conçût de la jalousie, et lui offrit la main pour la faire rentrer dans le salon. Il était impossible qu'elle refusât. Elle retourna donc dans les grands appartemens, où il arriva presque au même instant un événement dont il sera rendu compte dans le chapitre suivant.

CHAPITRE XLVI.

« Oui, messieurs, c'est bien moi ; je suis frais et dispos,
« Et j'ai l'œil assez vif, quoique petit de taille.
« Si de ce que j'ai dit vous niez quelques mots,
« Relevez donc ce gant, mon gage de bataille.
Lai du petit Jehan de Saintré.

Lorsque le roi eut reconduit la comtesse de Derby dans les appartemens de parade, il la supplia à voix basse, avant de la quitter, de se laisser guider par de bons conseils, et d'avoir égard à sa sûreté ; après quoi il se sépara d'elle, avec un air d'aisance, comme pour partager ses attentions entre ses autres courtisans.

Ils étaient fort occupés en ce moment de l'arrivée de cinq ou six musiciens ; l'un desquels, Allemand, spécialement protégé par le duc de Buckingham, était célèbre par son talent sur le violoncelle; mais il avait été retenu quelques instans dans l'antichambre par suite de la lenteur du domestique chargé de son instrument, et qui venait enfin d'arriver en ce moment.

Le domestique plaça la caisse près du musicien, parut charmé d'être débarrassé de ce fardeau, et se retira très lentement, comme s'il eût été curieux de voir quelle espèce d'instrument pouvait être si lourd. Sa curiosité fut satisfaite, et d'une manière fort extraordinaire; car tandis que le musicien semblait chercher dans toutes ses poches la clef de la caisse posée contre la muraille, elle s'ouvrit tout à coup, et l'on en vit sortir le nain Geofffrey Hudson.

A la vue de cet être extraordinaire et si subitement introduit, les dames poussèrent de grands cris en reculant à l'autre extrémité du salon, et les courtisans firent un mouvement de surprise. Le pauvre Allemand, en voyant sortir de la caisse une figure si étrange, fut saisi d'une terreur qui le fit tomber sur le plancher, croyant peut-être que son instrument avait subi cette singulière métamorphose. Il ne tarda pourtant pas à revenir à lui; et profitant du premier moment de confusion, il se glissa hors de l'appartement, et ses camarades le suivirent de près.

— Hudson! s'écria le roi, je suis charmé de vous voir, mon ancien petit ami, quoique Buckingham, que je soupçonne l'auteur de cette surprise, ne nous ait servi que du réchauffé.

— Votre Majesté daignera-t-elle m'honorer d'un moment d'attention? demanda Hudson.

— Sans contredit, mon ami, répondit le roi. Il nous pleut de tous côtés ce soir d'anciennes connaissances, et nous ne pouvons mieux employer notre loisir qu'à les écouter. C'est une sotte idée qu'a eue Buckingham, dit-il à l'oreille du duc d'Ormond, d'envoyer ici ce pauvre petit bonhomme, surtout le jour même où il a été mis en jugement pour la grande conspiration. Dans tous les cas, il ne vient pas nous demander notre protection, puisqu'il a eu la rare bonne fortune de sortir déchargé de conspiration[1]. Je suppose qu'il ne cherche qu'à pêcher quelque petite pension ou largesse.

Le nain, qui connaissait l'étiquette de la cour, mais supportait impatiemment le délai que le roi apportait à l'écouter, était debout au milieu du salon, semblable à un bidet d'Écosse que son ardeur fait trépigner et regimber comme un cheval de bataille. Il remuait son petit chapeau surmonté d'une plume flétrie, en s'inclinant de temps en temps comme pour demander à être entendu.

— Parlez, mon ami, parlez, dit Charles. Si l'on vous a préparé quelque adresse poétique, dépêchez-vous de la débiter, afin d'avoir le temps de reposer vos petits membres.

— Je n'ai pas de discours poétique à vous adresser, très puissant souverain, répondit le nain; mais, en simple et loyale prose, j'accuse devant toute cette compagnie le ci-devant noble duc de Buckingham de haute trahison.

— Fort bien! c'est parler en homme. Continuez, dit le roi, persuadé que ce discours n'était qu'une introduction à quelque chose de burlesque ou de spirituel, et n'ayant pas la moindre idée que cette accusation pût être sérieuse.

De grands éclats de rire s'élevèrent parmi les courtisans qui avaient entendu le nain, comme parmi ceux qui en étaient trop éloignés pour l'entendre: les uns mis en gaîté par le ton d'emphase et les gestes extravagans du petit champion; les autres riant d'autant plus fort qu'ils ne riaient que de confiance, et pour suivre l'exemple qui leur était donné.

— Que signifie donc toute cette gaîté? s'écria le pygmée d'un ton d'indignation. Y a-t-il sujet de rire, quand moi, Geoffrey Hudson, chevalier, j'accuse de haute trahison, devant le roi et les nobles du royaume, Georges Villiers, duc de Buckingham?

---

(1) *Plotfree*, mot consacré du temps. — ÉD.

— Non certainement, il n'y a pas de quoi rire, dit Charles en tâchant de prendre un air de gravité; mais il y a bien de quoi s'étonner. Allons, plus de grands mots ni de colère. Si c'est une plaisanterie, voyons-en la fin; sinon, allez au buffet, et prenez un verre de vin pour vous rafraîchir après votre emprisonnement dans cette caisse.

— Je vous dis, sire, reprit Hudson avec un ton d'impatience, mais assez bas pour n'être entendu que du roi, que si vous passez beaucoup de temps à plaisanter ainsi, vous serez convaincu, par une funeste expérience, de la trahison de Buckingham; j'affirme à Votre Majesté que sous une heure deux cents fanatiques bien armés arriveront ici pour surprendre la garde.

— Éloignez-vous, mesdames, dit le roi, ou vous en entendrez plus que vous ne le voudriez. Vous savez que les plaisanteries du duc de Buckingham ne sont pas toujours convenables pour les oreilles des dames. D'ailleurs nous avons quelques mots à dire en particulier à notre petit ami. Duc d'Ormond, Arlington, et il désigna encore un ou deux autres seigneurs de sa cour, vous pouvez rester avec nous.

La foule joyeuse des courtisans des deux sexes se retira, et se dispersa dans les autres appartemens; les hommes faisant des conjectures sur la fin probable de cette aventure, et cherchant à deviner, suivant l'expression de Sedley, de quelle plaisanterie la caisse de violoncelle devait enfin accoucher; les femmes admirant et critiquant la parure antique et la collerette richement brodée de la comtesse de Derby, à qui la reine témoignait des égards tout particuliers.

— Maintenant que nous sommes entre amis, dit le roi au nain, au nom du ciel! expliquez-moi ce que tout cela veut dire.

— Trahison, sire, trahison contre Votre Majesté! Tandis que j'étais caserné dans cette caisse, le coquin d'Allemand qui en était chargé me porta dans une certaine chapelle, pour voir, comme je les entendais se le dire entre eux, si tout était prêt. Oui, sire, j'ai été aujourd'hui où jamais violoncelle n'était entré avant, dans un conventicule d'hommes de la Cinquième Monarchie; et quand ils m'emportèrent, le prédicateur terminait son sermon en disant : Voilà le moment de partir, comme le bélier à la tête du troupeau, pour surprendre Sa Majesté au milieu de sa cour. J'entendais tout à travers les fentes de ma caisse, que le coquin avait mise à terre un instant, pour profiter de cette précieuse doctrine.

— Il serait bien singulier, dit lord Arlington qu'à travers toute cette bouffonnerie il se trouvât quelque réalité. Nous avons appris que ces hommes égarés ont eu des réunions aujourd'hui, et que cinq congrégations ont observé un jeûne solennel.

— En ce cas, dit le roi, il n'y a pas de doute qu'ils ne soient déterminés à quelque scélératesse.

— Si j'osais énoncer mon avis, sire, dit le duc d'Ormond, ce serait de mander le duc de Buckingham en votre présence. On connaît ses liaisons avec les fanatiques, quoiqu'il cherche à les cacher.

— Vous ne voudriez pas, milord, faire à Sa Grace l'injustice de le traiter en criminel sur une pareille accusation, dit le roi. Cependant, ajouta-t-il après un moment de réflexion, l'inconstance du génie de Buckingham le rend accessible à toutes sortes de tentations. Je ne serais pas surpris qu'il se livrât à des espérances trop ambitieuses ; je crois même que nous en avons entendu parler tout récemment. Chiffinch! écoutez-moi. Allez sur-le-champ chez le duc de Buckingham, et amenez-le-moi sous le prétexte que vous pourrez imaginer. Je voudrais lui éviter ce que les hommes de loi appellent un flagrant délit. La cour serait comme morte, si elle n'avait plus Buckingham pour l'animer.

— Votre Majesté n'ordonnera-t-elle pas aux gardes à cheval de monter en selle? demanda le jeune Selby, officier de ce corps.

— Non, Selby, répondit le roi, je n'aime pas cet appareil de chevaux. Cependant qu'ils soient prêts au premier signal; que le grand bailli avertisse ses officiers de police; en cas de tumulte soudain, faites doubler les sentinelles aux portes du palais, et veillez à ce que personne n'y entre.

— Et à ce que personne n'en sorte, dit le duc d'Ormond. Où sont ces coquins d'étrangers qui ont apporté le nain?

On les chercha partout, mais inutilement; ils avaient fait retraite en abandonnant leurs instrumens; circonstance qui semblait rendre suspect le duc de Buckingham, leur protecteur avoué.

On fit à la hâte quelques préparatifs pour résister aux efforts auxquels pourraient se livrer les conspirateurs s'il en existait, et pendant ce temps le roi se retirant avec Ormond, Arlington et quelques autres conseillers dans le cabinet où il avait donné audience à la comtesse de Derby, continua à interroger Geoffrey Hudson, dont la déclaration, quoique singulière, était d'accord dans tous ses points; le style romanesque dont il faisait usage n'était que l'expression particulière de son caractère, qui faisait souvent rire à ses dépens, quand il aurait pu d'ailleurs être plaint et même être estimé.

Il commença d'abord à se faire valoir par le récit des souffrances qu'il avait éprouvées à cause de la conspiration; et l'impatience d'Ormond l'aurait interrompu, si le roi n'eût rappelé au duc que la force de rotation d'une toupie finit par s'épuiser d'elle-même au bout du temps donné, mais que si on l'entretient par l'application du fouet, elle peut durer des heures entières.

Il fut donc permis au nain d'épuiser tout ce qu'il avait à dire relativement à sa prison, où il assura le roi qu'il n'avait pourtant pas été dépourvu de toute consolation. Une émanation de béatitude, un rayon de lumière, un ange terrestre, une sylphide dont l'œil était aussi brillant que sa démarche était légère, était venue l'y visiter plusieurs fois, et avait fait rentrer dans son cœur le calme et l'espérance.

— Sur ma foi, dit Charles, on est donc mieux à Newgate que je ne le pensais. Qui eût jamais cru que ce petit bonhomme y eût trouvé une femme pour se consoler !

— Je prie Votre Majesté de croire que cette consolation était purement spirituelle, dit le nain d'un ton solennel. Mes sentimens pour cette belle créature n'avaient rien de terrestre : ils étaient presque semblables à la dévotion que nous autres pauvres catholiques nous avons pour les saints. Et dans le fait elle semble moins un être de chair et d'os qu'une sylphide du système des Rose-Croix; étant plus légère, plus svelte, moins grande que les femmes ordinaires, dont la taille offre quelque chose de grossier, qu'elles tiennent sans doute de la race gigantesque et pécheresse des hommes anté-diluviens.

— Eh bien ! continuez, dit Charles : n'avez-vous pas découvert, après tout, que cette sylphide n'était qu'une simple mortelle, une femme obligeante ?

— Qui ? s'écria le nain. Moi, sire ! Oh ! oh ! fi !

— Ne soyez pas si scandalisé, mon petit ami, dit le roi, je vous promets que je ne vous soupçonne pas d'être un galant audacieux.

— Le temps s'écoule, dit le duc d'Ormond avec un peu d'impatience en regardant à sa montre. Il y a dix minutes que Chiffinch est parti, et dans dix autres il sera de retour.

— Vous avez raison, répondit Charles avec gravité. Arrivons au fait, Hudson, et voyons quel rapport cette femme peut avoir avec votre arrivée ici d'une manière si extraordinaire.

— Un rapport très direct, sire, répliqua Hudson. Je l'ai vue deux fois pendant ma détention à Newgate, et je la regarde vraiment comme l'ange gardien veillant à ma vie et à ma sûreté; car après avoir été acquitté par le jury, comme je me rendais dans la Cité avec deux grands gentilshommes de mes amis qui, de même que moi, s'étaient trouvés dans l'embarras, tandis que nous étions à nous défendre contre une infâme canaille qui nous attaquait, et que je venais de prendre possession d'une situation élevée qui me donnait quelque avantage contre le nombre, j'entendis le son d'une voix céleste qui semblait partir d'une croisée derrière moi, et qui me conseillait de me réfugier dans cette maison, mesure que je fis aisément adopter à mes vaillans amis les deux Peverils, qui se sont toujours montrés disposés à suivre mes avis.

— Ce qui prouve en même temps leur sagesse et leur modestie, dit le roi. Mais qu'arriva-t-il ensuite? Soyez bref. Que votre récit ne soit pas plus long que vous, mon petit homme.

— Pendant quelque temps, sire, on aurait dit que je n'étais pas le principal objet d'attention. D'abord le jeune Peveril nous fut enlevé par un homme ayant l'air vénérable, quoiqu'il sentît un peu le puritanisme, portant des bottes de cuir de bœuf, et n'ayant pas de nœud à son épée. Quand M. Julien revint, il nous informa, et nous apprîmes pour la première fois que nous étions au pouvoir d'un corps de fanatiques armés, mûrs pour de funestes attentats, comme dit le poète. Et Votre Majesté remarquera que le père et le fils se livraient presque au désespoir, et qu'à compter de ce moment, ils n'eurent aucun égard aux assurances que je leur donnais que l'astre que mon devoir m'ordonnait d'honorer brillerait, quand il en serait temps, pour nous donner le signal de notre sûreté. Mais, sire, ce que Votre Majesté aura peine à croire, pour toute réponse à mes exhortations réconfortantes à la confiance, le père s'écriait : *Ta! ta! ta!* et le fils : *Bah! bah!* ce qui prouve combien l'affliction trouble la prudence des hommes, et leur fait oublier les bonnes manières. Cependant ces deux gentilshommes, les Peverils, fortement convaincus de la nécessité de se remettre en liberté, ne fût-ce que pour donner connaissance à Votre Majesté de ces menées dangereuses, commencèrent à attaquer la porte de l'appartement ; attaque que j'aidai de toute la force qu'il a plu au ciel de me donner, et que m'ont laissée soixante ans. Mais nous ne pouvions pas, comme nous en eûmes malheureusement la preuve, exécuter cette tentative assez silencieusement pour que ceux qui nous gardaient ne nous entendissent pas. Ils entrèrent en grand nombre et forcèrent mes deux compagnons, la pique et le poignard à la main, à les suivre dans un autre appartement, rompant ainsi notre agréable société. Quant à moi, on m'enferma solitairement dans la même chambre, et je conviendrai que j'éprouvai un certain accablement. Mais plus la misère est grande, comme chante le poète, plus le secours est proche ; et une porte d'espérance s'ouvrit tout à coup.

— Au nom du ciel! sire, dit le duc d'Ormond, faites traduire dans la langue du bon sens par quelques auteurs de romans l'histoire que nous conte cette pauvre créature, afin que nous puissions y comprendre quelque chose.

Geoffrey Hudson jeta un regard irrité sur le vieux seigneur irlandais, qui ne pouvait modérer son impatience ; et fronçant les sourcils, il lui dit d'un air de dignité que c'était bien assez pour une pauvre créature comme lui d'avoir un duc sur les bras, et que si le duc de Buckingham ne l'occupait pas entièrement en ce moment, il ne souffrirait pas une pareille insulte de la part du duc d'Ormond.

— Modérez votre valeur par égard pour nous, et réprimez votre colère, très puissant sir Geoffrey Hudson, lui dit le roi, et pardonnez au duc d'Ormond, à ma prière. Mais surtout continuez votre histoire.

Geoffrey Hudson mit la main sur sa poitrine, et s'inclina devant le roi, pour indiquer qu'il pouvait obéir à ses ordres sans déroger à sa dignité. Se tournant alors vers Ormond, il fit un geste de la main pour lui annoncer son pardon, accompagné d'un sourire de réconciliation qui n'était qu'une grimace.

— Je vous expliquerai donc, sire, sous le bon plaisir de Sa Grace, continua-t-il, qu'en disant qu'une porte d'espérance s'était tout à coup ouverte pour moi, je voulais parler d'une porte cachée sous la tapisserie, et par laquelle je vis arriver cette brillante apparition, c'est-à-dire brillante et sombre comme une belle nuit sur le continent, où l'azur d'un ciel sans nuage nous couvre d'un voile plus aimable que la clarté éblouissante du jour. Mais je remarque l'impatience de Votre Majesté : c'en est assez. Je suivis mon guide céleste dans un autre appartement, où je vis un singulier mélange d'armes et d'instrumens de musique ; parmi ces derniers, je remarquai ce qui m'avait une fois servi d'asile : — un violoncelle. A ma grande surprise, ma protectrice passa derrière l'instrument ; et ouvrant la caisse au moyen d'une légère pression sur un ressort, elle me fit voir qu'elle était remplie de pistolets, de poignards et de munitions, le tout attaché à des bandoulières. — Ces armes, me dit-elle alors, sont destinées à surprendre ce soir l'imprudent Charles dans sa cour. — Votre Majesté me pardonnera si je rapporte ses propres expressions. — Mais si tu oses en prendre la place, tu peux être le sauveur du roi et du royaume : si tu as quelques craintes, ce sera moi qui risquerai l'aventure. — A Dieu ne plaise, m'écriai-je, que Geoffrey Hudson soit assez lâche pour vous laisser courir un tel risque ! Vous ne savez pas comment il faut agir en de telles embuscades, et moi j'y suis habitué : j'ai été caché dans la poche d'un géant; j'ai habité momentanément un pâté. — Entrez donc dans cette caisse, me dit-elle, et ne perdez pas de temps. Cependant, tout en me disposant à lui obéir, je ne nierai pas que je n'éprouvasse quelques frissons involontaires, qui ne sont pas incompatibles avec la valeur. Je lui avouai même que si la chose était possible, j'aimerais mieux me servir de mes propres jambes pour arriver au palais. Mais elle ne voulut rien écouter, et me répondit à la hâte que je ne pouvais sortir autrement sans être intercepté, et le seul moyen d'arriver sûrement jusqu'à vous, sire, était celui qu'elle m'offrait; qu'alors j'eusse à vous avertir de vous tenir sur vos gardes; qu'il n'en fallait guère davantage, parce que, la mèche une fois éventée, le pétard n'était plus à craindre. Hardi, téméraire même, j'entrai dans la caisse, et dis adieu à la lumière du jour qui commençait alors à disparaître. Avant de m'y placer, mon guide en avait retiré les armes, et les avait jetées dans la cheminée masquée par un grand écran. Tandis qu'elle m'y enfermait, je la conjurai de bien recommander à ceux qui devaient me porter de tenir toujours le manche du violoncelle en haut, afin de ne pas me trouver la tête en bas; mais avant que j'eusse pu finir ma requête, je m'aperçus que j'étais seul et dans l'obscurité. Presque au même instant arrivèrent deux ou trois drôles, dont le langage, que je comprenais à peu près, m'apprit qu'ils étaient Allemands, et au service du duc de Buckingham. Je les entendis recevoir de leur chef des instructions sur ce qu'ils devaient faire quand ils auraient pris les armes cachées, et..., car je ne veux pas être injuste envers le duc, je compris qu'ils avaient des ordres précis pour épargner la personne du roi et même ses courtisans, et pour protéger tous ceux qui pouvaient être à la cour, contre l'irruption des fanatiques. Du reste ils étaient chargés de désarmer les gentilshommes pensionnaires, dans le corps-de-garde, et de se rendre maîtres du palais.

Le roi parut déconcerté et pensif; après avoir entendu cette narration, il chargea lord Arlington d'ordonner à Selby de visiter secrètement les autres caisses qui avaient été apportées, comme contenant des instrumens. Il fit signe alors au nain de continuer son histoire, et lui demanda plusieurs fois, du ton le plus grave, s'il était bien sûr d'avoir entendu nommer le duc de Buckingham comme auteur ou complice de cet attentat.

Le nain lui répondit toujours du ton le plus affirmatif.

— C'est porter la plaisanterie un peu loin, dit le roi. Hudson, reprenant la parole, dit qu'après sa métamorphose, il avait été porté dans la chapelle, où il avait entendu le prédicateur terminer son sermon, comme il l'avait déjà dit. — Nulle expression, ajouta-t-il, ne pourrait peindre mon angoisse quand je crus sentir que celui qui me portait semblait se disposer à renverser l'instrument pour le placer dans un coin; auquel cas la fragilité humaine aurait bien pu l'emporter sur ma loyauté, ma fidélité, mon amour pour mon roi, et même sur la crainte de la mort que je devais m'attendre à subir si j'étais découvert. Je doute fort qu'il m'eût été possible de retenir mes cris bien long-temps, si je m'étais trouvé placé la tête en bas.

— Et sur mon ame! je ne vous aurais pas blâmé, dit le roi : si j'eusse été dans une pareille position dans le chêne royal, j'aurais rugi moi-même comme un lion. Est-ce tout ce que vous avez à nous dire sur cette étrange conspiration?

Sir Geoffrey Hudson ayant répondu qu'il ne savait rien de plus, — Retirez-vous donc, mon petit ami, lui dit le roi; vos services ne seront pas oubliés. Nous sommes obligé en conscience de fournir à l'avenir une habitation plus spacieuse et plus commode à celui qui, pour nous servir, s'est blotti dans l'étui d'un violon.

— Dans la caisse d'un violoncelle, s'il vous plaît, sire, et non dans l'étui d'un violon, dit le petit homme jaloux de son importance; quoique, pour le service de Votre Majesté, j'eusse voulu pouvoir me resserrer dans l'étui d'un violon de poche.

— Quelque exploit de ce genre qu'eût pu faire un de nos sujets, dit le roi, vous l'auriez certainement fait, Hudson, nous en sommes certain. Retirez-vous à l'écart, et quant à présent songez bien à ne pas dire un mot de cette affaire. Que votre arrivée ici, faites-y bien attention, passe pour une boutade du duc de Buckingham, et qu'il ne soit nullement question de la conspiration.

— Ne conviendrait-il pas de s'assurer de sa personne? demanda le duc d'Ormond quand le nain fut sorti du cabinet.

— Cela est inutile, répondit le roi, je connais le petit coquin depuis long-temps. La fortune, pour en faire un modèle d'absurdité, a enfermé une grande ame dans cette misérable petite boîte. C'est un vrai Don Quichotte, format in-32, pour manier son épée et garder sa parole. On aura soin de lui. Mais sur mon ame! milord, ce tour de Buckingham n'est-il pas le comble de l'ingratitude et de la perfidie?

— Il n'aurait pu agir ainsi, dit le duc d'Ormond, si Votre Majesté avait eu moins d'indulgence en d'autres occasions.

— Milord! milord! s'écria le roi avec quelque impatience, vous êtes l'ennemi connu de Buckingham; et nous choisirons un conseiller plus impartial. Que pensez-vous de tout ceci, Arlington?

— Sire, répondit Arlington, je pense que ce que vous venez d'entendre est absolument impossible, à moins que le duc n'ait eu avec Votre Majesté quelque altercation ignorée de nous. Le duc est léger, inconséquent, mais ceci serait une démence complète.

— Il est bien vrai, dit le roi, que la matinée ne s'est pas passée sans nuage entre nous. Il paraît que la duchesse vient de mourir, et Sa Grace, ne voulant pas perdre de temps, a jeté les yeux autour de lui pour chercher les moyens de réparer sa perte; il a eu l'assurance de nous demander notre agrément pour faire sa cour à lady Anna, à notre nièce.

— Et bien certainement Votre Majesté le lui a refusé, dit Arlington.

— Et peut-être d'une manière un peu mortifiante pour son orgueil, répondit le roi.

— Étiez-vous seul, sire, ou cette scène s'est-elle passée devant témoins? demanda le duc d'Ormond.

— Absolument seul, répondit le roi ; si ce n'est le petit Chiffinch, et vous savez que ce n'est personne.

— *Hinc illæ lacrymæ!* répliqua Ormond. Je connais parfaitement Sa Grace : si le refus qu'a essuyé son audace ambitieuse n'avait eu aucun témoin, il aurait pu le supporter ; mais un tel échec reçu devant un homme qu'il regardait comme fort capable d'en faire confidence à toute la cour était un affront dont il a voulu se venger.

Selby arriva en ce moment à la hâte pour annoncer que le duc de Buckingham venait d'arriver.

Le roi se leva : — Qu'on fasse préparer une barque, dit-il, et qu'un détachement d'yeomen se mette sous les armes, dans le cas où il deviendrait nécessaire de l'envoyer à la Tour, comme accusé de haute trahison.

— Ne faudrait-il pas faire préparer un mandat du secrétaire d'état ? demanda le duc d'Ormond.

— Non, milord, non, répondit le roi d'un ton sec : j'espère encore que nous pourrons éviter cette extrémité.

CHAPITRE XLVII.

« Le hautain Buckingham devient donc circonspect. »
SHAKSPEARE. *Richard III.*

Avant de rendre compte à nos lecteurs de l'entrevue qui eut lieu entre le duc de Buckingham et son souverain offensé, nous devons rapporter une ou deux circonstances d'importance secondaire qui eurent lieu pendant le court trajet qu'il eut à faire pour se rendre d'York-Place à Whitehall.

En partant, le duc s'efforça d'apprendre du courtisan quelle était la véritable cause qui le faisait mander à la cour si précipitamment. Mais Chiffinch se tint sur ses gardes, et il se contenta de répondre qu'il croyait qu'il était question de quelques divertissemens pour lesquels le roi désirait la présence de Buckingham.

Cette réponse ne satisfit pas le duc complètement; car ayant présent à l'esprit son projet téméraire, il ne pouvait s'empêcher de craindre qu'il ne fût découvert. Après un moment de silence, — Chiffinch, dit-il tout à coup, avez-vous parlé à quelqu'un de ce que m'a dit ce matin le roi relativement à lady Anna?

— Moi! milord, répondit Chiffinch en hésitant; mes devoirs envers le roi, mon respect pour Votre Grace...

— Vous n'en avez donc parlé à personne? répéta le duc en le regardant fixement.

— A..... à personne, répondit faiblement Chiffinch, intimidé par le regard sévère de Buckingham.

— Vous mentez comme un coquin, s'écria le duc. Vous en avez parlé à Christian.

— Mais, répondit Chiffinch, Votre Grace... Votre Grace doit se rappeler que je lui avais dit à elle le secret de Christian, que la comtesse de Derby était arrivée.

— Et vous pensez, dit le duc, qu'une trahison doit servir de compensation à l'autre? Non, non. Il me faut une autre réparation; et je vous réponds que je vous ferai sauter la cervelle hors du crâne avant de quitter cette voiture, si vous ne me dites la vérité relativement à ce message de la cour.

Tandis que Chiffinch hésitait sur la réponse qu'il avait à faire, un homme, qui à la lueur des torches que portaient toujours à cette époque les laquais placés derrière un équipage et les valets de pied pouvait aisément distinguer le duc et Chiffinch dans la voiture, s'en approcha, en chantant d'une voix forte ce réfrain d'une vieille chanson française sur la bataille de Marignan, dans lequel on imite l'allemand francisé des Suisses vaincus.

> Tout est verlore (1),
> La tintelore,
> Tout est verlore,
>   Bei Gott (2)!

— Je suis trahi! pensa le duc qui comprit à l'instant que ces vers étaient chantés par un de ses fidèles agens pour l'informer que le complot était découvert.

Il essaya de se précipiter hors de la voiture; mais Chiffinch le retint d'un bras ferme, quoique avec respect. — Ne vous perdez pas vous-même, milord, lui dit-il avec un air d'humilité. Ma voiture est entourée de soldats et d'officiers de paix chargés d'assurer votre arrivée à Whitehall, et de s'opposer à toute tentative d'évasion. Y avoir recours, ce serait avouer que vous êtes coupable, et je vous conseille fortement de n'en rien faire. Le roi est votre ami; soyez aussi le vôtre.

— Vous avez raison, dit le duc d'un air sombre après un moment de réflexion; oui, je crois que vous avez raison. Pourquoi fuirais-je? je ne suis coupable de rien, si ce n'est d'avoir envoyé, pour amuser la cour, de quoi faire un feu d'artifice, au lieu d'un concert de musique.

— Et le nain qui est sorti si inopinément de la caisse du violoncelle?

— C'était le fruit de mon imagination, Chiffinch, répondit le duc, quoique cette circonstance lui fût encore inconnue. Mais, Chiffinch, vous me rendrez un service que je n'oublierai jamais, si vous me permettez d'avoir une minute de conversation avec Christian.

(1) Du mot allemand *verloren*, perdu. — Ep.
(2) De par Dieu. — Ep.

— Avec Christian, milord! où le trouverez-vous? Vous savez qu'il faut que nous allions directement à la cour.

— Je le sais; mais je crois que je ne puis manquer de le rencontrer. Vous n'êtes pas officier de paix, monsieur Chiffinch; vous n'êtes porteur d'aucun mandat, soit pour me retenir prisonnier, soit pour m'empêcher de parler à qui bon me semble.

— Votre génie est si fertile, milord, vous avez tant de moyens pour vous tirer de mauvaises affaires, que ce ne sera jamais de plein gré que je nuirai à un homme qui a tant de ressources et de popularité.

— Eh bien donc! petit bonhomme vit encore, dit le duc.
— Il se mit à siffler, et au même instant Christian parut à la porte de l'armurier que nos lecteurs connaissent déjà, et il accourut à la portière de la voiture.

— *Ganz ist verloren*[1], dit le duc.

— Je le sais, répondit Christian, et tous nos saints amis se sont dispersés en apprenant cette nouvelle. Heureusement le colonel et ces coquins d'Allemands ont donné l'éveil à temps. Tout est en sûreté; vous allez à la cour, je vous y suivrai.

— Vous, Christian! ce serait un trait d'amitié plutôt que de sagesse.

— Et pourquoi? Qu'y a-t-il contre moi? Je suis aussi innocent que l'enfant à naître. Il en est de même de Votre Grace. Une seule créature pourrait rendre témoignage contre nous, et je me flatte de la faire parler en notre faveur. D'ailleurs, si je n'y allais pas, on m'enverrait chercher dans un instant.

— Il est sans doute question de l'esprit familier dont nous avons déjà parlé?

— Un mot à l'oreille.

— Je vous comprends, et je ne m'arrêterai pas plus longtemps, monsieur Chiffinch; car il faut que vous sachiez que

(1) Tout est perdu. — Éd.

c'est lui qui est mon conducteur. Eh bien! Chiffinch, en avant! vogue la galère! J'ai fait voile parmi des écueils plus dangereux que ceux qui m'environnent.

— Ce n'est pas à moi d'en juger, milord. Votre Grace est un capitaine plein de hardiesse, et Christian est un pilote qui a l'astuce du diable. Néanmoins je demeure l'humble ami de Votre Grace, et je serai enchanté de vous voir hors d'embarras.

— Donnez-moi donc une preuve de votre amitié, Chiffinch, en me disant ce que vous pouvez savoir de la jolie brune que Christian appelle son esprit familier.

— Je crois que c'est cette danseuse venue chez moi avec Empson le jour que la nièce de Christian s'en est évadée. Mais vous l'avez vue, milord?

— Moi! quand l'aurais-je vue?

— Je crois que c'est elle dont Christian s'est servi pour mettre sa nièce en liberté, quand il s'est vu forcé à satisfaire son beau-frère en lui rendant sa fille, et étant en outre, à ce que je crois, stimulé par le désir qu'il avait lui-même de jouer un tour à Votre Grace.

— Oh! oh! je m'en doutais! et je ne le tiens pas quitte. Mais avant tout sortons de cet embarras. Ah! cette magicienne était son esprit familier! elle était du complot pour me jouer! Mais nous voici à Whitehall. Chiffinch, souviens-toi que tu es mon ami; et maintenant, Buckingham, montre-toi digne de toi-même.

Mais avant que nous suivions Buckingham en présence du roi, où il avait à jouer un rôle si difficile, il ne sera pas mal à propos de voir ce que devint Christian après sa courte conversation avec le duc.

Après être rentré dans la maison, ce qu'il fit en suivant un passage tortueux qui traversait différentes cours, et qui aboutissait à une porte de derrière donnant sur une allée ténébreuse, il se rendit dans une chambre garnie de nattes dans laquelle Bridgenorth seul lisait la Bible à la clarté d'une petite lampe de fer, avec un air de parfaite sérénité.

— Avez-vous mis les Peverils en liberté? demanda Christian à la hâte.

— Oui, répondit le major.

— Et quelle garantie avez-vous qu'ils n'iront pas vous dénoncer à Whitehall?

— Ils m'en ont fait la promesse volontaire, quand je leur ai montré que nos amis se dispersaient. Je crois que leur projet est de le faire demain matin.

— Et pourquoi ne le feraient-ils pas ce soir?

— Ils nous donnent ce délai pour pourvoir à notre sûreté.

— Et pourquoi n'en profitez-vous pas? pourquoi êtes-vous encore ici?

— Et pourquoi n'êtes-vous pas vous-même en fuite? A coup sûr vous êtes compromis tout autant que moi.

— Frère Bridgenorth, je suis le renard qui connaît cent ruses pour mettre les chiens en défaut; mais vous êtes le daim qui n'a de ressources qu'en la légèreté de ses jambes. Ne perdez donc pas de temps; partez pour la campagne, ou plutôt rendez-vous à bord du navire de Zedekiah Fish, *la Bonne-Espérance,* qui est sur la Tamise, prêt à partir pour le Massachussets. Prenez les ailes du matin, et éloignez-vous de l'Angleterre. Vous pouvez arriver à Gravesend avec la marée.

— Et vous laisser, frère Christian, le soin de ma fortune et de ma fille. Non, non, mon frère; il faut avant cela que je retrouve la confiance que j'avais en vous.

— Fais ce que tu voudras, fou soupçonneux, dit Christian, surmontant le désir violent qu'il avait d'employer des termes plus offensans : reste où tu es, et attends qu'on vienne t'y chercher pour te pendre!

— Tout homme doit mourir une fois, Christian; cette sentence est irrévocable. D'ailleurs toute ma vie n'a été qu'une mort prématurée. La cognée du forestier a abattu mes plus beaux rejetons. Celui qui leur survit, s'il fleurit jamais, doit être greffé sur un autre arbre, et bien loin de mon vieux tronc. Si la racine doit être atteinte par la hache, le coup qui la frappera ne peut arriver trop tôt. Je me serais estimé heureux, j'en conviens, si j'eusse été appelé à donner un caractère plus pur à une cour licencieuse, et à détacher le joug sous lequel sont courbés les élus de Dieu. Ce jeune homme aussi, le fils de cette femme rare à qui je dois le dernier lien qui attache encore faiblement à l'humanité mon esprit harassé, combien j'aurais désiré le gagner à la bonne cause! Mais cette espérance, comme toutes les autres, a disparu pour toujours; et puisque je ne suis pas digne de servir d'instrument pour ce grand ouvrage, je désire peu de rester plus long-temps dans cette vallée de larmes.

— Adieu donc, fou sans courage, dit Christian, qui, avec tout son sang-froid, ne put cacher plus long-temps le mépris que lui inspirait le vieux *prédestinatien* qui se résignait si facilement à la perte de toutes ses espérances.

— Faut-il que le destin m'ait entravé par de tels confédérés! murmura-t-il en quittant son beau-frère. Cet insensé! ce fanatique! il est impossible d'en rien faire à présent. Il faut que j'aille trouver Zarah. C'est elle, elle seule qui peut nous sauver au milieu de ces écueils. Si je puis maîtriser son caractère opiniâtre, et mettre en jeu sa vanité, son adresse, la partialité du roi pour le duc, l'effronterie sans égale de Buckingham, et ma main au gouvernail, nous pouvons encore braver la tempête; mais ce n'est pas le tout d'agir, il faut agir promptement.

Il trouva dans un autre appartement la personne qu'il cherchait; la même qui s'était introduite dans le harem du duc de Buckingham, et qui, ayant fait évader Alice Bridgenorth de l'endroit où elle était retenue, comme nous l'avons dit plus haut, ou plutôt comme nous l'avons donné à entendre, y était restée en sa place. Elle était alors plus simplement vêtue que lorsqu'elle avait bravé le duc par sa présence ; mais son costume avait encore quelque chose d'oriental qui s'alliait parfaitement à son teint un peu brun et à ses yeux pleins de vivacité. Elle tenait un mouchoir sur ses yeux lorsque Christian parut, mais dès qu'elle l'aperçut, elle l'en retira, jeta sur lui un regard de mépris et d'indignation, et lui demanda pourquoi il se présentait dans un lieu où il n'était ni attendu ni désiré.

— Jolie question d'une esclave à son maître ! dit Christian.

— Dites plutôt qu'elle est convenable ; que c'est la plus convenable de toutes dans la bouche d'une maîtresse parlant à son esclave. Ne savez-vous pas que vous m'avez rendue maîtresse de votre destin dès l'instant où vous m'avez dévoilé toute votre bassesse? Tant que vous ne m'avez paru que le démon de la vengeance, vous commandiez la terreur, et vous avez réussi. Mais un misérable tel que vous vous êtes montré à mes yeux tout récemment, un fourbe infâme inspiré par l'esprit malin, une ame sordide vouée à la perdition, ne peut jamais obtenir que du mépris d'un cœur comme le mien.

— Bravement parlé ! dit Christian, avec l'accent convenable !

— Oui, je puis parler quelquefois. Je puis aussi me taire, et personne ne le sait mieux que vous.

— Vous êtes une enfant gâtée, Zarah, et vous abusez de mon indulgence pour vous livrer à votre humeur fantasque. Votre esprit s'est dérangé depuis votre arrivée en Angleterre, et tout cela pour l'amour d'un jeune homme qui ne se soucie pas plus de vous que de la dernière des coureuses de rues, parmi lesquelles il vous abandonna pour se faire une querelle pour celle qu'il vous préfère.

— Peu importe, dit Zarah, luttant évidemment contre une vive émotion ; peu importe qu'il m'en préfère une autre. Il n'existe personne, non, personne qui l'ait aimé, qui puisse l'aimer davantage.

— Vous me faites pitié, Zarah, dit Christian avec quelque mépris.

— Je mérite votre pitié, mais vous ne méritez pas que je l'accepte. Qui dois-je remercier de tous mes maux, si ce n'est vous? Vous m'avez élevée dans la soif de la vengeance, avant que je connusse que le bien et le mal étaient autre chose que des mots. Pour mériter vos éloges, pour satisfaire une vanité que vous aviez excitée, j'ai subi pendant des années une pénitence à laquelle mille autres auraient refusé de se soumettre.

— Mille, Zarah! dites cent mille, dites un million. Il n'existe pas sur la terre une créature, n'étant qu'une simple femme, qui eût pu supporter la trentième partie du sacrifice que vous vous êtes imposé.

— Je le crois, dit Zarah avec hauteur; oui, je le crois; j'ai subi une épreuve à laquelle peu de personnes auraient résisté. J'ai renoncé au doux commerce de communication avec ma propre race; j'ai forcé ma langue à ne prononcer que les paroles que j'avais entendues, comme un lâche espion. Voilà ce que j'ai fait pendant des années. Oui, pendant des années, et tout cela pour obtenir vos éloges, dans l'espoir d'assouvir une vengeance inhumaine contre une femme qui, si elle a eu le tort de faire périr mon père, en a été cruellement punie en nourrissant dans son sein un serpent qui avait les dents envenimées de la vipère, s'il n'en avait pas la surdité.

— Bien! fort bien! très bien! Mais n'avez-vous pas trouvé votre récompense dans mon approbation, dans le sentiment intime de votre dextérité, qui vous a rendue capable de faire ce que l'histoire de votre sexe ne peut citer dans aucune femme; de supporter ce que jamais femme n'a supporté, l'insolence sans y faire attention, l'admiration sans y paraître sensible, les sarcasmes sans daigner y répondre?

— Non pas sans y répondre, dit Zarah avec fierté. La nature n'a-t-elle pas donné à mes sentimens une expression plus forte que la parole ? Ceux qui n'auraient eu aucun égard à mes prières et à mes plaintes ne tremblaient-ils pas en entendant mes sons inarticulés ? Cette dame orgueilleuse qui assaisonnait sa charité de brocards qu'elle pensait que je n'entendais pas, n'a-t-elle pas été justement punie quand tous ses secrets les plus importans passaient entre les mains de son ennemi mortel ? et ce jeune comte, être aussi insignifiant que le panache qui flottait sur son chapeau, et ces dames qui s'amusaient à mes dépens, n'en ai-je pas tiré, n'ai-je pas pu du moins en tirer aisément vengeance ? Mais il existe quelqu'un, ajouta-t-elle en levant les yeux vers le ciel, qui ne m'a jamais adressé un sarcasme ; un être dont la générosité a traité la pauvre sourde-muette comme si elle eût été sa sœur ; qui n'a jamais parlé d'elle que pour l'excuser ou la défendre ; et vous me dites que je ne dois pas l'aimer, que c'est une folie de l'aimer ! Je serai donc folle, car je l'aimerai jusqu'au dernier instant de ma vie.

— Réfléchissez un moment, fille insensée ; insensée sous un rapport seulement, car sous tous les autres, vous êtes bien au-dessus de tout votre sexe. Songez à la carrière brillante que j'ai ouverte devant vous si vous voulez renoncer à une passion sans espérance. Pensez que vous n'avez qu'à le vouloir pour devenir l'épouse, l'épouse légitime du duc de Buckingham. Avec mes talens, avec votre esprit et votre beauté, avec son amour passionné pour ces avantages, il ne faut qu'un instant pour vous placer au rang des princesses d'Angleterre. Laissez-vous seulement guider par moi. Il est maintenant dans un moment de crise. Il lui faut de grands secours pour le tirer d'affaire ; des secours que nous seuls pouvons lui donner. Suivez mes conseils, et le destin lui-même ne pourrait vous empêcher de porter la couronne de duchesse.

— Ah ! plutôt une couronne de duvet de chardon, entrelacée de feuilles de la même plante ! Je ne connais rien de plus méprisable que ce Buckingham. Je l'ai vu par votre ordre; je l'ai vu lorsque, pour se conduire en homme, il aurait dû se montrer noble et généreux. Je l'ai mis à l'épreuve, parce que vous l'avez voulu, car je ris des dangers qui font fuir, en rougissant et en frémissant, les pauvres et frêles créatures de mon sexe. Qu'ai-je trouvé en lui? un misérable voluptueux ne sachant ce qu'il doit faire; dont la passion ressemble au feu de quelques brins de paille qui brille un instant, produit quelque fumée, mais ne peut ni échauffer ni consumer. Christian, si sa couronne était à mes pieds en ce moment, j'en accepterais une de pain d'épice doré, plutôt que de baisser la main pour la ramasser.

— Vous êtes folle, Zarah, complètement folle avec tout votre goût et tous vos talens. Mais ne parlons plus de Buckingham. Ne me devez-vous donc rien à moi? à moi qui vous ai délivrée de la tyrannie de votre maître le faiseur de tours, pour vous placer dans l'aisance et l'abondance?

— Oui, Christian, je vous dois beaucoup. Si je n'avais pas senti combien je vous étais redevable, je vous aurais dénoncé à la fière comtesse, comme j'en ai été tentée plus d'une fois; et elle vous aurait fait attacher à un gibet élevé sur une des tours du château de Rushin, laissant à vos héritiers le soin de se venger des aigles qui auraient tapissé leur aire de vos cheveux et nourri leurs petits de votre chair.

— Je vous remercie d'avoir eu tant d'indulgence pour moi, Zarah.

— J'en ai eu, je vous le dis avec vérité et sincérité, non à cause des services que vous m'aviez rendus, car tout ce que vous avez fait pour moi, vous ne l'avez fait que par égoïsme, et je vous en ai plus que mille fois payé par le dévouement à vos volontés, dont je vous ai donné tant de preuves en m'exposant aux plus grands risques. Mais jusqu'à une époque bien récente, je respectais votre force d'esprit; l'empire inimitable que vous avez sur vos passions; l'intelligence avec laquelle vous saviez maîtriser tous les autres, depuis le fanatique Bridgenorth jusqu'au débauché, Buckingham. C'était en cela que je reconnaissais mon maître.

— Je n'en ai rien perdu, et avec votre aide, je vous ferai voir les filets les plus forts que les lois de la société civile aient jamais tendus pour limiter la dignité naturelle de l'homme, se briser aussi facilement que des toiles d'araignée.

Elle garda le silence un instant, et continua en ces termes : — Tant qu'un noble motif vous avait enflammé; oui, un noble motif, quoique illégal, car je suis née pour regarder le soleil qui force les pâles filles de l'Europe à baisser les yeux, je vous aurais servi; je vous aurais suivi partout où la vengeance ou l'ambition vous aurait conduit. Mais la soif de la richesse... et amassée par quels moyens! Qu'ai-je de commun avec cette passion? ne vouliez-vous pas devenir le vil pourvoyeur du roi, quoiqu'il s'agît d'y sacrifier votre propre nièce? Vous souriez? Souriez donc encore, quand je vous demande si ce n'était pas dans des vues semblables que vous m'aviez ordonné de rester chez Buckingham, après le départ de votre nièce. Souriez à cette question; et de par le ciel! je vous frappe droit au cœur. En parlant ainsi elle mit la main à son sein, et laissa voir la garde d'un petit poignard.

— Si je souriais, dit Christian, ce ne serait que de mépris pour une accusation si odieuse. Jeune fille, je ne vous en dirai pas la raison, mais il n'existe pas sur la terre de créature vivante dont j'aie plus à cœur l'honneur et la sûreté. Il est vrai que je désirais vous voir l'épouse de Buckingham; et avec votre esprit et votre beauté, je ne doutais pas que cet événement n'arrivât.

— Vain flatteur, répondit Zarah, qui parut pourtant un peu calmée par la flatterie qu'elle rejetait, il est bien vrai que vous avez voulu me persuader que ce seraient des offres honorables que me ferait votre Buckingam. Mais comment avez-vous osé vouloir me tromper ainsi, quand le temps, le lieu, les circonstances, devaient vous convaincre de mensonge? Comment l'osez-vous encore en ce moment, quand vous savez qu'à l'époque dont vous parlez la duchesse vivait encore?

— Elle vivait, mais elle était sur son lit de mort. Et quant au temps, au lieu, aux circonstances, si votre vertu n'avait eu que de si fragiles appuis, ma chère Zarah, vous n'auriez pu être ce que vous êtes. Je vous connaissais en état de le braver, sans quoi, car vous m'êtes plus chère que vous ne le pensez, je ne vous aurais fait courir aucun risque, ni pour le duc de Buckingham, ni même pour tout le royaume d'Angleterre. Ainsi maintenant voulez-vous suivre mes conseils et m'accompagner?

Zarah ou Fenella, car nos lecteurs doivent être convaincus depuis long-temps de l'identité de ces deux personnages, baissa les yeux, et garda quelque temps le silence. — Christian, dit-elle enfin d'une voix solennelle, si mes idées du bien et du mal sont confuses et incohérentes, je le dois d'abord à l'ardeur d'un sang que fait encore fermenter le soleil qui me vit naître; ensuite à une enfance passée parmi les charlatans et les jongleurs; enfin à une jeunesse consacrée à la fraude et à la trahison, et pendant laquelle, suivant exactement la marche que vous m'aviez prescrite, j'entendais tout sans pouvoir communiquer mes idées à personne. Cette dernière cause de mes erreurs, si j'en ai à me reprocher, vient de vous seul, Christian; car ce furent vos intrigues qui me placèrent chez cette dame; ce fut vous qui me dites que le plus grand de tous mes devoirs était d'assurer la vengeance de la mort de mon père, et que la nature m'ordonnait de détester et de trahir celle qui me nourrissait et me caressait, quoique ce fût, à la vérité, comme elle aurait nourri et caressé un chien ou tout autre animal muet. Je crois aussi, car je veux vous dire franchement tout ce que je pense, que vous n'auriez pas si facilement découvert votre nièce dans l'enfant dont l'agilité surprenante faisait la fortune d'un jongleur, et que vous ne l'auriez pas si aisément décidée à se séparer de son esclave, si vous ne m'aviez vous-même confiée à ses soins pour des raisons que vous connaissiez, et si vous ne vous étiez pas réservé le droit de me réclamer quand bon vous semblerait. Vous n'auriez pu me faire faire un meilleur apprentissage pour me mettre en état de jouer le rôle de muette, auquel vous aviez dessein de me condamner pour toute ma vie.

— Vous êtes injuste envers moi, Zarah : je vous trouvai capable de remplir, comme personne n'aurait pu le faire, une tâche indispensable pour venger la mort de votre père ; je vous y consacrai, comme j'y consacrai ma propre vie et toutes mes espérances ; et vous regardâtes ce devoir comme inviolable jusqu'à ce que ce fol amour pour un jeune homme qui aime votre cousine......

— Qui... aime... ma... cousine, répéta Zarah, à qui nous continuerons à donner son véritable nom, en prononçant ces mots à voix lente, comme s'ils se fussent échappés l'un après l'autre de sa bouche, et sans qu'elle le sût ; eh bien, soit ! homme pétri d'astuce, je suivrai ta marche encore un peu de temps, bien peu de temps. Mais prends-y bien garde : ne me fatigue pas de remontrances contre les pensées qui sont le trésor secret de mon cœur ; je veux dire mon affection sans espoir pour Julien Peveril, et ne sois pas assez hardi pour me faire servir à l'envelopper dans les filets que tu voudrais tendre autour de lui. Vous et votre duc, vous maudirez amèrement l'heure à laquelle vous m'aurez poussée à bout. Vous pouvez me croire en votre pouvoir ; mais sachez que les serpens de mon climat brûlant ne sont jamais plus à craindre que lorsqu'on les serre dans la main.

— Je me soucie fort peu de ces Peverils : qu'ils soient heureux ou malheureux, je n'en donnerais pas un fétu de paille, à moins qu'ils ne se trouvent placés entre moi et la femme destinée à ma vengeance, cette femme dont les mains sont encore rouges du sang de votre père. Croyez-moi, je puis séparer leur destin du sien, et je vous en expliquerai les moyens. Quant au duc, il passe dans toute la ville pour avoir de l'esprit ; les guerriers admirent son courage ; il est pour les courtisans le modèle des graces et de l'élégance, et avec son haut rang et son immense fortune, je ne vois pas pourquoi vous laisseriez échapper l'occasion d'un établissement brillant que je me trouve en position de pouvoir vous procurer.

— Ne m'en parle plus, s'écria Zarah, si tu veux que notre trève..., car souviens-toi que ce n'est pas une paix ; si tu veux, dis-je, que notre trève dure seulement l'espace d'une heure.

— Et voilà donc, dit Christian faisant un dernier effort pour intéresser la vanité de cet être extraordinaire, voilà celle qui se prétendait supérieure aux passions humaines ; qui pouvait voir indifféremment les grands dans leurs salons, les captifs dans leurs cachots, sans prendre part aux plaisirs des uns, sans compatir aux souffrances des autres, et qui s'avançait d'un pas sûr et silencieux vers l'accomplissement de ses plans, sans être arrêtée un seul instant par le spectacle du bonheur ou de l'adversité !

— De mes plans ! dit Zarah. Dis donc des tiens, Christian ; de ces plans que tu avais formés pour extorquer des prisonniers surpris quelques moyens de les convaincre, de ces plans concertés avec des gens plus puissans que toi, pour pénétrer les secrets des autres, afin d'y rattacher les accusations qui devaient prolonger l'erreur d'un peuple aveugle.

— Mais l'accès que vous aviez obtenu, comme mon agent, vous deviez le faire servir pour opérer un grand changement dans la nation ; et quel usage en avez-vous fait ? Vous n'avez cherché qu'à le rendre utile à votre folle passion.

— Folle ! S'il eût été moins que fou, celui qui en était l'objet, nous serions maintenant l'un et l'autre bien loin des embûches que vous nous aviez préparées à tous deux. Toutes mes mesures étaient prises, et nous aurions déjà dit adieu pour toujours aux rives de la Grande-Bretagne.

— Et ce misérable nain! était-il digne de vous d'abuser cette pauvre créature par des visions flatteuses; de lui faire prendre des drogues somnifères? Est-ce encore moi qui ai fait tout cela?

— C'était l'instrument dont je voulais me servir. Je me rappelais trop bien vos leçons pour agir autrement. Et cependant ne le méprisez pas trop : ce misérable nain, dont j'ai fait mon jouet dans sa prison, cet humble avorton de la nature, je l'accepterais pour époux plutôt que votre Buckingham. Ce pygmée vain et glorieux a un cœur sensible et cette noblesse de sentimens dont un homme doit s'honorer.

— Eh bien donc, dit Christian, agissez comme bon vous semblera. Mais que, d'après mon exemple, personne ne s'avise de vouloir désormais lier la langue d'une femme, puisqu'il faut l'en indemniser ensuite en lui accordant le privilége de faire toutes ses volontés. Enfin le coursier a secoué la bride, et il faut bien que je le suive, puisque je ne puis le guider.

Nous allons maintenant retourner à la cour du roi Charles, à Whitehall.

CHAPITRE XLVIII.

« Que te dirai-je, à toi plus cruel qu'un sauvage,
« Qui vient de me percer du plus sensible outrage;
« A qui je confiais mes plus secrets desseins;
« Mon plus cher conseiller, dont ces puissantes mains
« Auraient en lingots d'or su convertir ton maître? »

SHAKSPEARE. *Henry V.*

DANS aucune époque de sa vie, pas même dans le péril le plus imminent, la gaîté naturelle de Charles ne parut souffrir une éclipse plus totale que pendant qu'il attendait le retour de Chiffinch et du duc de Buckingham. Son cœur se révoltait à l'idée que l'homme pour lequel il avait eu le plus d'indulgence, qu'il avait choisi pour partager ses heures de loisir et de divertissement, eût pu être capable de tremper dans un complot qui semblait dirigé contre sa liberté et sa vie. Il recommença plus d'une fois à interroger le nain, mais il n'en put tirer que ce que contenait déjà sa première narration. Hudson lui avait décrit en couleurs si fantastiques et si romanesques la femme dont il prétendait avoir reçu la visite dans la prison de Newgate, que le roi ne put s'empêcher de penser que le pauvre homme avait la tête un peu tournée. D'ailleurs comme on n'avait rien trouvé dans le tambour, ni dans les caisses des autres instrumens, il se flattait encore que cette prétendue conspiration n'était qu'une simple plaisanterie, ou une méprise du nain.

Les individus dépêchés pour surveiller les mouvemens de la congrégation de Weiver rapportèrent que tous ceux qui la composaient s'étaient dispersés tranquillement. On apprit en même temps, à la vérité, qu'ils avaient tous des armes, mais ce n'était pas une preuve qu'ils eussent des desseins hostiles dans un moment où tous les bons protestans se croyaient en danger d'être massacrés à chaque instant ; où les chefs de la Cité avaient organisé une milice et alarmé tous les citoyens de Londres par le bruit des projets d'insurrection des catholiques ; où enfin, pour nous servir des expressions emphatiques d'un alderman de ce temps, les presbytériens croyaient généralement qu'ils s'éveilleraient un beau matin avec le cou coupé. Qui devait commettre de si terribles exploits ? c'est ce qu'il était plus difficile de dire ; mais chacun en admettait la possibilité, puisqu'un juge de paix avait déjà été assassiné. Au milieu d'une terreur panique si universelle, on ne pouvait donc conclure de ce qu'une congrégation de protestans par excellence, la plupart anciens militaires, s'étaient réunis en armes dans le lieu destiné à l'exercice de leur culte, on ne pouvait conclure, dis-je, qu'ils eussent conçu des projets hostiles contre l'état.

Les discours violens du ministre, en les supposant bien prouvés, n'étaient pas davantage un indice certain d'un complot prémédité. Les paraboles favorites des prédicateurs, les métaphores qu'ils choisissaient, les ornemens qu'ils y ajoutaient, avaient toujours alors quelque chose de militaire. Prendre d'assaut le royaume des cieux est une forte et belle métaphore quand on l'emploie dans un sens général, comme dans l'Écriture ; mais ils la délayaient dans leurs sermons, en se servant de tous les termes techniques employés pour l'attaque et la défense d'une place fortifiée. En un mot le danger, quel qu'il pût être dans la réalité, avait disparu aussi soudainement qu'une bulle élevée sur la surface de l'eau, qui éclate quand on y touche et ne laisse aucune trace.

Tandis qu'on faisait au roi des rapports de ce qui se passait à l'extérieur, et qu'il les discutait avec ses conseillers, un sentiment de mélancolie et d'inquiétude se mêla à la gaîté qui avait présidé au commencement de cette soirée. Chacun s'aperçut qu'il se passait quelque chose d'extraordinaire, et la distance à laquelle Charles se tenait de la compagnie, en ajoutant au sérieux qui commençait à s'y glisser, prouvait que l'esprit du roi était occupé de quelque affaire importante.

Ainsi le jeu fut négligé; les instrumens de musique gardèrent le silence ou jouèrent sans être écoutés; les galans cessèrent de faire des complimens, les dames d'en attendre, et une curiosité inquiète se répandit dans tout le cercle. Chacun demandait aux autres pourquoi ils étaient si graves, mais sans en recevoir plus de réponse qu'on n'aurait pu en espérer d'un troupeau de bestiaux à qui l'instinct apprend à craindre l'approche d'un orage.

Pour ajouter à l'appréhension générale, un bruit sourd commença à se répandre que deux ou trois personnes ayant voulu quitter le palais, avaient été informées que qui que ce fût ne pouvait en sortir avant l'heure qui serait indiquée pour la sortie générale. Et quand elles rentrèrent dans les appartemens, elles annoncèrent à voix basse qu'on avait doublé le nombre des factionnaires à la porte, et qu'un détachement des gardes à cheval était rangé dans la cour: circonstances assez extraordinaires pour redoubler l'inquiétude et la curiosité.

Telle était la situation de la cour quand le bruit d'une voiture se fit entendre, et le mouvement qui eut lieu annonça l'arrivée d'un personnage d'importance.

— Voici Chiffinch, dit le roi, avec sa proie entre ses serres.

C'était en effet le duc de Buckingham, et ce ne fut pas sans émotion qu'il se trouva en présence du roi. En entrant dans la cour, il vit à la lueur des torches dont la voiture était entourée, briller les uniformes écarlates, les chapeaux galonnés et les sabres nus des gardes à cheval, spectacle inusité et fait pour porter la terreur dans une conscience qui n'était pas sans reproche.

Le duc descendit de voiture, et se contenta de dire à l'officier de service : — Vous voilà bien tard sous les armes ce soir, capitaine Carleton?

— Tels sont nos ordres, milord, répondit Carleton avec une précision militaire; et il ordonna aux quatre sentinelles à pied qui étaient sous la porte de faire place au duc de Buckingham. Mais à peine était-il entré qu'il entendit le même officier donner l'ordre : — A votre poste, sentinelles, occupez la porte et gardez bien le passage ; et il lui sembla que ces mots lui faisaient perdre tout espoir de salut.

En montant le grand escalier il remarqua qu'on avait pris d'autres précautions qui étaient autant de signes d'alarme. Le nombre de yeomen de la garde était plus que doublé, et ils portaient la carabine au lieu de la hallebarde. Les gentilshommes-pensionnaires, armés de pertuisanes, étaient aussi en plus grand nombre que de coutume. En un mot, il semblait qu'on avait mis sous les armes à la hâte et pour quelque motif urgent toute la maison du roi.

Buckingham jeta un coup d'œil attentif sur tous ces préparatifs de défense, et monta d'un pas lent et ferme, comme s'il eût compté chaque marche sur laquelle il plaçait le pied. — Qui m'assurera de la fidélité de Christian? pensa-t-il : s'il est ferme, nous sommes sauvés; dans le cas contraire...

Comme il posait cette alternative il entra dans le salon où était le roi.

Le roi était debout au milieu de l'appartement, entouré des conseillers qu'il venait de consulter. Le reste de cette brillante assemblée, divisé en différens groupes, se tenait à quelque distance et regardait. Chacun observa un grand silence en voyant entrer Buckingham, dans l'espoir de recevoir quelque explication du mystère qui agitait tous les esprits. L'étiquette ne permettant pas d'approcher, on penchait la tête en avant pour tâcher d'entendre quelque chose de ce qui allait se passer entre le roi et le duc intrigant. Au même instant les conseillers qui étaient près du roi se rangèrent des deux côtés pour permettre à Buckingham de lui rendre ses hommages selon le cérémonial d'usage. Il accomplit ce cérémonial avec sa grace ordinaire ; mais le roi le reçut avec un air grave auquel il n'était pas accoutumé.

— Vous vous êtes fait attendre, milord, dit Charles. Il y a long-temps que Chiffinch est parti pour requérir votre présence ici. Je vois que votre costume est soigné. Cette recherche de toilette n'était pas nécessaire en cette occasion.

— Elle ne pouvait ajouter à la splendeur de la cour de Votre Majesté, répondit le duc ; mais elle n'était pas inutile pour moi-même. C'était aujourd'hui jour de gala à York-Place, et mon club de Pendabler était en orgie complète quand l'ordre de Votre Majesté est arrivé. Je ne pouvais avoir été dans la compagnie d'Ogle, de Manidue, de Darson, etc., sans avoir besoin de faire quelques changemens à mon costume et quelques ablutions avant de me présenter dans ce cercle.

— J'espère que la purification sera complète, dit le roi sans changer de visage et dont la physionomie était sombre, sévère et même dure quand l'expression n'en était pas adoucie par le sourire qui lui était habituel. Nous désirons demander à Votre Grace ce que signifie cette espèce de mascarade musicale dont il vous a plu de nous régaler, mais qui a échoué, à ce qu'on nous a donné à entendre.

— Il faut vraiment qu'elle ait complètement échoué, dit le duc, puisque Votre Majesté paraît prendre la chose au sérieux. Je croyais divertir Votre Majesté, que j'avais vue quelquefois s'amuser de pareilles aubades, en lui envoyant ce que contenait la caisse de ce violoncelle; mais je vois que la plaisanterie n'a pas réussi. Je crains que les feux d'artifice n'aient fait quelque mal.

— Pas tout le mal qu'ils étaient peut-être destinés à faire, dit le roi d'un ton grave : vous voyez, milord, que nous n'avons pas une échauboulure, et que nous sommes tous bien portans.

— Puisse Votre Majesté l'être long-temps! Cependant je vois qu'il y a dans cette affaire quelque chose que je ne conçois pas; quelque chose qui doit être bien impardonnable, contre mon intention assurément, puisque j'ai encouru le déplaisir d'un maître si indulgent.

— Trop indulgent, Buckingham; et cette indulgence a changé en traîtres des sujets loyaux.

— Si Votre Majesté me permet de le lui dire, je ne comprends rien à cela.

— Suivez-nous, milord, et nous tâcherons de nous expliquer mieux.

Accompagné des mêmes seigneurs qui l'entouraient, et suivi de Buckingham sur qui tous les yeux étaient fixés, Charles retourna dans le même cabinet où avaient déjà été tenues plusieurs consultations pendant cette soirée. Là, croisant les bras et s'appuyant sur le dossier d'un fauteuil, il commença à interroger le duc.

— Parlons franchement, et répondez-moi avec vérité, Buckingham, dit le roi. Quel était, en un mot, le divertissement que vous nous aviez préparé pour ce soir?

— Une mascarade, sire; une petite danseuse devait sortir de la caisse du violoncelle, et je croyais que Votre Majesté aurait été satisfaite de ses gambades. Il s'y trouvait aussi quelques feux d'artifice chinois, et pensant que le divertissement aurait lieu dans le salon de marbre, j'avais cru qu'on aurait pu les tirer sans occasionner la moindre alarme, et qu'ils auraient produit un bon effet à l'apparition de ma petite magicienne, qu'ils auraient entourée d'une atmosphère de feu. J'espère qu'il n'y a pas eu de perruques brûlées; point de dames effrayées; point d'espérances de noble lignée déçues, grace à une plaisanterie mal imaginée !

— Nous n'avons pas vu de feux d'artifice, milord; quant à votre danseuse, nous entendons parler d'elle pour la première fois, et c'est sous la forme de notre vieille connaissance Geoffrey Hudson qu'elle paru. Or, à coup sûr, les jours de danse du petit homme sont passés.

— Votre Majesté me surprend; je la supplie d'envoyer chercher Christian, Édouard Christian, qui demeure dans une grande et vieille maison, dans le Strand, près de la boutique de Shaper l'armurier. Sur mon honneur, sire, je l'ai chargé de tout l'arrangement de cette plaisanterie, avec d'autant plus de raison que la petite danseuse lui appartient. S'il a fait quelque chose pour déshonorer mon concert ou nuire à ma réputation, de par Dieu ! il mourra sous le bâton.

— Il est bien singulier, dit le roi, et je l'ai souvent observé, que ce coquin de Christian porte toujours le blâme des fautes des autres. Il joue le rôle qu'on assigne dans une grande maison à ce fameux personnage qu'on dit coupable de tous les accidens, et qu'on nomme Personne. Quand Chiffinch fait une bévue, il en accuse Christian. Quand Sheffield écrit une satire, je suis sûr d'apprendre que Christian l'a corrigée ou l'a distribuée. C'est l'ame damnée de tout ce qui compose ma cour, le bouc émissaire chargé des iniquités de tous mes courtisans, et il aura une bonne charge à porter dans le désert. Mais quant aux péchés de Buckingham, il en est le porteur ordinaire et régulier : — je suis convaincu que Sa Grace compte que Christian subira en ce monde et dans l'autre tous les châtimens qu'elle peut avoir encourus.

— Pardonnez-moi, sire, répondit le duc avec un air respectueux, je n'ai pas l'espérance d'être pendu ou damné par procuration; mais il est clair que quelqu'un s'est permis de changer quelque chose au projet que j'avais conçu. Si j'ai été accusé près de vous, je demande à entendre l'accusation et à être confronté à mon accusateur.

— C'est justice, dit Charles; qu'on fasse paraître notre petit ami.

On dérangea un devant de cheminée, et le nain parut à l'instant.

— Voici le duc de Buckingham, lui dit le roi; répétez devant lui l'histoire que vous nous avez contée. Apprenez-lui ce qui était contenu dans la caisse du violoncelle avant qu'on l'eût vidée pour vous y placer. — Ne craignez personne, et dites la vérité hardiment.

— Votre Majesté me permettra de lui faire observer, dit Hudson, que la crainte m'est inconnue.

— Son corps est trop petit pour contenir ce sentiment, dit Buckingham, ou l'étoffe en est trop mince pour valoir la peine de l'inspirer. Mais voyons, qu'il parle!

Avant qu'Hudson eût fini son histoire, Buckingham l'interrompit en s'écriant : — Est-il possible que Votre Majesté ait conçu quelques soupçons contre moi sur la parole de cette pauvre variété du genre des babouins?

— Lord déloyal, je t'appelle au combat! s'écria le petit homme, outré de colère en s'entendant traiter ainsi.

— L'entendez-vous? dit le duc; le petit homme a absolument le cerveau timbré : il défie au combat un homme qui ne demanderait d'autre arme qu'une épingle à friser pour le percer de part en part, et qui d'un coup de pied l'enverrait de Douvres à Calais, sans barque ni paquebot. Et que pouvez-vous attendre d'un idiot engoué d'une danseuse qu'on a vu figurer à Gand sur la corde tendue, et dont il veut sans doute unir les talens aux siens pour se faire voir avec elle sur des tréteaux à la foire de Saint-Barthélemy? N'est-il pas clair que si cette petite créature n'est pas animée par la malignité comme l'est toute la race des pygmées, dévorée d'une envie invétérée contre tous ceux dont la taille a les proportions ordinaires de l'espèce humaine ; en supposant, dis-je, que ce ne soit pas un mensonge fait par malice et de propos délibéré, n'est-il pas clair qu'il a pris des fusées chinoises pour des armes et des munitions? Il ne dit pas qu'il les ait touchées ou maniées lui-même ; et n'ayant jugé que par la vue, je doute que cette créature vieille et infirme, surtout quand quelque idée bizarre ou quelque prévention absurde s'est logée dans son cerveau, soit en état de distinguer un pistolet d'arçon d'un boudin.

Les horribles clameurs que poussa le pauvre nain quand il entendit dépriser ainsi sa science militaire, la hâte avec laquelle il bégaya le détail de ses exploits belliqueux, les grimaces absurdes qui servirent d'accompagnement à ce récit ayant provoqué l'hilarité de Charles et même celle des hommes d'état qui l'entouraient, donnèrent une teinte de ridicule à une scène assez étrange déjà. Le roi y mit fin en ordonnant au nain de se retirer.

Une discussion plus régulière s'entama alors, et Ormond le premier fit remarquer que l'affaire était plus sérieuse qu'on ne l'avait pensé, puisque sir Geoffrey Hudson avait parlé d'une conversation fort extraordinaire qui annonçait des intentions de trahison, et tenue par les affidés du duc de Buckingham, qui l'avaient apporté dans la caisse au palais.

— Je suis sûr que le duc d'Ormond ne perdra jamais l'occasion de placer un mot en ma faveur, dit Buckingham d'un ton de dédain, mais je le défie, lui et tous mes autres ennemis ; et il me sera facile de démontrer que ce prétendu complot, si l'on trouve le plus léger prétexte pour lui donner ce nom, n'est qu'un coup monté pour détourner l'odieux justement attaché à la conspiration des papistes contre les protestans. Voilà un petit être qui, pour ternir l'honneur d'un pair protestant, échappe à la corde qu'il a méritée ! Et sur quoi est fondée son accusation ? sur une conversation de trois ou quatre musiciens allemands qu'il a entendue à travers les fentes d'une caisse de violoncelle, quand cet animal y était enfermé et monté sur les épaules d'un homme ! Or, en rapportant cette conversation le nabot prouve qu'il entend l'allemand comme mon cheval. Mais supposons qu'il ait bien entendu, bien compris, fidèlement rapporté cet entretien, en quoi mon honneur peut-il être compromis par ce que disent des gens de cette espèce, avec lesquels je n'ai jamais eu d'autres rapports que ceux qui étaient relatifs à leur profession? Pardon, sire, si j'ose dire que les hommes d'état qui se sont efforcés d'étouffer la conspiration des papistes par le prétendu complot du tonneau de farine ne se feront guère plus d'honneur par cette fable absurde de violoncelle.

Les conseillers se regardèrent les uns les autres ; Charles tourna sur les talons et se promena à grands pas dans le cabinet.

En ce moment on vint annoncer au roi les deux Peverils qu'il avait fait mander, et il donna ordre qu'on les introduisît en sa présence.

Ils avaient reçu l'ordre du roi dans un moment bien intéressant. Après avoir été mis en liberté par le vieux Bridgenorth de la manière et aux conditions dont le lecteur a pu se faire une idée, d'après la conversation entre le major et Christian, ils étaient arrivés dans l'appartement qu'occupait lady Peveril, qui les reçut avec d'autant plus de joie qu'elle les attendait avec crainte et inquiétude. Elle avait appris, grace au fidèle Lance-Outran, qu'ils avaient été acquittés; mais leur retard et le bruit parvenu jusqu'à elle des attroupemens tumultueux qui avaient eu lieu dans le Strand et dans Fleet-Street lui avaient causé de vives alarmes.

Quand les premiers transports de joie se furent un peu calmés, lady Peveril regardant son fils d'un air d'intelligence, comme pour lui recommander d'être prudent, lui dit qu'elle allait maintenant lui présenter la fille d'un ancien ami, qu'il n'avait jamais vue. Elle appuya sur le mot *jamais*.

— C'est, ajouta-t-elle, la fille unique du colonel Mitford, du pays de Galles, qui me l'a confiée pour un certain temps, ne se jugeant pas en état de se charger lui-même des soins de son éducation.

— Oui, oui, dit sir Geoffrey, Dick Mitford doit être vieux maintenant. Il ne doit pas être bien loin d'avoir vu les trois quarts d'un siècle. C'était déjà un coq et non un jeune poulet lorsqu'il joignit le marquis d'Hertford à Namptwich avec deux cents Gallois sauvages. Par Saint-Georges, Julien, j'aime cette jeune fille comme si elle était ma chair et mon sang! Sans elle lady Peveril n'aurait pu supporter toutes ses afflictions. Et Dick Mitford m'a envoyé mille pièces d'or fort à propos, car il restait à peine quelques pièces à croix dans nos poches pour empêcher le diable d'y danser; et il en fallait pour ce procès d'enfer. Je m'en suis servi sans scrupule, car il y a du bois à couper à Martindale, quand nous y serons de retour, et Mitford sait que j'en aurais fait tout autant pour lui. Il est étrange que ce soit le seul de mes amis qui ait songé que je pouvais avoir besoin de quelques pièces d'or.

Pendant que sir Geoffrey parlait ainsi, Alice Bridgenorth et Julien s'étaient salués sans que le vieux chevalier y eût fait grande attention. Il s'écria pourtant : — Embrassez-la, Julien, embrassez-la. Comment diable! est-ce ainsi que vous avez appris dans l'île de Man à saluer une dame, comme si ses lèvres étaient un fer à cheval tout rouge? Ne vous en offensez pas, ma charmante princesse : Julien est naturellement un peu timide, et il a été élevé par une vieille dame; mais avec le temps vous verrez qu'il est aussi vert galant que vous avez trouvé son père. Et maintenant, lady Peveril, le dîner! le dîner! Il faut que le vieux renard se remplisse la panse, quoiqu'il ait été couru toute la journée par les chiens.

Lance-Outran, dont il fallut ensuite recevoir les félicitations joyeuses, eut le bon esprit de les faire en peu de mots, pour servir plus promptement un dîner simple, mais substantiel, qu'il avait été chercher chez un traiteur voisin. Julien se mit à table, comme un homme enchanté, entre sa mère et sa maîtresse. Il n'eut pas de peine à concevoir alors que lady Peveril était l'amie à qui le major avait confié sa fille, et il n'avait d'inquiétude qu'en songeant à ce que penserait son père quand il connaîtrait le véritable nom d'Alice. Il fut pourtant assez sage pour ne pas souffrir que trop de prévoyance empoisonnât son contentement; il échangea avec elle plusieurs signaux de reconnaissance, sous les yeux de sa mère, qui ne parut pas le trouver mauvais, et sans être vu du vieux baronnet, qui dans sa gaîté bruyante parla comme deux, mangea comme quatre et but comme six. Il aurait peut-être même porté ses prouesses bachiques encore plus loin, si elles n'eussent été interrompues par l'arrivée d'un officier qui lui apportait de la part du roi l'ordre de se rendre sur-le-champ à Whitehall, et d'y amener son fils.

Lady Peveril fut alarmée, et Alice pâlit d'inquiétude; mais sir Geoffrey, qui ne voyait jamais que ce qui se trouvait en face de lui, attribua ce message au désir qu'avait Sa Majesté de le féliciter sur l'heureux dénoûment de son procès; intérêt qu'il ne regardait nullement comme extraordinaire, attendu qu'il en avait éprouvé autant pour le roi. La surprise qu'il en ressentit fut même mêlée de joie; car avant qu'il quittât la cour de justice, on lui avait donné à entendre qu'il ferait bien de repartir pour son château sans se présenter à la cour : restriction qu'il supposait aussi contraire aux sentimens de Sa Majesté qu'elle l'était aux siens.

Tandis qu'il était en consultation avec Lance-Outram sur le moyen de nettoyer à la hâte son ceinturon et la poignée de son épée, lady Peveril trouva un instant pour informer Julien qu'Alice était sous sa protection en vertu de l'autorisation de son père, le major, qui avait donné son consentement à leur union si elle pouvait avoir lieu. Elle ajouta qu'elle avait dessein d'employer la médiation de la comtesse de Derby pour vaincre les obstacles qu'on pouvait avoir à craindre de la part de sir Geoffrey.

CHAPITRE XLIX.

« — Je parle au nom du roi,
« Que chacun à l'instant rengaîne son épée. »
Shéridan, *le Critique.*

Lorsque le père et le fils entrèrent dans le cabinet où nous avons laissé le roi, il était aisé de voir que sir Geoffrey avait obéi à l'ordre qu'il avait reçu, avec la même promptitude qu'il l'aurait fait s'il avait entendu sonner le boute-selle. Ses cheveux gris en désordre et ses vêtemens un peu négligés prouvaient autant d'empressement et de zèle qu'il en avait montré quand Charles Ier le faisait mander pour un conseil de guerre, mais ils n'étaient pas tout-à-fait ce que le décorum pouvait exiger en temps de paix dans les appartemens d'un roi. Il s'arrêta à la porte; mais dès que Charles lui eut dit d'avancer, il courut à lui avec le même enthousiasme et les mêmes transports qui avaient animé sa jeunesse, se jeta à genoux devant le roi, lui saisit la main, et sans même essayer de lui parler, versa un torrent de larmes. Charles, dont les sensations étaient vives tant qu'il avait sous les yeux quelque objet capable de lui faire impression, laissa le vieillard se livrer quelques instans à sa sensibilité, et lui dit ensuite : — Mon bon sir Geoffrey, vous avez été mené un peu rudement, nous devons vous en indemniser, et nous trouverons le moment de payer nos dettes.

— Je n'ai rien souffert, sire ; vous ne me devez rien. Je me souciais fort peu de ce que les coquins disaient de moi ; je savais bien qu'ils ne pourraient jamais trouver douze honnêtes gens pour croire leurs damnables mensonges. Je les aurais volontiers battus quand ils m'accusaient de trahison envers Votre Majesté, j'en conviens. Mais avoir si promptement l'occasion de rendre mes devoirs à mon roi est une ample indemnité. Les lâches voulaient me persuader de ne pas me présenter à la cour... Ah ! ah !

Le duc d'Ormond s'aperçut que le roi rougissait ; car, dans le fait, c'était par son ordre qu'on avait fait entendre à sir Geoffrey qu'il ferait bien de retourner chez lui sans paraître à Whitehall ; et il croyait d'ailleurs remarquer que le brave chevalier ne s'était pas levé de table le gosier sec, après les fatigues d'une journée si remplie d'événemens. — Mon vieil ami, lui dit-il à l'oreille, vous oubliez que votre fils doit être présenté à Sa Majesté ; permettez-moi d'avoir cet honneur.

— Je demande humblement pardon à Votre Grace, répondit sir Geoffrey ; mais c'est un honneur que je me réserve, attendu qu'il me semble que personne ne peut bien le dévouer et le consacrer au service de Sa Majesté que le père qui l'a engendré. Avance, Julien, et mets-toi à genoux. Sire, si Votre Majesté le permet, voici Julien Peveril, un rejeton du vieux tronc. Le bois est aussi bon, quoique l'arbre ne soit pas tout-à-fait aussi haut. Acceptez ses services, sire : il vous sera fidèle ; il sera à vous *à vendre et à pendre*, comme disent les Français. S'il craint le fer ou le feu, la hache ou la corde, quand il s'agira de servir Votre Majesté, je le renie, ce n'est pas mon fils, je le désavoue, et il peut s'en aller dans l'île de Man, dans l'île des Chiens, ou dans celle du Diable pour ce que je m'en soucie.

Charles regarda Ormond, et ayant exprimé avec sa politesse ordinaire sa parfaite conviction que Julien imiterait la loyauté de ses ancêtres, et spécialement celle de son père, il ajouta qu'il croyait que le duc d'Ormond avait quelque chose à lui dire qui intéresserait son service. Sir Geoffrey fit un salut militaire, et se retira près d'Ormond, qui commença à l'interroger sur les événemens de la journée. Pendant ce temps, Charles, après s'être assuré par quelques questions que le fils n'avait pas sacrifié à Bacchus comme le père, lui demanda un récit exact de tout ce qui lui était arrivé depuis le moment où il avait quitté la cour de justice.

Julien, avec la précision et la clarté qu'exigeaient un pareil sujet et la présence de son souverain, fit le récit qui lui était demandé; et il en était à l'arrivée du major Bridgenorth, quand le roi, qui l'avait entendu avec plaisir, l'interrompit pour dire à Arlington qu'il se félicitait d'entendre enfin la déclaration d'un homme de bon sens sur ces événemens mystérieux. Mais quand il fallut introduire Bridgenorth sur la scène, Julien hésita à lui donner un nom; et s'il parla de la chapelle qu'il avait vue remplie d'hommes armés, et des discours violens du prédicateur, il s'empressa d'ajouter que cependant ces gens s'étaient séparés sans en venir à aucune extrémité, et s'étaient dispersés avant que son père et lui eussent été mis en liberté.

— Et vous allâtes tranquillement dîner dans Fleet-Street, jeune homme, dit le roi d'un ton sévère, sans donner avis à aucun magistrat du conciliabule dangereux qui avait été tenu à peu de distance de notre palais par des gens qui ne cachaient pas leurs intentions criminelles?

Julien rougit, et ne répondit rien. Le roi fronça le sourcil, et prit Ormond à part pour lui communiquer cet incident. Le duc lui répondit que le père ne paraissait pas en être instruit.

— Et je suis fâché, dit Charles, d'avoir à dire que le fils paraît moins disposé à dire la vérité que je ne l'avais supposé. Nous avons dans cette singulière affaire des témoins qui ne sont pas moins singuliers : dans le nain, un témoin timbré ; dans le père, un témoin ivre ; dans le fils, un témoin muet. — Jeune homme, continua-t-il en se rapprochant de Julien, votre conduite n'est pas aussi franche que je l'attendais du fils de votre père. Il faut que je sache quel est cet homme avec qui vous vous êtes entretenu si familièrement : vous devez le connaître.

Julien convint qu'il le connaissait ; et fléchissant un genou devant le roi, il le supplia de lui pardonner s'il ne le nommait pas, attendu que ce n'était qu'à cette condition qu'on lui avait rendu la liberté.

— D'après ce que vous dites vous-même, répondit Charles, cette promesse vous a été extorquée par la force, et elle ne peut être obligatoire. C'est votre devoir de dire la vérité. Si vous craignez le duc de Buckingham, il se retirera.

— Je n'ai aucune raison pour craindre le duc de Buckingham, répondit Julien ; si j'ai eu une affaire avec quelqu'un appartenant à sa maison, ce fut la faute de cet homme et non la mienne.

— Eh ! eh ! s'écria le roi ; je commence à voir clair. Il me semblait bien que votre physionomie ne m'était pas inconnue. N'êtes-vous pas le jeune homme que j'ai trouvé chez Chiffinch certain matin ? Je n'y avais plus songé depuis ; mais à présent je me rappelle que vous m'avez dit alors que vous étiez fils de ce joyeux baronnet dont les cheveux gris couvrent en ce moment au moins trois bouteilles de vin.

— Il est vrai, répondit Julien, que j'ai rencontré Votre Majesté chez M. Chiffinch, et je crains d'avoir eu le malheur de lui déplaire ; mais...

— Brisons sur cela, jeune homme, brisons sur cela. Mais je me souviens que vous aviez avec vous cette jolie syrène dansante... Buckingham, je vous parie de l'or contre de l'argent que c'était elle qui devait être dans la caisse du violoncelle.

— Votre Majesté a deviné juste, répondit le duc, et je soupçonne qu'elle m'a joué le tour d'y mettre le nain à sa place, car Christian...

— Au diable ce Christian, dont le nom se mêle partout! s'écria Charles. Je voudrais qu'on me l'amenât en ce moment.

A peine avait-il annoncé ce désir qu'on annonça l'arrivée de Christian.

— Qu'on le fasse entrer, dit le roi. Mais il me vient une idée. Écoutez-moi, monsieur Peveril : cette danseuse qui vous a servi d'introductrice auprès de nous par son agilité singulière n'est-elle pas, suivant vous, au service de la comtesse de Derby ?

— Je l'ai connue pendant plusieurs années chez Sa Grace, sire.

— Eh bien ! qu'on fasse venir la comtesse. Il faut que je sache qui est cette petite fée, et si elle est maintenant complètement à la disposition de Buckingham et de ce Christian. D'ailleurs il est bon que la comtesse sache tout ce qui s'est passé, attendu que je doute qu'elle se soucie beaucoup de la garder à son service. Ensuite, dit-il à part, ce Julien qui se rend suspect dans cette affaire par son obstination à garder le silence, fait aussi partie de la maison de la comtesse. Je veux voir clair dans cette affaire, et rendre justice à qui de droit.

La comtesse de Derby, qu'on avait avertie sur-le-champ, entra par une porte, tandis que Christian arrivait par l'autre, accompagné de Zarah ou Fenella. Sir Geoffrey, qui s'était alors rapproché du roi, mourait d'envie d'aller saluer son ancienne amie, et le respect dû à la présence du souverain aurait à peine pu l'en empêcher. Mais Ormond lui passa charitablement la main sous le bras pour le retenir, et le vieux chevalier se soumit avec résignation à cette contrainte amicale.

La comtesse, après avoir fait au roi une profonde révérence, et un salut gracieux aux seigneurs qui l'entouraient, adressa un sourire à Julien, et parut surprise de l'apparition inattendue de Fenella. Buckingham se mordit les lèvres, car il vit que la présence de lady Derby allait déranger tous ses préparatifs de défense, et il jeta un regard sur Christian, dont les yeux, fixés sur la comtesse, lançaient des éclairs de fureur comme ceux de la vipère, et dont le front était presque noir par suite d'une rage concentrée.

— Y a-t-il ici quelqu'un que vous reconnaissiez, milady, lui demanda le roi d'un ton gracieux, outre vos anciens amis, Ormond et Arlington?

— J'aperçois, sire, répondit la comtesse, deux anciens amis de la maison de mon mari, sir Geoffrey Peveril du Pic et son fils, ce dernier étant un membre distingué de la maison de mon fils.

— Et vous ne reconnaissez nulle autre personne? lui demanda le roi.

— Une malheureuse jeune fille faisant partie de ma maison, et qui a disparu de l'île de Man le jour même que Julien Peveril en est parti pour affaires importantes. On a cru qu'elle était tombée dans la mer du haut du rocher.

— Pardon si je vous fais une telle question, milady; mais ne vous êtes-vous jamais aperçue qu'il y eût quelques rapports trop intimes entre ce Julien Peveril et votre jeune suivante?

— Sire, répondit la comtesse en rougissant d'indignation, la réputation de ma maison...

— Ne vous fâchez pas, comtesse; je voulais seulement savoir... De pareilles choses arrivent dans les familles les mieux réglées.

— Pas dans la mienne, sire. D'ailleurs Julien Peveril a trop de fierté, trop d'honneur, pour avoir une intrigue avec une malheureuse créature que des infirmités naturelles semblent avoir séparée du reste des hommes.

Zarah jeta un regard sur elle, et serra les lèvres, comme pour retenir les paroles qu'elle avait envie de prononcer.

— Je ne sais qu'en penser, dit le roi. Ce que vous me dites peut être vrai, quant au fond; mais il y a des hommes qui ont des goûts bizarres. Cette jeune fille disparaît de l'île de Man, dès que Julien Peveril en part; et à peine est-il arrivé à Londres, qu'on la trouve avec lui, bondissant et dansant dans le parc de Saint-James.

— Dansant! s'écria la comtesse; impossible, sire! elle ne peut danser.

— J'ai dans l'idée, comtesse, dit le roi, qu'elle peut faire plus de choses que vous ne le savez, et que vous ne l'approuveriez.

La comtesse se redressa, et garda un silence d'indignation.

— A peine le jeune Peveril est-il à Newgate, continua le roi, que, suivant le compte qui nous en a été rendu par notre petit et vénérable ami Geoffrey Hudson, cette joyeuse fille s'y trouve aussi. Or, sans chercher à deviner comment elle a pu y entrer, je crois charitablement qu'elle avait trop bon goût pour y aller à cause du nain. Ah! ah! maître Julien, il paraît que votre conscience vous dit quelque chose?

Il était vrai que Julien avait tressailli en entendant le roi parler ainsi, car il s'était rappelé les visites mystérieuses et nocturnes qu'il avait reçues dans sa prison.

Le roi fixa les yeux sur lui, et continua en ces termes: — Eh bien! messieurs, ce même Julien est mis en jugement, et il n'a pas plus tôt obtenu sa liberté, que nous le trouvons dans la maison où le duc de Buckingham préparait ce qu'il appelle un concert, un divertissement. Sur mon ame! je regarde comme à peu près certain que cette égrillarde a joué un tour à Sa Grace, et a enfermé le nain dans la caisse du violoncelle, afin de passer son temps plus agréablement avec maître Julien. Qu'en pense Christian, l'homme dont le nom se trouve partout? Pense-t-il que ma conjecture soit fondée?

Christian jeta sur Zarah un regard à la dérobée, et lut dans ses yeux quelque chose qui l'embarrassa.

— Je ne sais trop qu'en dire, répondit-il. Il est bien vrai que j'avais engagé cette danseuse sans égale pour jouer un rôle dans le divertissement. Elle devait paraître au milieu du feu d'artifice adroitement préparé avec des parfums pour neutraliser l'odeur de la poudre; mais je ne sais pourquoi elle a tout gâté en mettant à sa place ce vilain nain, si ce n'est qu'elle est volontaire et capricieuse comme tous les grands génies.

— Je voudrais bien, dit le roi, voir cette jeune fille s'avancer, et faire sa déclaration de la manière qu'elle le pourra sur cette affaire mystérieuse. Y a-t-il ici quelqu'un qui puisse expliquer ses gestes?

Christian dit qu'il y comprenait quelque chose depuis qu'il avait fait sa connaissance à Londres.

La comtesse garda le silence; mais le roi lui ayant adressé la parole, elle répondit d'un ton un peu sec qu'elle avait nécessairement quelques moyens habituels de communication avec une jeune fille qui avait été près de sa personne pendant tant d'années.

— D'après tout ce que nous savons, dit Charles, je suis porté à croire que maître Julien a une clef plus sûre du langage de cette muette.

Le roi jeta les yeux en même temps d'abord sur Peveril, qui rougit comme une jeune fille de ce que la remarque du roi donnait à entendre, et ensuite sur la prétendue muette, sur les joues de laquelle s'était élevée aussi une faible rougeur qui commençait déjà à en disparaître.

Un moment après, à un signal de la comtesse, Fenella ou Zarah s'avança, fléchit un genou devant elle, lui baisa la main, et se tint les bras croisés sur sa poitrine avec un air d'humilité qui établissait autant de différence entre ce qu'elle était alors et ce qu'elle avait paru dans le harem du duc de Buckingham qu'il en existe entre une Magdeleine et une Judith. Ce fut pourtant la moindre preuve qu'elle donna de la versatilité de ses talens, car elle joua si parfaitement le rôle de muette, que Buckingham avec toute sa pénétration resta incertain si la jeune fille qu'il avait sous les yeux était la même qui sous un autre costume avait fait une telle impression sur son imagination, ou si elle était véritablement l'être privé des dons les plus précieux de la nature qu'elle représentait en ce moment. On remarquait en elle tous les signes qui caractérisent la privation de l'ouïe, et tout ce qui prouve l'adresse merveilleuse avec laquelle la nature sait quelquefois la réparer : aucun son ne faisait trembler ses lèvres; rien de ce qui se disait autour d'elle ne semblait lui faire la moindre impression; mais son œil vif et plein de feu paraissait vouloir dévorer les sons dont elle ne pouvait juger que par le mouvement des lèvres.

Interrogée par la comtesse, à sa manière, Zarah confirma l'histoire de Christian dans tous les points, et avoua qu'elle avait dérangé le projet de divertissement en enfermant le nain dans la caisse qu'elle devait occuper. Elle refusa de faire connaître pourquoi elle avait agi ainsi, et la comtesse n'insista pas davantage sur ce point.

— Tout ici tend à disculper le duc de Buckingham d'une accusation si absurde, dit Charles : la déclaration du nain se perd dans les nues, celle des deux Peverils ne porte en rien contre le duc, et celle de la muette achève de prouver qu'il n'est nullement coupable. Il me semble, milords, que nous devons l'informer qu'il est déchargé d'un soupçon vraiment trop ridicule pour mériter une information plus sérieuse que celle que nous venons de faire à la hâte.

Arlington inclina la tête pour indiquer qu'il partageait cette opinion; mais Ormond crut devoir exprimer la sienne.

— Sire, dit-il, je me perdrais de réputation dans l'esprit d'un homme doué de talens aussi brillans que le duc de

Buckingham, si je disais que je suis satisfait des explications que nous venons de recevoir. Mais je cède à l'esprit du temps, et je sens qu'il serait dangereux, sur des chefs d'accusation tels que ceux que nous avons pu recueillir, de mettre en jugement un zélé protestant comme Sa Grace... S'il avait été catholique, rendu suspect par tant de circonstances, la Tour eût été pour lui une prison trop honorable.

Buckingham salua le duc d'Ormond d'un air menaçant, que son triomphe même ne put déguiser. — *Tu me la pagherai*[1], murmura-t-il du ton de la haine la plus profonde. Mais le vieil Irlandais, qui avait déjà bien des fois bravé son ressentiment, s'inquiétait peu d'y être exposé en cette occasion.

Le roi ayant fait signe aux autres seigneurs qui l'entouraient de passer dans les appartemens ouverts au public, arrêta Buckingham qui se disposait à les suivre; et le tirant à l'écart il lui demanda d'un ton expressif qui fit rougir le duc jusqu'au blanc des yeux, depuis quand son utile ami le colonel Blood était devenu musicien. — Vous gardez le silence? N'essayez pas de nier ce fait, car on ne peut oublier la physionomie de ce scélérat quand on l'a vue une seule fois. A genoux, Georges, à genoux, et reconnaissez que vous avez abusé de mon caractère indulgent. Ne cherchez pas d'excuse; aucune ne peut vous servir. Je l'ai reconnu moi-même parmi vos musiciens allemands, comme vous les nommez; et vous savez ce que je dois en conclure.

— Croyez donc que j'ai été coupable, très coupable, sire, s'écria le duc pressé par sa conscience, en se jetant aux pieds de Charles; croyez que j'ai été égaré par de mauvais conseils; que j'ai été fou; croyez tout ce qu'il vous plaira; mais ne me soupçonnez pas d'avoir été auteur ou complice d'aucun attentat contre votre personne.

— Je ne vous en soupçonne pas. Je vois encore en vous,

(1) Tu'm le paieras. — Éd.

Villiers, le compagnon de mes dangers et de mon exil; et bien loin de vous soupçonner d'intentions plus criminelles que celles que vous avouez, je crois même que vos aveux vont au-delà de vos véritables intentions.

— Par tout ce qu'il y a de plus sacré, sire, si ma fortune, ma vie, mon honneur, n'eussent été à la merci de ce scélérat de Christian...

— Ah! si vous ramenez encore ce Christian sur la scène, dit le roi, il est temps que j'en disparaisse. Levez-vous, Villiers, je vous pardonne. Je vous imposerai seulement une pénitence, la malédiction que vous avez prononcée vous-même contre un chien qui vous mordait. Mariez-vous, et retirez-vous dans une de vos terres.

Le duc se releva d'un air d'accablement, et suivit le roi dans les appartemens où toute sa cour était assemblée. Charles y entra la main appuyée sur l'épaule du duc, et en lui parlant avec tant d'affabilité, que la plupart des courtisans, même les plus fins observateurs, doutèrent qu'il y eût aucun fondement aux bruits injurieux à Buckingham qui commençaient à se répandre.

La comtesse de Derby avait profité de cet intervalle pour tenir une consultation avec le duc d'Ormond, les deux Peverils et quelques autres amis; et d'après leur avis unanime, elle se laissa persuader, quoique avec beaucoup de difficulté, qu'elle avait suffisamment assuré l'honneur de sa maison en se montrant ainsi à la cour, et que ce qu'elle avait alors de mieux à faire était de rentrer dans son île, sans attirer davantage sur elle le ressentiment d'une faction puissante. Elle prit donc congé du roi, et lui demanda la permission d'emmener avec elle la pauvre créature sans appui qui avait si étrangement disparu de l'île de Man, et que sa malheureuse situation exposait à éprouver toutes sortes d'infortunes dans un monde où elle se trouverait sans protection.

— Me pardonnerez-vous, comtesse, lui dit Charles. J'ai étudié long-temps votre sexe, et je suis bien trompé si cette jeune fille n'est pas en état de se suffire à elle-même aussi bien qu'aucun de nous.

— Impossible! s'écria la comtesse.

— Aussi possible que vrai, répondit le roi à voix basse; et je vous convaincrai du fait, comtesse, quoique l'expérience soit trop délicate pour pouvoir être faite par toute autre que par vous. Vous la voyez là-bas, en apparence aussi sourde que le pilier de marbre sur lequel elle est appuyée. Eh bien! si lady Derby veut essayer de placer sa main sur les régions voisines du cœur de sa jeune suivante, ou du moins sur son bras, de manière à sentir la pulsation redoublée de ses artères quand elle éprouvera quelque agitation, et que vous, duc d'Ormond, vous vouliez écarter Julien Peveril sous quelque prétexte, je vous prouverai qu'il existe des sons qui peuvent l'émouvoir.

La comtesse fort surprise, craignant quelque plaisanterie embarrassante de la part de Charles, et ne pouvant cependant réprimer sa curiosité, alla se placer près de Fenella, comme elle nommait sa petite muette, et, en s'entretenant par signes avec elle, elle réussit à lui placer la main sur le poignet.

En ce moment le roi passa près d'elle, et s'écria : — Quel horrible crime! ce scélérat de Christian vient de poignarder le jeune Peveril!

La preuve muette que donna le pouls, qui bondit comme si un coup de canon eût retenti aux oreilles de la pauvre fille, fut accompagnée d'un tel cri de détresse, que le bon monarque en tressaillit, et fut presque fâché de son épreuve.

— Ce n'est qu'une plaisanterie, ma jolie fille, dit-il : Julien se porte bien. Je n'ai fait que me servir de la baguette d'un petit dieu aveugle nommé Cupidon, pour rendre à une de ses vassales, sourde et muette, l'usage de ses facultés.

— Je me suis trahie! dit-elle les yeux baissés, je me suis trahie, et il était juste que celle qui a passé toute sa vie à trahir les autres se laissât prendre dans ses propres filets.

Mais où est mon maître en iniquité? Où est Christian, qui m'a fait jouer le rôle d'espion près de cette dame trop confiante, presqu'au point de la livrer entre ses mains sanguinaires?

— Oh! oh! dit le roi, ceci demande un examen plus secret. Que tous ceux qui n'ont pas un intérêt direct dans cette affaire sortent de cet appartement, et qu'on m'amène à l'instant ce Christian.

— Misérable, s'écria-t-il dès qu'il le vit paraître, dévoilez-moi à l'instant toutes les ruses auxquelles vous avez eu recours, et les moyens extraordinaires que vous avez employés.

— Elle m'a donc trahi! dit Christian, elle m'a livré aux fers et à la mort pour satisfaire une folle passion, une passion sans espoir! Mais apprenez, Zarah, continua-t-il en jetant sur elle un regard sombre, apprenez qu'en me conduisant à la mort vous aurez assassiné votre père.

La malheureuse fille le regarda d'un air égaré, sans avoir la force de lui répondre. — Vous m'aviez dit, s'écria-t-elle enfin, que j'étais fille de votre frère, qui avait perdu la vie par ordre de cette dame.

— C'était pour vous décider à jouer le rôle que je vous destinais dans le drame de ma vengeance, autant que pour cacher ce que les hommes appellent l'ignominie de votre naissance. Mais vous êtes bien véritablement ma fille, et c'est du climat oriental sous lequel votre mère est née que vous avez reçu ces passions indomptables dont j'ai tenté de profiter, mais dont le torrent, se creusant un autre lit, a causé la perte de votre père. Je vais sans doute être conduit à la Tour?

Il parla ainsi avec le plus grand calme, et sans paraître faire attention au désespoir de sa fille, qui s'était jetée à ses pieds en pleurant et en sanglotant.

— Cela ne peut être, dit le roi, ému de compassion en voyant cette scène touchante. Christian, si vous consentez à quitter ce pays, il y a sur la Tamise un navire prêt à mettre à la voile pour la Nouvelle-Angleterre. Allez porter vos intrigues dans d'autres climats.

— Je pourrais appeler de cette sentence, dit Christian avec audace, et si je m'y soumets, c'est parce que c'est ce que j'avais déjà résolu de faire. Une demi-heure pouvait me mettre en état de payer mes dettes à cette femme orgueilleuse ; mais la fortune s'est déclarée contre moi. Lève-toi, Zarah, car tu n'es plus Fenella : dis à la comtesse de Derby que si la fille d'Edouard Christian, la nièce de la victime qu'elle a assassinée, s'est abaissée jusqu'à entrer à son service, ce n'était que par un espoir de vengeance, déçu par malheur. Tu reconnais ta folie maintenant. Tu voulais suivre un jeune homme ingrat, abandonner toute autre pensée pour obtenir de lui la plus légère marque d'attention ; et à présent te voilà repoussée, proscrite, méprisée et insultée par ceux que tu aurais pu fouler aux pieds si tu t'étais conduite avec plus de prudence. N'importe, tu n'en es pas moins ma fille. Suis-moi, il y a d'autres astres que ceux qui brillent sur la Grande-Bretagne.

— Arrêtez-le ! s'écria le roi. Il faut qu'il nous dise par quels moyens sa fille a pu s'introduire dans nos prisons.

— Demandez-le à votre protestant geôlier, dit Christian, et à vos pairs très protestans qui, pour obtenir une parfaite connaissance de ce qu'on appelle la conspiration des papistes, ont su trouver des moyens pour arriver, de nuit ou de jour, près des prisonniers. Si Votre Majesté désire faire une telle enquête, Sa Grace le duc de Buckingham pourrait lui être d'un grand secours.

— Christian, lui dit le duc, tu es le scélérat le plus effronté que la terre ait jamais porté.

— Vous pouvez avoir raison, répondit Christian, si vous en exceptez certains pairs.

Et à ces mots, il se retira et emmena sa fille.

— Suivez-le, Selby, dit le roi, et ne le perdez pas de vue

jusqu'à ce que le bâtiment mette à la voile. S'il ose reparaître en Angleterre, ce sera à ses risques et périls. Plût au ciel que nous pussions nous débarrasser ainsi d'autres gens qui ne sont pas moins dangereux! Et je voudrais aussi, ajouta-t-il après un moment de silence, que toutes nos intrigues, toutes nos commotions politiques se terminassent aussi tranquillement que l'affaire qui vient de nous occuper. Voici une conspiration qui n'a pas coûté une goutte de sang, et tous les élémens d'un roman, sans son dénoûment ordinaire. Une souveraine errante, — pardon, comtesse de Derby; un nain, une magicienne de Mauritanie, un scélérat inaccessible au repentir, un grand seigneur contrit et pénitent; et pour conclusion, ni potence, ni mariage.

— Le mariage ne manquera peut-être pas, sire, dit la comtesse, qui avait trouvé quelques instans pendant la soirée pour causer avec Julien Peveril : il existe un certain major Bridgenorth dont l'intention était de rester en Angleterre pour se soumettre aux poursuites que Votre Majesté pourrait ordonner relativement à l'affaire qui vient de vous occuper; mais qui, si votre volonté est qu'il n'y en ait aucune, a dessein, comme j'en suis informée, de quitter ce pays pour toujours. Or ce Bridgenorth est actuellement en possession légale de tous les anciens domaines de la famille Peveril, et il désire les rendre aux anciens propriétaires, en y ajoutant d'autres biens très considérables, sous la condition que notre jeune Julien les recevra comme la dot de sa fille unique.

— Sur ma foi, dit le roi, il faudrait que la jeune fille fût bien laide pour que Julien eût besoin d'être beaucoup pressé à de pareilles conditions.

— Ils s'aiment comme des amans du siècle dernier, dit la comtesse, mais le vieux chevalier ne peut souffrir l'idée d'une alliance avec une Tête-Ronde.

— Notre recommandation royale arrangera tout cela, dit Charles. Sir Geoffrey Peveril a tant perdu pour notre service, qu'il est impossible qu'il refuse d'avoir égard à notre intercession, quand elle aura pour but de l'indemniser de toutes ses pertes.

On peut supposer que le roi ne parlait pas ainsi sans connaître l'ascendant illimité qu'il avait sur l'esprit du vieux Cavalier; car un mois après les cloches de Martindale-Moultrassie sonnèrent à double carillon pour célébrer l'union des deux familles dont les domaines avaient donné leur nom à ce village; et le fanal de la tour du château, jetant une lumière qui se répandit à travers les vallées et au-dessus des montagnes, invita à la joie tout ce qui habitait à vingt milles à la ronde.

FIN DE PEVERIL DU PIC.

ROMANS MERVEILLEUX.

DU MERVEILLEUX

DANS LE ROMAN (1).

De tous les sentimens auxquels peut s'adresser le romancier pour jeter de l'intérêt dans une fiction, il n'en est aucun qui semble devoir mieux le servir que l'amour du merveilleux. Ce sentiment est commun à tous les hommes, et ceux même qui affectent un certain scepticisme à cet égard concluent souvent leurs objections par une anecdote *bien attestée,* qu'il est difficile ou même impossible d'expliquer naturellement d'après les propres principes des narrateurs. Cette croyance elle-même, qui peut être poussée jusqu'à la superstition la plus absurde, a son origine non-seulement dans les faits sur lesquels notre religion se fonde, mais encore dans la nature même de l'homme. Tout nous rappelle sans cesse que nous ne sommes que des voyageurs sur cette terre d'épreuves, d'où nous passons dans un monde inconnu dont l'imperfection de nos sens ne nous permet pas d'apercevoir les formes et les habitans.

Toutes les sectes chrétiennes croient qu'il fut un temps où la puissance divine se manifestait plus visiblement sur la terre que dans les siècles modernes, et y suspendait ou altérait les lois ordinaires de l'univers ; l'église catholique romaine maintient encore comme un article de foi que les

(1) On the super natural in the fictitious composition. (F. Q. R.)

miracles peuvent se continuer de nos jours. Sans entrer dans cette controverse, il suffit de remarquer qu'une ferme croyance dans les grandes vérités du christianisme a conduit des hommes supérieurs, même dans les pays protestans, à partager l'opinion du docteur Johnson, qui au sujet des apparitions surnaturelles prétend que ceux qui les nient avec les lèvres les attestent par leur peur.

La plupart des philosophes n'ont eu pour combattre les apparitions qu'une évidence négative ; cependant depuis le temps des *miracles* nous voyons que le nombre des événemens surnaturels diminue de plus en plus, et que le nombre des personnes crédules suit la même progression descendante : il n'en est pas ainsi dans les âges primitifs ; et quoique aujourd'hui le mot de *roman* soit synonyme de *fiction*, comme dans l'origine il signifiait un poème ou un ouvrage en prose, composé en *langue romane*, il est certain que les chevaliers grossiers à qui s'adressaient les chants du ménestrel croyaient ces récits des exploits de la chevalerie mêlés de magie et d'interventions surnaturelles aussi véridiques que les légendes des moines avec lesquelles ils avaient une grande ressemblance. Avec un auditoire plein de foi, lorsque tous les rangs de la société étaient enveloppés dans le même nuage d'ignorance, l'*auteur* n'avait guère besoin de choisir les matériaux et les ornemens de sa fiction ; mais avec le progrès général des lumières, l'art de la composition devint chose plus importante. Pour captiver l'attention de la classe plus instruite, il fallut quelque chose de mieux que ces fables simples et naïves que les enfans seuls daignaient désormais écouter, bien qu'elles eussent charmé jadis chez leurs ancêtres la jeunesse, l'âge mûr et les vieillards.

On s'aperçut aussi que le merveilleux dans les fictions demandait à être employé avec une grande délicatesse, à mesure que la critique commençait à prendre l'éveil. L'intérêt que le merveilleux excite est, il est vrai, un ressort puissant, mais il est plus sujet qu'un autre à s'user par un trop fréquent usage : l'imagination doit être stimulée sans jamais être complètement satisfaite : si une fois, comme Macbeth, « *Nous nous rassasions d'horreurs,* » notre goût s'émousse, et le frémissement de terreur que nous causait un simple cri au milieu de la nuit se perd dans cette espèce d'indifférence avec laquelle le meurtrier de Duncan parvint à apprendre les plus cruelles catastrophes qui accablèrent sa famille.

Les incidens surnaturels sont en général d'un caractère sombre et indéfinissable, tels que les fantastiques images que décrit l'héroïne de Milton dans *Comus* :

« Mille formes diverses commencent à se presser dans ma mémoire ; des fantômes m'appellent ou me font des signes de menace ; j'entends des voix aériennes qui articulent des noms d'hommes, etc., etc. »

Burke remarque que l'obscurité est nécessaire pour exciter la terreur, et à ce sujet il cite Milton comme le poète qui a le mieux connu le secret de peindre les objets terribles. En effet, sa peinture de la mort dans le second livre du *Paradis perdu* est admirable. Avec quelle pompe sombre, avec quelle énergique incertitude de traits et de couleurs il a tracé le portrait de ce roi[1] des épouvantemens :

« Cette autre forme (si on peut appeler ainsi ce qui n'avait point de formes et ce qui semblait un fantôme sans en être un) se tenait là debout, sombre comme la nuit, hagarde comme dix furies, formidable comme l'enfer, et brandissant un dard affreux : cette partie, qui semblait sa tête, portait l'apparence d'une couronne de roi. »

Dans cette description tout est sombre, vague, incertain, terrible et sublime au plus haut degré. La seule citation digne d'être rapprochée de ce passage est l'apparition si

---

(1) La mort en anglais est toujours personnifiée au masculin. Chez nous, Racine a dit :

La mort est le seul dieu que j'osais implorer.

connue du *Livre de Job :* « Parmi les visions de la nuit, lorsque le sommeil descend sur les hommes, la peur vint me saisir avec un tremblement qui fit craquer tous mes os. Alors un esprit passa devant mon visage; je sentis se dresser le poil de ma chair : l'esprit était là; mais je n'en pouvais distinguer la forme; une image était devant mes yeux; le silence régnait, et j'entendis une voix ! »

D'après ces grandes autorités, il est évident que les interventions surnaturelles dans les fictions doivent être rares, courtes et vagues. Il faut enfin introduire très adroitement des êtres qui sont si incompréhensibles et si différens de nous-mêmes, que nous ne pouvons conjecturer exactement d'où ils viennent, pourquoi ils sont venus, et quels sont leurs attributs réels. De là il arrive habituellement que l'effet d'une apparition, quelque frappant qu'il ait été d'abord, va toujours en s'affaiblissant, chaque fois qu'on a recours au même moyen. Dans *Hamlet*, la seconde entrée de l'ombre produit une impression moins forte que la première; et dans maints romans que nous pourrions citer, le personnage surnaturel perd peu à peu tous ses droits à notre terreur et à notre respect en condescendant à se faire voir trop souvent, en se mêlant trop aux événemens de l'histoire, et surtout en devenant trop prodigue de ses paroles, ou comme on dit, trop *bavard*. Nous doutons même qu'un auteur fasse sagement de permettre à son fantôme de parler, s'il le montre en même temps aux yeux mortels. C'est soulever tous les voiles du mystère à la fois; et pour les *esprits* comme pour les grands, a été fait le proverbe de : *familiarité engendre mépris*.

C'est après avoir reconnu que l'effet du merveilleux est facilement épuisé que les auteurs modernes ont tenté de se frayer de nouvelles routes dans le pays des enchantemens, et de raviver par tous les moyens possibles l'impression de ses terreurs. Quelques-uns ont cru y parvenir en exagérant les incidens surnaturels du roman; mais ce que nous venons de dire explique comment ils se sont trompés dans leurs descriptions étudiées et surchargées d'épithètes. Le luxe des superlatifs rend leur récit fastidieux et même burlesque, au lieu de frapper l'imagination. C'est ici qu'il faut bien distinguer du bizarre le merveilleux proprement dit. Ainsi les contes orientaux avec leur multitude de fées, de génies, de géans, de monstres, etc., amusent plus l'esprit qu'ils n'intéressent le cœur. On doit ranger dans la même classe ce que les Français appellent *contes de fées*, et qu'il ne faut pas confondre avec les contes populaires des autres pays. La *fée* française ressemble à la *péri* d'Orient ou à la *fata* des Italiens, plutôt qu'à ces follets (*fairies*) qui en Ecosse et dans les pays du Nord dansent autour d'un champignon, au clair de la lune, et égarent le villageois anuité. C'est un être supérieur qui a la nature d'un esprit élémentaire, et dont la puissance magique très étendue peut faire à son choix le bien et le mal. Mais de quelque mérite qu'ait brillé ce genre de composition, grace à quelques plumes habiles, il est devenu grace à d'autres un des plus absurdes et des plus insipides. De tout le *Cabinet des fées*, quand nous avons pris congé de nos connaissances de nourrice, il n'y a pas cinq volumes sur cinquante que nous pourrions relire avec plaisir.

Il arrive souvent que lorsqu'un genre particulier de composition littéraire devient suranné, quelque caricature ou imitation satirique fait naître un genre nouveau. C'est ainsi que notre opéra anglais a été créé par la parodie que Gay voulut faire de l'opéra italien, dans son *Beggar's opera* (opéra du Gueux). De même lorsque le public fut inondé de contes arabes, de contes persans, de contes turcs, de contes mogols, etc., etc., Hamilton comme un autre Cervantes vint avec ses contes satiriques renverser l'empire des dives, des génies, des péris et des fées de la même origine.

Un peu trop licencieux peut-être pour un siècle plus civilisé, les contes d'Hamilton resteront comme un piquant modèle. Il a eu de nombreux imitateurs, et Voltaire, entre autres, qui a su faire servir le roman merveilleux aux intentions de sa satire philosophique. C'est là ce qu'on peut appeler le côté comique du *surnaturel*. L'auteur déclare sans détour son projet de rire lui-même des prodiges qu'il raconte ; il ne cherche qu'à exciter des sensations plaisantes, sans intéresser l'imagination et encore moins les passions du lecteur. Malgré les écrits de Wieland et de quelques autres Allemands, les Français sont restés les maîtres de cette espèce de poèmes et de romans héroï-comiques qui comprend les ouvrages bien connus de Pulci, de Berni, et peut-être jusqu'à un certain point ceux d'Arioste lui-même, qui dans quelques passages du moins lève assez sa visière chevaleresque pour nous laisser voir son sourire moqueur.

Un coup d'œil général sur la carte de ce délicieux pays de féerie nous y révèle une autre province qui, tout inculte qu'elle puisse être, et peut-être à cause de cela même, offre quelques scènes pleines d'intérêt. Il est une classe d'antiquaires qui pendant que les autres travaillent à recueillir et à orner les anciennes traditions de leur pays ont choisi la tâche de rechercher les vieilles sources de ces légendes populaires, chères jadis à nos aïeux, négligées depuis avec dédain, mais rappelées enfin pour partager avec les ballades primitives d'un peuple la curiosité qu'inspire leur simplicité même. Les *Deutsche Sagen* des frères Grimm est un admirable ouvrage de ce genre, réunissant sans prétention de style les diverses traditions qui existent en Allemagne sur les superstitions populaires et sur les événemens attribués à une intervention surnaturelle. Il est, en allemand, d'autres ouvrages de la même catégorie, recueillis avec une exactitude scrupuleuse. Quelquefois vulgaires, quelquefois ennuyeuses, quelquefois puériles, les légendes rassemblées par ces auteurs zélés forment néanmoins un échelon dans l'histoire de la race humaine, et lorsqu'on les compare aux recueils semblables des autres pays, elles paraissent nous prouver qu'une origine commune a mis un fonds commun de superstition à la portée des divers peuples. Que devons-nous penser en voyant les nourrices du Jutland et de la Finlande racontant à leurs enfans les mêmes traditions que celles qu'on trouve en Espagne et en Italie? Supposerons-nous que cette similarité provient des limites étroites de l'invention humaine, et que les mêmes espèces de fictions s'offrent à l'imagination de différens auteurs de pays éloignés, comme les mêmes espèces de plantes qui se trouvent dans différens climats, sans qu'il y ait aucune possibilité qu'elles aient été transplantées de l'un à l'autre? Ou devons-nous plutôt les faire dériver de la même source, en remontant jusqu'à cette époque où le genre humain ne formait qu'une seule grande famille? De même que les philologues reconnaissent dans les divers dialectes les fragmens épars d'une langue générale, les antiquaires peuvent-ils reconnaître dans les contrées les plus opposées du globe les traces de ce qui fut originairement une tradition commune? Sans nous arrêter à cette discussion, nous remarquerons d'une manière générale que ces recueils sont d'utiles documens, non-seulement pour l'histoire d'une nation en particulier, mais encore pour celle de toutes les nations collectivement. Il se mêle, en général, quelques vérités à toutes les fables et à toutes les exagérations des légendes orales qui viennent fréquemment confirmer ou réfuter les récits incomplets de quelque vieille chronique. Fréquemment encore la légende populaire, en prêtant des traits caractéristiques et un intérêt de localité aux incidens qu'elle rappelle, donne la vie et l'ame à la narration froide et aride qui ne rapporte que le fait sans les particularités par lesquelles il devient mémorable ou intéressant.

C'est cependant sous un autre point de vue que nous désirons considérer ces recueils de traditions populaires, en étudiant la manière dont elles emploient le merveilleux et le surnaturel comme composition. Convenons d'abord que celui-là serait désappointé qui lirait un volumineux recueil d'histoires de revenans, de fantômes et de prodiges, avec l'espoir de ressentir ce premier frisson de la peur que produit le merveilleux. Autant vaudrait avoir recours pour rire à un recueil de bons mots. Une longue suite de récits fondés sur le même motif d'intérêt ne peut qu'épuiser bientôt la sensation qu'ils éveillent; c'est ainsi que dans une grande galerie de tableaux le luxe éclatant des couleurs éblouit l'œil au point de le rendre moins apte à discerner le mérite particulier de chaque peinture. Mais en dépit de ces désavantages, le lecteur capable de s'affranchir des entraves de la réalité, et de suppléer par l'imagination aux accessoires qui manquent à ces grossières légendes, y trouve un intérêt de vraisemblance et des impressions naïves que le romancier avec tout son talent doit renoncer à faire naître.

Néanmoins on peut dire de la muse des fictions romanesques :

« *Mille habet ornatus.* »

Le professeur Musæus et les auteurs de son école ont su habilement orner ces simples légendes, et relever les caractères de leurs personnages principaux de manière à donner plus de relief encore au merveilleux qu'elles contiennent, sans trop s'écarter de l'idée première du conte ou de la tradition. Par exemple, dans l'*Enfant du prodige,* la légende originale ne s'élève guère au-dessus d'un conte de nourrice; mais quel intérêt elle emprunte au caractère de ce vieux père égoïste qui troque ses quatre filles contre des œufs d'or et des sacs de perles!

Une autre manière de se servir du merveilleux et du surnaturel a ressuscité de nos jours le roman des premiers âges avec leur histoire et leurs antiquités. Le baron de la Motte-Fouqué s'est distingué en Allemagne par un genre de composition qui exige à la fois la patience du savant et l'imagination du poète. Ce romancier a pour but de retracer l'histoire, la mythologie et les mœurs des anciens temps dans un tableau animé. Les *Voyages de Thioldolf,* par exemple, initient le lecteur à cet immense trésor de superstitions gothiques qu'on trouve dans l'Edda et les *Sagas* des nations septentrionales. Afin de rendre plus frappant le caractère de son brave et généreux Scandinave, l'auteur lui a opposé comme contraste la chevalerie du Midi, sur laquelle il prétend établir sa supériorité.

Dans quelques-uns de ses ouvrages, le baron de la Motte-Fouqué a été trop prodigue de détails historiques. L'intelligence du lecteur ne peut pas toujours le suivre quand il le conduit à travers les antiquités allemandes. Le romancier ne saurait trop prendre garde d'étouffer l'intérêt de sa fiction sous les matériaux de la science : tout ce qui n'est pas immédiatement compris ou expliqué brièvement est de trop dans les romans historiques. Le baron a été aussi plus heureux dans d'autres sujets mieux choisis. Son histoire de *Sintram et de ses compagnons* est admirable : son *Ondine,* ou Naïade, est ravissante. Le malheur de l'héroïne est *réel,* quoique ce soit le malheur d'un être fantastique. C'est un esprit élémentaire qui renonce à ses priviléges de liberté pour épouser un jeune chevalier, et dont l'amour n'est payé que d'ingratitude. Cette histoire est le contraste, et en même temps le *pendant* du *Diable amoureux* de Cazotte, et du *Trilby* de Charles Nodier, avec toute la différence qui distingue le style chaste de Trilby et d'Ondine de la frivolité un peu leste de leur spirituel prototype.

Les nombreux romans publiés par le baron de la Motte-Fouqué nous conduisent à travers les âges encore obscurs de l'histoire ancienne jusqu'aux obscures limites des vagues traditions, etc. Sous son pinceau fécond naissent de ces scènes intéressantes qui rappellent en quelque sorte celles de l'épopée.

Le goût des Allemands pour le *mystérieux* leur a fait inventer un autre genre de composition, qui peut-être ne pouvait exister que dans leur pays et leur langue. C'est ce lui qu'on pourrait appeler le genre FANTASTIQUE, où l'imagination s'abandonne à toute l'irrégularité de ses caprices et à toutes les combinaisons de scènes les plus bizarres et les plus burlesques. Dans les autres fictions où le merveilleux est admis, on suit une règle quelconque ; ici l'imagination ne s'arrête que lorsqu'elle est épuisée. Ce genre est au roman plus régulier, sérieux ou comique, ce que la farce ou plutôt les parades et la pantomime sont à la tragédie et à la comédie. Les transformations les plus imprévues et les plus extravagantes ont lieu par les moyens les plus improbables. Rien ne tend à en modifier l'absurdité. Il faut que le lecteur se contente de regarder les tours d'escamotage de l'auteur comme il regarderait les sauts périlleux et les métamorphoses d'Arlequin, sans y chercher aucun sens ni d'autre but que la surprise du moment. L'auteur qui est à la tête de cette branche de la littérature romantique est Ernest-Théodore-Guillaume Hoffmann.

L'originalité du génie, du caractère et des habitudes d'Ernest-Théodore-Guillaume Hoffmann le rendaient propre à se distinguer dans un genre d'ouvrages qui exige l'imagination la plus bizarre. Ce fut un homme d'un rare talent. Il était à la fois poète, dessinateur et musicien ; mais malheureusement son tempérament hypocondriaque le poussa sans cesse aux extrêmes dans tout ce qu'il entreprit : ainsi sa musique ne fut qu'un assemblage de sons étranges, ses dessins que des caricatures, ses contes, comme il le dit lui-même, que des extravagances.

Elevé pour le barreau, il remplit d'abord en Prusse des fonctions inférieures dans la magistrature ; mais bientôt réduit à vivre de son industrie, il eut recours à sa plume et à ses crayons, ou composa de la musique pour le théâtre. Ce changement continuel d'occupations incertaines, cette existence errante et précaire produisirent sans doute leur effet sur un esprit particulièrement susceptible d'exaltation ou de découragement, et rendirent plus variable encore un caractère déjà trop inconstant. Hoffmann entretenait aussi l'ardeur de son génie par des libations fréquentes, et sa pipe, compagne fidèle, l'enveloppait d'une atmosphère de vapeurs. Son extérieur même indiquait son irritation nerveuse. Il était petit de taille, et son regard fixe et sauvage qui s'échappait à travers une épaisse chevelure noire trahissait cette sorte de désordre mental dont il semble avoir eu lui-même le sentiment, quand il écrivait sur son journal ce *memorandum* qu'on ne peut lire sans un mouvement d'effroi : « Pourquoi, dans mon sommeil comme dans mes veilles, mes pensées se portent-elles si souvent malgré moi sur le triste sujet de la démence ? Il me semble, en donnant carrière aux idées désordonnées qui s'élèvent dans mon esprit, qu'elles s'échappent comme si le sang coulait d'une de mes veines qui viendrait de se rompre. »

Quelques circonstances de la vie vagabonde d'Hoffmann vinrent aussi ajouter à ses craintes chimériques d'être marqué d'un sceau fatal qui le rejetait hors du cercle commun des hommes. Ces circonstances n'avaient rien cependant d'aussi extraordinaires que se le figurait son imagination malade. Citons-en un exemple. Il était aux eaux et assistait à une partie de jeu fort animée avec un de ses amis, qui ne put résister à l'appât de s'approprier une partie de l'or qui couvrait le tapis. Partagé entre l'espérance du gain et la crainte de la perte, et se méfiant de sa propre étoile, il glissa enfin six pièces d'or entre les mains d'Hoffmann, le priant de jouer pour lui. La fortune fut propice à notre jeune visionnaire, et il gagna pour son ami une trentaine de frédérics d'or. Le lendemain soir Hoffmann résolut de tenter le sort pour lui-même. Cette idée, comme il le remarque, n'était pas le fruit d'une détermination antérieure, mais lui fut soudainement suggérée par la prière que lui fit son ami de jouer pour lui une seconde fois. Il s'approcha donc de la table pour son propre compte, et plaça sur une carte les deux seuls frédérics d'or qu'il possédât. Si le bonheur d'Hoffmann avait été remarquable la veille, on aurait pu croire maintenant qu'un pouvoir surnaturel avait fait un pacte avec lui pour le seconder ; chaque carte lui était favorable ; mais laissons-le parler lui-même :

« Je perdis tout pouvoir sur mes sens, et à mesure que l'or s'entassait devant moi je croyais faire un rêve, dont je ne m'éveillai que pour emporter ce gain aussi considérable qu'inattendu. Le jeu cessa suivant l'usage à deux heures du matin. Comme j'allais quitter la salle, un vieil officier me mit la main sur l'épaule, et m'adressant un regard sévère : Jeune homme, me dit-il, si vous y allez de ce train vous ferez sauter la banque ; mais quand cela serait, vous n'en êtes pas moins, comptez-y bien, une proie aussi sûre pour le diable que le reste des joueurs. Il sortit aussitôt sans attendre une réponse. Le jour commençait à poindre quand je rentrai chez moi et couvris ma table de mes monceaux d'or. Qu'on s'imagine ce que dut éprouver un jeune homme qui, dans un état de dépendance absolue et la bourse ordinairement bien légère, se trouvait tout à coup en possession d'une somme suffisante pour constituer une véritable richesse, au moins pour le moment ! Mais tandis que je contemplais mon trésor une angoisse singulière vint changer le cours de mes idées ; une sueur froide ruisselait de mon front. Les paroles du vieil officier retentirent à mon oreille dans leur acception la plus étendue et la plus terrible. Il me sembla que l'or qui brillait sur ma table était les arrhes d'un marché par lequel le prince des ténèbres avait pris possession de mon ame pour sa destruction éternelle. Il me sembla qu'un reptile vénéneux suçait le sang de mon cœur, et je me sentis plongé dans un abîme de désespoir. »

L'aube naissante commençait alors à briller à travers la fenêtre d'Hoffmann, et à éclairer de ses rayons la campagne voisine. Il en éprouva la douce influence, et retrouvant des forces pour combattre la tentation, il fit le serment de ne plus toucher une carte de sa vie, et le tint.

« La leçon de l'officier fut bonne, dit-il, et son effet excellent. » Mais avec une imagination comme celle d'Hoffmann cette impression fut le remède d'un empirique plutôt que d'un médecin habile. Il renonça au jeu, moins par sa conviction des funestes conséquences morales de cette passion, que par la crainte positive que lui inspirait l'esprit du mal en personne.

Il n'est pas rare de voir à cette exaltation, comme à celle de la folie, succéder des accès d'une timidité excessive. Les poètes eux-mêmes ne passent pas pour être tous les jours braves, depuis qu'Horace a fait l'aveu d'avoir abandonné son bouclier; mais il n'en était pas ainsi d'Hoffmann.

Il était à Dresde à l'époque critique où cette ville, sur le point d'être prise par les alliés, fut sauvée par le retour soudain de Bonaparte et de sa garde. Il vit alors la guerre de près, et s'aventura plusieurs fois à cinquante pas des tirailleurs français, qui échangeaient leurs balles en vue de Dresde avec celles des alliés. Lors du bombardement de cette ville une bombe éclata devant la maison où Hoffmann était avec le comédien Keller, le verre à la main, et regardant d'une fenêtre élevée les progrès de l'attaque. L'explosion tua trois personnes; Keller laissa tomber son verre; mais Hoffmann, après avoir vidé le sien : « Qu'est-ce que la vie? s'écria-t-il philosophiquement, et combien est fragile la machine humaine qui ne peut résister à un éclat de fer brûlant ! »

Au moment où l'on entassait les cadavres dans ces fosses immenses qui sont le tombeau du soldat, il visita le champ de bataille, couvert de morts et de blessés, d'armes brisées, de schakos, de sabres, de gibernes, et de tous les débris d'une bataille sanglante. Il vit aussi Napoléon au milieu de son triomphe, et l'entendit adresser à un adjudant, avec le regard et la voix retentissante d'un lion, ce seul mot : « Voyons. »

Il est bien à regretter qu'Hoffmann n'ait laissé que des

notes peu nombreuses sur les événemens dont il fut témoin à Dresde, et dont il aurait pu avec son esprit observateur et son talent pour la description tracer un tableau si fidèle. On peut dire en général des relations de siéges et de combats, qu'elles ressemblent plutôt à des plans qu'à des tableaux, et que si elles peuvent instruire le tacticien, elles sont peu faites pour intéresser le commun des lecteurs. Un militaire, surtout en parlant des affaires où il s'est trouvé, est beaucoup trop disposé à les raconter dans le style sec et technique d'une gazette, comme s'il craignait d'être accusé de vouloir exagérer ses propres périls en rendant son récit dramatique.

La relation de la bataille de Leipsick, telle que l'a publiée un témoin oculaire, M. Shoberl, est un exemple de ce qu'on aurait pu attendre des talens de M. Hoffmann si sa plume nous avait rendu compte des grandes circonstances qui venaient de se passer sous ses yeux. Nous lui aurions volontiers fait grace de quelques-uns de ses ouvrages de diablerie, s'il nous eût donné à la place une description fidèle de l'attaque de Dresde et de la retraite de l'armée alliée dans le mois d'août 1813. Hoffmann était d'ailleurs un honnête et véritable Allemand dans toute la force du terme, et il eût trouvé une muse dans son ardent patriotisme.

Il ne lui fut pas donné toutefois d'essayer aucun ouvrage, si léger qu'il fût, dans le genre historique; la retraite de l'armée française le rendit bientôt à ses habitudes de travaux littéraires et de jouissances sociales. On peut supposer cependant que l'imagination toujours active d'Hoffmann reçut une nouvelle impulsion de tant de scènes de péril et de terreur. Une calamité domestique vint aussi contribuer à augmenter sa sensibilité nerveuse. Une voiture publique dans laquelle il voyageait versa en route, et sa femme reçut à la tête une blessure fort grave qui la fit souffrir pendant long-temps.

Toutes ces circonstances jointes à l'irritabilité naturelle

de son caractère jetèrent Hoffmann dans une situation d'esprit plus favorable peut-être pour obtenir des succès dans son genre particulier de composition que compatible avec ce calme heureux de la vie dans lequel les philosophes s'accordent à placer le bonheur ici-bas. C'est à une organisation comme celle d'Hoffmann que s'applique ce passage de l'ode admirable à l'*Indifférence*[1] :

« Le cœur ne peut plus connaître la paix ni la joie quand, semblable à la boussole, il tourne, mais tremble en tournant, selon le vent de la fortune ou de l'adversité. »

Bientôt Hoffmann fut soumis à la plus cruelle épreuve qu'on puisse imaginer.

En 1807, un violent accès de fièvre nerveuse avait beaucoup augmenté la funeste sensibilité à laquelle il devait tant de souffrances. Il s'était fait lui-même pour constater l'état de son imagination une échelle graduée, une espèce de thermomètre qui indiquait l'exaltation de ses sentimens, et s'élevait quelquefois jusqu'à un degré peu éloigné d'une véritable aliénation mentale. Il n'est pas facile peut-être de traduire par des expressions équivalentes les termes dont se sert Hoffmann pour classer ses sensations; nous essaierons cependant de dire que ses notes sur son humeur journalière décrivent tour à tour une disposition aux idées mystiques ou religieuses, le sentiment d'une gaîté exagérée, celui d'une gaîté ironique, le goût d'une musique bruyante et folle, une humeur romanesque tournée vers les idées sombres et terribles, un penchant excessif pour la satire amère, visant à ce qu'il y a de plus bizarre, de plus capricieux, de plus extraordinaire; une sorte de quiétisme favorable aux impressions les plus chastes et les plus douces d'une imagination poétique ; enfin une exaltation susceptible uniquement des idées les plus noires, les plus horribles, les plus désordonnées et les plus accablantes.

---

(1) Du poète Collins.

Dans certains temps, au contraire, les sentimens que retrace le journal de cet homme malheureux n'accusent plus qu'un abattement profond, un dégoût qui lui faisait repousser les émotions qu'il accueillait la veille avec le plus d'empressement. Cette espèce de paralysie morale est, à notre avis, une maladie qui affecte plus ou moins toutes les classes, depuis l'ouvrier qui s'aperçoit, pour nous servir de son expression, qu'il a *perdu sa main* et ne peut plus remplir sa tâche journalière avec sa promptitude habituelle, jusqu'au poète que sa muse abandonne quand il a le plus besoin de ses inspirations. Dans des cas pareils, l'homme sage a recours à l'exercice ou à un changement d'étude; les ignorans et les imprudens cherchent des moyens plus grossiers pour chasser le paroxysme. Mais ce qui pour une personne d'un esprit sain n'est que la sensation désagréable d'un jour ou d'une heure, devient une véritable maladie pour des esprits comme celui d'Hoffmann, toujours disposés à tirer du présent de funestes présages pour l'avenir.

Hoffmann avait le malheur d'être particulièrement soumis à cette singulière peur du lendemain, et d'opposer presque immédiatement à toute sensation agréable qui s'élevait dans son cœur l'idée d'une conséquence triste ou dangereuse. Son biographe nous a donné un singulier exemple de cette fâcheuse disposition qui le portait non-seulement à redouter le pire quand il en avait quelque motif réel, mais même à troubler par cette appréhension ridicule et déraisonnable les circonstances les plus naturelles de la vie. « Le diable, avait-il l'habitude de dire, se glisse dans toutes les affaires, même quand elles présentent en commençant la tournure la plus favorable. » Un exemple sans importance, mais bizarre, fera mieux connaître ce penchant fatal au pessimisme.

Hoffmann, observateur minutieux, vit un jour une petite fille s'adresser à une femme dans le marché pour lui acheter quelques fruits qui avaient frappé ses yeux et excité ses désirs. La prudente fruitière voulut d'abord savoir ce qu'elle avait à dépenser pour son achat; et quand la pauvre fille, qui était d'une beauté remarquable, lui eut montré avec une joie mêlée d'orgueil une toute petite pièce de monnaie, la marchande lui fit entendre qu'elle n'avait rien dans sa boutique qui fût d'un prix assez modique pour sa bourse. La pauvre enfant mortifiée se retirait les larmes aux yeux, quand Hoffmann la rappela, et ayant fait son marché lui-même, remplit son tablier des plus beaux fruits; mais il avait à peine eu le temps de jouir de l'expression de bonheur qui avait ranimé tout à coup cette jolie figure d'enfant, qu'il devint tourmenté de l'idée qu'il pourrait être la cause de sa mort, puisque le fruit qu'il lui avait donné pourrait lui occasionner une indigestion ou toute autre maladie. Ce pressentiment le poursuivit jusqu'à ce qu'il fût arrivé à la maison d'un ami. C'est ainsi que la crainte vague d'un mal imaginaire venait sans cesse empoisonner tout ce qui aurait dû charmer pour lui le présent ou embellir l'avenir. Nous ne pouvons nous empêcher ici d'opposer au caractère d'Hoffmann celui de notre poète Wordsworth, si remarquable par sa riche imagination. La plupart des petits poèmes de Wordsworth sont l'expression d'une sensibilité extrême, excitée par les moindres incidens, tels que celui qui vient d'être raconté; mais avec cette différence qu'une disposition plus heureuse et plus noble fait puiser à Wordsworth des réflexions agréables, douces et consolantes dans ces mêmes circonstances qui n'inspiraient à Hoffmann que des idées d'une tout autre nature. Ces incidens passent sans arrêter l'attention des esprits ordinaires, mais des observateurs doués d'une imagination poétique, comme Wordsworth et Hoffmann, sont pour ainsi dire des chimistes habiles, qui de ces matières en apparence insignifiantes savent distiller des cordiaux ou des poisons.

Nous ne voulons pas dire que l'imagination d'Hoffmann fût vicieuse ou corrompue, mais seulement qu'elle était déréglée, et avait un malheureux penchant vers les images horribles et déchirantes. Ainsi il était poursuivi, surtout dans ses heures de solitude et de travail, par l'appréhension de quelque danger indéfini dont il se croyait menacé, et son repos était troublé par les spectres et les apparitions de toute espèce dont la description avait rempli ses livres, et que son imagination seule avait enfantés, comme s'ils eussent eu une existence réelle et un pouvoir véritable sur lui. L'effet de ces visions était souvent tel, que pendant les nuits qu'il consacrait quelquefois à l'étude il avait coutume de faire lever sa femme et de la faire asseoir auprès de lui pour le protéger par sa présence contre les fantômes qu'il avait conjurés lui-même dans son exaltation.

Ainsi l'inventeur, ou au moins le premier auteur célèbre qui ait introduit dans sa composition le FANTASTIQUE ou le grotesque surnaturel, était si près d'un véritable état de folie, qu'il tremblait devant les fantômes de ses ouvrages. Il n'est pas étonnant qu'un esprit qui accordait si peu à la raison et tant à l'imagination ait publié de si nombreux écrits où la seconde domine à l'exclusion de la première. Et en effet le grotesque, dans les ouvrages d'Hoffmann, ressemble en partie à ces peintures arabesques qui offrent à nos yeux les monstres les plus étranges et les plus compliqués, des centaures, des griffons, des sphinx, des chimères; enfin toutes les créations d'une imagination romanesque. De telles compositions peuvent éblouir par une fécondité prodigieuse d'idées, par le brillant contraste des formes et des couleurs, mais elles ne présentent rien qui puisse éclairer l'esprit ou satisfaire le jugement. Hoffmann passa sa vie, et certes ce ne pouvait être une vie heureuse, à tracer sans règle et sans mesure des images bizarres et extravagantes, qui après tout ne lui valurent qu'une réputation bien au-dessous de celle qu'il aurait pu acquérir par son talent, s'il l'eût soumis à la direction d'un goût plus sûr ou d'un jugement plus solide. Il y a bien lieu de croire que sa vie fut abrégée, non-seulement par sa maladie mentale, mais encore par les excès auxquels il eut recours pour se garantir de la mélancolie, et qui agirent directement sur sa tournure d'esprit. Nous devons d'autant plus le regretter, que malgré tant de divagation, Hoffmann n'était pas un homme ordinaire ; et si le désordre de ses idées ne lui avait pas fait confondre le surnaturel avec l'absurde, il se serait distingué comme un excellent peintre de la nature humaine, qu'il savait observer et admirer dans ses réalités.

Hoffmann réussissait surtout à tracer les caractères propres à son pays. L'Allemagne, parmi ses auteurs nombreux, n'en peut citer aucun qui ait su plus fidèlement personnifier cette droiture et cette intégrité qu'on rencontre dans toutes les classes parmi les descendans des anciens Teutons. Il y a surtout dans le conte intitulé *le Majorat* un caractère qui est peut-être particulier à l'Allemagne, et qui forme un contraste frappant avec les individus de la même classe, tels qu'on nous les représente dans les romans, et tels que peut-être ils existent en réalité dans les autres pays. Le *justicier* B.... remplit dans la famille du baron Roderic de R..., noble propriétaire de vastes domaines en Courlande, à peu près le même office que le fameux bailli Macwhecble exerçait sur les terres du baron de Bradwardine (s'il m'était permis de citer *Waverley*). Le justicier, par exemple, était le représentant du seigneur dans ses cours de justice féodale; il avait la surveillance de ses revenus, dirigeait et contrôlait sa maison, et par sa connaissance des affaires de la famille il avait acquis le droit d'offrir et son avis et son assistance dans les cas de difficultés pécuniaires. L'auteur écossais a pris la liberté de mêler à ce caractère une teinte de cette friponnerie dont on fait presque l'attribut obligé de la classe inférieure des gens de loi. Le bailli est bas, avare, rusé et lâche ; il n'échappe à notre dégoût ou à notre mépris que par le côté plaisant de son caractère ; on lui pardonne une partie de ses vices en faveur de cet attachement pour son maître et sa famille, qui est chez lui une sorte d'instinct, et qui semble l'emporter même sur son égoïsme naturel. Le justicier de R... est précisément l'opposé de ce caractère ; c'est bien aussi un original : il a les manies de la vieillesse et un peu de sa mauvaise humeur satirique ; mais ses qualités morales en font, comme le dit justement La Motte-Fouqué, un héros des anciens temps qui a pris la robe de chambre et les pantoufles d'un vieux procureur de nos jours. Son mérite naturel, son indépendance, son courage sont plutôt rehaussés que ternis par son éducation et sa profession, qui suppose une connaissance exacte du genre humain, et qui, si elle n'est pas subordonnée à l'honneur et à la probité, est le masque le plus vil et le plus dangereux dont un homme puisse se couvrir pour tromper les autres. Mais le justicier d'Hoffmann, par sa situation dans la famille de ses maîtres dont il a connu deux générations, par la possession de tous leurs secrets et plus encore par la loyauté et la noblesse de son caractère, exerce sur son seigneur lui-même, tout fier qu'il est parfois, un véritable ascendant.

Le conte que nous venons de citer montre l'imagination déréglée d'Hoffmann, mais prouve aussi qu'il possédait un talent qui aurait dû la contenir et la modifier. Malheureusement son goût et son tempérament l'entraînaient trop fortement au grotesque et au fantastique, pour lui permettre de revenir souvent dans ses compositions au genre plus raisonnable dans lequel il aurait facilement réussi. Le roman populaire a sans doute un vaste cercle à parcourir, et loin de nous la pensée d'appeler les rigueurs de la critique contre ceux dont le seul objet est de faire passer au lecteur une heure agréable. On peut répéter avec vérité que dans cette littérature légère,

« Tous les genres sont bons, hors le genre ennuyeux. »

Sans doute il ne faut pas condamner une faute de goût avec la même sévérité que si c'était une fausse maxime de morale, une hypothèse erronée de la science, ou une hérésie en religion. Le génie aussi, nous le savons, est capricieux, et veut avoir son libre essor, même hors des régions ordinaires, ne fût-ce que pour hasarder une tentative nouvelle. Quelquefois enfin on peut arrêter ses regards avec plaisir sur une peinture arabesque, exécutée par un artiste doué d'une riche imagination; mais il est pénible de voir le génie s'épuiser sur des sujets que le goût réprouve. Nous ne voudrions lui permettre une excursion dans ces régions fantastiques qu'à condition qu'il en rapporterait des idées douces et agréables. Nous ne saurions avoir la même tolérance pour ces caprices qui non-seulement nous étonnent par leur extravagance, mais nous révoltent par leur horreur. Hoffmann doit avoir eu dans sa vie des momens d'exaltation douce aussi bien que d'exaltation pénible; et le champagne qui pétillait dans son verre aurait perdu pour lui sa bienveillante influence, s'il n'avait quelquefois éveillé dans son esprit des idées agréables aussi bien que des pensées bizarres. Mais c'est le propre de tous les sentimens exagérés de tendre toujours vers les émotions pénibles. Comme les accès de la folie ont bien plus fréquemment un caractère triste qu'agréable, de même le grotesque a une alliance intime avec l'horrible; car ce qui est hors de la nature peut difficilement avoir aucun rapport avec ce qui est beau. Rien, par exemple, ne peut être plus déplaisant pour l'œil que le palais de ce prince italien au cerveau malade qui était décoré de toutes les sculptures monstrueuses qu'une imagination dépravée pouvait suggérer au ciseau de l'artiste. Les ouvrages de Callot, qui a fait preuve d'une fécondité d'esprit merveilleuse, causent pareillement plus de surprise que de plaisir. Si nous comparons la fécondité de Callot à celle d'Hogarth, nous les trouverons égaux l'un à l'autre; mais comparons le degré de satisfaction que procure un examen attentif de leurs compositions respectives, et l'artiste anglais aura un immense avantage. Chaque nouveau coup de pinceau que l'observateur découvre parmi les détails riches et presque superflus d'Hogarth vaut un chapitre dans l'histoire des mœurs humaines, sinon du cœur humain; en examinant de près au contraire les productions de Callot, on découvre seulement dans chacune de ses *diableries* un nouvel exemple d'un esprit employé en pure perte ou d'une imagination qui s'égare dans les régions de l'absurde. Les ouvrages de l'un ressemblent à un jardin soigneusement cultivé qui nous offre à chaque pas quelque chose d'agréable ou d'utile; ceux de l'autre rappellent un jardin négligé dont le sol également fertile ne produit que des plantes sauvages et parasites.

Hoffmann s'est en quelque sorte identifié avec l'ingénieux artiste que nous venons de critiquer, par son titre de *Tableaux de nuit à la maniere de Callot;* et pour écrire, par exemple, un conte comme *le Sablier*, il faut qu'il ait été initié dans les secrets de ce peintre original, avec qui il peut certes réclamer une véritable analogie de talent. Nous avons cité un conte, *le Majorat*, où le merveilleux nous paraît heureusement employé parce qu'il se mêle à des intérêts et des sentimens réels, et qu'il montre avec beaucoup de force à quel degré les circonstances peuvent élever l'énergie et la dignité de l'ame. Mais celui-ci est d'un genre bien différent :

« Moitié horrible, moitié bizarre, semblable à un démon qui exprime sa joie par mille grimaces. »

Nathaniel, le héros de ce conte, est un jeune homme d'un tempérament fantasque et hypocondriaque, d'une tournure d'esprit poétique et métaphysique à l'excès, avec cette organisation nerveuse plus particulièrement soumise à l'influence de l'imagination. Il nous raconte les événemens de son enfance dans une lettre adressée à Lothaire, son ami, frère de Clara, sa fiancée.

Son père, honnête horloger, avait l'habitude d'envoyer coucher ses enfans à certains jours plus tôt qu'à l'ordinaire, et la mère ajoutait chaque fois à cet ordre: « Allez au lit, voici le sablier qui vient. » Nathaniel en effet observa qu'alors, après leur retraite, on entendait frapper à la porte; des pas lourds et traînans retentissaient sur l'escalier; quelqu'un entrait chez son père, et quelquefois une vapeur désagréable et suffoquante se répandait dans la maison. C'était donc le sablier: mais que voulait-il, et que venait-il faire? Aux questions de Nathaniel la bonne répondit par un conte de nourrice, que le sablier était un méchant homme qui jetait du sable dans les yeux des petits enfans qui ne voulaient pas aller se coucher. Cette réponse redoubla sa frayeur, mais éveilla en même temps sa curiosité. Il résolut enfin de se cacher dans la chambre de son père, et d'y attendre l'arrivée du visiteur nocturne; il exécuta ce projet, et reconnut dans le sablier l'homme de loi Copelius qu'il avait vu souvent avec son père. Sa masse informe s'appuyait sur des jambes torses; il était gaucher, avait le nez gros, les oreilles énormes, tous les traits démesurés; et son aspect farouche, qui le faisait ressembler à un ogre, avait souvent épouvanté les enfans quand ils ignoraient encore que ce légiste, odieux déjà par sa laideur repoussante, n'était autre que le redoutable sablier. Hoffmann a tracé de cette figure monstrueuse une esquisse qu'il a voulu sans doute rendre aussi révoltante pour ses lecteurs qu'elle pouvait être terrible pour les enfans. Copelius fut reçu par le père de Nathaniel avec les démonstrations d'un humble respect; ils découvrirent un fourneau secret, l'allumèrent et commencèrent bientôt des opérations chimiques d'une nature étrange et mystérieuse qui expliquaient cette vapeur dont la maison avait été plusieurs fois remplie. Les gestes des opérateurs devinrent frénétiques; leurs traits prirent une expression d'égarement et de fureur à mesure qu'ils avançaient dans leurs travaux; Nathaniel, cédant à la terreur, jeta un cri et sortit de sa retraite. L'alchimiste, car Copelius en était un, eut à peine découvert le petit espion, qu'il menaça de lui arracher les yeux, et ce ne fut pas sans difficulté que le père, en s'interposant, parvint à l'empêcher de jeter des cendres ardentes dans les yeux de l'enfant. L'imagination de Nathaniel fut tellement troublée de cette scène, qu'il fut attaqué d'une fièvre nerveuse pendant laquelle l'horrible figure du disciple de Paracelse était sans cesse devant ses yeux comme un spectre menaçant.

Après un long intervalle et quand Nathaniel fut rétabli, les visites nocturnes de Copelius à son élève recommencèrent; celui-ci promit un jour à sa femme que ce serait pour la dernière fois. Sa promesse fut réalisée, mais non pas sans doute comme l'entendait le vieux horloger. Il périt le jour même par l'explosion de son laboratoire chimique, sans qu'on pût retrouver aucune trace de son maître dans l'art fatal qui lui avait coûté la vie. Un pareil événement était bien fait pour produire une impression profonde sur une imagination ardente: Nathaniel fut poursuivi tant qu'il vécut par le souvenir de cet affreux personnage, et Copelius s'identifia dans son esprit avec le principe du mal. L'auteur continue ensuite le récit lui-même, et nous présente son héros étudiant à l'université, où il est surpris par l'apparition soudaine de son infatigable persécuteur. Celui-ci joue maintenant le rôle d'un colporteur italien ou du Tyrol, qui vend des instrumens d'optique; mais sous le déguisement de sa nouvelle profession et sous le nom italianisé de Giuseppe Coppola, c'est toujours l'ennemi acharné de Nathaniel; celui-ci est vivement tourmenté de ne pouvoir faire partager à son ami et à sa maîtresse les craintes que lui inspire le faux marchand de baromètres, qu'il croit reconnaître pour le terrible jurisconsulte. Il est aussi mécontent de Clara qui, guidée par son bon sens et par un jugement sain, rejette non-seulement ses frayeurs métaphysiques, mais blâme aussi son style poétique plein d'enflure et d'affectation. Son cœur s'éloigne par degrés de la compagne de son enfance, qui ne sait être que franche, sensible et affectionnée; et il transporte par la même gradation son amour sur la fille d'un professeur appelé *Spalanzani*, dont la maison fait face aux fenêtres de son logement. Ce voisinage lui donne l'occasion fréquente de contempler Olympia assise dans sa chambre : elle y reste des heures entières sans lire, sans travailler, ou même sans se mouvoir; mais en dépit de cette insipidité et de cette inaction, il ne peut résister au charme de son extrême beauté. Cette passion funeste prend un accroissement bien plus rapide encore, quand il s'est laissé persuader d'acheter une lorgnette d'approche au perfide Italien, malgré sa ressemblance frappante avec l'ancien objet de sa haine et de son horreur. La secrète influence de ce verre trompeur cache aux yeux de Nathaniel ce qui frappait tous ceux qui approchaient Olympia. Il ne voit pas en elle une certaine roideur de manières qui rend sa démarche semblable aux mouvemens d'une machine, une stérilité d'idées qui réduit sa conversation à un petit nombre de phrases sèches et brèves qu'elle répète tour à tour; il ne voit rien enfin de tout ce qui trahissait son origine mécanique. Ce n'était en effet qu'une belle poupée ou automate créée par la main habile de Spalanzani, et douée d'une apparence de vie par les artifices diaboliques de l'alchimiste, avocat et colporteur Copelius ou Coppola.

L'amoureux Nathaniel vient à connaître cette fatale vérité en se trouvant le témoin d'une querelle terrible qui s'élève entre les deux imitateurs de Prométhée, au sujet de leurs intérêts respectifs dans ce produit de leur pouvoir créateur. Ils profèrent les plus infâmes imprécations, mettent en pièces leur belle machine, et saisissent ses membres épars dont ils se frappent à coups redoublés. Nathaniel, déjà à moitié fou, tombe dans une frénésie complète à la vue de cet horrible spectacle.

Mais nous serions fous nous-mêmes de continuer à analyser ces rêves d'un cerveau en délire. Au dénouement, notre étudiant dans un accès de fureur veut tuer Clara en la précipitant du sommet d'une tour : son frère la sauve de ce péril, et le frénétique, resté seul sur la plate-forme, gesticule avec violence et débite le jargon magique qu'il a appris de Copelius et de Spalanzani. Les spectateurs que cette scène avait rassemblés en foule au pied de la tour cherchaient les moyens de s'emparer de ce furieux, lorsque Copelius apparaît soudain parmi eux et leur donne l'assurance que Nathaniel va descendre de son propre mouvement. Il réalise sa prophétie en fixant sur le malheureux jeune homme un regard de fascination qui le fait aussitôt se précipiter lui-même la tête la première. L'horrible absurdité de ce conte est faiblement rachetée par quelques traits dans le caractère de Clara, dont la fermeté, le simple bon sens et la franche affection forment un contraste agréable avec l'imagination en désordre, les appréhensions, les frayeurs chimériques et la passion déréglée de son extravagant admirateur.

Il est impossible de soumettre de pareils contes à la critique. Ce ne sont pas les visions d'un esprit poétique; elles n'ont pas même cette liaison apparente que les égaremens de la démence laissent quelquefois aux idées d'un fou : ce sont les rêves d'une tête faible, en proie à la fièvre, qui peuvent un moment exciter notre curiosité par leur bizarrerie, ou notre surprise par leur originalité, mais jamais au-delà d'une attention très passagère ; et en vérité les inspirations d'Hoffmann ressemblent si souvent aux idées produites par l'usage immodéré de l'opium, que nous croyons qu'il avait plus besoin du secours de la médecine que des avis de la critique.

La mort de cet homme extraordinaire arriva en 1822. Il devint affecté de cette cruelle maladie appelée *tabes dorsalis*, qui le priva peu à peu de l'usage de ses membres. Même dans cette triste extrémité il dicta plusieurs ouvrages qui indiquent encore la force de son imagination, parmi lesquels nous citerons un fragment intitulé *la Convalescence*, plein d'allusions touchantes à ses propres sentimens à cette époque, et une nouvelle appelée *l'Adversaire,* à laquelle il consacra presque ses derniers momens. Rien ne put ébranler la force de son courage ; il sut endurer avec constance les angoisses de son corps, quoiqu'il fût incapable de supporter les terreurs imaginaires de son esprit. Les médecins crurent devoir en venir à la cruelle épreuve du cautère actuel, par l'application d'un fer brûlant sur le trajet de la moelle épinière, pour essayer de ranimer l'activité du système nerveux. Il fut si loin de se laisser abattre par les tortures de ce martyre médical, qu'il demanda à un de ses amis qui entra dans la chambre au moment où l'on venait de terminer cette terrible opération, s'il ne sentait pas « la chair rôtie. » « Je consentirais volontiers, disait-il avec le même courage héroïque, à perdre l'usage de mes membres si je pouvais seulement conserver la force de travailler avec l'aide d'un secrétaire. » Hoffmann mourut à Berlin le 25 juin 1822, laissant la réputation d'un homme remarquable, que son tempérament et sa santé avaient seuls empêché d'arriver à la plus haute renommée, et dont les ouvrages, tels qu'ils existent aujourd'hui, doivent être considérés moins comme un modèle à imiter que comme un avertissement salutaire du danger que court un auteur qui s'abandonne aux écarts d'une folle imagination.

WALTER-SCOTT.

FIN DU MERVEILLEUX DANS LE ROMAN.

LE MIROIR

de

LA TANTE MARGUERITE.

> Il y a des instans où l'imagination s'égare, en dépit de la surveillance de notre raison; où la réalité semble une ombre, où les ombres semblent des corps, où la barrière immense qui sépare la vérité de la fiction semble renversée, comme si les yeux de l'ame pouvaient pénétrer par-delà les limites de notre monde. Je préfère ces heures de vagues rêveries à toutes les tristes réalités de l'existence.
>
> Anonyme.

INTRODUCTION.

Ma tante Marguerite appartenait à cette respectable classe de sœurs à laquelle sont dévolus tous les soucis, tous les embarras qu'occasionnent les enfans, excepté toutefois ceux qui sont attachés à leur arrivée dans le monde. Notre famille était nombreuse et composée d'enfans de différens caractères ainsi que de différens tempéramens. Quelques-uns étaient tristes et de mauvaise humeur, on les envoyait à la tante Marguerite afin qu'elle les amusât ; d'autres étaient brusques, impétueux et turbulens ; on les envoyait à la tante Marguerite pour qu'ils se tinssent tranquilles, ou plutôt pour se débarrasser de leur bruit. On lui envoyait aussi ceux qui étaient malades afin qu'elle les soignât ; ceux qui étaient obstinés afin qu'elle les soumît par la douceur de ses réprimandes : enfin elle remplissait tous les devoirs variés d'une mère, sans avoir l'honneur et la dignité du caractère maternel. Le terme de ses soins est venu ; de tous les enfans languissans ou robustes, doux ou acariâtres, tristes ou enjoués, qui s'agitaient dans son petit salon depuis le matin jusqu'au soir, aucun n'existe maintenant, excepté moi, qui, affligé par des infirmités précoces, leur ai cependant survécu.

C'est encore, et ce sera mon habitude tant que j'aurai l'usage de mes membres, d'aller rendre visite à ma respectable parente au moins trois fois par semaine. Sa demeure est à environ un demi-mille des faubourgs de la ville que j'habite ; elle est accessible non-seulement par la grande route dont elle est à quelque distance, mais encore par un chemin couvert de gazon et conduisant à travers de jolies prairies. J'ai si peu de tourmens dans la vie, qu'un de mes plus grands chagrins est de savoir que plusieurs de ces champs écartés sont destinés à recevoir des bâtimens. Dans celui qui est le plus près de la ville j'ai vu pendant plusieurs semaines un si grand nombre de brouettes, que je crois en vérité que toute sa surface, à une profondeur de dix-huit pouces au moins, fut dans le même moment élevée sur ces chars à une roue et transportée dans un autre lieu. D'immenses piles triangulaires de planches sont entassées dans différentes parties de la prairie condamnée, et un petit bouquet d'arbres ornant encore le côté oriental qui s'élève par une pente douce vient de recevoir son arrêt de mort, annoncé par un barbouillage de peinture blanche ; ces arbres doivent faire place à un groupe de cheminées.

Peut-être d'autres s'affligeraient dans ma position, en pensant que ces pâturages appartenaient autrefois à mon père dont la famille jouissait de quelque considération dans le monde, et qu'elle fut vendue par morceaux pour remédier à la détresse dans laquelle il se plongea, en essayant par quelque entreprise commerciale de réparer sa fortune diminuée. Tandis que les projets de constructions étaient en pleine vigueur, ces amis qui prennent bien soin que la moindre de nos infortunes n'échappe à notre attention me disaient souvent : — De tels pâturages, situés si près de la ville, rapporteraient en navets et en pommes de terre vingt livres sterling par arpent. Et s'ils étaient vendus pour construction ! oh ! c'était une mine d'or ! et cependant l'ancien propriétaire s'en défit pour une bagatelle. Mes consolateurs ne peuvent réussir à exciter mes plaintes sur ce sujet. Et s'il pouvait m'être permis de porter mes regards sur le passé sans y rencontrer d'obstacles, j'abandonnerais volontiers la jouissance de ma fortune présente et mes espérances futures à ceux qui ont acheté ce que mon père a vendu. Je regrette les altérations du sol, seulement parce qu'elles détruisent les souvenirs, et j'aimerais mieux (il me semble) voir les Clos-du-Comte entre les mains d'étrangers, s'ils conservaient leur aspect champêtre, que de savoir qu'ils m'appartiennent, s'ils étaient ravagés par l'agriculture ou couverts de bâtimens. Mes sensations sont celles du pauvre Logan.

> Gazon, de mon enfance ami consolateur,
> Théâtre de mes jeux, verte et douce prairie,
> Vous avez disparu sous un soc destructeur,
> Et la hache a détruit l'aubépine fleurie,
> Où l'écolier joyeux cherchait avec ardeur
> Contre les feux du jour un abri protecteur.

J'espère cependant que l'horrible dévastation ne sera point consommée pendant ma vie. Quoique l'esprit aventureux de l'époque ait fait concevoir le projet de cette entreprise, je suis fondé à croire que les mécomptes qui ont eu lieu ont un peu refroidi les spéculateurs, et que les plaines boisées et le petit sentier conduisant à la retraite de la tante Marguerite seront épargnés pendant le reste de ses jours et des miens. J'y suis intéressé, puisque chaque pas du chemin, après avoir traversé la prairie, est empreint de quelques souvenirs de mon enfance. Voici l'échalier où je me souviens qu'une petite fille revêche me reprocha ma faiblesse, en m'aidant avec négligence à escalader la barrière escarpée que mes frères franchissaient en bondissant. Je me rappelle l'amertume de ce moment, et convaincu de mon infériorité, le sentiment concentré d'envie avec lequel je regardais les mouvemens aisés et les membres élastiques de mes frères plus heureusement constitués. Hélas! ces barques si solides ont toutes péri sur l'immense océan de la vie, et celle qui semblait si peu digne d'être lancée à la mer a bravé la tempête et vogué jusqu'au port.

Voici l'étang où, manœuvrant notre petite flottille construite en larges joncs, mon frère aîné tomba, et fut avec bien de la peine sauvé du liquide élément pour mourir sous la bannière de Nelson. Voici le taillis de coudriers où mon frère Henri allait cueillir des noisettes, ne songeant point qu'il devait mourir dans un jungle indien [1] à la recherche de roupies.

Il y a tant de souvenirs dans les environs du petit chemin, que lorsque je m'arrête appuyé sur ma canne en béquille, et que je regarde autour de moi en comparant ce que j'étais autrefois et ce que je suis, je finis presque par douter de ma propre identité, jusqu'au moment où je me trouve en face du porche de chèvre-feuille de la demeure de ma tante Marguerite, demeure dont la façade est irrégu-

---

(1) On appelle Jungles des terrains souvent marécageux, couverts de joncs, de roseaux, de glayeuls, d'épines et de broussailles, qui s'élèvent à une hauteur assez considérable pour cacher les animaux féroces, qui souvent dans l'Inde y établissent leur repaire. — Éd.

lière, et dont les gothiques fenêtres, projetant les treillis, donnent à penser que les ouvriers se sont appliqués à les construire entièrement différentes les unes des autres par la forme, la grandeur, par la pierre d'entablement d'un goût suranné, et les lambels qui les ornent. Cette maison, jadis le manoir des Clos-du-Comte, nous appartient encore, car par quelques arrangemens de famille elle fut assurée à la tante Marguerite pendant sa vie. Cette propriété précaire est en quelque sorte la dernière ombre de la famille de Bothwell des Clos-du-Comte, et ce qui lui reste de l'héritage paternel. Lorsqu'à la mort de ma vieille parente cette maison passera dans des mains étrangères, le seul représentant de la famille sera alors un vieillard infirme, voyant sans regret avancer la mort qui a dévoré tous les objets de ses affections.

Lorsque j'ai donné carrière pendant quelques minutes à de semblables pensées, j'entre dans le manoir qui, dit-on, n'était qu'un pavillon du bâtiment primitif, et j'y trouve un être sur lequel le temps semble avoir peu d'empire; et cependant il y a autant de différence entre l'âge de la tante Marguerite d'aujourd'hui et celui de la tante Marguerite de ma première jeunesse, qu'entre l'enfant de six années et l'homme de cinquante-six ans. Mais le costume de la vieille dame ne contribue pas peu à persuader que le temps a oublié la tante Marguerite.

La couleur brune ou chocolat de sa robe de soie, avec des manchettes aux coudes de la même étoffe, entre lesquelles il y en a d'autres en dentelles de Malines; les gants de soie noire ou mitaines, les cheveux blancs renvoyés en arrière sur un bourrelet, et le bonnet de batiste sans tache qui entoure une tête vénérable ; toutes ces choses ne composaient pas le costume de 1780, moins encore celui de 1826; elles semblent être particulières à la tante Marguerite. Elle est encore assise où elle s'asseyait il y a trente ans, avec son rouet ou son tricot, près du feu pendant l'hiver, et à sa fenêtre pendant l'été ; ou bien elle se hasarde aussi loin que le porche, pendant les soirées les plus chaudes de la belle saison. Ses membres, semblables aux pièces solides de quelques mécaniques, accomplissent encore les fonctions pour lesquelles ils furent destinés, et agissent avec une activité qui diminue graduellement mais qui n'indique point encore qu'elle soit sur le point de s'arrêter tout-à fait.

La sollicitude et l'affection qui rendirent la tante Marguerite l'esclave volontaire d'une multitude d'enfans ont maintenant pour objet la santé et le bien-être d'un homme vieux et infirme, le seul parent qui lui reste, et la seule personne qui puisse trouver de l'intérêt aux traditions qu'elle recueille, comme l'avare cache l'or dont il ne voudrait pas que personne pût jouir après sa mort.

Ma conversation avec ma tante Marguerite a rarement rapport au présent ou à l'avenir, car le passé possède tout ce que nous regrettons, nous ne désirons rien de plus ; et pour ce qui doit suivre, nous n'avons de ce côté de la tombe ni espérances, ni craintes, ni inquiétudes. Nous portons donc naturellement nos réflexions vers le passé, et nous oublions l'état misérable de notre fortune présente, la décadence de notre famille, en rappelant les heures de sa richesse et de sa prospérité.

D'après cette légère introduction, le lecteur connaîtra, de la tante Marguerite et de son neveu tout ce qui est nécessaire pour comprendre la conversation et la narration suivantes.

La semaine passée, par une soirée d'été assez avancée, je fus rendre visite à la vieille dame avec laquelle le lecteur a déjà fait connaissance, et je fus reçu par elle avec son affection et sa bonté ordinaires, mais en même temps elle semblait absorbée et disposée au silence. Je lui en demandai la raison.

— Ils ont nettoyé la vieille chapelle, me répondit-elle ; John Cleighudgeons ayant, il paraît, découvert que ce qu'elle contenait (je suppose que c'étaient les restes de nos ancêtres) convenait à merveille pour engraisser les champs.

A ces mots, je tressaillis avec plus de vivacité que cela ne m'était arrivé depuis quelques années, et je m'assis, tandis que ma tante ajoutait, en posant la main sur ma manche :

— La chapelle a été long-temps regardée comme un *commun*, mon cher; on s'en servait pour la bergerie. Et que pouvons-nous reprocher à un homme qui emploie son bien à son propre usage? Outre cela je lui ai parlé, et il m'a promis très honnêtement que s'il trouvait des os ou des tombes, ils seraient respectés et remis à leur place. Que pouvais-je demander de plus? La première pierre sépulcrale qu'on a trouvée portait le nom de Marguerite Bothwell, 1585; j'ai ordonné qu'on la mît soigneusement de côté, car je pense que c'est pour moi un présage de mort. Cette pierre ayant servi à celle dont je porte le nom, pendant deux cents ans, a été levée à temps pour me rendre le même service. Depuis long-temps ma maison est en ordre en tout ce qui concerne les affaires de ce monde; mais qui peut dire que sa paix avec le ciel est assurée?

— D'après ce que vous venez de dire, ma tante, répliquai-je, peut-être devrais-je prendre mon chapeau et m'en aller; je le ferais si je ne m'apercevais pas que dans cette occasion il y a un peu d'alliage mêlé à votre dévotion. Penser à la mort dans tous les temps est un devoir; la supposer plus proche parce qu'une vieille pierre sépulcrale qui porte votre nom vient d'être trouvée, c'est une superstition. Et vous dont le jugement et l'esprit justes ont été si long-temps les guides d'une famille déchue, vous êtes la dernière personne que j'aurais soupçonnée d'une pareille faiblesse.

— Et je ne mériterais pas vos soupçons, mon neveu, si nous parlions de n'importe quel autre accident de la vie humaine, et qui eût rapport au présent ou à l'avenir. Mais pour tout ce qui regarde le passé je suis coupable d'une superstition dont je ne désire nullement me corriger. C'est un sentiment qui me sépare du siècle, et qui me lie encore à ceux que je vais retrouver. Et même ainsi qu'aujourd'hui lorsque ces idées me présentent une tombe entr'ouverte et m'invitent à la contempler, je n'aimerais point à les bannir de mon esprit ; mais elles n'ont d'empire que sur mon imagination qu'elles occupent doucement, sans influencer ma raison et ma conduite.

— En vérité, ma bonne dame, si toute autre personne que vous m'eût fait une semblable déclaration, je l'aurais trouvée aussi capricieuse que le ministre qui, sans chercher à défendre son texte fautif, préférait par habitude seulement son vieux *mumpsimus* au moderne *sumpsimus*.

— Eh bien! répondit ma tante, il faut que j'explique mon inconséquence sur ce point en la comparant à une autre. Je suis, comme vous le savez, une de ces vieilles gens d'un autre monde qu'on appelle *Jacobite;* mais je suis Jacobite de sentiment et de sensations seulement, car jamais sujet plus loyal ne joignit ses prières à celles qu'on adresse pour la conservation de George IV : que Dieu lui accorde une longue vie! mais je suis persuadée que notre bon souverain ne penserait pas qu'une vieille femme lui fait injure lorsque, appuyée dans son fauteuil, par une clarté douteuse comme celle-ci, elle songe aux hommes courageux qui crurent que leur devoir les appelait à prendre les armes contre son grand père, et comment, dans une cause qu'ils supposaient celle de leur prince légitime et de leur patrie,

« Ils combattirent jusqu'à ce que leur main fût collée à leur large épée ; mais quoique la fortune leur fût contraire, leur courage ne put être abattu. »

Ne venez point dans un tel moment, lorsque ma tête est remplie de plaids, de Pibrochs, de Claymores, demander à ma raison d'admettre ce que, je le crains, elle ne pourra nier, c'est-à-dire que le bien public exigeait l'abolition de toutes les choses que je rêve. Je ne puis il est vrai refuser de reconnaître la justesse de votre raisonnement, mais étant convaincue contre ma volonté, vous avez peu gagné par vos démonstrations. Vous feriez aussi bien de lire à un amant éperdument amoureux le catalogue des imperfections de sa maîtresse; après l'avoir forcé d'en écouter l'énumération, vous ne pourrez en tirer d'autre réponse, sinon qu'il ne l'en aime que mieux.

Je n'étais pas fâché d'avoir changé le cours mélancolique des pensées de la tante Marguerite, et je répondis sur le même ton : — Je ne puis m'empêcher d'être persuadé que notre bon roi est d'autant plus sûr de l'affection loyale de mistriss Bothwell, qu'il a en sa faveur le droit de naissance des Stuarts, aussi bien que celui qui résulte de l'acte de succession.

— Peut-être mon attachement prend-il sa source dans la réunion des droits dont vous parlez, et en est-il d'autant plus vif. Mais sur mon honneur il serait aussi sincère, si le droit du roi n'était fondé que sur le vœu du peuple, comme il a été déclaré à la révolution : je ne suis pas de vos gens *jure divino*[1].

— Et néanmoins vous êtes Jacobite.

— Et néanmoins je suis Jacobite, ou plutôt je vous laisse la permission de me mettre de ce parti dont les membres étaient appelés le parti des *fantasques*[2] du temps de la reine Anne, parce qu'ils se laissaient guider tantôt par leurs impressions, tantôt par leurs principes. Après tout, il est fort étrange que vous ne vouliez pas permettre à une vieille femme d'être aussi peu conséquente dans ses sentimens politiques que les hommes le sont en général dans les divers incidens de la vie. Vous ne pourriez m'en citer un dont les passions et les préjugés ne l'écartent pas continuellement du chemin que la raison lui indique.

— Cela est vrai, ma tante, mais vous êtes une de ces

(1) Qui croient au *droit divin*. — Éd.
(2) Whimsicals. — Éd.

personnes qui s'égarent à plaisir, et qu'on devrait forcer de rentrer dans le droit chemin.

— Epargnez-moi, je vous en conjure : vous vous rappelez cette chanson gaëlique, quoique sans doute je prononce incorrectement les paroles.

> *Hatil mohatil, na dowski mi.*
> Je dors, mais ne m'éveillez pas.

Je vous assure, mon cher parent, que les rêves dans lesquels se complaît mon imagination et ce que vous appelez les caprices de mon esprit valent tous les songes de ma jeunesse. Maintenant, au lieu de porter mes pensées dans l'avenir, de me former des palais enchantés sur le bord de la tombe, je tourne mes regards vers le passé, je songe aux jours et aux usages de mon meilleur temps, et des souvenirs tristes et cependant consolans me deviennent si chers, que je me dis presque que c'est un sacrilége d'être plus sage, plus raisonnable, moins remplie de préjugés que ceux que je rêvérais dans ma jeunesse.

— Il me semble que je comprends maintenant tout ce que vous voulez dire, et je conçois que vous puissiez préférer de temps en temps la lueur douteuse de l'illusion à la lueur invariable de la raison.

— Lorsque les travaux du jour sont terminés, qu'il ne reste plus de tâche à remplir, nous pouvons si cela nous convient rester dans les ténèbres. C'est lorsque nous nous mettons à l'ouvrage qu'il faut demander des bougies.

— Et au milieu de cette obscurité, repris-je, l'imagination crée des visions enchantées, et souvent persuade les sens de leur réalité.

— Oui, dit la tante Marguerite dont la mémoire prouve qu'elle a lu les poètes, pour ceux qui ressemblent au traducteur du Tasse,

« Puissant poète dont l'esprit exalté croit les magiques merveilles qu'il chante. »

Il n'est pas nécessaire d'éprouver les sensations pénibles qu'une croyance réelle dans de tels prodiges occasionnerait. Une semblable croyance, de nos jours, est réservée aux esprits faibles ou aux enfans. Il n'est pas nécessaire non plus de ressentir dans vos oreilles une espèce de tintement, et de pâlir comme Théodore à l'aspect du chasseur[1]. Tout ce qui est indispensable pour jouir de la douce impression d'une terreur surnaturelle, c'est d'être susceptible d'un léger frémissement en écoutant un conte effrayant, un conte qu'un narrateur adroit, qui d'abord exprime son incrédulité pour toute légende merveilleuse, recueille et raconte comme ayant en lui quelque chose qu'il avoue qu'il lui est impossible d'expliquer. Il existe un autre symptôme, cette hésitation momentanée à regarder autour de nous au moment où l'intérêt du conte est dans toute sa force ; et troisièmement un désir d'éviter de regarder dans un miroir, lorsque le soir on se trouve seul dans sa chambre. Tels sont les signes qui indiquent que l'imagination d'une femme est dans une disposition d'esprit favorable pour écouter une histoire de revenant. Je ne prétends pas décrire ceux qui indiquent la même disposition dans un homme.

— Ce dernier symptôme d'éviter un miroir, chère tante, doit être bien rare parmi le beau sexe.

— Vous êtes un novice dans les usages de la toilette, mon cher neveu. Toutes les femmes consultent le miroir avec anxiété avant de se rendre dans la société, mais à leur retour la glace n'a plus le même charme. Le dé a été jeté, l'impression qu'elles désiraient produire a eu ou n'a point eu de succès. Mais sans aller plus loin dans les secrets des miroirs, je vous dirai que moi-même, ainsi que beaucoup d'honnêtes personnes, je n'aime point avoir un large miroir dans une chambre faiblement éclairée, où la lumière d'une bougie semble plutôt se perdre dans la profonde obscurité de la glace qu'être réfléchie dans l'appartement.

(1) Allusion à la ballade de Burger. — Ed.

Cet espace rempli par les ténèbres est un vaste champ où l'imagination crée des chimères ; elle y appelle d'autres traits que les nôtres, ou bien, comme dans les apparitions de la veille de la Toussaint, elle nous fait apercevoir quelque visage inconnu regardant par-dessus nos épaules. Enfin lorsque je suis dans mes humeurs sombres, je prie ma femme de chambre de tirer le rideau vert sur le miroir de ma toilette auparavant d'entrer dans mon appartement, afin qu'elle ait le premier choc de l'apparition s'il doit y en avoir une. Mais pour vous dire la vérité, cette antipathie à regarder dans un miroir dans certain temps et dans certain lieu est fondée, je le suppose, sur une histoire qui m'est venue par tradition de ma grand' mère, qui joua un rôle dans la scène que je vais vous raconter.

CHAPITRE PREMIER.

Vous aimez, mon neveu, les esquisses de la société du temps passé. Je voudrais pouvoir vous peindre sir Philippe Forester, le libertin achevé de la bonne compagnie d'Ecosse, vers la fin du dernier siècle. Il est vrai que je ne l'ai jamais vu, mais les anecdotes de ma mère étaient remplies de son esprit, de sa galanterie et de sa dissipation. Ce brillant chevalier florissait, comme je vous l'ai dit, vers la fin du dix-septième siècle et le commencement du dix-huitième. C'était le sir Charles Easy[1] et le Lovelace[2] de son temps et de son pays, renommé par la multitude des duels qu'il avait eus et le nombre de ses intrigues amoureuses. La supériorité qu'il avait acquise dans le monde à la mode était absolue, et lorsqu'on réfléchit à une ou deux de ses aventures, pour lesquelles, si les lois étaient faites pour toutes les classes, il aurait dû certainement être pendu, la faveur dont jouissait un tel homme sert à prouver qu'il y a plus de décence, sinon de vertu, dans les temps présens qu'il n'y en avait autrefois, ou que les bonnes manières étaient autrefois plus difficiles à acquérir que ce qu'on appelle maintenant ainsi, et qu'en conséquence celui qui les possédait obtenait en proportion des indulgences plénières et des priviléges pour sa conduite. Aucun galant de cette époque n'était le héros d'une histoire plus

---

(1) L'homme aimable d'une comédie de Libber. — Éd.
(2) Le séducteur de la Clarisse de Richardson. — Éd.

affreuse que celle de la jolie Peggy Grindstone, la fille du meunier, à Sille-Mills ; elle aurait pu donner de l'occupation au lord-avocat, mais elle n'endommagea pas plus la réputation de sir Philippe que la grêle n'endommage la pierre du foyer. Il fut aussi bien reçu que jamais dans la société, et dîna chez le duc d'Argyle le jour où la pauvre fille fut enterrée. Elle mourut de douleur : mais cela n'a point de rapport à mon histoire.

Maintenant il faut que vous écoutiez quelques mots sur des parens et des alliés. Je vous promets de ne point être prolixe ; mais il est nécessaire pour l'authenticité de ma légende que vous sachiez que sir Philippe, avec sa beauté, ses talens distingués, ses manières élégantes, épousa la plus jeune des miss Falconer de King's Copland. La sœur aînée de cette dame était devenue précédemment la femme de mon grand-père, sir Geoffrey, et elle apporta dans notre famille une fortune considérable. Miss Jemina, ou miss Jemmie Falconer comme on l'appelait ordinairement, avait environ dix mille livres sterling ; c'était alors une fort belle dot.

Les deux sœurs ne se ressemblaient en aucune façon, quoiqu'elles eussent l'une et l'autre des admirateurs lorsqu'elles étaient filles. Lady Bothwell avait dans les veines du sang du vieux King's Copland. Elle était hardie, mais non pas jusqu'à l'audace, ambitieuse, et désirant l'élévation de sa maison et de sa famille ; c'était, suivant l'opinion générale, un aiguillon pour mon grand-père qui était naturellement indolent, et qui (à moins que ce ne soit une calomnie) s'engagea par les conseils de sa femme dans des intrigues politiques qu'il eût été plus sage d'éviter. C'était cependant une femme dont les principes étaient solides et le jugement sain, comme le prouvent quelques lettres qui sont encore dans mon secrétaire.

Jemmie Falconer était en toute chose l'opposé de sa sœur ; son esprit ne dépassait point les limites ordinaires, si l'on pouvait dire qu'il les atteignait. Sa beauté, tant qu'elle dura, ne consistait que dans la délicatesse du teint et la régularité des traits, sans aucune expression. Ces charmes mêmes disparurent dans les malheurs d'une union mal assortie. Elle aimait passionnément son mari, et celui-ci la traitait avec une indifférence polie, qui pour une femme dont le cœur était aussi tendre que le jugement était faible paraissait plus pénible et plus affreuse peut-être que de mauvais traitemens réels. Sir Philippe était un voluptueux, c'est-à-dire un complet égoïste, dont les inclinations et le caractère ressemblaient à la rapière qu'il portait, fine, polie, brillante, mais inflexible et sans pitié. Comme il observait avec soin toutes les formes de la politesse envers sa femme, il avait l'art de la priver même de la compassion du monde; et quoiqu'elle soit assez inutile à ceux qui la possèdent, il était pénible pour un esprit comme celui de lady Forester de ne point l'avoir obtenue.

Les caquets de la société plaçaient le mari coupable bien au-dessus de la femme outragée. Quelques personnes appelaient lady Forester une pauvre créature sans caractère, et déclaraient qu'avec une dose de l'énergie de sa sœur elle eût fait entendre raison à tous les sirs Philippe du monde, fussent-ils semblables au redoutable Falconbridge[1] lui-même. Mais la plupart des amis des deux époux affectaient de la sincérité, et voyaient des torts des deux côtés, quoiqu'il n'existât en effet qu'un oppresseur et une opprimée. Ces amis sincères s'exprimaient ainsi : — Certainement personne n'entreprendra de justifier sir Philippe Forester; mais enfin nous connaissions tous sir Philippe, et Jemmie Falconer pouvait deviner ce qu'elle avait à en attendre. Qu'est-ce qui la priait de se jeter à la tête de sir Philippe? Il n'aurait jamais songé à elle, si elle ne lui eût fait les premières avances avec ses pauvres dix mille livres sterling, à moins qu'il n'ait eu besoin d'argent. Elle a bien voulu

---

[1] Héros fougueux d'une tragédie de Shakspeare. — Éd.

compromettre le bonheur de sa vie. Je connais des femmes qui auraient bien mieux convenu à sir Philippe. Mais enfin si elle voulait absolument épouser cet homme, ne pouvait-elle pas essayer de rendre sa maison plus agréable à son mari, de réunir plus souvent ses amis chez elle, de ne point l'étourdir par les cris des enfans, de prendre soin que tout fût élégant et de bon goût autour d'elle ? Je suis persuadé que sir Philippe aurait fait un mari très rangé si sa femme avait su comment le captiver.

Mais ceux qui bâtissaient ce brillant édifice de félicité domestique oubliaient que la pierre angulaire manquait ; que pour recevoir nombreuse compagnie et faire bonne chère les frais du banquet auraient dû être faits par sir Philippe, dont la fortune dilapidée n'eût point suffi à de telles dépenses, en même temps qu'elle fournissait à ses *menus plaisirs*. Ainsi, en dépit de tout ce qui était si sagement suggéré par de charitables amies, sir Philippe porta sa bonne humeur et son affabilité hors de chez lui, tandis qu'il laissait une maison solitaire et une épouse désolée.

Enfin gêné dans sa fortune et fatigué des courts instans qu'il passait dans sa triste maison, sir Philippe résolut de faire un tour sur le continent en qualité de volontaire. Il était alors fort commun parmi les hommes de naissance de prendre ce parti, et peut-être notre chevalier se flattait qu'une teinte du caractère militaire, assez pour exalter mais non pas assez pour rendre pédant, ajouterait à ses moyens et lui conserverait cette situation élevée qu'il tenait dans les rangs à la mode.

La résolution de sir Philippe jeta sa femme dans toutes les angoisses de la terreur ; l'élégant baronnet en fut presque touché. Contre son habitude il prit quelque peine pour calmer ses craintes, et fit une dernière fois verser à sa femme des larmes dans lesquelles se mêlait une espèce de plaisir. Lady Bothwell demanda comme une faveur le consentement de sir Philippe pour recevoir chez elle sa sœur et ses enfans pendant l'absence du chef de la famille. Sir Philippe accepta avec empressement une proposition qui épargnait de la dépense, imposait silence aux personnes qui l'auraient accusé d'abandonner sa femme et ses enfans, et qui satisferait lady Bothwell pour laquelle il éprouvait un respect involontaire; car elle lui avait toujours parlé avec franchise, quelquefois avec sévérité, sans être intimidée par ses railleries ou le prestige de sa réputation.

Un ou deux jours avant le départ de sir Philippe, lady Bothwell prit la liberté de lui adresser en présence de sa femme la question positive que cette dernière avait souvent désiré faire, sans avoir le courage de s'y décider.

— Pourriez-vous avoir la bonté de nous dire, sir Philippe, quelle route vous prendrez lorsque vous aurez atteint le continent?

— Je vais de Leith à Helvoet par un paquebot.

— Je comprends cela parfaitement, répondit sèchement lady Bothwell; mais je présume que vous n'avez pas l'intention de vous arrêter long-temps à Helvoet, et je désirerais savoir vers quel lieu vous vous dirigerez en quittant cette ville.

— Vous m'adressez, lady Bothwell, une question que je n'ai pas encore osé me faire à moi-même. Ma réponse dépend du sort de la guerre. Je me rendrai comme de raison au quartier-général, partout où le hasard le placera, pour y présenter mes lettres de recommandation; j'y apprendrai du noble métier de la guerre tout ce qu'il est nécessaire d'en savoir pour un pauvre amateur comme moi, et alors je pourrai me mêler de ces sortes de choses dont on nous entretient si souvent dans la gazette.

— Mais j'espère, sir Philippe, que vous vous rappellerez que vous êtes époux et père, et que bien que vous trouviez convenable de vous passer ce caprice militaire, il ne vous précipitera point dans les dangers qu'il n'est nullement nécessaire de courir lorsqu'on n'est point soldat de profession.

— Lady Bothwell me fait trop d'honneur en témoignant le moindre intérêt pour ma sûreté. Mais pour calmer sa flatteuse inquiétude, je la prierai de se souvenir que je ne puis exposer la vie du vénérable père de famille qu'elle recommande à ma protection sans hasarder celle d'un honnête garçon nommé Philippe Forester, avec lequel je suis associé depuis trente ans, et dont je n'ai pas le moindre désir de me séparer.

— Sir Philippe, vous êtes en effet le meilleur juge de vos propres affaires ; je n'ai pas le droit de m'en mêler. Vous n'êtes point mon mari.

— Dieu préserve !... dit sir Philippe avec précipitation ; il ajouta cependant au même instant, Dieu préserve que je prive mon ami Geoffrey d'un trésor aussi inappréciable !

— Mais vous êtes le mari de ma sœur, reprit lady Bothwell, et je suppose que vous n'ignorez pas la tristesse qui l'accable.

— Si d'en entendre parler depuis le matin jusqu'au soir peut m'en convaincre, je devrais en effet en savoir quelque chose.

— Je ne prétends point faire assaut d'esprit avec vous, sir Philippe, mais vous devez être persuadé que cette tristesse est causée par la crainte des dangers que pourra courir votre personne.

— Dans ce cas, je suis au moins surpris que lady Bothwell se donne autant d'embarras sur un sujet aussi insignifiant.

— L'intérêt que je porte à ma sœur peut répondre pour le désir que j'éprouve de connaître les desseins de sir Philippe Forester, dont sans cela la destinée me deviendrait indifférente. Mais je dois aussi avoir des inquiétudes sur la sûreté d'un frère.

— Vous voulez parler du major Falconer, votre frère

du côté de votre mère. Qu'a-t-il de commun avec cette agréable conversation?

— Vous avez eu quelques mots ensemble, sir Philippe.

— Tout naturellement; nous sommes alliés, et comme tels nos conversations sont fréquentes.

— Vous éludez de me répondre; par *mots* j'entends que vous vous êtes querellés sur le sujet de votre conduite envers votre femme.

— Si vous supposez le major Falconer assez simple pour me donner des avis sur ma conduite domestique, lady Bothwell, vous devez en effet être convaincue que j'aurais été assez mécontent pour le prier de garder ses conseils jusqu'à ce qu'on daignât les lui demander.

— Et c'est dans cette disposition que vous allez rejoindre l'armée où mon frère Falconer sert dans ce moment?

— Personne ne connaît mieux le sentier de l'honneur que le major Falconer, et un candidat de la gloire comme moi ne peut choisir sur cette route un meilleur guide.

— Et cette raillerie froide et insensible est la seule consolation que vous donniez aux craintes que nous avons conçues sur une querelle qui pourrait amener les conséquences les plus terribles! Grand Dieu! de quelle matière avez-vous formé le cœur des hommes, puisqu'ils peuvent se jouer ainsi de nos souffrances!

Sir Philippe Forester fut ému, et renonça au ton de raillerie dont il avait parlé jusqu'alors.

— Chère lady Bothwell, dit-il en prenant la main que cette dame lui abandonnait avec répugnance, nous avons tort l'un et l'autre. Vous êtes trop profondément sérieuse, et peut-être je ne le suis pas assez. La dispute que nous avons eue, le major Falconer et moi, n'est d'aucune importance; s'il eût existé entre nous quelque chose qui aurait dû se terminer *par voie de fait,* comme nous disons en France, nous ne sommes point hommes à ajourner une rencontre. Permettez-moi de vous dire que si l'on allait répéter que vous ou lady Falconer avez des inquiétudes à ce sujet, ce serait le véritable moyen d'amener une catastrophe qui probablement n'aura jamais lieu. Je connais votre bon sens, lady Bothwell, et je sais que vous me comprendrez lorsque je vous dirai que mes affaires exigent une absence de quelques mois. Jemina ne peut pas le comprendre. C'est une suite de questions. — Eh quoi! ne pourriez-vous pas faire ceci, cela, ou tout autre chose? et lorsque vous lui avez prouvé que ses expédiens ne serviraient à rien, il faut recommencer à tourner autour du même cercle. Maintenant ayez la bonté de lui dire, chère lady Bothwell, que vous êtes satisfaite. Elle est, vous devez en convenir, une de ces personnes sur lesquelles l'autorité agit plus puissamment que le raisonnement. Placez en moi seulement un peu de confiance, et vous verrez que je m'en rendrai digne.

Lady Bothwell secoua la tête comme une personne à demi satisfaite.

— Combien il est difficile, dit-elle, d'éprouver de la confiance lorsque la base sur laquelle elle doit reposer a été ébranlée si souvent! Enfin je ferai de mon mieux pour tranquilliser Jemina ; et quant à vos promesses, je vous en rends responsable devant Dieu et devant les hommes.

— Ne croyez pas que je veuille vous tromper. La manière la plus sûre de correspondre avec moi, sera d'adresser les lettres poste restante, à Helvoetsluys, où je donnerai des ordres pour qu'on me les envoie plus loin. Quant à Falconer, notre première rencontre aura lieu devant une bouteille de bourgogne ; ainsi tenez-vous en repos sur son compte.

Lady Bothwell n'était pas tout-à-fait rassurée ; cependant elle était convaincue que sa sœur gâtait sa propre cause en la prenant trop à cœur, comme disent nos servantes, et en montrant devant chaque personne étrangère, par ses manières et quelquefois aussi par ses paroles, le mécontentement que lui causait le voyage de son mari, ce qui finissait toujours par être connu de sir Philippe et par exciter son ressentiment. Mais il n'y avait aucun remède à ces dissensions domestiques qui durèrent jusqu'au jour de la séparation.

Je suis fâchée de ne pouvoir dire avec précision l'année dans laquelle sir Philippe Forester passa en France; mais c'était à une époque où la campagne s'ouvrait avec une nouvelle fureur. Bien des escarmouches sanglantes, quoique peu décisives, eurent lieu entre les Français et les alliés. De toutes les améliorations modernes, il n'en est peut-être pas de plus grandes que l'exactitude et la célérité avec lesquelles les nouvelles sont transportées de la scène d'une action quelconque dans le pays que cette action peut intéresser. Pendant les campagnes de Marlborough, les souffrances de ceux qui avaient des parens ou des amis dans l'armée étaient augmentées par l'incertitude où ils étaient laissés pendant des semaines, après avoir appris que de sanglantes batailles avaient été livrées, et dans lesquelles avaient combattu sans doute les personnes dont le nom faisait palpiter leur cœur. Parmi celles qui étaient le plus cruellement tourmentées de cette incertitude, était la.... j'allais presque dire la femme abandonnée du brillant sir Philippe Forester : une seule lettre avait instruit Jemina de l'arrivée de son mari sur le continent, elle n'en avait pas reçu d'autres. Il parut une relation dans les journaux, dans laquelle on faisait mention du volontaire sir Philippe Forester comme ayant été envoyé dans une reconnaissance dangereuse, mission dont il s'était acquitté avec le plus grand courage et autant de dextérité que d'intelligence; il avait même reçu, ajoutait-on, les remerciemens de l'officier commandant. La satisfaction que lui causait la distinction que son mari venait d'acquérir fit paraître momentanément une teinte de rose sur les joues pâles de lady Forester; mais elle se perdit aussitôt dans une pâleur plus grande encore causée par la pensée du danger qu'il avait couru. Après cette nouvelle les deux sœurs n'en reçurent point d'autres, ni de sir Philippe, ni même de leur frère le major Falconer. La position de lady Forester ne différait point de celle de cent autres femmes ; mais un esprit faible est naturellement irritable, et l'incertitude que quelques-unes supportaient avec indifférence, d'autres avec une résignation philosophique, d'autres encore avec une disposition naturelle à voir tout en beau, était intolérable pour lady Forester qui était en même temps sensible, sérieuse, prompte à se décourager, et dépourvue de toute force d'esprit.

CHAPITRE II.

Ne recevant aucune nouvelle de sir Philippe, ni directement, ni d'une manière indirecte, la malheureuse Jemina finit par trouver une espèce de consolation dans cette même négligence qui avait si souvent causé ses peines. — Il est si insouciant, si léger! répétait-elle cent fois par jour à sa sœur; il n'écrit jamais lorsqu'il n'a point d'événement à apprendre: c'est son habitude; s'il y avait quelque chose d'extraordinaire, il nous en informerait.

Lady Bothwell écoutait sa sœur, sans essayer de la consoler. Peut-être elle pensait que les plus mauvaises nouvelles venues de Flandre auraient aussi leur bon côté, et que la douairière lady Forester, si le destin voulait qu'elle portât ce triste titre, pourrait trouver une source de bonheur inconnu à la femme du gentilhomme le plus brillant et le plus distingué de l'Ecosse. Cette conviction devint plus forte lorsque, d'après des informations prises au quartier-général, on sut que sir Philippe n'était plus à l'armée, soit qu'il eût été pris ou tué dans quelques-unes de ces escarmouches qui avaient lieu à chaque instant et dans lesquelles il aimait à se distinguer, ou bien que par quelque raison inconnue ou par caprice il eût quitté volontairement le service, sans qu'aucun de ses compatriotes ou de ses amis dans le camp pussent même former une conjecture. Dans le même temps les créanciers de sir Philippe, en Ecosse, devenus pressans, entrèrent en possession de ses biens, et menacèrent sa personne s'il était assez téméraire pour reparaître dans son pays. Ces nouveaux malheurs aggravèrent le ressentiment de lady Bothwell contre le mari fugitif, tandis que sa sœur n'y voyait qu'un nouveau sujet de déplorer l'absence de celui que son imagination lui représentait comme il était avant son mariage, galant, aimable et affectionné.

A peu près à cette époque, il vint à Edimbourg un homme dont l'apparence était aussi étrange que les prétentions. Il était communément appelé le docteur de Padoue, parce qu'il avait été élevé dans la fameuse Université de cette ville. On le supposait possesseur de rares recettes de médecine, avec lesquelles on affirmait qu'il avait opéré des guérisons remarquables. Mais quoique les médecins d'Édimbourg lui donnassent le nom d'empirique, il existait un grand nombre de personnes, parmi lesquelles il s'en trouvait appartenant au clergé, qui tout en admettant la réalité des cures et la puissance des remèdes, alléguaient que le docteur Damiotti faisait usage de charmes et d'un art illégal afin d'assurer la réussite de ses ordonnances. Il fut défendu, même du haut de la chaire, de s'adresser à lui, de rechercher la santé par le moyen des idoles, et de se confier à un secours qui venait d'Egypte. Mais la protection que le docteur de Padoue reçut de quelques amis puissans lui permit de braver ces imputations, et d'établir même dans la ville d'Edimbourg, célèbre par son horreur pour les sorciers et les nécromanciens, la dangereuse réputation d'un interprète de l'avenir. On ne tarda pas à dire que pour une certaine gratification, qui comme de raison devait être considérable, le docteur Baptista Damiotti pouvait faire connaître le sort des absens, et même montrer aux personnes qui l'interrogeaient la forme corporelle des amis regrettés et l'action qu'ils accomplissaient au même moment. Ce bruit parvint à lady Forester, qui était arrivée au dernier degré de cette angoisse dans laquelle un infortuné entreprendrait tout pour obtenir une certitude quelconque.

Douce et timide dans les occasions ordinaires de la vie, lady Forester trouvait dans l'état de son esprit de la hardiesse et de l'obstination : et ce ne fut pas sans autant de surprise que d'alarmes que lady Bothwell entendit sa sœur Jemina exprimer sa résolution de rendre une visite au docteur de Padoue, et de le consulter sur le sort de son mari. Lady Bothwell essaya de lui démontrer que les prétentions de l'étranger ne pouvaient être fondées sur autre chose que sur l'imposture.

— Je m'inquiète fort peu, dit la femme abandonnée, du ridicule que je puis me donner. S'il y a une chance sur cent que je puisse obtenir quelque certitude sur le sort de mon mari, je ne voudrais pas manquer cette chance pour tout ce que le monde pourrait m'offrir.

Alors lady Bothwell appuya sur l'illégalité d'avoir recours à des connaissances acquises par un art défendu.

— Ma sœur, reprit Jemina, celui qui meurt de soif ne pourrait s'empêcher de boire, même à une source empoisonnée : celle qui souffre une incertitude semblable à la mienne doit chercher à être éclairée, même si le pouvoir qui peut offrir la lumière est défendu ou infernal. J'irai seule apprendre mon sort, et je veux le connaître dès ce soir. Le soleil qui se lèvera demain me trouvera, sinon plus heureuse, du moins résignée.

— Ma sœur, dit à son tour lady Bothwell, si vous êtes décidée à cette étrange démarche, vous n'irez pas seule. Si cet homme est un imposteur, vous pourriez être trop agitée par votre émotion pour découvrir qu'il vous trompe ; si, ce que je ne puis croire, il y a quelque vérité dans son art, vous ne serez point exposée seule à des communications d'une si étrange nature. Mais réfléchissez encore à votre projet, et renoncez à une connaissance que vous ne pouvez obtenir sans vous rendre coupable, et peut-être même sans danger.

Lady Forester se jeta dans les bras de sa sœur, et la pressant contre son cœur, la remercia cent fois de lui avoir offert sa compagnie, tandis qu'elle refusait avec tristesse de suivre l'avis amical dont cette offre avait été accompagnée.

Lorsque la brune fut arrivée, heure du jour où le docteur de Padoue recevait les visites de ceux qui venaient le consulter, les deux dames quittèrent leurs appartemens de la Canongate d'Edimbourg, habillées comme des femmes des classes inférieures, et leur plaid ajusté autour de leur visage comme on les portait dans ces classes ; car dans ces jours d'aristocratie, la qualité d'une femme était généralement indiquée par la manière dont son plaid était disposé, aussi bien que par la finesse de son tissu. C'était lady Bothwell qui avait suggéré cette espèce de déguisement, en partie pour éviter les observations tandis qu'elles se rendraient à la maison du devin, et en partie pour faire un essai de la pénétration de cet homme en paraissant devant lui sous un caractère supposé.

Le domestique de lady Forester, homme d'une fidélité à toute épreuve, avait porté au docteur de la part de cette dame un don assez considérable, afin de le rendre propice. Le domestique avait ajouté que la femme d'un soldat désirait connaître le sort de son mari, sujet sur lequel, suivant toute probabilité, on consultait souvent le sage docteur.

Jusqu'au dernier moment, lorsque l'horloge du palais sonna huit heures, lady Bothwell observa sa sœur, espérant qu'elle renoncerait à son téméraire projet ; mais comme la timidité et même la faiblesse sont capables dans certains momens de desseins fermes et résolus, elle trouva lady Forester inébranlable dans sa résolution quand l'instant du départ arriva. Mécontente de cette démarche, mais bien décidée à ne point abandonner sa sœur dans une telle crise, lady Bothwell accompagna lady Forester dans plus d'une allée obscure. Le domestique marchait devant ces dames, et leur servait de guide. Enfin il tourna subitement dans une cour étroite, et frappa à une porte en forme d'arceau qui semblait appartenir à un édifice d'ancienne date; elle s'ouvrit sans qu'il fût possible d'apercevoir aucun portier, et le domestique se rangeant de côté, pria les dames d'entrer dans la maison. Elles n'y furent pas plus tôt introduites que la porte se ferma et les sépara de leur guide. Les deux sœurs se trouvaient alors dans un petit vestibule éclairé par une lampe lugubre, et n'ayant, lorsque la porte était fermée, aucune communication avec l'air ou la lumière extérieure. La porte d'un appartement intérieur s'entr'ouvrait dans la partie la plus éloignée du vestibule.

— Il ne faut point hésiter maintenant, Jemina, dit lady Bothwell. Et se dirigeant dans l'intérieur de la maison, les deux sœurs trouvèrent le docteur entouré de livres, de cartes de géographie, d'instrumens de physique, et d'autres machines de forme et d'apparence particulières.

Il n'y avait rien de bien extraordinaire dans la personne de l'Italien; il avait le teint brun et les traits prononcés de son pays, et paraissait avoir environ cinquante ans; il portait un habillement complet de drap noir : c'était alors le costume général des médecins. Cet habillement était riche, mais simple. D'énormes bougies dans des chandeliers d'argent éclairaient l'appartement qui était passablement meublé. Le docteur se leva lorsque les dames parurent, et malgré leurs vêtemens qui indiquaient une naissance inférieure, il les reçut avec les marques de respect qu'exigeait leur rang, et que les étrangers rendent avec exactitude aux personnes auxquelles elles sont dues.

Lady Bothwell essaya de garder l'incognito qu'elle s'était proposé; et comme le docteur les conduisait à la place d'honneur, cette dame fit un geste pour refuser sa politesse :
— Nous sommes de pauvres femmes, monsieur, lui dit-elle : le malheur seul de ma sœur a pu nous décider à venir consulter votre art.

Le docteur sourit, et interrompant lady Bothwell, il lui dit :

— Je connais, madame, le malheur de votre sœur, et quelle en est la cause. Je sais aussi que je suis honoré de la visite de deux dames du plus haut rang, lady Bothwell et lady Forester : si je ne pouvais les reconnaître, malgré la classe que leur costume indique, il y aurait peu de probabilité que je fusse capable de leur donner les informations qu'elles viennent chercher.

— Je puis facilement comprendre... dit lady Bothwell.

— Pardonnez ma hardiesse à vous interrompre, reprit l'Italien : Votre Seigneurie était sur le point de dire qu'elle pouvait facilement comprendre que j'eusse appris son nom par le moyen de son domestique ; mais en le pensant vous faites injure à la fidélité d'un bon serviteur, et je puis ajouter, au talent de celui qui est aussi votre très humble serviteur, Baptista Damiotti.

— Je n'ai l'intention de vous faire injure ni à l'un ni à l'autre, monsieur, dit lady Bothwell, conservant un air calme, quoiqu'elle éprouvât un peu de surprise ; mais la position dans laquelle je me trouve a quelque chose de nouveau pour moi. Si vous savez qui nous sommes, monsieur, vous devez savoir aussi ce qui nous amène ici.

— Le désir de connaître la destinée d'un gentilhomme distingué d'Ecosse, maintenant ou dernièrement sur le continent, répondit le prophète ; son nom est *il cavaliero* Philippo Forester, un gentilhomme qui a l'honneur d'être le mari de cette dame, et avec la permission de Votre Seigneurie, qui a le malheur de ne point apprécier à sa juste valeur un si précieux avantage.

Lady Forester soupira profondément, et lady Bothwell reprit :

— Puisque vous connaissez notre intention sans que nous ayons besoin de vous l'apprendre, il ne nous reste plus qu'une question à vous faire. Avez-vous le pouvoir de calmer l'inquiétude de ma sœur?

— Je l'ai, madame; mais il faut que je vous adresse d'abord une question préalable. Aurez-vous le courage de contempler de vos yeux ce que fait en ce moment le cavaliero Philippo Forester? ou voulez-vous vous en rapporter seulement à mon témoignage?

— C'est ma sœur qui doit répondre à cette question, dit lady Bothwell.

— Je consens à contempler de mes yeux ce que vous avez le pouvoir de me montrer, dit lady Forester avec la même témérité qui l'avait stimulée depuis le moment où elle avait formé la résolution de venir consulter le docteur.

— Il peut y avoir du danger.

— Si l'or peut le compenser... dit lady Forester en tirant sa bourse.

— Je ne fais pont de telles choses par amour du gain, répondit l'étranger. Je n'ose point employer mon art dans un semblable but; si je prends l'or du riche, c'est pour le répandre sur le pauvre; je n'accepte jamais plus que la somme que j'ai déjà reçue de votre domestique. Gardez votre bourse, madame, un adepte n'a pas besoin d'or.

Lady Bothwell réfléchissant que le refus de l'offre de sa sœur était un simple tour de l'empirique afin qu'on le priât d'accepter une somme plus considérable, et désirant que la scène commençât et finît, elle offrit quelque or à son tour, ajoutant que ce serait pour agrandir la sphère de ses charités.

— Que lady Bothwell agrandisse la sphère de sa propre charité, dit le docteur de Padoue, non-seulement en faisant des aumônes, je sais qu'elle en répand de suffisantes, mais en jugeant le caractère des autres; et qu'elle ait la bonté d'obliger Baptista Damiotti, en le supposant honnête, jusqu'au moment où elle aura découvert qu'il est un fripon. Ne soyez point surprise, madame, si je réponds à votre pensée plutôt qu'à vos paroles, et dites-moi encore une fois si vous êtes préparée à contempler le tableau que je vais vous offrir.

— J'avoue, monsieur, dit lady Bothwell, que vos paroles m'inspirent quelque crainte; mais tout ce que ma sœur désire voir, je le regarderai aussi.

— Le danger ne consiste que dans le cas où la résolution vous manquerait. Le tableau ne peut durer que pendant l'espace de sept minutes; si vous interrompiez la vision en prononçant une seule parole, non-seulement le charme serait détruit, mais il pourrait en résulter quelque danger pour les spectateurs. Mais si vous pouvez garder pendant sept minutes un profond silence, votre curiosité sera satisfaite, sans courir le moindre risque. Je vous en réponds sur mon honneur.

Lady Bothwell songeait intérieurement que cette garantie était assez mauvaise; mais elle écarta ce soupçon, comme si elle supposait que l'adepte, dont les traits sombres exprimaient un sourire ironique, pût en réalité lire dans ses plus secrètes pensées. Un moment de silence solennel eut lieu, jusqu'à ce que lady Forester eut recueilli assez de courage pour répondre au médecin, c'est le titre qu'il se donnait, qu'elle contemplerait avec fermeté et en silence le tableau qu'il devait leur présenter. Alors il leur fit un profond salut, et disant qu'il allait se préparer à satisfaire leurs désirs, il quitta l'appartement. Les deux sœurs se tenant par la main comme si elles espéraient par cette union étroite détourner le danger qui pouvait les menacer, se jetèrent toutes les deux sur des sièges placés l'un contre l'autre, Jemina cherchant un appui dans le courage mâle qui était ordinaire à lady Bothwell, et cette dernière, peut-être plus agitée qu'elle n'avait supposé l'être, essayant de se fortifier par la résolution désespérée que le malheur avait donnée à sa sœur. L'une se disait sans doute que lady Bothwell n'avait jamais rien redouté, l'autre pouvait réfléchir qu'un événement dont une femme faible comme Jemina n'était pas effrayée ne devait point être un sujet de crainte pour un esprit aussi ferme que celui de lady Bothwell.

Quelques momens après, les réflexions des deux sœurs furent interrompues par une musique dons les sons étaient si doux et si solennels qu'ils semblaient calculés pour éloigner tous les sentimens qui n'étaient point en rapport avec son harmonie, et augmenter en même temps l'émotion que l'entrevue précédente avait excitée. La musique était produite par un instrument inconnu aux deux sœurs; mais plus tard des circonstances conduisirent ma grand'mère à croire que c'était un harmonica, instrument qu'elle entendit à une époque beaucoup plus reculée.

Lorsque ces sons qui semblaient partir du ciel se furent évanouis, une porte s'ouvrit, et les deux dames aperçurent Damiotti debout sur une estrade formée de deux ou trois marches, et qui leur faisait signe d'avancer. Son vêtement était si différent de celui qu'il portait quelques minutes auparavant, qu'elles purent à peine le reconnaître; et la pâleur mortelle de son visage, quelque chose de contracté dans les muscles, indiquant un esprit qui va se livrer à une entreprise étrange ou hardie, avait totalement changé l'expression un peu satirique avec laquelle il les regardait, particulièrement lady Bothwell. Il avait les pieds nus dans une sandale antique. Ses jambes étaient découvertes jusqu'aux genoux, au-dessus desquels il portait une culotte et un gilet collant de soie cramoisie, et par-dessus tout cela une robe flottante semblable à un surplis, et d'un lin blanc comme la neige; son col était découvert, et ses longs cheveux noirs et plats peignés avec soin se déployaient dans toute leur longueur.

Les dames s'approchèrent, comme il le leur ordonna : il ne montra plus cette politesse cérémonieuse qu'il leur avait d'abord témoignée; au contraire, il leur fit signe d'avancer d'un air d'autorité; et lorsque, en se tenant par le bras et d'un pas incertain les deux sœurs s'approchèrent du lieu où l'enchanteur était placé, il fronça les sourcils en posant le doigt sur ses lèvres, comme réitérant l'ordre d'un silence absolu; et marchant devant les dames, il les guida dans un appartement voisin.

C'était une immense chambre tendue de noir, comme pour des funérailles. Au bout de cette chambre était une table, ou plutôt une espèce d'autel couvert d'un tissu de la même couleur lugubre, sur laquelle étaient posés plusieurs instrumens en usage dans la sorcellerie. Ces objets n'étaient pas visibles au moment où les dames entrèrent dans l'appartement, car ils n'étaient éclairés que par la lumière de deux lampes expirantes. Le Maître, pour me servir de l'expression des Italiens à l'égard de semblables personnes, s'avança vers la partie supérieure de l'appartement, en faisant une génuflexion comme celle d'un catholique devant un crucifix, et en même temps il fit le signe de croix. Les dames le suivirent en silence, se tenant toujours par le bras. Deux ou trois larges marches, fort basses, conduisaient à une plate-forme en face de ce qu'on pouvait appeler l'autel. Là, le Maître s'arrêta et fit placer les dames à côté de lui, répétant encore une fois d'un air mystérieux le signe qui leur enjoignait le silence. L'Italien alors dégagea son bras nu de dessous son vêtement de lin, et avança l'index vers cinq larges flambeaux ou torches qui prirent feu successivement à l'approche de sa main ou plutôt de son doigt, et jetèrent tout à coup une brillante lumière dans l'appartement. A la clarté de cette lumière les deux dames purent distinguer sur l'autel deux épées nues et croisées, et un livre ouvert qu'elles supposèrent une copie des saintes Écritures, mais dans un langage qui leur était inconnu. A côté de ce mystérieux volume était placé un crâne humain. Mais ce qui frappa le plus les deux sœurs, fut une haute et large glace qui occupait tout l'espace derrière l'autel, et qui, éclairée par la lumière des torches, réfléchissait les objets qui y étaient placés.

Le Maître alors se plaça entre les deux dames, et montrant le miroir, les prit l'une et l'autre par la main, mais sans prononcer une seule parole. Elles regardèrent à l'instant la surface polie et sombre vers laquelle on dirigeait leur attention ; aussitôt cette surface prit un étrange et nouvel aspect : elle ne réfléchit plus les objets qui étaient placés devant elle, mais comme si elle contenait intérieurement des scènes qui lui étaient propres, elle laissa voir des images qui d'abord se montrèrent d'une manière indistincte et confuse, comme des formes vagues qui prennent peu à peu un corps en sortant du chaos, et enfin acquièrent une parfaite symétrie. Ce fut ainsi qu'après quelques alternatives de lumière et de ténèbres sur la surface de la merveilleuse glace, une large perspective d'arches et de colonnes se forma d'elle-même des deux côtés du miroir. Enfin après plusieurs oscillations, l'apparition prit une forme fixe et stationnaire, représentant l'intérieur d'une église étrangère. Les piliers étaient d'une grande beauté et ornés d'écussons ; les arches étaient hautes et magnifiques, le pavé couvert d'inscriptions funèbres ; mais il n'y avait aucune relique, point d'images dans l'intérieur de l'église, point de calice ou de crucifix sur l'autel : c'était une église protestante du continent. Un ministre revêtu d'une robe de Genève et d'un rabat était debout près de la table de la communion ; une Bible était ouverte devant lui, et son clerc, vêtu d'une robe noire, était à ses côtés, et il semblait préparé à accomplir quelque cérémonie de l'église à laquelle il appartenait.

Enfin une nombreuse société entra par le milieu du bâtiment ; cette société ressemblait à une noce, car à sa tête on voyait une dame et un jeune homme se tenant par la main ; ils étaient suivis par un grand nombre de personnes des deux sexes richement habillées. La mariée, dont on pouvait apercevoir les traits, était extrêmement belle et paraissait avoir tout au plus seize ans. Pendant quelques secondes le marié marcha la tête tournée de manière à ce qu'on ne pouvait distinguer son visage ; mais l'élégance de sa taille et de sa démarche frappa les deux sœurs de la même appréhension. Le jeune homme tourna subitement la tête, et leurs craintes furent réalisées ; elles reconnurent dans le brillant marié qui était devant elles sir Philippe Forester. Jemina fit entendre un faible cri ; au même moment l'apparition s'obscurcit, et le charme sembla se rompre.

— Je ne puis comparer ce spectacle, dit lady Bothwell quand elle raconta cette merveilleuse histoire, qu'au reflet qu'offre un étang calme et profond lorsqu'on y jette une pierre avec violence, et que les rayons de lumière sont dispersés et rompus.

Le Maître pressa avec expression les mains des deux dames, comme pour les faire ressouvenir de leur promesse et du danger auquel elles s'exposaient. Le cri plaintif s'arrêta sur les lèvres de lady Forester, et ne produisit qu'un faible son ; la vision, après une fluctuation d'une minute, reprit de nouveau sa première apparence d'une scène réelle, comme elle pourrait être représentée dans un tableau, si ce n'est que les figures étaient mouvantes au lieu d'être stationnaires.

L'image de sir Philippe Forester, dont la taille et les traits étaient alors visibles, parut conduire vers le ministre la jeune et belle fiancée, qui s'avançait avec une espèce de défiance mêlée cependant d'une certaine fierté. Au moment où le ministre achevait de placer devant lui la société et semblait prêt à commencer le service, un autre groupe de personnes, parmi lesquelles il y avait plusieurs officiers, parut dans l'église. Ces personnes s'avancèrent comme poussées par curiosité pour être témoins de la cérémonie nuptiale ; mais tout à coup un des officiers, dont on ne pouvait voir le visage, se détacha du groupe et se précipita vers l'autel ; la société entière se tourna de son côté, comme frappée par l'exclamation qui lui était échappée. Aussitôt cet officier tira son épée, sir Philippe Forester imita ce mouvement et s'avança vers l'inconnu. Plusieurs hommes de la noce et d'autres appartenant au groupe qui venait d'entrer tirèrent aussi leurs épées. Il en résulta un effrayant tumulte, tandis que le ministre et quelques hommes âgés paraissaient vouloir rétablir le calme. Enfin l'espace de temps pendant lequel l'enchanteur prétendait qu'il pouvait mettre son art en usage expira. Les vapeurs se confondirent de nouveau et disparurent peu à peu à la vue ; les arches et les colonnes se mêlèrent ensemble, et la surface du miroir ne réfléchit plus rien que les torches allumées et l'appareil lugubre placé sur l'autel.

Le docteur ramena les dames, qui avaient grand besoin de son secours, dans l'appartement où elles s'étaient d'abord arrêtées. Du vin, des essences et autres liqueurs capables de leur rendre des forces avaient été préparées pendant leur absence. Il les conduisit à des siéges, où elles prirent place en silence. Lady Forester, plus affectée, joignait les mains et levait les yeux vers le ciel, mais sans prononcer une parole, comme si le charme n'avait point encore été rompu.

— Et ce que nous avons vu se passe réellement dans cet instant ? dit lady Bothwell, qui recouvrait avec peine son empire sur elle-même.

— Je ne puis vous en répondre avec une entière certitude, répondit le docteur Baptista Damiotti ; mais ou bien cela se passe en ce moment, ou bien cela s'est passé il y a peu de temps. C'est le dernier événement remarquable qui soit arrivé à sir Philippe Forester.

Lady Bothwell exprima alors l'inquiétude que lui causait sa sœur, dont la pâleur mortelle et l'apparente insensibilité rendaient leur départ impossible.

— J'y ai songé, répondit l'adepte ; j'ai ordonné à votre domestique de faire venir votre équipage aussi près de cette maison que le peu de largeur de la rue peut le permettre.

N'ayez point d'inquiétudes sur l'état de votre sœur, mais faites-lui prendre, lorsque vous serez arrivées, ces gouttes que j'ai composées ; elle sera mieux demain matin. Peu de personnes, ajouta-t-il d'un air triste, quittent cette maison aussi bien portantes qu'elles y sont entrées. Telle est la conséquence de chercher à s'instruire par des moyens mystérieux. Je vous laisse à juger l'état de ceux qui ont le pouvoir de satisfaire une curiosité illégale. Adieu. N'oubliez pas la potion.

— Je ne veux rien donner à ma sœur qui vienne de vous, dit lady Bothwell ; je connais déjà suffisamment votre art. Peut-être voudriez-vous nous empoisonner toutes les deux pour cacher vos sortiléges ; mais nous sommes des femmes qui ne manquons ni de moyens pour dénoncer des torts dont on se rend coupable envers nous, ni de bras pour les venger.

— Je n'ai point eu de torts envers vous, madame, répondit l'adepte. Vous avez recherché quelqu'un qui est peu ambitieux d'un tel honneur : celui-là n'invite personne ; il donne seulement des réponses à ceux qui viennent le trouver. Après tout, vous avez simplement appris un peu plus tôt le mal que vous étiez condamnée à ressentir. J'entends à la porte les pas de votre domestique ; je ne veux point retenir plus long-temps Votre Seigneurie, ainsi que lady Forester. Le premier courrier du continent vous expliquera un événement dont vous avez déjà été en partie témoin. S'il m'est permis de vous donner un conseil, ne laissez pas sans précaution les lettres qu'il vous apportera tomber entre les mains de votre sœur.

En prononçant ces mots, le docteur de Padoue souhaita le bonsoir à lady Bothwell ; il l'éclaira jusqu'au vestibule, où jetant promptement un manteau noir sur ses habits singuliers, et ouvrant la porte, il confia les dames aux soins de leur domestique. Ce fut avec difficulté que lady Bothwell transporta sa sœur jusqu'à la voiture, quoiqu'elle ne fût qu'à vingt pas. Lorsque ces dames arrivèrent chez elles, on fut obligé d'envoyer chercher un médecin pour lady Forester; celui de la famille arriva, et secoua la tête en tâtant le pouls de la malade.

— Les nerfs de lady Forester, dit le médecin, ont éprouvé un choc violent; il faut que je sache quelle en est la cause.

Lady Bothwell avoua qu'elles avaient rendu visite à l'enchanteur, et que lady Forester avait reçu de mauvaises nouvelles de son mari, sir Philippe.

— Ce coquin d'empirique fera ma fortune s'il reste à Edimbourg, dit le gradué : voilà la septième attaque nerveuse causée par la terreur, qu'il me donne à guérir. Il examina ensuite les gouttes que lady Bothwell avait apportées sans y faire attention; il les goûta, assura qu'elles convenaient parfaitement à la maladie de lady Forester, et qu'elles épargneraient une course chez l'apothicaire. Le docteur garda quelques instans le silence, et regardant lady Bothwell d'une manière expressive, il dit enfin : — Je suppose que je ne dois rien demander à Votre Seigneurie sur la conduite de ce sorcier italien.

— En vérité, docteur, répondit lady Bothwell, je regarde ce qui s'est passé comme une confidence : et bien que cet homme puisse être un fripon, puisque nous avons été assez sottes pour le consulter, nous devons être assez honnêtes pour lui garder le secret.

— *Puisse être un fripon!* Bien! dit le docteur; je suis enchanté d'entendre Votre Seigneurie convenir de cette possibilité à l'égard de quelqu'un qui vient d'Italie.

— Ce qui vient d'Italie peut être aussi bon que ce qui arrive de Hanovre, docteur; mais nous devons rester amis, et pour cela nous ne parlerons pas de Whigs et de Torys[1].

---

(1) Allusion aux Jacobites et aux Hanovriens. Le prétendant, fils de Jacques II, et

— Certainement, dit le docteur en recevant ses honoraires et prenant son chapeau, un carolus me convient aussi bien qu'un guillaume. Mais je désirerais savoir pourquoi la vieille lady Saint-Ringan et toute la société se fatiguent les poumons à vanter ce charlatan étranger.

— Eh! bon Dieu! vous feriez mieux de l'appeler tout d'un coup jésuite!

Lady Bothwell et le docteur se quittèrent froidement, et la pauvre malade, dont les nerfs avaient éprouvé d'abord la plus violente agitation, se calma peu à peu. Elle essaya de combattre les terreurs superstitieuses qui s'étaient emparées d'elle; mais l'affreuse vérité, arrivant de Hollande, réalisa ses plus fatales craintes.

Ces nouvelles furent envoyées par le célèbre comte de Stair. Elles apprenaient qu'un duel avait eu lieu entre sir Philippe Forester et le frère de sa femme le capitaine Falconer, de l'armée Scoto-Hollandaise, dans lequel le dernier avait été tué. La cause de cette querelle rendait cet accident encore plus affreux. On supposait que sir Philippe avait quitté subitement l'armée, en conséquence d'une dette considérable qu'il avait contractée au jeu, et qu'il lui était impossible de payer. Il avait changé de nom, et s'était réfugié à Rotterdam, où il était parvenu à se concilier les bonnes graces d'un ancien et riche bourgmestre; et par les avantages de sa personne et ses manières distinguées, il avait captivé l'affection de sa fille unique, très jeune personne d'une grande beauté et l'héritière d'une fortune considérable. Enchanté des dons séduisans de celui qui se proposait pour son gendre, le riche marchand, qui avait une trop haute opinion du caractère anglais pour prendre quelques informations, donna son consentement au mariage. La cérémonie était sur le point d'être célébrée dans la prin-

---

père de Charles-Édouard, était né en Italie, et la maison qui règne aujourd'hui sur l'Angleterre vient de Hanovre. — Éd.

cipale église de la ville, lorsqu'elle fut interrompue par une singulière circonstance.

Le capitaine Falconer ayant été envoyé à Rotterdam pour chercher une partie de la brigade des auxiliaires écossais qui étaient en quartiers dans cette ville, un homme d'un rang distingué qu'il avait connu antérieurement, lui proposa comme partie de plaisir de se rendre dans la principale église, pour voir le mariage d'un de ses compatriotes avec la fille d'un riche bourgmestre. Le capitaine Falconer se rendit donc dans cette église, accompagné du Hollandais, avec quelques amis et plusieurs officiers de la brigade écossaise. Son étonnement peut être compris, lorsqu'il vit son propre beau-frère conduisant à l'autel la belle et innocente fiancée qu'il allait tromper indignement. Il proclama sur le lieu la perfidie de sir Philippe, et la cérémonie fut par conséquent interrompue. Mais contre l'opinion des gens sages qui pensaient que sir Philippe était à jamais chassé de la classe des gens d'honneur, le capitaine Falconer accepta le cartel que son beau-frère lui envoya, et dans le combat qui s'ensuivit il reçut un coup mortel. Telles sont les voies mystérieuses de la Providence!

Lady Forester ne put se rétablir du chagrin que lui causèrent ces nouvelles.

— Et cette scène tragique, demandai-je à la tante Marguerite, eut-elle lieu exactement à la même époque que l'apparition dans le miroir?

— Il est fâcheux que je sois obligée de discréditer moi-même mon histoire, répondit ma tante; mais pour dire la vérité, elle eut lieu quelques jours plus tôt que l'apparition.

— Ainsi on peut supposer que par quelque communication prompte et secrète l'adepte reçut la nouvelle de cet événement?

— Les incrédules le pensent.

— Que devint l'empirique?

— Peu de temps après on reçut l'ordre de l'arrêter pour

crime de haute trahison, comme un agent du chevalier de Saint-George[1], et lady Bothwell se rappelant les insinuations qui avaient échappé au docteur, ami zélé de la ligue protestante, se souvint aussi que l'adepte était particulièrement prôné parmi les vieilles matrones qui partageaient avec elle la même opinion politique. Il paraît probable que des intelligences sur le continent qui pouvaient aisément être transmises par quelque agent actif et puissant lui donnaient les moyens de préparer des scènes de fantasmagorie comme celle dont lady Bothwell avait été témoin. Cependant il était si difficile de donner une explication naturelle de la chose, que jusqu'au moment de sa mort lady Bothwell conserva des doutes à ce sujet, et souvent elle était tentée de couper le nœud gordien, en admettant la possibilité d'un pouvoir surnaturel.

— Mais, ma chère tante, que devint cet homme habile?

— Oh! c'était un trop adroit devin pour ne point être capable de prévoir que sa propre destinée deviendrait tragique, s'il attendait l'arrivée de l'homme qui portait un levier d'argent sur sa manche[2]. Il prit prudemment la fuite, et l'on ne sut ce qu'il était devenu. On s'occupa beaucoup pendant un moment de lettres et de papiers trouvés dans sa maison; mais ce bruit tomba peu à peu, et bientôt on ne parla pas davantage du docteur Baptista Damiotti, que de Galien ou d'Hippocrate.

— Et sir Philippe Forester disparut-il aussi sans qu'on pût savoir ce qu'il était devenu?

— Non, reprit ma complaisante narratrice. On en parla une fois encore, et ce fut dans une occasion remarquable. On disait que nous autres Ecossais, lorsqu'il existait une nation qui portait ce nom, avions parmi nos vertus nombreuses quelques petits grains de vices. On nous accuse en particulier d'oublier rarement et de ne jamais pardonner

---

(1) C'était le nom qu'on donnait au prétendant. — Éd.
(2) Costume de l'agent de police, ou Messager du roi. — Éd.

les injures que nous avons reçues ; on dit aussi que nous faisons un dieu de notre ressentiment, comme la pauvre lady Constance se fit un dieu de son chagrin[1] ; et suivant Burns, que nous avons l'habitude de « caresser notre colère afin de lui conserver sa chaleur. » Lady Bothwell partageait ces sentimens, et rien au monde, excepté la restauration des Stuarts, ne lui eût paru si délicieux qu'une occasion de se venger de sir Philippe Forester, qui l'avait privée en même temps d'une sœur et d'un frère ; mais pendant un grand nombre d'années on n'entendit en aucune façon parler de lui.

Enfin à une assemblée dans le carnaval, où se trouvait ce qu'il y avait de mieux à Edimbourg et dans laquelle lady Bothwell avait un siége parmi les dames *patronesses*, on vint l'avertir tout bas qu'un monsieur désirait lui parler en particulier.

— En particulier, et dans une assemblée ! il faut qu'il soit fou. Dites-lui de passer chez moi demain matin.

— Je le lui ai déjà dit, répondit le messager, milady ; mais il m'a prié de vous remettre ce papier.

Lady Bothwell ouvrit un billet qui était ployé et cacheté d'une manière singulière. Il ne contenait que ces mots : *Sur des affaires de vie et de mort*, écrits par une main inconnue. Tout à coup il lui vint dans la pensée que ce billet pouvait concerner la sûreté politique de quelques-uns de ses amis ; elle suivit donc le messager dans un petit appartement où les rafraîchissemens étaient préparés, et d'où la société en général était exclue. Elle trouva un vieillard qui à son approche se leva et la salua profondément. Son aspect annonçait une santé délabrée, et ses vêtemens, quoique scrupuleusement d'accord avec l'étiquette d'un bal, étaient usés et fanés, et beaucoup trop larges pour un corps d'une maigreur extrême. Lady Bothwell fut au moment de chercher sa bourse, espérant se débarrasser de cet importun au prix

---

[1] Personnage de Shakspeare. — Éd.

de quelque argent; mais la crainte de se méprendre sur les intentions de cet homme l'arrêta, et elle lui laissa le temps de s'expliquer.

— J'ai l'honneur, dit l'inconnu, de parler à lady Bothwell?

— Je suis en effet lady Bothwell, monsieur; mais permettez-moi de vous dire que ce n'est ni le temps ni le lieu convenables pour une longue conversation. Que désirez-vous de moi?

— Votre Seigneurie avait une sœur?

— Cela est vrai, et je l'aimais de toute mon ame.

— Et un frère?

— Le plus brave, le meilleur et le plus affectionné des frères.

— Vous perdîtes ces parens bien-aimés par la faute d'un homme infortuné?

— Par le crime de l'homme le plus vil, par la main d'un assassin.

— Vous avez répondu à ce que je désirais savoir, dit le vieillard en saluant, comme s'il désirait se retirer.

— Arrêtez, je vous l'ordonne, s'écria lady Bothwell; qui êtes-vous, vous qui dans un tel lieu venez rappeler à ma mémoire d'aussi horribles souvenirs? Qui êtes-vous? je veux le savoir.

— Je suis un homme qui ne veut point de mal à lady Bothwell, mais au contraire qui vient lui offrir les moyens d'accomplir un acte de charité chrétienne dont le monde s'étonnerait, et dont le ciel donnerait la récompense. Mais je ne vous trouve point préparée à faire le sacrifice que j'avais l'intention de lui demander.

— Parlez clairement, monsieur; que voulez-vous dire?

— Le misérable qui vous a si profondément offensée est maintenant sur son lit de mort. Ses jours ont été des jours de misère; ses nuits des heures d'angoisses sans repos. Il ne peut mourir sans votre pardon. Sa vie fut une pénitence continuelle ; cependant il ne peut pas déposer le fardeau de ses peines tandis que vos malédictions pèsent sur son ame.

— Dites-lui, répondit lady Bothwell d'un air sombre, d'implorer le pardon du Dieu qu'il a si grandement offensé, et non pas d'une mortelle comme moi : mon pardon lui est inutile.

— Non, dit le vieillard ; ce serait une garantie de celui qu'alors il se hasarderait à demander à son créateur et à sa femme, qui est dans le ciel. Souvenez-vous, lady Bothwell, qu'un jour aussi vous vous trouverez sur votre lit de mort ; votre ame, comme celle des autres mortels, ira tremblante d'effroi devant le trône d'où émanent les jugemens de Dieu. Que fera-t-elle alors de cette pensée : « Je n'ai point accordé de grace, et je ne dois point en espérer ? »

— Homme ! qui que tu sois, reprit lady Bothwell, ne me presse pas aussi cruellement. Ce serait un blasphème d'hypocrisie de faire prononcer à mes lèvres un pardon qui est démenti par tous les battemens de mon cœur ; ce pardon ferait ouvrir la terre, et l'on verrait sortir du tombeau le pâle fantôme de ma sœur, et le spectre sanglant de mon frère. Que je lui pardonne ? jamais ! jamais !

— Grand Dieu ! s'écria le vieillard en joignant les mains, est-ce ainsi que les vers que tu as tirés de la poussière obéissent à tes commandemens ? Dieu ! Femme orgueilleuse et vindicative, vante-toi d'avoir ajouté aux tourmens d'un homme qui meurt de misère et de chagrin les angoisses du désespoir religieux, mais n'insulte jamais au ciel en implorant pour toi un pardon que tu as refusé d'accorder.

Le vieillard allait quitter lady Bothwell.

— Arrête, s'écria-t-elle, je vais essayer, oui, je vais essayer de lui pardonner.

— Gracieuse dame, répondit le vieillard, vous soulagerez l'ame accablée qui craignait d'abandonner sa dépouille mortelle avant d'être en paix avec vous. Que sais-je ? votre pardon conservera peut-être pour la pénitence les restes d'une misérable vie.

— Ah! dit lady Bothwell, éclairée par une pensée soudaine, c'est le misérable lui-même; et saisissant par le collet sir Philippe Forester, car c'était lui-même en effet, elle s'écria : — Au meurtre! au meurtre! arrêtez le meurtrier!

A cette exclamation si singulière dans un tel lieu, toute la société se précipita dans l'appartement ; mais sir Philippe Forester n'y était plus. Il avait employé toute sa force pour se dégager des mains de lady Bothwell, et s'était sauvé de l'appartement qui s'ouvrait sur le palier de l'escalier. Il était difficile de s'évader de ce côté, car il y avait plusieurs personnes qui montaient ou descendaient ; mais le malheureux était désespéré. Il se jeta par-dessus la balustrade ; il tomba sain et sauf dans le vestibule, malgré une chute de quinze pieds au moins ; alors il se précipita dans la rue, et se perdit dans les ténèbres. Quelques membres de la famille des Bothwell le poursuivirent, et si l'on avait pu atteindre le fugitif il eût été immolé, car à cette époque le sang qui coulait dans les veines des hommes était un sang bouillant. Mais la police ne se mêla pas de cette affaire dont la procédure criminelle avait eu lieu depuis long-temps, et dans un pays étranger. On a toujours supposé que cette scène extraordinaire était une expérience hypocrite par laquelle sir Philippe désirait s'assurer s'il pouvait retourner dans sa patrie sans craindre le ressentiment d'une famille qu'il avait si profondément offensée. Le résultat de cette expérience ayant été si contraire à ses désirs, on croit qu'il retourna sur le continent et qu'il mourut dans l'exil. Ainsi se termina l'histoire du miroir mystérieux.

FIN DU MIROIR DE LA TANTE MARGUERITE.

LA CHAMBRE TAPISSÉE,

OU

LA DAME EN SAC.

L'histoire suivante est écrite dans le même style dont on se servit pour la raconter à l'auteur, autant que sa mémoire peut le garantir. Par conséquent l'auteur ne mérite d'être loué ou blâmé que du bon ou mauvais goût dont il a fait preuve en choisissant ses matériaux, car il a évité soigneusement de mêler quelque ornement à la simplicité du récit.

On doit admettre en même temps que les histoires appartenant à la classe particulière de celles qui ont le merveilleux pour objet ont un bien plus grand pouvoir sur l'esprit quand elles sont racontées que lorsqu'elles sont confiées à l'impression. Le volume parcouru à l'éclat de la lumière du jour, quoique contenant les mêmes incidens, cause une émotion beaucoup moins forte que celle qui est produite par la voix du narrateur, au coin du feu de la veillée, lorsqu'il détaille avec minutie les incidens qui augmentent l'authenticité de sa légende, et lorsque le son de sa voix s'affaiblit avec mystère au moment d'une catastrophe terrible ou merveilleuse. Ce fut avec de tels avantages que celui qui rapporte l'histoire suivante l'entendit raconter, il y a plus de vingt ans, par la célèbre Miss Seward de

Lichfield, qui à ses nombreux talens joignait à un degré remarquable le pouvoir de charmer dans sa conversation. Ce conte doit nécessairement perdre dans la nouvelle forme sous laquelle il est présenté tout l'intérêt qu'il empruntait de la voix flexible et des traits expressifs de l'habile narratrice. Cependant, lu à haute voix devant un auditoire suffisamment crédule, à la lueur douteuse du crépuscule du soir ou parmi la solitude d'un appartement mal éclairé, l'anecdote suivante pourrait encore paraître une bonne histoire de revenant.

Miss Seward affirma toujours qu'elle l'avait puisée dans une source authentique, quoiqu'elle supprimât les noms des deux personnes qui jouent les rôles principaux. Je ne profiterai pas moi-même de quelques détails que j'ai reçus depuis concernant les localités, mais je conserverai la description générale telle qu'elle fut faite primitivement. Par la même raison je n'ajouterai ni ne retrancherai rien à la narration, mais je raconterai comme je l'ai entendu raconter un événement surnaturel.

Vers la fin de la guerre d'Amérique, lorsque les officiers de l'armée de lord Cornwallis qui se rendit à York-Town, et les autres qui avaient été faits prisonniers pendant cette lutte impolitique et malheureuse, retournaient dans leur patrie pour raconter leurs aventures et se reposer de leurs fatigues, il y avait parmi eux un officier-général auquel Miss Seward donne le nom de Brown, mais simplement, comme je le compris, pour s'éviter la difficulté d'introduire un personnage sans nom dans une narration. C'était un officier de mérite, aussi bien qu'un gentilhomme distingué par sa naissance et son éducation.

Quelques affaires conduisirent le général Brown à voyager dans les comtés de l'Ouest. Un matin, en arrivant à un relais, il se trouva dans les environs d'une petite ville qui présentait une vue d'une beauté et d'un caractère tout-à-fait anglais.

LA CHAMBRE TAPISSÉE.

La petite ville et son église gothique dont la tour attestait la dévotion des siècles reculés, était située au milieu de pâturages et de champs de blé de peu d'étendue, mais entourés de haies et d'antiques et grands arbres. On y voyait peu de signes d'innovations modernes. Les environs ne présentaient point la solitude des ruines, ni le mouvement qu'occasionnent des réparations. Les maisons étaient vieilles mais en bon état, et la jolie petite rivière qui murmurait en coulant librement à gauche de la ville n'était ni retenue par des écluses, ni bordée par un chemin de halage.

Sur une éminence, environ à un mille de la ville du côté du sud, on apercevait au milieu de vénérables chênes et d'épais taillis les tours d'un château aussi vieux que les guerres d'York et de Lancastre, mais qui paraissait avoir éprouvé de grands changemens sous le règne d'Elisabeth et de son successeur. Ce n'était pas un bâtiment considérable, mais toutes les commodités qu'il procurait autrefois devaient encore, on pouvait le supposer, être trouvées dans ses murs; du moins telle était l'opinion que le général Brown venait de concevoir en voyant la fumée s'élever rapidement des vieilles cheminées sculptées. Les murs du parc bordaient le grand chemin pendant deux ou trois cents verges, et les différentes parties boisées que l'œil pouvait apercevoir semblaient être pourvues de gibier. D'autres points de vue présentaient alternativement, tantôt la façade du vieux château, et tantôt une partie des différentes tours; le premier, riche dans toutes les bizarreries de l'architecture d'Elisabeth, tandis que l'aspect simple et solide des autres parties du bâtiment semblaient prouver qu'elles avaient été construites plutôt comme moyen de défense que par ostentation féodale.

Enchanté de ce qu'il pouvait apercevoir du château à travers les bois et les clairières dont cette ancienne forteresse était entourée, notre voyageur militaire résolut de s'informer si le bâtiment ne valait pas la peine d'être vu de plus près, et s'il contenait quelques portraits de famille ou autres objets de curiosité dignes de la visite d'un étranger. Il quitta donc les environs du parc, et traversant une rue propre et bien pavée, s'arrêta devant une auberge qui paraissait assez fréquentée.

Avant de demander des chevaux pour continuer son voyage, le général Brown fit quelques questions touchant le propriétaire du château qui avait captivé son admiration. Sa surprise égala sa joie, en entendant nommer un gentilhomme que nous appellerons lord Woodville. Quel bonheur! la plupart des souvenirs de Brown à l'école et au collége étaient unis à l'idée du jeune Woodville. Quelques nouvelles questions lui apprirent que c'était bien le même que le possesseur de ce beau domaine. Il avait été élevé à la pairie par la mort de son père, et ainsi que le général l'apprit par le maître de l'auberge, le deuil étant fini, le jeune pair prenait possession de l'héritage paternel dans le mois le plus gai de l'automne, accompagné d'une société d'amis choisis qui venaient jouir avec lui des plaisirs de la chasse dans un pays fertile en gibier.

Ces nouvelles étaient délicieuses pour notre voyageur. Frank Woodville avait été le compagnon des jeux de Richard Brown à Eton, son ami intime au collége de Christ-Church; leurs plaisirs et leurs travaux avaient été les mêmes, et le cœur du brave soldat jouissait de voir son ancien ami en possession d'une résidence charmante et d'un domaine, comme l'aubergiste le lui assura avec un signe de tête et en clignant des yeux, d'un domaine capable d'ajouter à sa dignité. Il n'y avait rien de plus naturel que le général suspendît un voyage qui n'était pas pressé, pour rendre une visite à son ancien ami dans des circonconstances aussi favorables.

Les nouveaux chevaux eurent donc seulement la tâche de conduire le général dans sa voiture de voyage au château de Woodville. Un portier reçut l'officier à une loge en même temps moderne et gothique, bâtie dans ce dernier style, pour correspondre avec le château. Ce portier sonna afin d'annoncer une visite. Apparemment le son de la cloche arrêta le départ de la société qui était sur le point de se séparer pour jouir des divers amusemens d'une matinée de château, car, en entrant dans la cour, Brown vit plusieurs jeunes gens qui se promenaient en habit de chasse, regardant et critiquant des chiens que des gardiens tenaient prêts pour leur amusement. Au moment où Brown descendit de voiture le jeune lord vint à la porte du vestibule, et pendant un instant arrêta ses regards sur l'étranger, car il ne reconnaissait point un visage que la guerre, les fatigues et les blessures avaient bien altéré. Mais cette méprise cessa aussitôt que Brown eut fait entendre sa voix, et la reconnaissance qui s'ensuivit fut celle de deux amis qui avaient passé ensemble les jours heureux de leur enfance et de leur première jeunesse.

— Si j'avais pu former un désir, mon cher Brown, dit lord Woodville, c'eût été de vous posséder ici dans une semblable occasion que mes amis sont assez bons pour célébrer comme un jour de fête. Ne pensez pas que vous ayez été oublié pendant les années de votre absence ; je vous ai suivi à travers vos dangers, vos triomphes, vos malheurs, et j'ai été heureux de voir que dans la victoire ou dans les désastres le nom de mon vieil ami fût toujours couvert de gloire.

Le général fit une réponse convenable, et complimenta à son tour son ami sur ses nouvelles dignités et la possession d'un aussi beau domaine.

—Vous n'en avez encore rien vu, répondit lord Woodville, et j'espère que vous n'avez point l'intention de nous quitter jusqu'à ce que vous le connaissiez parfaitement. Il est vrai, je l'avoue, que la société que je possède en ce moment est assez nombreuse, et cette vieille maison, comme les autres bâtimens de ce genre, n'offre pas autant de commodités que l'étendue et l'extérieur sembleraient le promettre ; mais nous pouvons vous donner une chambre meublée à l'antique, et j'ose espérer que vos campagnes vous ont appris à vous contenter de plus mauvais quartiers.

Le général haussa les épaules en riant : — Je présume, dit-il, que l'appartement le plus médiocre de votre château est de beaucoup préférable au vieux tonneau à tabac dont j'étais obligé de faire ma chambre à coucher lorsque j'étais dans les savanes de la Virginie : je me reposais dans ce tonneau comme l'eût fait Diogène lui-même, et j'étais si enchanté d'être à l'abri des élémens, que je voulais rouler ma maison dans de nouveaux quartiers ; mais mon commandant ne crut pas pouvoir permettre un tel luxe, et je pris congé de mon tonneau les larmes aux yeux.

— Eh bien ! dit lord Woodville, puisque vous n'êtes pas effrayé de l'appartement que je vous offre, vous resterez avec nous au moins une semaine. Des fusils, des chiens, des lignes pour pêcher, des filets pour attraper des insectes ou des papillons, tous les moyens de chasser sur terre et sur mer ne vous manqueront pas : vous ne pouvez inventer un amusement que nous ne puissions vous procurer ; mais si vous préférez les fusils et les chiens d'arrêt, je vous accompagnerai, et je verrai si vous êtes devenu meilleur chasseur depuis que vous avez vécu parmi les Indiens de l'Amérique

Le général accepta avec joie la proposition de son ami. Après une matinée employée dans des exercices fatigans, la société se réunit à dîner, et lord Woodville, pendant le repas, charmé de pouvoir faire admirer à ses convives presque tous distingués par leur naissance l'esprit et les qualités de l'ami qu'il venait de retrouver, conduisit le général Brown à parler des scènes dont il avait été témoin ; et comme chaque parole rappelait le brave officier et l'homme sensible qui avait conservé son sang-froid au milieu des plus éminens dangers, la société de jeunes gens éprouva un respect sincère pour le soldat qui possédait un courage réel, cet attribut dont parmi tous les autres chaque homme voudrait persuader qu'il est doué.

La journée, au château de Woodville, se termina comme il est d'ordinaire dans de semblables maisons : les plaisirs s'arrêtèrent dans les limites des convenances. La musique qui était une des occupations favorites du jeune lord succéda à la circulation des bouteilles. Il y avait un billard et des tables de jeu pour ceux qui préféraient ces amusemens. Mais l'exercice du matin exigeait qu'on se livrât de bonne heure au repos, et peu après onze heures les convives de lord Woodville commencèrent à se retirer dans leurs appartemens.

Le jeune lord conduisit lui-même son ami le général Brown dans la chambre qui lui était destinée, et qui répondait à la description qui en avait été faite, c'est-à-dire qu'il n'y manquait rien pour s'y bien trouver, mais elle n'était pas meublée à la mode. Le lit était de cette forme massive en usage à la fin du dix-septième siècle, et les rideaux de soie fanée étaient garnis lourdement de franges d'or terni ; mais les draps, les oreillers et les couvertures semblaient délicieux au soldat lorsqu'il songeait à son tonneau. Il y avait quelque chose de sombre dans les tentures de tapisserie qui entouraient la petite chambre ; elles étaient doucement ondulées par la brise d'automne qui, trouvant un passage à travers les vieilles croisées en treillage, sifflait en pénétrant dans l'appartement. La toilette et le miroir entourés d'ornemens en forme de turban, d'une étoffe de soie brune suivant la mode au commencement du dix-huitième siècle, et les centaines de différentes boîtes pourvues de choses utiles à une coiffure qui n'était plus en usage depuis plus de cinquante ans, avaient un aspect à la fois antique et lugubre ; mais rien ne pouvait produire une lumière plus brillante que celle des deux énormes bougies, si ce n'est le feu pétillant des fagots qui envoyait en même temps son éclat et sa chaleur. Le petit appartement, malgré son apparence gothique, ne manquait donc d'aucune des commodités que les habitations modernes rendent nécessaires, ou du moins désirables.

— Voici une chambre à coucher bien antique, général, dit le jeune lord; mais je suppose que vous n'y trouverez rien qui vous fasse regretter votre vieux tonneau.

— Je ne suis point difficile en logemens, répondit le général : cependant si j'étais libre de faire un choix, je préférerais de beaucoup celui-ci aux plus jolis appartemens modernes de votre château. Veuillez me croire : lorsque je vois réuni ce qu'il y a de moderne dans cette chambre à sa vénérable antiquité, et que je me rappelle qu'elle fait partie des propriétés de Votre Seigneurie, je trouve mes quartiers meilleurs que ceux que pourrait me procurer le plus élégant hôtel de Londres.

— J'espère, je n'en ai aucun doute, que vous vous trouverez ici aussi bien que je le désire, mon cher général, dit le jeune seigneur; et souhaitant de nouveau une bonne nuit à son ami, il lui serra la main et se retira.

Le général regarda encore une fois autour de lui, et intérieurement il se félicita de son retour à la vie paisible, dont il appréciait davantage les bienfaits en songeant aux fatigues qu'il avait éprouvées et aux dangers qu'il avait courus. Tout en réfléchissant ainsi, il se déshabilla et se prépara en idée à passer une bonne nuit.

Ici, malgré l'habitude suivie dans ce genre d'histoire, nous laisserons le général en possession de son appartement jusqu'au lendemain matin.

La société s'assembla de bonne heure pour déjeuner; mais le général Brown, qui était de tous les convives de lord Woodwille celui auquel le jeune seigneur attachait plus d'importance, ne parut pas. Lord Woodwille exprima plus d'une fois sa surprise de cette absence, et finit par envoyer un domestique s'informer de ce qu'il était devenu. Cet homme rapporta bientôt pour réponse que le général Brown se promenait depuis la pointe du jour, malgré un temps froid et pluvieux.

— C'est une habitude de soldat, dit le jeune lord à ses amis ; la plupart des militaires ne peuvent plus dormir après l'heure à laquelle le devoir les forçait à se lever.

Cependant cette explication que lord Woodwille donnait à ses convives lui paraissait à peine satisfaisante à lui-même, et il attendait en silence et comme absorbé dans ses pensées le retour du général, qui eut lieu près d'une heure après que la cloche du déjeuné eut sonné. Brown avait l'air fatigué et malade ; ses cheveux, dont l'arrangement était à cette époque une des plus importantes occupations d'un homme pendant une partie de la journée et annonçaient son goût, comme aujourd'hui le nœud d'une cravate, ses cheveux étaient en désordre, sans poudre et humides de rosée ; ses habits semblaient avoir été jetés sur lui sans aucun soin, chose remarquable dans un militaire qui par devoir est obligé de donner quelque attention à sa toilette ; ses yeux étaient égarés d'une manière étrange.

— Ainsi vous nous avez volé une marche ce matin, mon cher général, dit lord Woodwille, ou bien votre lit ne vous a pas été aussi agréable que je le supposais. Comment avez-vous passé la nuit?

— Oh! parfaitement bien, remarquablement bien ; c'est la meilleure nuit de ma vie, dit le général Brown avec précipitation, et cependant avec un air d'embarras qui n'échappa point à son ami. Alors Brown avala précipitamment une tasse de thé, refusa tout ce qui lui fut offert, et tomba dans une distraction complète.

— Chassez-vous aujourd'hui, général? dit le maître du château ; mais il fut obligé de répéter deux fois cette question avant de recevoir cette réponse :

— Non, milord ; je suis fâché de ne pouvoir avoir l'honneur de passer un second jour avec vous ; mais les chevaux de poste que j'ai commandés seront ici dans un instant.

Toute la société exprima sa surprise, et lord Woodwille s'écria :

—Des chevaux de poste, mon bon ami ! qu'en avez-vous affaire lorsque vous m'avez promis hier de rester avec moi au moins une semaine ?

—Je crois, dit le général évidemment embarrassé, que dans le plaisir que m'ont causé les premiers momens de notre rencontre j'ai pu dire quelque chose de semblable ; mais depuis j'ai songé que cela m'était impossible.

—Cela est bien extraordinaire, répondit le jeune lord ; vous n'aviez aucune affaire hier, et vous ne pouvez pas avoir reçu des nouvelles aujourd'hui ; la poste n'est point encore arrivée de la ville, ainsi vous n'avez pas eu de lettres.

Le général Brown, sans donner d'autres explications, murmura quelque chose sur des affaires indispensables, et insista sur la nécessité de son départ d'une manière qui fit cesser toute opposition de la part de son hôte, qui vit que la résolution de son ami était irrévocablement prise. Quelques momens plus tard il ajouta :

—Au moins permettez-moi, mon cher Brown, puisque vous voulez nous quitter, de vous montrer de la terrasse le point de vue que le brouillard qui se lève va nous laisser apercevoir. En disant ces mots il ouvrit une fenêtre à châssis et passa sur la terrasse. Le général le suivit avec distraction, et sembla faire peu d'attention aux discours du jeune lord, tandis que ce dernier donnait des détails sur les différens lieux qui composaient un point de vue digne d'être admiré. Lord Woodwille marchait en parlant, et lorsqu'il eut attiré Brown assez loin de la société, il se tourna tout à coup vers lui et lui dit d'un air solennel :

—Richard Brown, mon ancien et sincère ami, nous sommes seuls enfin ; laissez-moi vous conjurer de me répondre, sur votre parole d'ami et sur votre honneur comme soldat, comment avez-vous passé la nuit dernière ?

— Le plus misérablement possible, milord, répondit le général du même ton ; oui, d'une manière si affreuse, que je ne voudrais pas courir la chance d'une seconde nuit semblable à la première, non-seulement pour toutes les terres appartenantes à ce château, mais pour le pays entier que nous découvrons de ce point de vue.

— Ceci est bien extraordinaire, dit le jeune lord comme en se parlant à lui-même. Il faut qu'il y ait quelque chose de vrai dans les bruits qui courent sur cet appartement, et s'adressant de nouveau au général, il ajouta : Pour l'amour de Dieu, mon cher ami, soyez franc avec moi, et faites-moi connaître l'aventure désagréable qui a pu vous arriver sous un toit où, d'après les désirs du propriétaire, vous n'auriez dû avoir que de l'agrément.

Le général parut désolé de cette question, garda quelques momens le silence, et dit enfin : — Mon cher lord, ce qui m'est arrivé la nuit dernière est d'une nature si étrange et si désagréable, que je puis à peine avoir le courage d'en donner des détails, même à Votre Seigneurie, car cette sincérité de ma part me conduira à expliquer une circonstance aussi pénible que mystérieuse. Aux yeux des étrangers, la communication que je vais vous faire me donnerait tout l'air d'un sot superstitieux qui se laisse séduire et tromper par son imagination. Mais vous me connaissez depuis l'enfance, et vous ne me soupçonnerez pas d'avoir adopté dans l'âge mûr les faiblesses dont j'étais exempt dans ma jeunesse. Le général s'arrêta, et le jeune lord s'empressa de répondre :

— Ne doutez point de ma confiance dans les communications que vous me ferez, quelque étranges qu'elles soient. Je connais trop la sincérité de votre caractère pour douter de ce que vous m'assurerez, et je suis convaincu que votre honneur et votre affection pour moi se feraient également un scrupule d'exagérer les choses dont vous avez pu être témoin.

— Eh bien! dit le général, je vais commencer mon histoire aussi bien que je le pourrai, me confiant à votre générosité, et cependant je sens que j'aimerais mieux être en face d'une batterie que de rappeler à ma mémoire les odieux souvenirs de la nuit dernière.

Le général s'arrêta une seconde fois; mais voyant que lord Woodwille gardait le silence et lui prêtait une profonde attention, il commença, non sans une répugnance visible, l'histoire de son aventure nocturne sur la chambre tapissée.

— Je me déshabillai et je me mis au lit aussitôt que Votre Seigneurie m'eut quitté, hier au soir. Mais le bois dans la cheminée qui était presque en face de mon lit répandait une lumière brillante, et les souvenirs de mon enfance ainsi que ceux de ma première jeunesse, excités par la rencontre inattendue d'un ancien ami, m'empêchèrent de m'endormir promptement. Je dois dire cependant que ces souvenirs étaient tous d'un genre agréable et gai, fondés sur la certitude d'avoir échangé pour quelque temps les travaux, les fatigues, les dangers de ma profession contre les jouissances d'une vie paisible, et celles de ces liens d'affection que j'avais rompus pour obéir aux devoirs de mon état.

Tandis que des réflexions aussi agréables remplissaient mon esprit et me conduisaient peu à peu au sommeil, je fus subitement éveillé par le frottement d'une robe de soie et le bruit d'une paire de talons hauts, comme si une femme marchait dans l'appartement. Avant que j'eusse le temps de tirer le rideau pour voir d'où provenait ce bruit, une petite figure de femme passa entre mon lit et le feu. Cette femme me tournait le dos, et je pus observer son cou et ses épaules, qui annonçaient qu'elle était vieille. Son habillement consistait en une robe dont la forme passée de mode était ce que les dames appelaient autrefois, je crois, un *sac*, robe entièrement lâche à la ceinture, mais dont les larges plis se trouvaient réunis sur le cou et sur les épaules, retombaient jusqu'à terre, et se terminaient par une espèce de queue.

Je trouvai cette visite assez singulière, mais il ne me vint pas un seul instant dans l'esprit que je voyais autre chose que la forme mortelle d'une des vieilles femmes du château, qui par caprice s'habillait comme sa grand'mère, et qui ayant été délogée de sa chambre pour me la céder, avait oublié cette circonstance et revenait à son ancien gîte. Avec cette persuasion je fis quelque mouvement dans mon lit, et je toussai un peu pour avertir que la chambre était occupée ; la vieille se tourna lentement.

— Grand Dieu! milord, quel visage elle me fit voir! Je n'eus plus besoin de me demander qui elle était, il n'y avait pas moyen de penser que c'était un être vivant.

Sur un visage qui faisait voir les traits décharnés d'un cadavre, on apercevait aussi les passions viles et haineuses qui avaient animé cette femme pendant sa vie. Le corps de quelque grande coupable semblait être sorti du tombeau pour s'unir de nouveau à l'ame qui avait été autrefois complice de ses crimes. Je frissonnai, et je me levai à demi, m'appuyant sur ma main, tandis que j'arrêtais mes regards sur l'horrible spectre. La vieille sorcière fit une seule enjambée vers mon lit, s'y assit, précisément dans la même attitude que j'avais prise au milieu de ma terreur, et elle avança son visage diabolique à une faible distance du mien, avec un grincement de dents dérisoire qui déployait toute la malice d'un esprit incarné.

Ici le général Brown s'arrêta et essuya son front, que le souvenir de cette horrible apparition couvrait d'une sueur froide.

— Milord, dit-il enfin, je ne suis point poltron. J'ai couru tous les dangers qu'on rencontre dans ma profession, et je puis assurer avec vérité que jamais on ne vit Richard Brown déshonorer l'épée qu'il porte. Mais avec cette horrible figure sous les yeux, et presque entre les mains d'un démon, toute ma fermeté m'abandonna, mon courage disparut comme la cire dans la fournaise, et je sentis mes cheveux se hérisser sur mon front. Mon sang se figea dans mes veines et je perdis connaissance, victime d'une terreur panique telle que le fût jamais une jeune fille de village ou un enfant de dix ans. Je ne puis dire au juste combien je restai de temps dans cet évanouissement.

Je revins à moi au moment où l'horloge du château sonnait une heure avec autant de force que si elle eût été placée dans ma chambre. Il se passa quelques minutes avant que j'osasse ouvrir les yeux, de crainte que mes regards ne rencontrassent encore cette horrible image. Lorsque j'eus le courage de regarder autour de moi l'apparition n'était plus visible. Ma première idée fut de sonner, d'éveiller les domestiques et de me réfugier dans les mansardes ou même dans un grenier à foin, plutôt que d'être tourmenté une seconde fois par le terrible fantôme. Il faut que je confesse la vérité, je n'eus point la force d'accomplir cette résolution, non pas dans la crainte de dévoiler ma peur, mais parce que le cordon de sonnette était placé près de la cheminée, et que j'éprouvais la crainte de rencontrer le vieux démon que je supposais caché dans quelque coin de l'appartement.

Je n'entreprendrai pas de vous décrire les frissons et les chaleurs brûlantes que j'éprouvai alternativement pendant le reste de la nuit. Mille objets plus hideux les uns que les autres se montrèrent à mes yeux, mais il y avait une différence immense entre l'apparition première et celles qui la suivirent, et je sentais que les dernières étaient produites par mon imagination bouleversée et mes nerfs irrités.

Enfin le jour parut, et je quittai mon lit, souffrant et humilié. J'étais honteux comme homme et comme soldat, d'autant plus que j'éprouvais un désir extrême de quitter cette chambre habitée par les esprits; ce désir maîtrisait toute autre considération. Jetant donc à la hâte mes habits sur moi, je me précipitai hors du château, pour chercher en pleine campagne un remède à mes souffrances. Votre Seigneurie connaît maintenant la cause du désir subit que j'éprouve de quitter le château de Woodville. Nous pourrons nous rencontrer souvent dans d'autres lieux, mais Dieu me préserve de passer une seconde nuit sous ce toit.

Quelque étrange que fût cette histoire, le général parlait avec un air de si profonde conviction, qu'il prévint tous les commentaires que l'on fait ordinairement sur de semblables contes. Lord Woodville ne demanda point à son ami s'il était sûr de ne point avoir fait un mauvais rêve, ni ne mit en avant aucune de ces suppositions par lesquelles on a l'habitude d'expliquer de telles apparitions, une imagination en délire ou la fausse perception du nerf optique. Au contraire, il semblait profondément convaincu de la vérité et de la réalité de ce qu'il avait entendu, et après un moment de silence, il exprima ses regrets avec une grande apparence de sincérité de ce que son ami avait tellement souffert chez lui.

— Je suis d'autant plus fâché, mon cher Brown, ajouta-t-il, que c'est le malheureux résultat d'une expérience que j'avais l'intention de faire. Il faut que vous sachiez que du temps de mon père et même de mon grand-père, l'appartement que vous occupiez cette nuit était fermé, en conséquence du bruit qu'on avait répandu qu'il était fréquenté par des êtres surnaturels. A mon arrivée ici, il y a quelques semaines, je pensai que la société qui m'avait accompagné au château était trop nombreuse pour permettre aux habitans du monde invisible de rester en possession d'une chambre à coucher commode. J'ordonnai donc qu'on ouvrît la chambre tapissée, car c'est ainsi qu'on appelle cet appartement. Sans détruire son air d'antiquité, j'y fis placer quelques meubles nouveaux en usage dans des temps plus modernes. Cependant, comme l'opinion que cette chambre était hantée par des esprits prévalait fortement parmi les domestiques, et qu'elle était même connue dans le voisinage ainsi que de la plupart de mes amis, je craignais que celui qui l'occuperait le premier ne fût dominé par quelques préventions qui donneraient du crédit aux bruits sur la chambre tapissée, et tromperaient mon désir de rendre cet appartement utile. Je dois avouer, mon cher Brown, que votre arrivée qui m'était agréable sous mille autres rapports, me parut l'occasion la plus favorable de détruire les bruits relatifs à la chambre tapissée ; puisque votre courage était connu, et votre esprit libre de tout préjugé à cet égard, je ne pouvais donc choisir un sujet plus convenable pour mon expérience.

— Sur mon honneur, dit le général avec un peu d'impatience, je suis infiniment obligé à Votre Seigneurie, très particulièrement obligé, en vérité. Je ressentirai probablement pendant long-temps les conséquences de cette expérience, comme Votre Seigneurie veut bien l'appeler.

— Vous êtes injuste, mon cher ami, répondit lord Woodville. Réfléchissez seulement un instant, et vous serez convaincu qu'il m'était impossible de deviner les souffrances auxquelles vous avez été exposé. J'étais hier matin un véritable sceptique en fait d'apparitions surnaturelles, et je suis persuadé que si je vous avais appris les bruits qui couraient sur la chambre tapissée, ces rapports mêmes vous eussent engagé à la choisir pour y passer la nuit. C'est un malheur, mais ce n'est point ma faute si vous avez été tourmenté d'une aussi étrange manière.

— Etrange en effet, dit le général en reprenant sa bonne humeur ; et j'avoue que je ne dois point en vouloir à Votre Seigneurie pour avoir cru que j'étais ce que moi-même je croyais être, un homme ferme et courageux... Mais je vois que mes chevaux de poste sont arrivés, et je ne veux point priver plus long-temps Votre Seigneurie des amusemens de la matinée.

— Mon vieil ami, dit lord Woodville, puisque vous ne pouvez pas rester avec nous un jour de plus, donnez-moi du moins encore une demi-heure. Vous aimiez autrefois les tableaux : j'ai une galerie de portraits, dont quelques-uns sont peints par Van-Dick ; ils représentent des ancêtres auxquels ce château et ses dépendances ont appartenu. Je pense que quelques-uns d'entre eux ne vous sembleront pas sans mérite.

Le général Brown accepta cette invitation un peu à contre-cœur. Il était évident qu'il ne respirerait point à son aise tant qu'il serait dans le château de Woodville ; il ne put cependant refuser à son ami, d'autant moins qu'il était un peu confus de l'aigreur qu'il avait montrée.

Le général suivit donc lord Woodville à travers divers appartemens jusque dans une longue galerie de tableaux, que le jeune lord montra à son ami en nommant les personnages qui étaient représentés dans les portraits. Ces détails n'intéressèrent que médiocrement le général Brown. C'était à peu de chose près ceux qu'on donne dans une galerie de portraits de famille. Ici était un *Cavalier* qui avait ruiné ses domaines en servant la cause royale ; là une belle dame qui les avait rétablis en épousant une riche *Tête-Ronde* ; de ce côté pendait le portrait d'un brave qui avait couru des dangers en entretenant une correspondance avec la cour exilée à Saint-Germain ; ici un autre qui avait pris les armes pour Guillaume à la révolution ; et là enfin, un troisième qui avait jeté alternativement son poids dans la balance des whigs et des torys.

Pendant que lord Woodville prononçait ces derniers mots très bas à l'oreille de Brown, les deux amis atteignirent le milieu de la galerie, et le jeune lord vit le général tressaillir, en même temps que ses traits exprimaient la plus grande surprise mêlée de crainte ; ses yeux étaient arrêtés sur le portrait d'une vieille dame dans un *sac*, habillement le plus à la mode de la fin du dix-septième siècle.

— La voilà ! s'écria le général : c'est sa taille, ce sont ses traits, quoique l'expression en soit moins diabolique que sur le visage de celle qui m'a rendu cette maudite visite la nuit dernière.

— Si cela est ainsi, répondit le jeune lord, il ne peut rester aucun doute sur l'horrible réalité de votre apparition. C'est le portrait d'une méchante femme dont la noire et terrible liste de crimes est consignée dans les archives de ma famille. Le détail en serait épouvantable : il suffit de dire que dans ce fatal appartement un inceste et un meurtre contre nature furent commis. Je vais le condamner de nouveau à la solitude, d'accord avec le jugement plus sain de ceux qui m'ont précédé, et jamais, tant que je pourrai m'y opposer, personne ne sera exposé à la répétition de la scène horrible et surnaturelle qui a ébranlé un courage tel que le vôtre.

Les deux amis qui s'étaient retrouvés avec un tel sentiment de joie se séparèrent avec des impressions bien différentes. Lord Woodville alla ordonner qu'on démeublât la chambre tapissée et que la porte en fût murée; le général Brown alla chercher dans un pays moins romantique, et parmi des amis d'une sphère moins élevée, l'oubli de la nuit affreuse qu'il avait passée au château de Woodville.

FIN DE LA CHAMBRE TAPISSÉE.

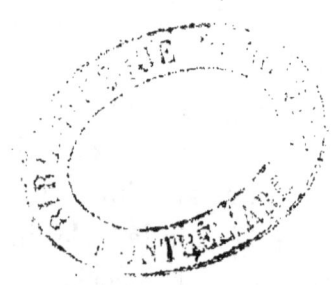

www.ingramcontent.com/pod-product-compliance
Lightning Source LLC
Chambersburg PA
CBHW060934230426
43665CB00015B/1945